현대신학연구

박아론 저

기독교문서선교회

Where is Theology Now?
(Lectures in Contemporary Theology)

By
Dr. Aaron Pyungchoon Park, Th.M., Ph. D.

Korean Edition
© 1997 by Christian Literature Crusade

머리말

　선친 박형룡 박사의 뒤를 따라 신학을 하노라고 하다 보니 별로 한 것이 없는데 나이는 50고개를 벌써 넘어 버렸다. 부끄럽고 한심스러운 일이다.
　이번에 펴내는 이 책은 과거에 저술한 두 권의 책 즉 『현대신학은 어디로?』(1970)와 『현대신학은 어디까지 왔는가?』(1981)를 합본하고, 그 내용을 보충하고 보강한 것이다.
　이 책의 특징은 현대신학자들과 그들의 학설들을 소개하는 데 그치지 않고 '개혁주의 정통신학'의 입장에서 평가하고 비판하였다는 사실에 있다. 현대신학자들의 학설들을 소개하는 일에 있어서는 요사이 독일 유학을 마치고 돌아온 한국의 젊은 신학자들에게 뒤떨어진다 할지라도 "현대신학이 이래서야 되겠는가?"라고 하는 절박하고 안타까운 생각으로 현대신학을 향하여 부르짖고 경고하는 '보수의 열정'만큼은 저들이 결코 따라오지 못할 것이라는 것을 말하고 싶다.
　아무튼 이 책이 한국 교계와 신학계에서 그리고 현대신학을 연구하는 신학도들에게 많이 읽혀서 현대신학에 대한 '바른 이해'와 큰 '위기 의식'이 형성되기를 기대하는 바이다.

1989년 3월 7일
서울 사당동에서
박아론 識

목 차

머리말

서 론: 칼 바르트로부터 해방신학까지

    1. 바르트와 브루너와 불트만 / 9
    2. 불트만 후 신학 / 13
    3. 현대신학은 어디로? / 15

제1부 현대의 인기 높은 신학자들

  제1장: 칼 바르트 ·· 21
    1. 생애 / 21
    2. 신관 / 22
    3. 그리스도관 / 33
    4. 인관 / 44
    5. 결론 / 54

  제2장: 라인홀드 니버 ·· 59
    1. 생애 / 59
    2. 신학 / 63
        (1) 인간관 / 63

(2) 구원관 / 70
            (3) 역사관 / 75
            (4) 윤리관 / 82
    3. 평가 / 91

제3장: 폴 틸리히 ·· 104
    1. 생애 / 104
    2. 신학/ 107
            (1) 신관 / 107
            (2) 그리스도관 / 111
            (3) 문화관 / 116
    3. 결론 / 119

제4장: 루돌프 불트만 ·· 124
    1. 생애 / 124
    2. 신학 / 126
            (1) 양식비평 / 126
            (2) 비신화화 / 128
            (3) 실존주의의 해석학 / 132
    3. 평가 / 137
            (1) 기독교와 그리스도가 따로 있는가? / 138
            (2) 초자연적 신앙이 신화인가 / 139
            (3) 실존주의에 대한 맹신 / 140

제2부 현대의 유행하는 신학들

제1장: 세속화 신학 ·· 147
    1. 서론 / 147

2. 본론 / 151
      (1) 로빈슨의 『신에게 솔직히』 / 151
      (2) 알타이저의 『기독교 무신론의 복음』 / 154
      (3) 밴 뷰렌의 『복음의 세속적 의미』 / 158
      (4) 하비 콕스의 『세속 도시』 / 167
      (5) 플레처의 『상황윤리』 / 179
   3. 결론 / 187
      (1) '세속' 개념의 재검토 / 188
      (2) 사랑의 형이상학 / 190
      (3) 신의 장사 / 192

제2장: 희망의 신학 ································· 196
   1. 서론 / 196
   2. 『희망의 신학』(Theologie der Hoffnung,
      1964년 저술)에 대한 소개 / 197
   3. '희망의 신학'의 후기 사상에 대한 고찰 / 204
   4. '희망의 신학'에 대한 종합적 평가 / 211

제3장: 해방신학 ································· 223
   1. 서론: 인기 있는 제3세계의 신학 / 223
   2. 본론 / 224
      (1) 해방신학의 사상적 원천과 배경 / 224
      (2) 해방신학에 대한 제1차적 정의의 시도 / 226
      (3) 해방신학에 대한 제2차적 정의의 시도─칼 마르크스
         와 성경을 혼합하고 혼동하는 '계급 투쟁 신학' / 232
      (4) '해방신학'에 대한 현대 신학계의 높은 지지도 / 236
      (5) 해방신학이 빚어낸 '개혁신학' 내의
         '침통한 분위기' / 242

3. 평가 / 245
   (1) 해방신학은 유래없는 큰 '이단신학'이다 / 245

제4장: 민중신학 ··· 254
  1. 서론 / 254
  2. 본론 / 255
   (1) 민중신학의 역사적 발단과 그 특이성 / 255
   (2) 민중신학의 신학사상 / 259
   (3) 민중신학의 평가 / 275
  3. 결론 / 292

제3부 현대신학의 위기와 그 근황

제1장: 현대신학의 집안싸움 ······································· 297
  1. 서론 / 297
  2. 본론 / 299
   (1) 불트만 / 299
   (2) 판넨베르크와 몰트만 / 304
   (3) 집안싸움 / 317
  3. 결론 / 325

제2장: 성경을 해부하는 현대신학 ······························· 327
  1. 집도하는 불트만 / 327
  2. 차원 신학자들(바르트, 브루너, 틸리히, 니버) / 328
   (1) 바르트 / 328
   (2) 브루너 / 330
   (3) 틸리히 / 330
  3. 성경과 '두 개의 차원' 개념 / 331

제3장: 정통신학을 위협하는
     3대 신신학과 총신인의 결의 ·········· 337

제4장: 미국신학의 근황 ·········· 344
   1. 원래 미국신학은 '한국선교의 신학'이었다 / 344
   2. 구 프린스톤 신학의 몰락과 자유주의의 팽배 / 347
   3. 거물 신학자 시대―바르트, 불트만, 틸리히 시대 / 356
   4. 사신신학 시대―미국 신학의 '소아병적 발작' / 360
   5. 미국신학의 새로운 문제아들 / 363
   6. 결론 / 388

제5장: 유럽신학의 근황 ·········· 392
   1. 자유주의 삼총사의 몰락과 칼 바르트의 등장 / 392
   2. 칼 바르트의 실각 / 394
   3. 불트만의 붕괴 / 397
   4. 어지러운 신학의 판도 / 399
   5. 유럽신학의 새 주역들(몰트만, 판넨베르크,
      에벨링, 옷트) / 403
   6. 신학적 축의 변동 / 413
   7. 유럽신학은 산간벽지 신학인가? / 416

Index / 425

서론: 칼 바르트로부터 해방신학까지

1. 바르트와 브루너와 불트만

한동안 칼 바르트(Karl Barth)의 신학은 현대신학 사상을 리드했으며 그의 신학은 현대 프로테스탄트(Protestant) 신학에 있어서만 아니라 현대 인류학, 사회학, 심리학 등 여러 분야에서 대단한 인기를 모으고 환영을 받았던 것이다. 그러면 칼 바르트의 신학의 인기(人氣)의 원인은 무엇이었겠는가? 한마디로 말해서 바르트의 신학이 한동안 현대인의 인기를 독차지한 것은 그의 신학이 인간의 존재의 영역을 멀리 벗어나 있는 신비스럽고 불가사의적(不可思議的)인 신의 존재를 말했기 때문이 아닌가 생각한다.

20세기 초에 현대인은 초절(Transzendenz)에 대해서 관심을 갖고 연구의 대상으로 삼았던 것이다. 야스퍼스(Karl Jaspers)는 '인간 토대로서의 역사의 절대성'에서 '초절'(超絶)을 찾으려고 했고 하이데거(Martin Heidegger)는 인간의 본연적 자아(eigentliches selbst)를 '지상에서의 인간의 시적 거주'(時的居住)로 표현하고 이 인간의 본연적 자아(本然的 自我)와 세상 안에 있는 존재(in-der-Welt-Sein)를 구별함으로써 '초절'을 파악하려고 했다. 이와 때를 같이해서 칼 바르트는 인간이 그의 이성을 갖고 판단하고 규정지을 수 없으며, 오히려 인간의 이성을 판단하고 규정짓는 '초절자'(超絶

者)가 존재한다는 것과 그와 같은 '초절자'가 기독교의 신(神)임을 말함으로써 생(生)의 의미를 인간의 내재적 가능성(도덕의식, 사랑, 삶의 용기 등)에서 찾으려던 현대인의 눈을 확 뜨게 했던 것이다. 그러나 현대인의 '칼 바르트와의 신혼 여행'(新婚旅行)은 오래 가지 못해서 끝장이 났다. 그것은 아마도 바르트가 신의 초절성과 인간의 무능, 무력을 지나치게 강조하다가 현대인의 비위(脾胃)를 건드렸기 때문일 것이다. 그러나 미국 웨스트민스터 신학교의 밴틸 교수 (Cornelius Van Til)가 지적한 바와 같이 사실은 칼 바르트의 신(神) 역시 인간의 이성의 고안물(考案物)이며, 그의 신학은 고등한 인본주의(a higher humanism)였다는 것을 우리는 알아야 할 것이다.

바르트의 신은 인간의 이성적 범주를 초월할 뿐 아니라 기독교 성경의 제한도 받지 않는 절대자유자(絶對自由者)이며, 그리스도를 통해서 궁극적으로 온 인류를 자신 안에 포함하는 범신론적 신(汎神論的神)인 것이다. 이와 같은 신을 바르트가 말한 것은 기독교 성경에 충실해서가 아니라 현대 철학 사상을 특징짓고 있는 합리주의와 비합리주의의 변증법적 활용(辨證法的 活用)의 결과로 보아야 할 것이다. 어쨌든 칼 바르트의 신학은 현대인의 귀에 지나치게 신의 절대성과 주권을 주장하는 것으로 들려서 '보수주의'라는 낙인이 찍히게 된 것이다. 그리고 바르트와 함께 '신정통주의'(新正統主義)의 이름 아래 '하나님의 말씀의 신학'을 수립하고자 하던 브루너(Emil Brunner)는 바르트의 인기의 감소의 원인을 깨닫고 바르트보다 신의 초절성과 인간의 무력을 덜 주장하고 그 대신 바르트보다 신의 존재의 사회적, 문화적 의의를 더 강조함으로써 '신정통주의 신학'의 인기를 되찾으려고 했다. 그러나 한 번 쏟은 물은 그릇에 담을 수 없다. 브루너의 잘못은 '신정통주의 신학'의 출발점(신의 초월성)을 타협함으로써 '하나님의 말씀의 신학'이라기 보다는 '두 개의 차원'의 개념에 입각한 윤리신학(倫理神學)을 수립했다는 것일 것이다. 현대인은 브루너의 '나와 당신의 철학'(an I-thou philosophy)에 기초한 인격주의적 철학(personalistic philosophy)에 잠시 귀를 기울였으나, 실존주의 신학자 불트만(Rudolf Bultmann)이 그의 신약성경 연구로 명성을 얻기 시작하자 브루너는 새벽 하늘에 떴던 창백한 별과 같이 그 빛을 제대로 비치지 못하고 사라져간 것이다.

불트만은 그의 신약성경에 관한 소위 '양식사학적 비평'(樣式史學的 批評)과 '비신화화 제창'(Entmythologisier ungsprogramm)으로 유명해져서 제2차 세계대전이 끝난 후부터 1960년경까지 칼 바르트의 신학을 물리치고 프로테스탄트(Protestant) 신학의 왕좌에 군림(君臨)했던 것이다. 불트만에 의하면 성경은 비과학적 언어(非科學的 言語)를 사용할 뿐 아니라 과학 이전 시대(科學以前 時代)의 세계관(世界觀)을 갖고 있다는 것이다. 인간이 사는 세상 위에는 하늘이 있는데 하늘에는 하나님과 천사들이 거주하고 있으며, 인간이 사는 세상 아래는 지옥이 있는데 그곳은 사단과 귀신들로 초만원이 되어 있다고 하는 생각이 바로 신약성경이 갖고 있는 3층 세계관(三層 世界觀)이라는 것이다. 이와 같은 3층 세계관을 과학 시대에 살고 있는 우리는 수락할 수 없으므로, 신약성경에서 과학 이전 시대의 세계관을 제거하고 비과학적 언어를 내버린 후에 그리스도의 복음의 핵심을 파악하는 일이 우리의 급선무라고 불트만은 주장하였다.

신약성경에는 신화가 많이 있는데, 신화에 관해서 우리가 물어야 할 물음은 얼마나 그것이 역사적 근거를 갖고 있는가 하는 것이 아니라 그것이 인간의 '자기 이해'에 얼마나 기여하는 바가 있는가 하는 것이다. 그와 같은 물음을 묻고 그 물음에 대답하기 위해서 우리는 신약성경이 입고 있는 신화적 옷을 벗겨야 한다. 즉, 신약성경은 '비신화화' 되어야 한다고 불트만은 강력히 말하였다. 이상은 불트만의 '비신화화 제창'을 간단하게 소개한 것이지만, 불트만이 바르트에게로부터 신학적 주도권(主導權)을 빼앗은 것은 바르트의 초절주의적 신학과는 대조적으로 그가 신학의 목적은 인간의 실존적 '자기 이해'

에 있음을 강조하고, 그의 '비신화화 제창'을 통해서 바르트보다 더 한층 현대인의 교양과 취미에 맞는 실존주의적 신학을 말함으로써 현대인의 마음을 붙들었기 때문이다. 바르트가 하이데거(Martin Heidegger)의 실존주의 철학의 영향을 받았다는 사실은 바르트 평론가들이 늘 하는 말이지만, 불트만은 그의 신학이 '실존주의 철학의 신학화'라고 할 수 있을 정도로 하이데거의 철학의 영향을 많이 받았다는 것도 사실인 것이다.[1]

어쨌든 불트만은 바르트보다 몇 배나 더 충실하게 하이데거의 철학을 기독교 신학에 적용했던 까닭에 실존주의 철학이 구미 사상계(歐美思想界)를 주름잡던 20세기 전반기의 후반에 있어서 현대인의 지성(知性)에 강하게 어필했던 것이다. 그러나 시간이 흐름에 따라 유명한 신학자는, 특히 유명한 현대신학자는 그 얼굴이 바뀌는 법이다. 불트만의 '실존주의 신학'이 20세기 후반기, 특히 1960년 이후에 와서는 기독교 자체 내에 급격하게 일어난 '세속화' 운동과 그 '세속화' 운동을 원호(援護)하는 소위 '세속화 신학'의 도전을 받게 되었고 또 한편 불트만의 가르침을 받은 서독(西獨)의 젊은 신학교수들이 불트만의 신학의 비역사적 성격을 비난하고 반기(反旗)를 들므로서 쇠퇴일로(衰退一路)를 걷게 되었다. 칼 헨리(Carl Henry) 박사의 말을 빌린다면 불트만 제국(帝國)은 무너지고 불트만의 제자들이 왕좌를 빼앗고 서로 전리품을 찾기에 혈안이 되어 있는 것이다.[2]

---

1) 불트만과 하이데거의 사상적 관계를 자세히 알기 위해서는 1955에 S.C.M. 출판사를 통해서 발간된 맥쿼리(John Macquarrie) 교수의 저서 *An Existentialist Theology*와 1963년에 발간된 *The Later Heidegger And Theology*(New Frontiers in Theology I)를 읽어야 할 줄 안다.

2) Carl Henry, *Frontiers in Modern Theology*. 1965. p. 9

2. 불트만 후 신학

1960년경에서부터 오늘날에 이르기까지 구주대륙(歐洲大陸)에는 불트만을 지지하는 불트만의 제자들에 의해서 소위 '불트만 후 신학'이 형성되었는데, 괴팅겐(Güttingen)의 콘젤만(Hans Conzelmann)과 하이델베르크(Heidelberg)의 딩클렐(Erich Dinkler)이 그 대표자들이 아닌가 생각한다. 그리고 '불트만 후 신학' 외에 구원사 학파(Heilsgeschichte Schule)가 있는데 이 학파는 말부르크(Marburg)에서 불트만의 후계자가 된 큄멜(Werner Kummel)과 쮜리히(Zürich)의 슈바이젤(Edward Schweitzer)과 베를린(Berlin)의 로제(Edward Lohse) 등을 그 중요한 멤버로 갖고 있다. 그리고 마인즈(Mainz)의 신학 교수 판넨베르크(Wolfhardt Pannenberg)가 이끄는 판넨베르크 파가 있으며, 그 외에 비교적으로 독자적 신학 노선을 걷는 틸리케(Helrnet Thielicke), 스타우퍼(Ethelbelt Stauffer) 등이 있다. 또 불트만과 의견을 달리하면서 이름이 비교적으로 널리 알려진 말부르크(Marburg)의 신학자 훅스(Ernst Fuchs)와 쮜리히(Zürich)의 신학자 에베링(Gerhard Ebeling)이 있다. 그리고 특히 1965년에 뮌헨에서 출간된 몰트만(Jürgen Moltmann)의 저서 『소망의 신학』(*Theologie der Hoffnuug*)이 대단한 인기를 모으고 있으며 신학적 논의의 대상이 되고 있다는 것을 말해 둔다.

우리가 이제 영, 미국(英, 美國)의 프로테스탄트 신학계로 우리의 눈을 돌린다면 불트만의 교수를 받고 귀국한 젊은 신학자들이 여러 신학교와 대학교에서 교편을 잡고 있으며, 특히 볼트만의 신학을 그의 신학의 출발점으로 삼되 불트만을 앞질러 가서 불트만의 '역사적 그리스도'의 개념을 더 한층 실존화(實存化)시키기를 주장하는 미국 남방 감리교대학(Southern Methodist University)의 신학교수 옥덴(Schubert Ogden)이 있음을 알 수 있다. 그리고 '불트만' 신학과 직접적인 관계가 없는 새로운 신학 즉, '사신신학'(死神神學) 혹은 '세속화 신학'(世俗化神學)이 나왔는데, 이 신학은 본회퍼(Dietrich Bonhoeffer)와 틸리히(Paul Tillich)와 불트만(Rudolf Bultmann)을 신학적 조상으로 삼고 있는 것이다.

영국의 울윗치(Woolwich)의 감독 로빈슨(John A.T. Robinson)의 저서 『신(神)에게 솔직히』(Honest to God)가 1963년에 S.C.M. 출판사를 통해서 출간됨으로 이 새로운 신학이 세상에 그 첫 선을 보이게 되었으며, 그 후 미국 랏체스터 신학교(Colgate Rochester Divinity School)의 하밀톤(W. Hamilton), 템플 대학교(Temple University)의 밴 뷰렌(Paul Van Buren), 에모리 대학교(Emory University)의 알타이저(Thomas J. J. Altizer), 하버드 신과 대학(Harvard Divinity School)의 콕스(Harvey Cox), 캠브릿치 성공회 신학교(Episcopal Theological School in Cambridge, Massachusetts)의 플레처(J. Fletcher) 등에 의해서 이 새로운 신학이 육성되어서 오늘에 이르렀다. 그들의 저서들 중에서 특히 이름난 것은 콕스의 『세속도시』(The Seculer City)와 플레처의 『상황윤리』(Situation Ethics)라고 하겠다.

이제 결론적으로 저자의 견해를 종합해 보면 바르트와 브루너와 불트만은 다같이 칸트(I. Kant)로부터 받은 철학적 유산을 밑천으로 삼고 하이데거(M. Heidegger)의 실존주의 철학과 결탁해서 기독교 신학을 현대인의 허영심에 맞도록 개조한 좌경적 신학자(左傾的神學者)들이라고 할 수 있겠다. '기독교의 신'에 대한 바르트의 초절주의적(超絶主義的) 해석이나 브루너의 인격주의적(人格主義的) 해석이나 불트만의 하이데거적 해석은 실상은 인간 자신의 내적 가능성(內的可能性)을 외적으로 투영시킨 것에 불과하므로 진정한 초절자의 존재를 현대인으로 하여금 찾게 할 수는 없었다.

현대인은 카프카(Franz Kafka)의 문학작품 『산성』(das Schloss)에 나오는 주인공 K와 같이 초절자를 찾아서 멀고 지루한 여로(旅

路)를 오늘도 계속하고 있다. 바르트와 브루너와 불트만은 현대인의 초절자 신을 찾아가는 여로에 잠시 빛을 비치다가 사라져간 유성들과 같다고 할까…. 그들은 그들의 방대하고 탁월한 신학적 지식과 식견(識見)에도 불구하고 우리로 하여금 결국 '신학은 인간 예찬'이라는 포이에르바하(Ludwig Feuerbach)의 말을 실감케 했을 뿐이다.

오늘날 '실존주의 후시대'(post-existentialist age)의 어두운 밤하늘에 불트만 후 신학자들과 세속화 신학자들이 수많은 작은 별들이 되어서 현대인의 눈을 현혹시키고 있다. 판넨베르크(Wolfhart Pannenberg)의 별도 보이고 밴 뷰렌(Van Buren)의 별도 보인다. 현대인은 오늘날 초절자 신을 찾기 위해서 어느 별을 따라가야 할 것인가? 우리는 밴틸(C. Van Til) 박사의 말과 같이 "하나님은 창조주요 인간은 피조물"이라는 사실을 전제(前提)로 하는 기독교 철학만이 현대인에게 진정한 초절자 신을 아는 지혜를 줄 수 있다는 것을 잊어서는 안되겠다. 인간의 내적 가능성(內的 可能性)과 '신'을 동일시하고 '신'의 초절성을 내재주의적(內在主義的)으로 해석하는 현대 좌경 신학자(現代 左傾神學者)들은 실상은 '내재'만을 믿으면서 '초절'을 말하고, '철학'을 하면서 '신학'을 한다고 주장하는 점에 있어서 현대인의 존경을 받지 못하고 있는 것이 사실인 것이다.

오늘날 우리 칼빈주의적 정통신학(正統澤學)은 신앙적 교만과 편협한 지역사회적 성격을 탈피하고 옛날 베들레헴의 아기 예수에게로 동방의 박사들을 인도하던 광채 나는 별과 같은 존재가 되어서 현대인의 '신을 찾는 여로'에 나타나야 할 때가 온 줄 안다.

3. 현대신학은 어디로?

현대신학은 어디로 가고 있는 것인가? 현대신학이 알타이저와 함께 신(神)의 사망(死亡)을 선언하고 '신'의 무덤에 묘비(墓碑)를 세운 것도 오래 전의 일이었다.

지금은 콕스가 설계한 '세속도시'의 관광을 꺼림칙한 기분으로 끝마치고 플레처의 '상황윤리'의 교실에서 강의를 모두 다 듣고 나와 버렸다.

현대신학은 이제 훅스와 에베링 두 교수를 연사(演士)로 하고 개최된 '새로운 성경해석학'에 관한 신학 공개 토론회(神學 公開 討論會)를 듣고 판넨베르크와 몰트만에 의해서 구상(構想)되고 건립된 '미래의 신학관'을 관람하다가 블로흐와 가로디가 기다리는 '공산주의와의 대화 광장'으로 발걸음을 옮겨 놓고 있는 것이다.

그런데 이미 '공산주의와의 대화 광장'에 도착하였다고 보는 것이 더 정확할 것 같다. 도착하여 본즉 광장에서는 해방신학의 머리띠를 두른 시위 대원들이 라틴 아메리카의 가난한 인민들을 위한 '신학의 혁명적 행동성'을 부르짖으면서 데몬스트레이션이 지금 막 진행 중이다. 구스타보 구티에레즈가 시위대의 제일 선두에 보이고 호세미궤즈 보니노의 얼굴도 보이고 요한 소부리노, 휴고 아스만 등 해방신학의 행동 대원들이 칼 마르크스의 초상화를 들고 '혁명'과, '자본주의 경제의 전복'을 열띠게 소리지르고 있다.

이제 이 '해방신학'의 '혁명적 쇼'가 끝나면 현대신학은 또한 어디로 발걸음을 옮겨 놓게 될 것인가? '현대신학'은 어디로 갈 것인가!

그러나 '공산주의와의 대화 광장'을 지나서 현대신학이 어디로 갈 것인지는 아직 아무도 말할 수 없다. 다만 한 가지 우리가 아는 것은 현대 신학은 누가복음에 나오는 아버지의 집을 떠나 먼 나라로 가서 재산을 탕진한 후 쥐엄열매를 먹고 사는 탕자와 같다는 것이다. 현대신학은 인간이성(人間理性)의 자율성(自律性)을 고집하면서 하나님이 모든 진리의 근원이 되심을 부인(否認)한 결과 탕자와 같이 말할 수 없는 '진리의 가난' 속에 살고 있다. 빛과 소망이 되시는 여호와 하나님을 거부한 까닭에 현대신학은 흑암과 절망의 고속 도로를 달리지 않을 수 없는 것이다.

그러나 우리는 현대신학에 대한 기대를 몽땅 송두리째 내버리지는 말자! 누가복음을 읽어 보면 탕자는 먼 나라에 가서 쥐엄 열매를 먹는 그 비참(悲慘) 속에서 어느날 아버지의 음성을 듣고 아버지의 품으로 돌아갔다. 우리는 현대신학이 여호와 하나님의 생명의 말씀에 다시 한 번 귀를 기울여서 마침내 진리와 생명의 고향으로 돌아가기를 바란다. 우리는 현대신학이 일점일획(一點一劃)이라도 가감(加減)할 수 없는 하나님의 말씀 위에 든든히 서서 사도 바울과 아다나시우스와 어거스틴과 요한 칼빈에 의해서 전파된 역사적 기독교를 오늘날 현대에 사는 많은 인간들에게 조금도 타협함 없이 그대로 전파함으로써 그들을 현대의 사상적 도덕적 사회적 위기(危機)에서 구출하는 '현대적 사명'을 완수할 수 있기를 바라는 바이다.

제1부

현대의 인기 높은 신학자들

제1장: 칼 바르트

1. 생애

칼 바르트(Karl Barth)는 1886년 스위스 바젤에서 태어났다. 그는 프로테스탄트(Protestant) 교도 가정에서 태어났고, 그의 아버지 프릿즈 바르트(Fritz Barth)는 이름난 신학자요 교수였다.

바르트는 말부르크와 벨린 대학에서 신학을 수학(修學)한 후에 스위스 '아르가우즈 자텐빌'이라는 마을에서 목회를 하였다. 그러다가 그는 1918년 그의 『로마서 강해』(der Römerbrief)를 출간하고 일약(一躍) 세계적인 대 신학자(大神學者)로 군림하게 된 것이다. 그는 1920년에 독일 괴팅겐 대학의 신학교수로 초청됐으며, 1925년에는 뮌스터 대학에서 교편을 잡았다. 그리고 1930년에는 본(Bohn) 대학에서 신학을 교수했다.

그 후 히틀러(Adolf Hitler)가 정권을 장악하게 되자 그는 히틀러를 반대하고 독일을 떠나서 고향인 스위스 바젤(Bazel)로 돌아갔다. 그는 거기서 거주하면서 1935년에서 1961년까지 바젤 대학에서 신학을 강의했던 것이다. 그리고 1961년 이후부터 그의 사망(死亡)시까지 그는 이따금 강의실에 나가서 특강을 했을 뿐 남은 시간을 모두 그의 『교회교의학』 저술에 보냈다. 바르트는 1968년 12월 9일에 세상을 떠났다. 바르트의 저서는 그 수가 많고 종류도 여러 가지이지만 그중에서 가장 중요한 저서가 그의 『교회교의학』(Kirchiliche Dogmatik, 1932~1968)인 것이다.
 이 『교회교의학』은 모두 4권 12부로 되어 있다. 제1권은 그의 『교회교의학』의 서론격이라고 볼 수 있는데 2부로 되어 있고, 제2권은 그의 '신론'이라고 할 수 있는데 역시 2부로 되어 있다. 그리고 제3권은 4부로 되어있는데 여기서 바르트는 그의 '창조론'과 '인간론' 그리고 '섭리론'을 전개시킨다.
 마지막으로 제4권은 그의 『교회교의학』의 "핵"(核)이라고 볼 수 있는데 역시 4부로 되어 있으며, 여기서 바르트는 그의 '기독론'과 '속죄론'을 전개시킨다. 제5권에 관해서는 바르트가 거기서 그의 '구원론'과 '종말론'을 쓰려고 계획했을 뿐 아깝게도 손을 대지 못하고 세상을 떠난 것이다. 4권 12부로 된 그의 이미 완성된 『교회교의학』만 하더라도 아마도 기독교 신학사상 전례(前例)를 찾기 어려운 대작이 아닌가 생각한다.

2. 신관

(1) 바르트와 현대 사상

 오늘날 칼 바르트의 신학이 현대인에게 대단히 매력적인 이유는 칼 바르트의 신학이 인간을 멀리 떠나서 존재하는 신비로운 초월신을 말하는 까닭이라고 사람들은 흔히 말한다. 그러면 어찌하여 현대인은 이렇게 신비로운 초월신(超越神)을 동경하게 되었는가? 이 문제에 대해서 잠깐 생각하기로 하자.
 19세기 영국에서 일어났던 공리주의 사상(utilitarianism)은 최대 다수인의 최대 행복을 말했고 인간이 과학적 지식을 가지고 자연 재원(自然財源)을 잘 개발함으로써 이 지상에 유토피아(utopia)를 건설할 수 있다고 생각했다. 그러나 밀(J. S. Mill)이나 스펜서(H. Spencer)와 같은 공리주의 사상가들이 예상치 않은 현상들이 그들의 사후(死後)에 일어났다. 심리학자 프로이드(S. Freud)는 인간의 마음 속에 잠재하는 원시적 충동이 인간성에 주는 영향의 지대함을 말했고, 전인류가 이 차(二次)에 걸쳐 경험한 세계대전은 인간이 이 지상에 유토피아를 건설할 수 없음을 역력히 증명해 주었다. 그리하여 오늘날 20세기 후반기에 사는 현대인의 사상은 종래의 공리주의 혹은 과학주의(科學主義)가 가졌던 실용적이며 현실적인 세계관을 포기하고 '자유'라는 주제를 중심으로 하는 초월적 세계관을 찾게 되었다.

인간이 그가 가진 과학적 지식을 통해서 이 지상에 유토피아를 건설할 수 없다면 인간은 그의 존재의미(存在意味)를 다른 곳에서 찾아야 할 것이 아닌가? 여기에 오늘날 실존주의 철학(Existenz Philosophie)의 과제가 있다고 한다. 그리하여 오늘날 실존주의 철학의 제일인자인 마틴 하이데거(M. Heidegger)는 인간은 시간적 존재이지만 자신 안에 가지고 있는 영원성을 발견함으로써 그의 존재(存在)의 일상성(日常性)을 초월할 수 있다고 말하고 있으며 실존주의 철학자요 극작가인 싸르트르(J. P. Sartre)는 인간의 존재의미는 어떤 목적에서 찾을 수 있는 것이 아니라 존재자체가 인간의 존재의미가 된다고 말하고 있다.

이렇게 오늘날 실존주의 사상가들은 종래의 공리주의 사상가들의 실패는 인간의 존재의미를 그의 객관적 환경과 결부시키려고 한 데 있었다고 지적한다. 그리고 인간이 자신의 자유로써 자신을 초월할 수 있는 주관적 세계를 개척함으로써 존재의미를 발견할 수 있다고 생각한다. 오늘날 실존주의 철학의 영향을 받은 현대인의 사상은 인간의 존재의미를 객관적으로 함유적(含有的)으로 파악하지 않고 주관적으로 초월적으로 파악하려는 경향을 가진다. 이와 같은 사상적 경향을 가진 현대인에게 칼 바르트가 말하는 초월적 신은 대단히 매력적이 아닐 수 없는 것이다. 그러면 이렇게 현대인에게 사상적으로 매력적인 바르트의 초월적 신은 어떠한 신인가? 칼 바르트(K. Barth)의 초월적 신관은 칼빈주의 신학과 부합하는 신관인가? 이 문제에 대해서 서술하고자 한다.

(2) 바르트의 신관은 실존적 방법에 의존하는 초월적이며 범신론적인 신관이다

칼 바르트의 신관은 실존적 방법(existential method)에 의존하는 신관이다. 바르트가 그의 신론(神論)에서 사용하는 실존적 방법이라는 것은 중세의 신학자 안셀름(Anselm)처럼 가능성(Possibility)을 논한 후에 현실성(actuality)을 논하는 실재론적 방법(ontological method)과는 대조적으로 14세기의 영국 유명론자(nominalist) 옥캄(W. Occam)이 사용한 바 현실성에서 출발하여 가능성을 찾는 유명론적 방법과 흡사하다고 하겠다.

바르트가 그의 신론에서 사용하는 실존적 방법이라는 것은 옥캄이 주장한 유명론적 방법의 현대판이라고 생각할 수 있다. 이와 같은 방법에 의존하는 바르트의 신관은 하나님의 계시의 현실성에 치중하는 신관이다. 바르트에 의하면 인간은 하나님의 계시 밖에서는 하나님을 전혀 알 수 없다는 것이다. 우리는 계시 배후에 있는 실재론적 신(實在論的 神)을 찾을 것이 아니라 주어진 하나님의 계시 속에서 하나님의 모습을 찾아야 하는 것이다. 그런데 주어진 하나님의 계시 속에서 하나님의 모습을 찾아야 하는 까닭은 하나님은 그의 계시와 동일하기 때문이다. 하나님이 그의 계시와 동일하다는 것은 하나님이 그의 계시 속에서 자신을 인간에게 전적으로 내어 주시는 것을 말한다.[1]

---

1) Gott gibt sich dem Menschen ganz in Seiner Offenbarung, Karl Barth, *Kirchliche Dogmatik*, I, p. 391.

그러므로 바르트는 말하기를 정통신학의 과오는 하나님의 계시의 배후에 실재론적 신의 관념을 가설(假說)한 데 있다고 한다. 그리스도를 통해서 주어진 신의 계시 밖에서 결코 우리는 하나님을 파악할 수 없고 하나님이 그리스도를 통해서 자신을 인간에게 주시는 그 행동 속에서만, 즉 하나님의 계시의 현실성에서만 하나님을 파악할 수 있다는 것이다. 그러면 이렇게 계시의 현실성에서만 알 수 있는 바르트의 하나님은 그의 계시 밖에서는 인간과 아무런 관련성이 없는 초월적 신이라고 생각지 않을 수 없다.

그런데 바르트의 하나님의 초월성은 칼빈주의 신학에서 말하는 하나님의 초월성과 그 의미가 판이함을 알아야 한다. 칼빈주의 신학이 하나님의 초월성을 논할 때에는 인간을 초월하여 존재하는 하나님의 자존성(aseity)이라든가 그의 유일성(unity)이라든가 그의 영원성(eternity)이라는 비공유적 속성들(incommunicable attributes)을 고찰한다. 이와 같은 비공유적 속성들을 하나님은 그리스도를 통한 자신의 계시가 있기 전에 가지고 계셨다. 그러나 바르트가 말하는 하나님의 초월성은 이와 같은 사실을 말함이 아니라 무(無)에서부터 자신을 창조할 수 있고 자신보다 전적으로 다른 존재가 될 수도 있는 하나님의 절대자유를 말하는 것이다.[2] 그러므로 칼 바르트의 신관이 초월적 신관이라 함은 그의 신관이 계시 배후에 존재하는 삼위일체의 하나님에서부터 출발하지 않고 하나님의 계시의 현실성을 통해서 본 하나님의 자유에서 출발함을 말한다. 그런데 이렇게 유명론적(唯名論的) 혹은 실존적 방법에 의존하여 하나님의 절대적 자유를 말하는 바르트의 초월적 신관은 또 한편 범신론적 성격을 가지는 신관이라고

---

2) Also: Gott kann wohl (und das ist Seine Transzendenz) allen Anderen jenseitig gen ug Sein, um sein Schöpfer aus dem Nichts zuwerden und zugleich frei genug, sein Seim teilwese oder ganz und ger zu andern oder auch es ihm wieder zunehmen. wie er es ihm gegeben hat(Karl Barth, *Kirchliche Dogmatik*, II, 1, p. 352).

하겠다.

바르트의 신관이 범신론적 성격을 가지는 까닭은 궁극적 의미에 있어서는 바르트에게는 하나님만이 존재하기 때문이다. 바르트에 의하면 진정한 의미에 있어서 인간은 독립적 존재가 아니라 하나님의 존재(Sein)에 참여함으로써 존재하는 존재이다. 예수 그리스도 안에서 하나님은 인간이 되셨는데, 그 결과 하나님의 본성(本性)과 인간의 본성이 서로 교류한다. 하나님은 자신의 본성과 전혀 다른 인간의 본성을 취하시고 또한 인간으로 하여금 자신의 본성을 취하게 하신다.[3]

그러므로 그리스도 안에서 하나님과 인간이 동일하다는 것은 하나님만이 존재한다는 것을 말한다. 인간이 존재하는 것은 하나님의 본성에 참여함으로써 존재하는 것이요, 인간이 하나님을 아는 것은 하나님의 본성에 참여자로서의 지식 때문이다. 인간의 하나님에 관한 지식은 하나님의 하나님 자신에 관한 지식인 것이다.[4]

바르트의 구원론을 우리가 고찰하면 바르트에게는 궁극적인 의미에 있어서 하나님만이 존재한다는 것을 더 확실히 알 수 있다.

그리스도는 둘째 아담으로서 참된 유일의 인간이다. 그러므로 인간이 그의 죄에 대해서 징벌(懲罰)을 받는다는 것은 하나님이 참된 유일의 인간인 그리스도를 징벌함을 말한다. 또 인간이 하나님의 은총으로 말미암아 선택을 받은 것은 참된 유일의 인간인 그리스도가 선택을 받음을 말한다. 그런데 그리스도는 참된 인간인 동시에 참된

---

3) Denn dass Gott in Jesus Christus selbst Mensch wird und ist, das ist mehr als Schöpfung. Erhaltung und Regierung, das ist die Herablassung Gottes selbst. Das heisst, dass Gott Selbst Sich das Seindieses Anderen. des Menschen zu eigen macht, Sein göttliches Sein menschliches sein, dieses menschliche Sein werden lasst(Karl Barth, *Kirchliche Dogmatik*, II, 1, p. 747).

4) Gott wird durch Gott und zwar allein durch Gott erkannt(*Kirchliche Dogmatik*, II, 1, p. 47).

하나님이시다. 그러므로 궁극적 의미에 있어서는 하나님이 인간을 징벌한다는 것은 하나님 자신을 징벌하시는 것이요, 하나님이 인간을 선택한다는 것은 하나님 자신을 선택하시는 것이다. 바르트는 궁극적 의미에 있어서 유기(reprobation)를 믿지 않는다. 유기(遺棄)가 있을 수 없는 까닭은 인간은 하나님을 떠나서 존재할 수 없기 때문이다.[5]

궁극적인 의미에 있어서 하나님은 인간을 버리실 수 없다. 하나님이 인간을 버리시는 것은 자신을 버리시는 것이 됨으로 불가능하다. 바르트의 신관은 범신론적 색채(汎神論的 色彩)가 농후한 신관이다. 우리는 범신론(Pantheism)이라 하면 흔히 스피노자(Spinoza)를 생각한다. 스피노자는 인간을 신의 본질의 일부분으로 보았다. 그는 데카르트(Descartes)가 신을 일차적 실체(一次的 實體)로 생각하고 사유(思惟)와 외연(外延) 혹은 정신과 물체를 실체의 이차적 실체로 생각한 데 반대하여 그것들을 실체의 두 양상(樣相)이라고 생각했다.

그런데 스피노자는 이 사유와 외연 혹은 물체라는 두 양상을 가지는 실체는 유일하고 무한하며 모든 것을 함유(含有)하는 신이라고 생각했다. 그리고 인간이 존재한다는 것은 사유와 외연 혹은 정신과 물체 두 양상을 가지는 실체되시는 신의 일부분으로서 존재하는 것이라고 생각했다. 물론 칼 바르트는 스피노자와 같이 우주에 신성이 편재(編在)한다든가 신(神)은 자연(自然)이요 자연은 신이라고 말하지는 않는다. 그러나 바르트의 신관이 범신론적(汎神論的)인 이유는 스피노자의 철학에 있어서 인간이 신의 본질(本質)의 일부분으로서 존재

---

5) Mensch sein heisst infolgedessen grundlegend und umfassende: mit Gott zusammen sein, Was der istja offenbar die grundlegende und umfassende Bestimmung seines eigenen Seins. Was er immer sonst ist ist und auch ist: er ist es auf Grund dessen dass er mit Jesus zusammen und also mit Gotzusammen ist(*Kirchliche Dogmatik*, Ⅲ, 2, p. 161).

하는 것처럼 바르트의 신학에 있어서는 인간이 하나님께 완전히 흡수되어 버려서 인간이 그의 주체성을 잃어버리기 때문이다.

물론 칼빈주의(Calvinism) 신학에서도 인간은 그의 실체를 하나님으로부터 받고 인간이 하나님에게 의존치 않고는 존재할 수 없다는 것을 강조한다. 칼빈 자신도 이 문제에 대해서 그의 태도를 밝혔다.[6] 그러나 칼빈주의 신학은 궁극적으로 하나님만이 존재한다는 바르트의 범신론적신관(汎神論的 神觀)을 배척한다. 칼빈주의 신학은 성경에 나타난 삼위일체의 하나님을 말하고 하나님은 인간의 창조주요 인간은 그의 피조물이라는 것을 말한다. 칼빈주의 신학은 인간이 그의 실체를 하나님 안에 가지고 있다는 것을 인정하나 그렇다고 해서 하나님만이 존재한다고 말하지는 않는다. 하나님은 인간의 창조주로 존재하시고 인간은 그의 피조물로 존재한다는 것을 역설한다. 칼빈주의 신학은 인간을 자신 안에 완전히 흡수해 버리는 바르트의 하나님을 배격한다. 인간은 하나님에게 의존함으로써 살 수 있으나 하나님은 인간을 택하시기도 하고 버리시기도 하신다. 인간은 하나님을 떠나서 버림을 받을 수 있다는 것이다. 즉 유기(遺棄)가 있다는 것이다. 칼빈 자신도 유기가 있다는 것을 의심치 않았다. 칼빈 자신도 유기의 진실성을 믿었다.[7] 그런데 유기의 진실성을 믿는다는 것은 인간은 하나님 안에 흡수되어버리는 존재가 아니라 하나님과 구별된 존재라는 것을 믿는 것이다.

---

6) No man can survey himself with turning his thoughts towards the God in whom be lives and moves; because it is perfectly obvious. that the endowments which we possess cannot possibly be from ourselves nay, that our very being is nothing else than subsistence in God alone(John Calvin, *insitutes of Christian Religion*, I, 1, i).

7) Because God of his mere good pleasure electing some passes by others They raise a plea against him. But if the fact is certain what they can gain by quarreling with God?(*Institutes of Christian Religion*, Ⅲ, XXⅡ).

칼 바르트의 신관(神觀)이 범신론적(汎神論的) 성격을 가지는 이유는 바르트가 하나님을 생각할 때 하나님은 인간을 구별된 존재로 두시는 하나님이 아니라 인간으로 하여금 자신의 본성(本性)에 참가케 하여 인간을 자신 안에 흡수해버리는 하나님으로 생각하기 때문이다.

바르트의 신관은 이렇게 범신론적 성격을 가진다. 또 바르트의 신관이 초월적 신관이라는 것을 필자가 이미 앞에서 말했다. 그런데 바르트의 신관이 초월적 성격을 가짐도 범신론적 성격을 가짐도 바르트가 유명론적 방법 혹은 실존적 방법이라는 잘못된 방법론을 채택한 결과라고 생각지 않을 수 없다.

필자가 앞에서 이미 말했거니와 바르트의 신관은 칼빈주의의 신관과 같이 계시(啓示) 배후에 존재하는 삼위일체(三位一體)의 하나님에서 출발하지 않고 주어진 계시의 현실성에 그 출발점을 둔다. 그러면 신관을 삼위일체의 하나님에서 출발시키지 않고 주어진 계시의 현실성에서 출발시킨다는 것은 무엇을 말하는가? 이것은 하나님의 본질적 필연성(essential necessity)을 무시하고 하나님의 본질적 우연성(essential contingency)을 내세우는 사고 방식을 말한다.

바르트에 의하면 삼위일체의 하나님이 먼저 계시고, 이 하나님이 자신을 인간에게 계시하는 것이 아니라 하나님은 그 자체(自體)에 있어서는 신비스러운 존재이나 계시라는 그물에 걸릴 때 인간은 그를 알 수 있다는 것이다. 하나님은 그리스도 안에서 하나님 자신을 인간에게 전적으로 주신 것이다. 이것이 계시라는 그물이다. 그러나 왜 하나님이 하나님 자신을 인간에게 전적으로 주시는지 우리가 하나님의 본질을 관찰함으로써 알 수는 없다. 왜냐하면 인간은 하나님의 계시적 행동 밖에서 하나님을 알 수 없기 때문이다. 인간은 하나님의 본질 그것을 알 수는 없기 때문이다.

그러므로 바르트의 하나님은 인간적 개념(人間的 槪念)들을 초월함은 물론이요 기독교 성경에 기록된 하나님의 본질에 관한 진술까지도 초월하는 절대 자유의 하나님이시다. 이제 이와 같이 바르트가 유명론적 방법(唯名論的 方法)을 사용함으로써 그의 신관(新觀)이 초월적 성격을 가진다면 그가 유명론적 방법을 사용함으로써 그의 신관이 범신론적(汎神論的) 성격을 가지기도 한다. 바르트는 그의 유명론적 방법 때문에 성경에 나타난 삼위일체의 하나님에서 그의 신관을 출발시키지 못하고 하나님의 자유와 하나님의 자유에 입각한 하나님의 절대주권에서 그의 신관을 출발시킨다. 바르트가 하나님의 자유에 입각한 하나님의 절대권을 말할 때 궁극적 의미에 있어서 하나님만이 계시고 하나님은 모든 것의 모든 것이라는 범신론적 신관을 그가 내세우게 된다.

이제 우리가 칼빈주의 신학의 입장에서 칼 바르트의 신학을 특히 그의 신관을 고찰할 때 우리가 지적하여야 할 사실은 칼 바르트의 과오는 유명론적 방법 혹은 실존적 방법(實存的 方法)을 사용했다는 것에 있다기보다 이와 같은 방법을 사용함으로써 그의 사상적 내용(思想的內容)이 기독교 성경과 멀어졌고 기독교 성경에 나타난 삼위일체의 하나님과 멀어졌다는 데 있다. 바르트의 사상에 깃든 유명론적(唯名論的) 경향은 하나님의 자유와 하나님의 자유에 입각한 하나님의 주권을 바르트로 하여금 과대시하게 하고 기독교 성경에 기록된 하나님의 계시의 객관적 진리성을 그로 하여금 부인케 한다.[8]

---

8) Berkouwer said in his work on Barth that Barth's idea or the sovereignty or God rests upon a nominalism more extreme than of Occam. Occam still believed in a positive revelation of God to man. Back or this revelation he placed the sovereignty of God. This sovereignty became a threat to the revelation given in Christ and through him in the Scriptures. But Barth no longer believes in any positive revelation at all. In his theology the whole of positive revelation has been absorbed by the idea or the actualistic unapproachable reality of God(Cornelius Van Till, *Christianity and Barthianism*, p. 430).

(3) 성경에 나타난 삼위일체의 하나님만이 현대인에게 진정한 사상적 만족을 줄 수 있다

과학만능주의(科學萬能主義)와 공리주의(功利主義)에 입각한 유토피아의 꿈에서 깨어나 존재 의미를 초월(transcendence, Transzendenz)이라는 관념을 통해서 찾으려는 현대인에게 칼 바르트의 초월적 신관(超越的 神觀)은 사상적 만족을 주는 것 같다. 인간이 참된 존재의미를 찾는 길은 종래의 객관적 우주관을 버리고 '자유'(Freiheit)라는 관념에 입각한 주관의 세계를 개척하는 데 있다고 현대인은 생각한다. 싸르트르(Sartre)는 그의 한 문학 작품에서 마티우(Mathiu)라는 공상적 인물(空想的 人物)을 통해서 현대인의 심경을 이렇게 그렸다.

> He was free, free in every way, free to behave like a fool or a machine, free to accept, free to refuse, free to equivocate: to marry, to give up the game, to drag this dead weight about with him for years to come.
> He could do what he liked, no one had the right to advise him, there would be for him no Good nor Evil unless he brought them into being. (Jean Paul Sartre, *The Age of Reason*, p. 275.)

현대인은 이렇게 싸르트르의 마티우와 같이 주어진 객관적 환경을 주관적 자유를 통해서 초월함으로써 존재의미를 발견하려고 한다. 그런데 현대인이 바르트의 하나님에 대해서 무한한 매력을 느끼는 또 하나의 이유는 바르트의 하나님이 그의 범신론적 성격을 통해서 가지는 주권성(soverignty) 때문이다. 과거의 화려하던 이상주의(理想主義)의 전당이 무너지고 회의주의(scepticism)와 상대주의

(relativism)가 유행처럼 성행하는 오늘날 현대인은 '권위'(authority)라는 것에 대해서 무한한 동경심(憧憬心)을 느낀다. 미국의 극작가 아더 밀러(Arthur Miller)는 그의 극작품(劇作品)『한 점원의 죽음』(Death of a Salesman)에서 가장(家長)으로서의 주권을 잃고 방랑생활을 하는 아버지 때문에 무너져 가는 한 현대 가정의 비극을 그렸다.

이 아더 밀러의『한 점원의 죽음』이라는 작품 외에도 현대 미국문학에는 종래의 근본주의적(根本主義的) 종교 전통을 잃고 권위를 찾아 배회하는 서구인(西歐人)의 모습을 그리는 문학작품들이 있다.『욕망이라는 이름의 전차』(A Streetcar Named Desire)라든가 넬슨 알그렌(Nelson Algren)의『황금팔을 가진 사나이』(The Man with the Golden Arm)라는 작품들이 그와 같은 작품들이다. 그러면 이렇게 복음적 종교의 기반을 잃고 '권위'를 찾아서 배회하는 현대인에게 절대적 주권을 가진 바르트의 범신론적 신은 무한한 동경의 대상이 되지 않을 수 없다.

그러나 우리가 확실히 알아야 할 것은 바르트의 하나님은 현대인의 동경의 대상이 되고 현대인에게 일시적 사상의 만족을 돕는지는 모르나 결코 현대인에게 구원을 줄 수가 없다는 것이다. 결코 현대인에게 영구한 사상의 만족을 줄 수는 없다는 것이다. 바르트의 하나님은 진정한 의미에 있어서 초월이라는 관념을 현대인에게 줄 수 없다. 바르트의 하나님은 그의 계시적 행동 밖에서 알 수 없는 절대 자유의 하나님이나 동시에 인간을 자신 안에 흡수해 버리는 하나님이기 때문에 진정한 의미에 있어서 현대인에게 '권위'를 보여 주지 못한다. 왜냐하면 바르트의 하나님은 인간을 구별된 존재에 두고 인간의 창조주로서 영광을 받으시는 하나님이 아니라 자신을 인간에게 전적으로 내어주는 동시에 인간을 자기 자신으로 삼는 권위 없는 하나님이기 때문이다.

현대인에게 진정한 사상적 만족을 줄 수 있는 하나님은 칼 바르트의 하나님이 아니라, 기독교 성경에 나타난 삼위일체의 하나님 즉 칼빈주의 신학이 말하는 하나님이다. 이 하나님만이 현대인에게 권위를 보여 줄 수 있다. 이 하나님만이 자신을 인간에게 계시하지만 그리스도를 통한 자신의 계시가 있기 전에, 즉 만세 전부터 자존(自存)하시는 유일하시며 영원하신 하나님이시므로 이 하나님만이 진정한 의미에 있어서 현대인에게 '초월'이라는 관념을 줄 수가 있다.

3. 그리스도관

(1) 서론

현대인에게 칼 바르트의 신학은 대단히 매력적인 것이다. 헤겔(Hegel)의 절대정신(der absolute Geist)이라는 관념 위에 세워진 형이상학의 전당(殿堂)이 무너지고 앵글로색슨 계통 제국(諸國)에서 일어난 공리주의(Utilitarianism) 혹은 실용주의(Pragmatism)의 사상은 창조적 내용의 결여로 말미암아 현대인에게 환멸(幻滅)을 주고 있는 오늘날 바르트의 신학은 그 사상적 독창성(思想的 獨創性) 때문에 현대인을 사상적 환멸(思想的 幻滅)에서 구해내는 메시야적 존재로 나타나고 있는 것이다. 현대인은 열리지 않는 문 앞에서 문이 열리기를 기다리는 카프카(Franz Kafka)의 『법 앞에서』(*Vor dem Gesetz*)라는 이야기에 나오는 어떤 시골 사람과 같다. 현대인은 그의 심혈을 기울이는, 그러나 막연한 기다림 속에서 그의 연륜(年輪)이 커져감을 의식한다. 그리하여 그는 그의 시력이 갑자기 약해지는 것같이 느낀다. 그러나 그의 주변에 있는 바깥 세계가 어두워지는 것인지 또는 그 자신의 눈이 어두워지는 것인지를 분별하지 못하는 것이다.[9]

---

9) Franz Kafka, *Parabelen und Paradoxe*, 1935, p. 62.

그런데 삐걱하는 소리가 나며 열리지 않던 문이 열리는 것 같은 착각을 현대인은 가진다. 문이 열렸나 보다 생각하고 그는 시선을 문으로 집중한다. 그리하여 그는 문 안에 전개되는 세계 즉 구원이 있음 직한 그 세계를 본다. 아니, 보았다고 생각한다. 이 현대인이 바라보는 문 안의 세계 즉 구원이 있을 것 같은 그 세계가 곧 바르트의 신학적 세계인 것이다. 이 칼 바르트의 신학적 세계는 현대인이 그의 사상적 환멸에서 벗어나는 탈출구(脫出口)가 되는 것같이 보인다. 그러나 과연 그러한가? 이 바르트의 신학적 세계는 사상적 '황무지'에서 사는 현대인에게 구원을 주는 메시야적 세계인 것 같다. 그러나 과연 그러한가? 이 문제에 대한 대답을 얻기 위하여 우리는 칼 바르트의 신학적 세계로 깊숙이 들어가 보기로 하자!

(2) 본론

칼 바르트(K. Barth)의 신학적 세계는 한마디로 말해서 그리스도 일원적 세계(Christomonistic World)라고 할 수 있겠다. 바르트의 신학은 그리스도에서 시작하여 그리스도에서 끝난다. 바르트에 의하면 우리는 그리스도를 통해서만 진정으로 하나님을 알 수 있으니 하나님의 계시가 그리스도 밖에서 존재하지 않기 때문이다. 또 우리는 그리스도를 통해서만 진정으로 인간을 알 수 있으니 인간은 그리스도 안에서 선택을 받은 자로서 존재하기 때문이다. 바르트에 의하여 인간과 세계는 그리스도를 중심으로 벌어지는 구속역사의 배경이 되는데 불과하다.[10]

이와 같이 칼 바르트의 신학을 일관하는 그리스도 일원적 원리(Christomonistic Principle)를 생각할 때 우리는 그의 신학을 논함에 있어서 그의 그리스도관을 특별히 취급함이 어려운 일임을 모르는

---

10) A.D.R. Polman, *Barth*(Modern Thinkers Series), p. 33.

바 아니다. 바르트의 신관(Theology)도 그의 인관(Anthropology)도 모두 다 조직신학적 언어로써 표현된 그의 그리스도관(Christology) 임에 틀림없다. 그러므로 누구나 바르트 신학의 제문제를 취급할 때 원칙적으로 그의 그리스도관을 취급하게 되며 또 그의 그리스도관을 취급함은 원칙적으로 그의 신학의 제문제를 취급함이라는 것을 우리는 안다. 그러므로 바르트의 신학이 처음부터 끝까지 그리스도에 대한 서술임에도 불구하고 그의 신학에서 그의 그리스도관을 추려낸다는 것은 어려운 일임을 우리는 안다. 그러나 어려움에도 불구하고 이 일을 감행한다면 우리는 바르트의 그리스도관을 아래와 같이 다섯 주요 분야(主要分野)로 나누어서 고찰할 수 있겠다.

① 그리스도와 신의 구체성

바르트에 의하면 우리가 하나님에 관해서 말할 때 하나님을 그리스도 안에 있는 하나님과 그리스도 밖에 있는 하나님을 구별할 수 없다는 것이다.[11] 왜냐하면 우리는 그리스도를 떠나서 하나님에 관한 아무런 지식도 가질 수 없기 때문이다.[12]

우리가 하나님에 관해서 말할 때 언제나 그리스도 안에 있는 하나님을 말하여야 한다. 이렇게 말하여야만 우리는 구체적인 하나님(Deus in concreto)을 말하는 것이 된다. 만일 우리가 그리스도를 떠나서 그리스도 배후에 있는 하나님을 말한다면 추상적인 하나님(Deus in abstracto)을 말하는 것이 된다. 종교개혁자들의 과오는, 특히 칼빈(J. Calvin)의 과오는 그리스도를 떠나서 그리스도 배후에 있는 하나님, 즉 추상적 하나님을 말한 데 있다는 것이다.[13]

바르트에 의하면 우리가 말하는 계시는 언제나 그리스도 안의 계

---

11) *Church Dogmatics*, IV, I, p. 363.
12) *Ibid.*, p. 45.
13) Cornelius Van Til, *Christianity and barthianism*, p. 15.

시를 말하는 것이 된다는 것이다. 왜냐하면 말씀(그리스도) 안에 있는 하나님은 자신을 계시하는 하나님이기 때문이다.[14] 다시 말하면 하나님의 계시는 그리스도 밖에서는 존재(存在)하지 않는다.[15] 이제 우리는 이 그리스도 안에 있는 하나님, 즉 구체적인 계시의 하나님이 전적으로 나타난 하나님(Deus revelatus)인 동시에 전적으로 숨은 하나님(Deus absconditus)임을 알아야 한다고 바르트는 말한다.[16]

하나님은 자신을 그리스도 안에서 인간에게 전적으로 보여준다. 그러므로 하나님은 그리스도 안에서 전적으로 나타난 하나님이시다. 그러나 하나님은 자신을 인간에게 계시할 때 종의 형상으로 계시한다. 즉 그리스도의 인성(人性)이 하나님의 하나님으로서의 모습을 가린다.[17] 그러므로 하나님은 그리스도 안에서 전적으로 나타나는 하나님인 동시에 전적으로 숨은 하나님인 것이다. 그런데 하나님의 계시(하나님이 그리스도 안에 있다는 그 사실)는 계시의 시간이라는 특별한 시간을 가진다. 이 계시의 시간은 하나님의 시간도 아니요 타락한 인간의 시간도 아니다. 이 시간은 셋째 시간, 예수 그리스도의 시간이다.[18]

이 셋째 시간, 예수 그리스도의 시간은 역사의 시간도 아니요 초역사의 시간도 아니다. 이 시간은 참역사(Geschichte)이다. 계시의 시간은 참역사이기 때문에 역사가 기록하는 죽은 시간이 아니라, 모든 시대의 인간들과 관련을 맺는 산 하나님의 시간이다.[19] 예를 들면 그리스도의 부활(復活)은 계시적 사건이다. 고로 그리스도의 부활은 계시의 시간 속에서, 즉 참역사 속에서 이루어지는 것이다. 따라서 그

---

14) *Church Dogmatics*, 1, 2, p. 35.
15) *Ibid.*, p. 45.
16) Cornelius Van Til, *New Modernism*, p. 151.
17) *Church Dogmatics*, I, 3, p. 35.
18) *Ibid.*, p. 47.
19) *Church Dogmatics*, IV, 1, p. 336.

리스도의 부활을 역사가의 견지에서 역사적으로 관찰함이 못마땅함을 우리는 알아야 한다는 것이다.[20]

② 그리스도의 성육신

바르트에 의하면 성육신의 교리는 예수 그리스도가 참 하나님이요, 참 인간임을 가르친다. 이 *Vere Deus vere homo*의 관념에 기초한 성육신의 교리는 하나님이 인간이 되고 창조주가 피조물이 되고 영원이 시간이 됨을 말한다.[21] 하나님과 인간 사이에는 종말론적 국경(eschatological frontier)이 가로 놓여 있다.[22] 이 국경을 하나님은 인간이 됨으로써 건너왔다. 즉 참 하나님이요 참 인간인 예수 그리스도의 존재는 종말론적 국경의 파괴를 의미한다.

말씀이 육신이 된다는 사실은 하나님이 종말론적 국경을 건너서 먼 나라로 가는 것을 말한다. 그런데 하나님이 먼 나라로 가는 것은 자신을 숨기는 것이 되는 동시에 자신을 나타내는 것이 된다. 즉 하나님의 은폐(隱蔽)와 계시(啓示)를 의미한다. 하나님의 은폐는 하나님이 먼 나라로 가지만 거기서 하나님이 하나님으로 머물 수 있는 자유, 사랑의 자유를 말한다. 영원히 시간 속에서 영원으로 있을 수 있는 자유를 말한다.[23]

---

20) Es hatte keinen Sinn das zu bedauren; nach Allen, was wir von dem Wesen den Charakter, der Funktion der Auferstehung Jesu Christus Begründung und in zusammenhang der neutestamentlichen Botschaft gehört haben, kann es gar nicht anders Sein, also dass wirmit dem historischen Begriff von Geschichte hier nicht durchkommen (*Kirchliche Dogmatik*, III, I, p. 370).
21) Die Existenz des Menschen Jesu hedeutet aber dies, das Gott Mensch, der Schöpfer Geschöpf, die Ewigkeit Zeit wurde(*Kirchliche Dogmatik*, Ⅲ, 2, p. 625).
22) *Church Dogmatics*, I, 2, p. 368.
23) *Church Dogmatics*, I, 2, p. 368, IV, I, p. 188.

*Vere Deus vere homo*의 관념은 바르트에 의하면 종이 된 주인을 말하고 주인이 된 종을 말한다. 화해하는 하나님과 화해당하는 인간을 말한다.[24] 그런고로 참 하나님이요 참 인간인 그리스도의 존재는 하나님과 그리스도 사이에 성취된 화해의 행동을 말한다.[25] 여기서 우리는 존재와 행동을 동일시하는 바르트의 행동주의적 경향(activistic tendency)을 엿볼 수 있다.

③ 그리스도와 삼위일체

바르트는 삼위일체를 논할 때 그가 신학의 다른 문제들을 취급할 때와 같이 그의 그리스도 일원적 입장을 밝힌다. 바르트는 말하기를 삼위일체의 교리는 '예수가 그리스도이시다'라는 고백의 발전이라고 한다.[26] 예수가 그리스도라는 고백은 하나님이 예수 안에 있음을 말한다. 그런데 우리가 하나님의 계시를 말할 때 그리스도 안에서 하나님의 계시를 말함으로 하나님과 그리스도, 즉 성부와 성자는 상관성(correlativity)의 위치에 선다. 이 성부와 성자 사이에 성립하는 상관성을 깨뜨리는 것이 성신(聖神)이라는 것이다.[27]

하나님의 계시에는 두 가지 면이 있다. 계시의 객관적 면, 즉 객관적 계시는 그리스도 안에서 자신을 계시하는 하나님을 말한다. 그리고 계시의 주관적 면, 즉 주관적 계시는 성신의 유출을 말한다.[28] 계시는 예수 그리스도일 뿐만 아니라 예수 그리스도 안에 있는 인간들의 존재이기도 하다.[29] 다시 말하면 계시는 주는 자와 받는 자가 있어야 성립한다. 그런고로 그리스도 안에서 계시하는 하나님이 있는

---

24) *Ibid.*, p. 136.
25) *Ibid.* p. 153.
26) Cornelius Van Til, *New Modernism*, p. 222.
27) *Ibid.*, p. 153.
28) *Churh Dogmatics*, I, 2, p. 204.
29) *Ibid.*, p. 236

동시에 그리스도 안에서 계시를 받는 인간들이 있다. 그런데 인간들로 하여금 그리스도 안에서 계시를 받도록 하는 것이 성신의 사역이다.[30]

④ 그리스도와 창조

바르트(K. Barth)가 하나님의 삼위일체를 그리스도 중심으로 고찰하는 것처럼 그는 창조를 그리스도 중심으로 고찰한다. 창조는 그리스도를 위해서 있고 창조의 보유(the preservation of creation)도 그리스도를 위해서 있다는 것이다.[31] 바르트는 자연계시(natural revelation)를 믿지 않는다. 인간의 창조주에 관한 지식은 그리스도를 통해서만 얻을 수 있다는 것이다.[32] 왜냐하면 인간은 그의 불순종(타락)으로 인하여 하나님을 아는 능력을 상실했기 때문이다.[33] 하나님이 이세상을 창조하셨다는 것은 믿음으로써만 알 수 있는 사실이다.[34]

바르트에 의하면 창조의 사실에는 상징적 의미가 있다. 하나님이 태초에 세상을 창조할 때 빛과 어두움을 갈라 놓고 궁창 아래의 물과 궁창 위의 물을 갈라 놓은 것은 의(righteousness)와 은총(grace)의 구별을 상징한다.[35] 의(義)와 은총의 구별은 우리의 죽음에서 삶으로 옮겨가는 과정을 말한다.[36] 그러므로 우리들의 오늘은 예수 그리스도의 오늘이다. 심판(審判)의 날이다.[37] 그러나 심판은 칭의

---

30) *Ibid.*, p. 239.
31) *Church Dogmatics*, IV, I, p. 50.
32) A.D.R. Polman, *Barth*, p. 56.
33) *Church Dogmatics*, IV, I, p. 50.
34) A.D.R. Polman, *Barth*, p. 56.
35) *Church Dogmatics*, IV, 1, p. 547.
36) *Ibid.*, p. 547.
37) *Ibid.*, p. 548.

(justification)와 같다.[38] 심판을 받는다는 것은 곧 의롭다 함을 얻는 것이다. 칭의(稱義)는 이렇게 인간이 어두움에서 빛으로 가는 과정을 말하고 그러므로 인간이 그의 자신을 떠나 하나님께로 가는 것을 말한다.[39] 그런데 이 칭의는 예수 그리스도 안에서 이루어진다.[40] 이렇게 바르트에 의하면 창조는 칭의를 상징하고 칭의는 우리들의, 아니 예수 그리스도의 오늘을 말하는 것이다.

⑤ 그리스도와 선택

바르트는 섭리도 그리스도적으로 해석한다. 예수 그리스도는 성부와 성신과 함께 인간을 선택하는 하나님이시다.[41] 동시에 예수 그리스도는 선택을 받는 인간이다. 하나님은 영원 전부터 유일의 인간 예수를 선택했고 예수가 대표하는 모든 인간들을 선택했다.[42] 여기서 문제는 바르트가 유기(reprobation)를 믿느냐 하는 것이다. 바르트는 유기를 믿으나 유기의 실재(實在)를 믿지 않는다. 그런고로 결국 유기를 믿지 않는 것이 된다. 태초(太初)에 하나님과 인간 사이에는 언약(covenant)이 있었다. 이 언약은 인간이 범죄함으로 깨뜨려졌다.

그러나 예수 그리스도가 인간이 받아야 할 형벌을 대신 받았다.[43] 그러므로 예수 그리스도 안에서 인간은 원수가 아니라 친구요 잃어진 것이 아니라 아버지의 집에서 존재하게 되는 것이다.[44] 바르트에 의하면 확실히 선택과 유기 양자(兩者)가 다 존재하나 후자(後者)는 전자(前者)를 위해서 있으므로 그림자와 같은 존재인 것이다. 하나님의

---

38) *Ibid.*, p. 550.
39) *Ibid.*, p. 556.
40) *Ibid.*, p. 567.
41) A.D.R. Polman, *Barth*, p. 37.
42) *Ibid.*, p. 37
43) *Church Dogmatics*, IV, 1, p. 94.
44) *Ibid.*, p. 99.

Yes는 하나님의 No를 앞서고 뒤따른다. 하나님은 영원 전부터 그리스도 안에서 인간을 선택했으니 인간은 이 하나님의 Yes를 감수(甘受)할 뿐이다.[45] 인간은 결코 하나님께 버림받는 운명과 처지에 놓이지 않을 것이다.[46] 유일의 인간인 예수 그리스도 안에서 이루어지는 일은 모든 인간들을 하나님께로 개종하는 그 일이다. 진정한 인류를 실현하는 일이다.[47]

(3) 결론

저자는 앞에서 말하기를 칼 바르트의 신학적 세계는 그리스도 일원적 세계(一元的 世界)요, 그의 신학은 그리스도 일원적 원리의 지배를 받는다고 했다. 그런데 칼 바르트의 그리스도 일원적 원리는 기독교 성경에 기초한 원리가 아니라 인간철학(人間哲學)이 구상한 원리인 것이다. 칼 바르트의 그리스도관의 고찰은 우리에게 이와 같은 결론을 부여한다.

바르트는 그리스도 안에 있는 하나님, 즉 *Deus in concreto*만을 말하고 그리스도 배후에 있는 하나님, 즉 *Deus in abstracto*를 부인(否認)하는데 이것은 바르트의 신학의 유명론적 경향(nominalistic tendency)을 입증한다. 그러나 성경은 분명히 그리스도를 통한 하나님의 계시가 있기 전에 삼위일체의 하나님이 자존(自存)했다는 것을 말하고 있다. 바르트는 그리스도 안에서 전적으로 나타나는 하나님을 말하는 동시에 전적으로 숨은 하나님을 말한다. 즉 *Deus revelatus*와 *Deus absconditus*를 말한다. 이것은 바르트

---

45) *Ibid.*, p. 356.
46) Die Stellung und das Los des Verworfenen nach welchen sie in ihrer Torheit die Hände ausstrecken, indem sie Gott verwerfen, werden sie bestimmt nicht erlangen(*Kirchliche Dogmatik*, II, 2, p. 351).
47) *Church Dogmatics*, IV, I, p. 131.

의 신학이 실재론(realism)과 유명론(nominalism) 혹은 합리주의(rationalism)와 비합리주의(irrationalism)의 사상적 이면(二面)을 가짐을 말한다. 그러나 성경 어느 곳에 바르트가 말하는 *Deus revelatus*와 *deus absconditus*의 구별이 있는가?

바르트는 말하기를 하나님은 계시의 시간이라는 특별한 시간을 가진다고 한다. '그리스도의 시간'을 가진다고 한다. 그러나 성경에는 바르트가 말하는 역사(Historie)와 참역사(Geschichte)의 구별이 없다.

예수 그리스도가 무덤에서 부활하던 그 시간은 이삭이 리브가를 만나던 시간과 같은 역사적 시간이요 사울과 사울의 세 아들이 블레셋 사람들과 싸우다가 길보아 산에서 죽던 시간과 같은 역사적 시간인 것이다.

바르트는 행동주의적(行動主義的) 입장에서 그리스도의 존재는 곧 하나님과 인간 사이에 성취된 화해(reconciliation)를 의미한다고 말한다.

바르트는 삼위일체론에서 삼위일체는 신 안에 삼인격(三人格)의 존재를 말함이 아니라, 한 하나님의 존재(혹은 활동)의 삼양식(三樣式)을 말한다고 한다. 그러므로 그의 삼위일체론은 초대교회에 있었던 이단설(異端說)인 양식적 단일신론(modalistic monarchianism)과 흡사하다. 단, 바르트의 삼위일체론을 우리는 양식적 단일 그리스도 신론(modalistic Christmonarchianism)이라 할 수 있겠다. 바르트는 성부와 성자가 상관성의 위치에 놓여 있다고 말한다. 성부는 성자를 떠나서 있을 수 없고 성자는 그의 모든 사역에 있어서 성부를 나타낸다는 것이다. 그러면 성신은 왜 존재하는가? 바르트는 성신은 성부가 성자의 아버지이고 성자가 성부의 아들임을 나타낸다고 한다. 그러나 이와 같은 바르트의 설명은 성신의 존재를 충분히 설명해 주지 못하는 것이다.[48]

---

48) Cornelius Van Til, *New Modernism*, pp. 224, 225.

바르트는 우리가 창조를 그리스도를 통해서 볼 때 의롭고 선한 것임을 안다고 말한다. 뿐만 아니라 그리스도를 아는 것은 곧 하나님의 창조를 아는 것이라고 말한다. 그러나 우리는 바르트가 말하는 그리스도와 창조와의 이지적 관계(noetic relation)를 성경에서 찾아볼 수 없다.[49]

바르트는 궁극적인 의미에 있어서 유기(遺棄)는 있을 수 없으니, 이는 하나님이 그리스도 안에서 영원 전부터 모든 인간들을 선택했기 때문이다라고 말한다. 하나님의 Yes는 어떠한 NO로써도 좌절될 수 없다는 것이다. 그러나 성경은 분명히 버림받는 인간들이 있음을 말한다. 영원히 꺼지지 않는 불과 영원한 고통과 지옥이 있음을 말한다.[50] 『법 앞에서』라는 카프카의 이야기에 나오는 시골사람은 열리지 않은 문 앞에서 문이 열리기를 기다렸다. 그러나 종시 문은 열리지 않았다.

오늘날 현대인은 종래의 복음주의적 신앙의 기반을 잃고 그런 의미에서 진정한 철학을 잃은 현대의 사상적 환멸(思想的 幻滅)에서 벗어 나기를 희망한다. 현대인은 그의 탈출구를 찾는다. 문이 열리기를 기다린다. 그러나 칼 바르트의 신학적 세계에서 현대인이 사상적 탈출구를 찾았다고 생각하는 것은 그의 착각인 것이다. 칼 바르트의 신학을 읽고서 현대인이 그의 눈 앞에 문이 열리는 것같이 생각하는 것은 환상에 지나지 않는다. 왜냐하면 칼 바르트의 신학적 세계에서 현대인이 만나는 것은 하나님이 아니라 현대인 자신의 모습이기 때문이다.

칼 바르트의 신학적 세계는 그리스도 일원적 원리로 일관되는 세계이다. 그러나 칼 바르트의 그리스도는 기독교 성경에 나타난 그리스도는 아니다. 그의 그리스도는 현대철학(現代哲學)의 산물이다. 바

---

49) A.D.R. Polman, *Barth*. p. 57.
50) *Ibid.*, p. 55.

르트의 그리스도는 고등한 휴머니즘(higher humanism)이 낳은 그리스도이다.[51]

칼 바르트의 신학적 세계에는 그리스도적 낭만(Christ-romance)이 있다.

영원한 하나님이 먼 나라로 가서 인간이 된다. 이 인간이 된 하나님, 즉 그리스도는 고난을 당한다. 그리고 그의 당한 고난을 통하여 인간은 기쁜 소식을 듣는다. 인간이 그리스도 안에 있다는 소식을, 아들이 아버지의 집에 있다는 것을….

이 칼 바르트의 신학적 세계에 있는 그리스도적 낭만(浪漫)을 보고 현대인은 영원을 보는 것 같은 환상을 가진다. 그러나 그것은 진실로 환상이다. 바르트 신학의 그리스도적 낭만은 성경에 기록된 그리스도의 복음과는 동떨어져 있다. 이와 같은 낭만 속에서 영원을 찾고 구원을 찾으려는 현대인의 노력은 시인 호머(Homer)의 어떤 작품에 나오는 신화적 인물 시지프스(sisyphus)가 바위돌을 산정(山頂)으로 굴려 올리는 일과 같다. 시지프스가 굴려올리던 바위돌은 산정에 머물러 있지 않고 언제나 다시 굴러 내려 왔다.

오늘날 현대인은 바르트 신학의 그리스도적 낭만 속에서 시지프스와 같은 자신의 모습을 발견할 뿐이리라.

4. 인관

(1) 서론

폴만(A.D.R. Polman)이 말한 것과 같이 칼 바르트의 신학은 그리스도 일원론(一元論)에 입각한 신학이다. 그의 모든 신학적 사색이

---

51) Cornelius Van Til, *Christianity and Barthianism*, p. 445.

그리스도에게 직결되어 있고 그리스도를 통하여 그의 모든 신학적 사색이 전개된다고 하겠다. 칼 바르트의 인관에 있어서도 우리는 이와 같은 사실을 목격한다. 바르트는 그의 인간학을 가리켜서 신학적 인간학이라고 한다. 보통 인간학은 인간현상을 취급하는 데 그친다. 그러나 신학적 인간학은 하나님의 말씀에 의하여 알려지는 진정한 인간을 포착(捕捉)한다는 것이다.[52] 이와 같은 신학적 인간학의 핵은 창조주 하나님이 피조물 인간에게 은혜로우시다는 사실이다.[53] 그런데 창조주 하나님이 피조물 인간에게 은혜로우시다는 것은 예수 그리스도의 존재를 통하여서만 가능하다. 그러므로 신학적 인간학(人間學)이란 결국 그리스도론에 입각한 인간학이다.[54]

바르트에 의하면 예수 그리스도는 하나님과 인간 사이에 있는 제3의 존재가 아니다. 예수 그리스도는 진정한 하나님이며 진정한 인간이다. 그는 하나님에 의하여 지음받은 그대로의 인간이다. 그러기에 그는 어떤 인간에게도 형제가 되는 것이다.[55] 바르트는 그의 인관에서 예수 그리스도를 진정하고 유일한 모델 인간으로 삼는다. 우리들이 인간적 성격을 휴대하는 것은 그리스도가 먼저 인간적 성격의 휴대자이기 때문이라는 것이다.[56]

우리들은 마치 위성(衛星)들이 태양을 중심으로 회전하듯이 그렇게 진정하고 유일한 예수 그리스도를 중심으로 회전하며 그에게서 빛과 리얼리티(reality)를 받음으로 존재하는 존재들이다. 이제 우리는 칼 바르트의 인관을 고찰하려 할 때 그의 사상의 다른 분야들을 고찰함에 있어서와 같이 우리의 과업이 결국은 그리스도의 존재에 대한 고찰임을 알아야 한다. 바르트는 그의 인간학을 신학적 인간학이라

---

52) *Church Dogmatics*, Ⅲ, 2, p. 25.
53) *Ibid.*, p. 34.
54) *Ibid.*, p. 44.
55) *Ibid.*, p. 53.
56) *Ibid.*, p. 50.

부른다. 그러나 좀더 정확하게 말한다면 바르트의 인간학은 신학적 인간학이 아니라 그리스도적 인간학인 것이다. 우리는 이와 같은 사실을 기억하면서 칼 바르트의 인간학을, 그의 그리스도적 인간학을 고찰해 보기로 하자.

(2) 본론

① 하나님의 피조물로서의 인간

칼 바르트의 인관(人觀)은 인간이 하나님의 피조물이라는 명제(命題)에서 시작한다. 바르트에 의하면 인간은 하나님의 언약(言約)의 배우자이다. 인간은 하나님에 의하여 지음을 받고 그와 함께 일생을 살도록 작정함을 받은 존재이다.[57]

그러나 우리는 인간이 이렇게 하나님의 피조물이며 하나님과 함께 사는 존재이지만 인간이 또한 그의 이웃사람을 가지고 있다는 사실에 주목해야 한다. 바르트는 말하기를 우리가 인간을 그의 이웃사람 없이 생각한다면 우리는 인간을 바로 보지 못한다고 한다. 인간이 이웃사람을 가지고 있다는 사실에 착안하지 않고서는 진정한 인관이 있을 수 없다.[58]

이제 우리는 인간이 이웃사람을 가지고 있다는 사실에 착안하는 동시에 예수 그리스도가 인간의 진정한 이웃사람이라는 사실에 착안해야 한다.[59] 바르트에 의하면 예수 그리스도는 하나님과 인간이 만나는 지점이 된다. 왜냐하면 예수 그리스도는 하나님을 위해서 있는 존재인 동시에 인간을 위해 있는 존재인 것이다.[60] 예수의 인간성(人間性)은 진정으로 그리고 철저하게 우리 인간들을 위해 있는 것이

---

57) *Church Dogmatics*, Ⅲ, 2, p. 203.
58) *Ibid.*, p. 226, 227.
59) *Ibid.*, p. 243.
60) *Ibid.*, p. 216.

다.[61] 이제 그의 이웃사람 예수를 가진 인간은 죄를 지어도 하나님의 피조물이며 하나님의 언약의 배우자인 것이다.[62] 불신앙(不信仰)이 지극히 크다고 할지라도 그가 자신을 파괴할 수는 없다. 아무리 인간이 타락한다고 할지라도 그는 역시 하나님의 피조물로서 존재한다.[63] 왜냐하면 이웃사람 예수를 가진 인간은 근본적으로 하나님을 향하여 있는 존재이기 때문이다.[64]

이웃사람 예수를 인간이 가진다는 말은 예수가 인간에게 이웃사람이라는 뜻 이상의 뜻을 가진다. 예수 그리스도는 인간의 진정한 이웃사람인 고로 또한 인간의 대표자(代表者)가 되며 인간에게 그의 삶의 환경이 되는 것이다. 바르트는 말하기를 인간은 그리스도 안에서 존재하며 그리스도 안에서만 존재한다고 한다. 만일 인간이 그리스도를 떠난다면 인간은 그의 존재와 본성을 상실할 것이다.[65]

우리는 이렇게 바르트에게 피조물로서의 인간보다 이웃사람 예수를 가진 인간, 즉 예수 그리스도 안에 있는 인간이 우선적인 관념임을 안다. 인간이 하나님의 피조물이라는 사실은 인간이 예수 그리스도 안에 있다는 사실에 의하여 보장되는 것이다.

인간이 하나님과 함께 있는 존재라는 말은 인간이 예수 그리스도와 함께 있는 존재라는 말이 있기 때문에 있는 것이다. 인간은 그의 진정한 이웃사람이며 대표자인 예수를 통하여 초월적인 하나님, 절대적 타자인 하나님의 본성에 참여하는 것이다.[66] 인간은 타락하여 하

---

61) *Ibid.*, p. 243.
62) *Ibid.*, p. 319.
63) *Church Dogmatics*, Ⅳ, 1, p. 480.
64) *Ibid.*, p. 142.
65) *Ibid.*, p. 149.
66) Und so heisst Menschsein indem es mit Jesus zusammen ist zusammen sein mit dieser Entsprechung Wiederholung. Und Darstellung die Einzig keit und Transzendenz Gottes, zusammensein mit diesem Ungleichen. Sie heisst Menschsein: Sein in diesem, dem

나님 앞에서 죄인이지만 그가 여전히 하나님의 피조물(被造物)로서 하나님의 언약의 배우자로서 존재하는 까닭은 영원 전에 하나님이 예수 그리스도를 선택했기 때문이다. 인간은 그의 대표자인 예수 그리스도 안에서 하나님의 선택을 받았다. 인간의 죄에 대한 하나님의 진노와 심판은 진정하고 유일한 인간인 예수에게 이미 내려졌으므로 하나님의 Nein이 인간에게 효과를 나타내지 않는다.[67]

바르트에 의하여 인간의 죄는 원칙적으로 그 리얼리티(reality)가 희박한 것이다. 죄는 인간이 하나님과 함께 있는 존재라는 원리원칙에서 볼 때 존재론적(存在論的)으로 불가능한 것이라고 생각할 수밖에 없다. 하나님의 진노에서 은총에로의 움직임은 역사적 과정을 밟지 않는다.[68] 하나님의 인간을 위한 은총(恩寵)은 예수 그리스도 안에서 영원 전에 승리한 것이다. 인간이 하나님의 피조물로서 실패하지 않는 것은 그가 하나님의 은혜의 영역에서 벗어날 수 없기 때문이다. 그가 그리스도라는 그의 삶의 환경을 버릴 수 없기 때문이다

우리는 이렇게 바르트의 인관에 있어서 하나님의 피조물이라는 명제는 인간의 존재구조(存在構造)에 관한 분석이라기보다 인간이 하나님의 영원한 은총의 대상이라는 진리의 해석이라고 할 수 있겠다.[69] 인간이 하나님의 피조물이라는 명제는 그리스도적인 명제인 것이다. 인간은 예수 그리스도 안에 있음으로써 하나님의 은혜의 영역(領域)에서 살며 하나님의 언약의 배우자이다. 인간은 예수 그리스도 안에 있음으로써 하나님의 피조물인 것이다.

---

    realen, dem absoluten Gegenüber(*Kirchliche Dogmatik*, Ⅲ, 2. p. 161).
67) Es ist also die Prädestination sofern in ihr auch ein Nein aus gesprochen ist, auf alle Fälle kein den Menschen treffendes Nein (*Kirchliche Dogmatik*, Ⅱ, 2, p. 181).
68) G.C. Berkouwer, *The Triumph of Grace in the theology of Karl Barth*, p. 223.
69) *Ibid.*, p. 233.

② 혼과 육을 가진 인간

칼 바르트의 인관에 있어서 둘째로 중요한 명제가 되는 것은 인간은 하나님에 의하여 그의 육을 다스리는 혼으로 지음을 받았다는 것이다. 바르트는 말하기를, 인간이 존재한다는 것은 그의 혼을 말하고, 인간이 존재할 때 소유하는 형식은 그의 육을 말한다고 한다. 인간은 혼과 육으로 되어 있다. 그것은 인간의 존재구조이다.[70]

우리는 인간이 홀로 있는 존재가 아니라 하나님과 함께 있는 존재이며 이웃사람들과 함께 있는 존재라는 사실에 착안해야만 인간의 존재 구조에 관한 정당한 고찰을 할 수 있는 것이다. 여기서 우리는 바르트가 하나님의 피조물로서의 인간에 관하여 그리스도적 해석을 내린 것과 같이 '혼과 육으로서의 인간'에 관하여 그리스도적 해석을 내린다는 것을 알 수 있다. 바르트에 의하면 우리가 인간의 존재구조를 정당하게 이해하려면 인간의 진정한 이웃이며 대표자인 그리스도를 우리의 모델로 삼아야 한다는 것이다. 진정한 인간 예수는 신약성경에 나타나 있는 대로 육을 가진 혼이며 혼을 가진 육이다. 그는 완전한 인간, 혼과 육을 동시에 소유한 인간이며 그러한 인간으로서 그가 살고 죽었으며 부활(復活)했고 하나님의 우편에 앉아 있다가 다시 오는 것이다.[71] 이 진정하고 유일한 인간 예수 안에서 혼과 육은 불가분리(不可分離)이며 혼과 육이 합하여 한 인격체(人格體)를 구성한다. 그러므로 인간 예수를 모델로 하여 존재하는 우리들에게 있어서 혼과 육은 불가분리이며 혼과 육이 합하여 우리들의 인격체를 구성하는 것이다.

그런데 바르트는 인간의 존재구조를 논함에 있어서 혼과 육을 말하는 데 그치지 않고 영의 존재를 말한다. 그러면 바르트가 말하는 영이란 무엇인가? 희랍철학에서는 인간을 쏘마(soma), 푸시케

---

70) *Church Dogmatics*, Ⅲ, 2, p. 325.
71) *Ibid.*, p. 327

(psche), 프뉴마(pneuma)로 삼등분하여 고찰했는데, 그중에서 프뉴마(pneuma)는 인간의 가장 고상한 정신적 기능을 의미한다. 그러나 바르트가 말하는 영은 이런 것이 아니다. 또 인간의 마음을 지(知), 정(精), 의(意) 삼요소의 합성체라고 생각한 18세기 독일의 능력 심리학자 크리스쳔 볼프(Christian Wolff)의 견해와도 바르트는 결코 동의(同意)하지 않는다.

바르트에 의하면 인간은 영(靈)을 가진다. 그러나 영이란 혼과 육과 병행(竝行)하여 존재하는 제삼(弟三)의 존재가 아니다. 인간이 영을 가진다고 하기보다는 영이 인간을 가진다고 함이 옳다. 영이 인간의 존재구조에 속한다는 것은 영이 인간의 존재구조를 결정하고 제한하는 근거가 된다는 의미에서인 것이다.[72]

우리는 영이 있다고 말할 것이 아니라 영이 움직인다고 말해야 한다. 영이란 하나님과 인간 사이에 관계를 맺고 친교를 성립케 하는 하나님의 능력이라고 하겠다.[73] 영은 선택을 받고 부름을 받은 사람에게는 신생(新生)의 원리이며 그렇지 않은 사람에게는 그의 피조물로서의 존재 원리(存在原理)인 것이다.[74] 영이란 하나님이 그의 피조물에 대하여 행하는 사역이며 하나님의 인간을 향한 움직임이다.[75] 영은 인간으로 하여금 하나님과 관계를 맺고 살게 하며 그의 육의 혼으로서 살게 한다.

영이 없는 인간은 결코 인간이 아니다. 그는 그의 육의 혼이 될 수 없는 것이다.[76] 영을 가진다는 것은 인간이 산다는 것을 말하며 그러므로 혼을 말하며 인간이 그의 육의 혼임을 말한다.[77] 이렇게 바르트

---

72) *Church Dogmatics*, Ⅲ, 2, p. 354.
73) *Ibid.*, p. 356.
74) *Ibid.*, p. 359.
75) *Ibid.*, p. 356.
76) *Ibid.*, p. 359.
77) *Ibid.*, p. 362.

에게는 영은 인간이 그의 육(肉)의 혼(魂)으로써 사는 가능성, 하나님이 주시는 가능성을 의미한다. 인간은 하나님에 의하여 그의 육의 혼으로 살도록 지음을 받고 또 그렇게 보존되고 있다.

이제 우리가 영을 소유할 때, 하나님이 주시는 가능성을 받을 때 우리들 안에서 혼의 통치와 육(肉)의 봉사가 있는 것이다. 인간이 이성적 존재(理性的 存在)라는 것은 바로 이것을 말한다.[78] 이제 바르트에 의하면 인간 안에 있는 통치하는 혼과 봉사하는 육은 유추적(類推的)으로 하나님과 인간의 관계를 설명한다는 것이다. 인간의 혼이 그의 육을 통치함같이 창조주 하나님은 피조물 인간의 통치자이며, 인간의 육이 그의 혼을 봉사함같이 피조물 인간은 창조주 하나님의 봉사자인 것이다.[79] 또한 인간 안에 있는 통치하는 혼과 봉사하는 육은 유추적으로 그리스도와 그의 몸된 교회와의 관계를 설명한다. 인간의 혼이 그의 육을 다스리며 인간의 육이 그의 혼을 섬기는 것같이 그리스도는 그의 몸된 교회의 통치자로서 존재하고 그의 몸된 교회는 그리스도를 섬기는 봉사자로서 존재한다.[80] 이렇게 바르트의 '인간은 그의 육의 혼으로서 존재한다'는 명제는 결국 그리스도적 이미지(image)와 결부되는 것을 우리는 알게 된다.

③ 시간 속에 있는 인간

칼 바르트의 인관(人觀)에서 셋째로 중요한 명제가 되는 것은 인간은 시간 속에 있다는 것이다. 즉 인간성은 시간성을 말한다는 것이다.

바르트에 의하면 인간은 그의 육(肉)의 혼(魂)으로써 산다. 그러나 인간이 산다면 시간 속에서 사는 것이다.[81]

---

78) *Churh Dogmatics*, Ⅲ, 2, p. 41.
79) *Ibid.*, p. 427.
80) *Ibid.*, p. 427.
81) *Ibid.*, p. 437.

시간은 인간의 존재 형식이다. 그런데 시간은 인간의 존재 형식이라고 말할 때 어떤 추상적이며 형이상학적 시간의 개념을 뜻하는 것은 아니다. 구체적이며 유한한 시간, 인간의 시간을 말하는 것이다. 하나님의 시간과 인간의 시간은 그 질이 다르다. 인간의 시간은 하나님에 의하여 창조(創造)된 시간이며 이 시간 속에서는 과거, 현재, 미래의 구별이 분명하다. 무엇이든지 왔다 가버리고 다시 오지 않는 시간 속에서 인간은 그의 육의 혼으로 살도록 하나님에 의하여 지음을 받은 것이다.[82] 그러나 하나님의 시간은 영원한 시간이다. 하나님이 영원한 존재라고 해서 시간 없이 사는 것은 아니다. 하나님의 영원성은 진정한 시간성을 의미한다.[83] 하나님의 시간에는 어제와 오늘과 내일의 구별이 없다. 하나님은 이러한 시간, 즉 진정한 시간 속에서 산다.[84]

하나님이 인간을 그의 시간 속에 내버려 두고 자신은 영원한 시간 속에서 혼자 존재한다면 하나님은 '나의 하나님'이 되지 못할 것이다. 나를 선택(選擇)하고 사랑하고 심판(審判)하고 구원(救援)하는 하나님이 되지 못할 것이다.[85] 하나님은 인간을 위한 시간을 가지고 있다. 그러기에 하나님이 나의 하나님인 것이다.[86] 이제 이 하나님이 인간을 위하여 제공하는 시간은 예수 그리스도의 시간이다. 인간의 진정한 이웃이며, 대표자인 예수의 시간은 과거, 현재, 미래를 초월하여 모든 인간들의 시간이며 모든 인간들을 위하는 시간이다.[87] 인간 예수의 시간은 과거, 현재, 미래의 구별이 없는 진정한 하나님의 시간의 성격을 지닌다.[88] 인간 예수의 시간은 모든 시간의 심장부(心

---

82) *Ibid.*, p. 438.
83) *Ibid.*, p. 437.
84) *Church Dogmatics*, Ⅲ, 2, p. 522. pp. 437, 438.
85) *Ibid.*, p. 522.
86) *Ibid.*, p. 522.
87) *Ibid.*, p. 440.
88) *Ibid.*, p. 440.

臟部)에 있는 하나님의 시간, 영원한 시간, 또는 성경이 말하는 대로 구원의 해, 성취된 시간인 것이다.[89] 예수 그리스도의 시간은 인간의 역사적 시간과 같이 카렌더에서 오고 가는 시간이 아니라 모든 인간들에게 구원을 가져오는 시간, 즉 참역사(Geschichte)인 것이다. 따라서 우리는 바르트의 시간 속에 있는 인간에 관한 논술이 예수는 시간의 주인이다라는 생각의 지배(支配)를 받고 있음을 안다. 예수는 시간의 주인이시다. 그 이유는 예수가 그의 시간 속에서 살 때 그의 시간은 하나님을 위한 시간이며 모든 인간들을 위한 시간이기 때문이다.[90] 예수 그리스도의 삶은 하나님을 위한 삶이며 동시에 모든 인간들을 위한 삶이다. 예수 그리스도는 하나님의 대언자(代言者)로서, 하나님의 말씀으로서 사는 동시에 인간의 대표자로서, 인간의 구주로서 산다.[91] 예수 그리스도는 그의 시간 속에서 하나님을 떠나서 죄(罪)에 빠진 인간의 구원을 성취시킨다. 그런데 바르트에 의하면 예수 그리스도는 그의 특유한 시간, 곧 참역사(Geschichte)를 가진다고 하겠으나 이것을 더 정확히 말한다면 예수 그리스도 자신이 참역사 즉 구원의 시간인 것이다. 그 이유는 예수 그리스도는 참역사로서 모든 인간들에게 하나님의 구원이 되기 때문이다.[92] 시간 속에 있는 인간, 시간 속에서의 인간의 존재는 무한한 비극적 운명(悲劇的 運命)을 지니고 있다. 그러나 이와 같은 인간의 비극적 운명은 그리스도의 존재로 인하여 해소(解消)되는 것이다. 하나님은 인간을 그의 유한하며 허무한 시간 속에 그대로 버려두지 않고 예수 그리스도를

---

89) *Ibid.*, p. 462.
90) *Ibid.*, p. 439.
91) *Ibid.*, p. 439.
92) Wie die Geschichte der göttlichen Rettung für alle und jeden Menschen ganz und gar und ausschliesslich. Er ist, so ist er ganz und ausschliesslich die Geschichte der göttlichen Rettung für alle und jeden Menschen(*Kirchliche Dogmautik*, Ⅲ, 2, p. 81).

통하여 그에게 은혜로우신 것이다. 단 한마디로 말한다면 시간이란 하나님의 인간에 대한 은혜로우심이다.[93]

5. 결론

앞에서 말한 것과 같이 칼 바르트의 인관은 그의 그리스도 일원론(一元論)을 토대로 하는 인관이다. 인간이 존재함은 그리스도와 함께 있는 존재로서 존재함이다. 인간은 그리스도 안에서 하나님의 피조물로서 존재하며 그의 육의 혼으로서 존재하여 하나님의 영원성과 그의 구원에 참여한다. 그러나 이와 같은 칼 바르트의 그리스도론적 인관(人觀)은 기독교 성경에 나타난 인관과 거리가 먼 것이다.

기독교 성경에 나타난 인관은 물론 그리스도 중심의 인관이다. 그러나 바르트의 그리스도론적 인관은 성경이 증거하는 그리스도를 부인(否認)하는 인관이다. 밴틸(Cornelius Van Til)은 말하기를 바르트의 인관은 종교개혁가(宗敎改革家)들이 가졌던 은혜관(恩惠觀)과 부합하지 않으며 바르트 신학이 말하는 그리스도의 은총은 인간 자신의 조작물(造作物)이라고 한다.[94] 우리는 칼 바르트의 인관이 밴틸이 지적하는 바와 같이 추상적이며, 비성서적 그리스도론에 그 기초를 두고 있으며 바르트의 인관을 지배하는 것은 하나님의 계시적 말씀이 아니라 인간의 철학임을 알아야 하겠다.

바르트는 피조물로서의 인간을 생각할 때 먼저 예수 그리스도 안에 있는 인간을 생각한다. 인간이 하나님의 피조물로서 실패하지 않는 것은 영원 전에 인간을 위한 하나님의 은총이 그리스도 안에서 승리했기 때문이라고 한다. 그러나 성경은 역사를 떠난 은총의 승리를

---

93) *Church Dogmatics*, Ⅲ, 2, p. 526.
94) Cornelius Van Til, *Christianity and Barthianism*, p. 440.

말하지 않는다. 성경을 보면 창세기 1장이 마태복음 28장보다 분명히 먼저 온다. 하나님의 피조물로서의 인간이 역사적으로 먼저 있고 그 뒤에 부활(復活)하신 그리스도를 통하여 구원받는 인간이 있다. 기독교 성경은 인간에 관해서 말할 때에 '창세 전에'라는 궁극적 언어(窮極的 言語)를 사용하지만 그렇다고 해서 결코 창조와 구속의 역사적 순서를 무시하지 않는다.[95]

바르트는 그의 육의 혼으로서의 인간을 생각할 때에도 예수 그리스도 안에 있는 인간을 먼저 생각한다. 그 결과 혼과 육의 관계를 주종적 관계로만 생각하고 영은 이 혼과 육의 주종적 관계를 성립시키는 하나님의 사역 혹은 가능성이라는 철학적 해석을 한다. 그러나 성경에는 혼과 육의 관계가 생명과 생명을 지도하는 세력과의 관계로만 알려져 있지 않다. 육은 죽어서 무덤에 들어가지만 혼이란 사후(死後)에 계속해서 존재하는 정신적 리얼리티(reality)로 알려져 있다.[96] 또한 성경에 영(靈)이란 인간을 그의 육의 혼이 되도록 만드는 하나님의 사역(使役) 혹은 가능성이라는 말이 있다기보다는 영은 인간의 깊은 사유(思惟)와 의지(意志)의 원천이라는 설명이 있는 것이다. 하나님의 자녀가 하나님을 합당하게 섬기려면 그의 영이 먼저 거듭나야 한다고 성경은 말한다.[97]

마지막으로 바르트가 '시간 속에 있는 인간'에 관하여 생각할 때도 그는 먼저 예수 그리스도 안에 있는 인간을 생각하는 것을 우리는 안다. 인간은 그의 주어진 시간 속에서 존재하는 것 같으나 사실은 참 역사(Geschichte)이신 예수 그리스도를 통하여 하나님의 영원성(永遠性)과 그의 구원에 참여한다고 한다. 인간은 본래가 그리스도 안에 있는 존재이며 인간이 시간 속에 있다는 사실이 이 본래적 사실을 동

---

95) *The Triumpf of Grace in the Theology of karl Barth*, p. 252.
96) 계 6:9과 20:22.
97) 시 51:10 이하; 갈 5:22; 요1 4:13.

요케 하지 못한다고 한다. 그러나 성경에는 바르트가 말하는 역사(History)와 참역사(Geschichte)의 구별이 없다. 성경은 분명히 말하기를 예수 그리스도는 어제나 오늘이나 동일하다고 한다. 그러나 그리스도 안에 있는 인간은 칼렌더의 시간 속에서 살지 않고 참역사 속에서, 즉 구원의 시간 속에서 산다는 말을 우리는 성경 어느 곳에서도 찾아 볼 수가 없다.

바르트는 그리스도 안에 있는 인간의 시간을 지나치게 강조한 결과 '시간 속에 있는 인간'에서부터 그의 시간성을 빼앗고, 그를 그리스도라는 추상적 존재구조 속에 가두어 놓은 감이 있다.

19세기 러시아의 문호 투르게네프(Turgenev)가 쓴 『부자』(父子)라는 소설에 나오는 주인공 바자레프(Bazarev)는 허무주의자(虛無主義子)로 자처하면서 그의 친구와의 대화에서 이런 말을 한다. "인생이란 마치 여행가방과 같다. 우리는 이 인생이라는 여행가방을 무엇으로 채우든지 좋으니 빈틈 없이 채우기만 하면 된다."

니체(Nietzsche)가 "하나님은 죽었다"는 유명한 발언을 한 이후로 서구 인간은 종래의 복음주의적 신앙(福音主義的 信仰)의 전통을 상실하고 아버지의 집을 떠나 먼 나라로 간 탕자와 같이 사상적 허무(思想的 虛無)와, 기근(饑饉) 속에서 배회하고 있다. 토인비(Toynbee)가 현 20세기를 가리켜 기독교 후시대(Post-Christian era)라고 부르는 것도 현대인이 철저한 허무주의의 신봉자가 되었다는 사실을 우리에게 알려주는 것뿐이다.

우리는 허무주의로 생활의 철학을 삼는 서구인의 사회에서 살면서 인간을 말하지 않고 하나님을 말하며, 철학을 논하지 않고 하나님의 계시를 논하는 칼 바르트의 신학과 접촉할 때 현대 서구인의 사상적 공백을 채우고 그에게 새로운 생명적 진로(進路)를 보여주는 메시야적 존재의 출현을 보는 듯한 느낌을 갖게 된다. 현대인의 텅빈 삶의 여행가방을 칼 바르트가 그의 그리스도로 채워주는 듯하다. 그러나 칼 바르트의 그리스도 역시 인간 철학의 산물임을 우리는 알아야 한다. 근대 유명론(唯名論)과 실재론(實在論)의 합성물인 칸트(I. Kant)의 철학이 곧 바르트의 그리스도이므로 그와 같은 그리스도는 허무주의가 빚어낸 사상적 환멸에서 현대인을 구출하지 못할 것이다. 위에서부터 오는 하나님의 계시적 진리(啓示的 眞理)를 떠나서 인간이 시도하는 모든 사색은 평면으로 기어가는 파충류의 말로(末路)와 같아서 결국은 허무라는 담벽에 부딪쳐서 절망하지 않을 수 없는 것이다.

A Selective Reading on Karl Barth

Karl Barth, *Der Römerbrief*, Zürich: EVZ Verlag, 1940.
―――――, *Die Kirchliche Dogmatik*, Ⅰi, ⅱ Ⅱi, ⅱ, Ⅲi, ⅱ, ⅲ, ⅳ, Ⅳi, ⅱ, ⅲ, ⅳ. Zürich: Theologischer Verlag, 1932~1967.
Karl Barth, *Die Protestantische Theologie im 19. Jahrundert*, Zürich: Evagelischer Verlag, 1946.
G.C. Berkouwer. *The Triumph of Grace in the Theology of Karl Barth*, Grand Rapids: Zondervan, 1956.
Cornelius Van Til, *Christianity and Barthianism*, Philadelphia: The Presbyterian and Reformed Publishing Company, 1962.
Creative Minds in Contemporary Theology(Edited by Philip E. Hughes) 2. *Karl Barth*(pp. 27~62), Grand Rapids: Wm.B. Eerdmans Publishing Co., 1966.
박형룡저작전집 Ⅷ(신학난제선평상권), 제5장 신정통신학(pp. 193~245), 서울, 한국기독교교육연구원, 1978.
윤성범, 『칼 바르트』, 서울, 대한기독교서회, 1968.

간하배, 『현대신학해설』, 제3장 신정통주의(pp. 30~39), 서울, 개혁주의신행협회.
『현대신학자 20인』, 5. 칼 바르트(pp. 44~51), 서울, 대한기독교서회, 1970.

제2장: 라인홀드 니버

1. 생애

(1) 출생과 학생 시절

　라인홀드 니버(Reinhold Niebuhr, 1896~1971)는 1896년 6월 21일 미국 미조리 주 라이트 시에서 출생하였다. 그의 부친은 독일인 이민자로서 독일계 루터교 목사였다. 니버는 일찍이 엠헐스트 대학을 졸업하고 루터교 교회의 신학교인 에덴 신학교를 또한 졸업하였다. 그리고 그 후에 예일 대학에 가서 2년 간 대학원에서 공부하고 인식론 문제에 관한 논문을 써서 문학 석사 학위를 받았다. 그러나 그의 학구 생활은 일단 거기서 끝났다. 1915년에 니버는 디트로이트 시에 있는 벧엘 복음교회(The Bethel Evangelical Church)의 목사로 부임하였고 거기서 1928년까지 목회를 계속하였다.

(2) 디트로이트 목사

　그는 디트로이트 목사로서 그의 교회의 교인 대다수가 포드 자동차 공장에서 일하는 공원(工員)들이라는 상황 속에서 자신을 발견케 되었다. 그 당시 미국은 경제적으로 대불황 속에 놓여 있었고 특히 디트로이트 시를 본부로 하는 미국 자동차 공업이 큰 타격을 받았으며 실직자가 속출했고, 니버의 교인들의 대다수가 생활난에 허덕이고 있었다. 니버는 디트로이트 시에서 목회하는 기간 동안 노사분규와 노동자의 처우개선 문제에 대하여 자연히 관심을 갖게 되었고 많은 미국인들이 헨리 포드를 중공업계의 위대한 인도주의자로 칭찬한 데 반하여 니버는 포드의 정책을 노동자의 비인간화와 포드 개인의 축재(蓄財) 등을 들어서 맹렬히 공격하였다.

이렇게 하여 니버의 기독교 사회윤리에 대한 관심이 깊어갔다. 그의 후기 저술은 디트로이트 목사로서 가질 수 있었던 경험을 토대로 하고 이루어진 것들이었다. 특히 1932년에 니버가 저술한 『도덕적 인간과 부도덕한 사회』라는 책은 디트로이트 목사 시절의 경험과 마음에 느낀 충격, 갈등, 각성 등을 바탕으로 한 것으로서 니버에게 윤리신학자로서의 국제적인 명성을 가져다준 책이기도 하다.

(3) 기독교 현실주의의 기수

1928년 니버는 13년 간의 디트로이트 목회를 고별하고 뉴욕 시에 있는 유니온 신학교의 응용신학(應用神學) 교수로 부임하였다. 이미 그때는 니버의 첫번째 저술인 『문명은 종교를 필요로 하는가』(Does Civilization need Religion, 1927)가 나온 후였다. 니버는 유니온 신학교에서 주로 기독교 사회 윤리를 강의하였는데 학문적인 분위기와 학술 연구의 기회가 좋아서 30년이 넘는 긴 세월 동안 수많은 강의와 강연들 그리고 신학적 저술들을 통하여 윤리학자와 신학자로서의 그의 이름을 미국에서뿐만 아니라 국제적으로 알리기에 이르렀다. 그의 많은 저술 작품들 중에서 특히 중요한 것으로서 앞서 언급한 바 있는 『도덕적 인간과 부도덕한 사회』(Moral man and immoral society, 1927)와 『기독교 윤리 해석학』(An interpretation of Christian ethics, 1935)과 『빛의 자녀와 어둠의 자녀』(the *children of light and the children of darkness: A vindication of democracy and its traditional defence*, 1944)와 『인간의 본성과 운명』(*The nature and destiny of man: A christian interpretation-I, Human nature, II. Human destiny*, 1946)이 있다. 특히 그의 『기독교 윤리 해석학』은 '기독교 현실주의 윤리'(A christian realistic ethics)의 입장을 잘 나타내는 저술로서 윤리절대주의와 윤리무용론의 양극단을 배격하면서 인간의 죄와 그 결과로서의 사회악을 십분 고려하되 기독교 윤리의 이상을 포기하지 않고 끈기 있게 추구할 것을 제안하는 현실주의적 기독교 사회윤리를 긴박감 있게 설파하고 있다. 그리고 그의 대표적 저술이라고 볼 수 있는 『인간의 본성과 운명』은 기독교 인간론의 강의로서 진정한 인간의 윤리적 상황의 파악은 인간 본성에 관한 기독교적 이해에 입각하여야 한다는 니버의 생각에서 기인한 것이다.

니버는 실존주의적 입장에서 인간을 자연적이면서도 자유로운 존재로 보고 인간의 죄가 인간의 제한성을 부정하고 영원무한자가 되려는 의지 즉 교만에 있다고 간파하였다. 따라서 이와 같은 인간과 죄에 대한 이해를 가지고서 인간이 처해 있는 윤리적 상황과 그가 창조하는 역사와 문화에 대하여 놀라우리만큼 예리한 진단을 내렸고, 인간의 죄와 긍정적 가능성을 둘러싼 변증법적 사고로서 어떤 대책과 결론을 시도하였다. 흔히들 라인홀드 니버를 가리켜 미국에서의 신정통주의 신학의 대변론자였다고 말한다. 그의 인간관이나 신관이 신학적으로 키에르케고르와 칼 바르트의 영향을 받은 것은 사실이다. 또 폴 틸리히와 같은 실존주의 신학자와 깊은 사귐도 있었다. 그러나 라인홀드 니버는 무엇보다도 기독교 윤리학자였고, 구주대륙의 신정통주의 신학자들이 가져보지 못한 디트로이트 시에서의 사회윤리적 경험을 바탕으로 하여 사회윤리적인 측면에서 구주대륙의 실존주의 또는 신정통주의 신학에 대하여 창의성 있게 접근하였다고 봄이 타당할 것이다.

(4) 세계를 뒤흔들어 놓은 신학자

라인홀드 니버는 그의 유니온 신학교에서의 교수 시절의 초기에는 사회당(社會黨)이라는 정당에 가입하여 정당활동도 하였고 미국 연방 의회의 의원으로 출마한 적도 있었다. 그러나 정견과 철학의 차이로 인하여 사회당으로부터 탈당하였고, 그 후에는 뉴욕 시에서 자유당 당원으로 활동하기도 하였다. 니버는 1960년에 유니온 신학교의 기독교 윤리학 명예교수가 되어 현역 교수진으로부터 은퇴하였으나, 1971년 그의 사망시까지 계속 뉴욕 시에 살면서 기독교 윤리학과 신학에 관한 특강과 집필로서 대학자요 사상가로서의 면모를 과시하였다.

라인홀드 니버는 자기 자신을 신학자라고 부를 것을 거절하였다. 그의 사상은 신학의 상아탑 속에서가 아니라 사회적, 정치적 현실 속에서 또는 국제적인 사건들의 전개 속에서 확인되며 정립되어 나아갔기 때문이다. 따라서 그는 우리가 가지고 있는 통상적인 개념상의 신학자는 아닐지 모르나 국제적으로 움직이는 신학자요, 사회·경제·정치·문화 등 인류 활동의 제분야 속에서 많은 사람들에게 그 체취를 느끼게 한 신학자였음에는 틀림이 없었다. 그는 디트로이트 시에서 그가 경험한 윤리적 충격을 신학적으로 포착하여 세계를 뒤흔들어 놓은 신학자였다. 그가 정치적으로는 사회주의로 좌경하면서도 신학적으로는 사회 복음적인 자유주의를 배격하고 우경(右傾)하는 듯한 인상을 준 것도 주목할 만하다. 다만 실존주의적이며 신정통주의적인 신학적 의식구조 때문에 니버는 윤리적으로 타락하고 사회악으로 뒤덮여 있는 오늘의 세계에 대하여 하나님의 말씀인 성경에 입각하는 진정한 기독교 윤리적인 진단과 치유의 방안제시를 할 수 없었다는 것은 천만 유감스러운 일이라고 하지 않을 수 없다.

2. 신학

라인홀드 니버의 신학을 연구함에 있어서 인간관과 구원관 그리고 역사관과 윤리관의 네 분야에 걸쳐서 검토와 고찰을 하고자 한다. 니버의 사상적 경향성에 따라서 그리스도관은 구원관에서, 종말관과 문화관은 역사관에서, 그리고 정치관은 윤리관에서 각각 포함시켜 언급하기로 한다.

(1) 인간관

우리가 니버의 신학을 살펴봄에 있어서 무엇보다도 먼저 그의 인간관을 생각하게 되는 것은 그것이 그의 사상 체계적으로 근본적인 것이 되기 때문이다.[1] 니버가 너무나 비관적인 인간관을 가졌다고 비평하는 소리도 들려오나, 그것은 다만 그가 초기에 가졌던 인간에 대한 환상주의적 낙관론(樂觀論)을 포기했다는 사실에 대한 고찰로부터 기인한 줄로 안다. 그러나 니버가 결코 인간에 대한 관심을 한시라도 잃은 적이 없다.[2] 니버를 따르면 인간은 모순과 긴장 관계에 항상 놓여 있는 존재이다.

인간은 자연과 정신(精神)이라는 두 개의 구성 부분으로 되어 있기 때문이다. 인간은 자연과 시간의 흐름 속에 개입되어 있으면서도 또 개입되어 있지 않다. 그는 자연의 필요와 제한성의 지배를 받는 존재이면서도 그와 같은 사실을 알고 자기 안에 있는 능력으로 시공적 제한성을 초극하는 자유로운 정신적 존재이다.[3]

---

1) *Creative Minds in Contemporary Theology* (edited by Philip E. Hughes), Wm. B. Eerdmans Pub. Co.: Grand Rapids, Michigan, 1966, p. 381 참조.
2) *Idem.*
3) Reinhold Niebuhr, *Human Destiny*(Charles Scribners Sons: N.Y.,

우리에게 명백한 사실은 인간은 본능과 환경의 지배를 받고 그것에 의해 삶이 좌우되는 자연의 아들(A child of nature)이라는 것이다. 그러나 그보다 덜 명백한 사실이 또 있으니 그것은 그가 자연과 인생과 이성과 세계 바깥에 서 있는 정신이라는 것이다.[4] 인간이 지니고 있는 바 자연에 대한 특이성과 유사성 양자에 대하여 공평한 평가를 내린다는 것은 매우 어려운 일이라고 하지 않을 수 없겠다. 모든 철학 사상과 사조가 양자 중 택일하여 그 어느 하나에 편중하는 경향이 있기 때문이다.[5]

인간은 이렇게 자연적 자아와 정신적 자아 사이에 존재하는 갈등과 긴장 관계 속에서 존재하며 날마다 이것을 경험하고 있다.[6] 그러나 자아(the self)는 자연과 자유라는 상호배타적인 이중적 구조를 가지고 있다기보다는 하나의 자아로서 두 개의 수준 즉 자연적 수준과 정신적 수준을 가지고 있을 따름이다. 따라서 자연적 수준에서 자아는 자연에 개입하여 참여한다. 그러나 정신적 수준에서는 자연을 훨씬 능가한다.

자아는 자연을 이성으로서 조정하여 재형성할 수 있다. 뿐만 아니라 자아는 이성까지도 초월할 수 있다. 자아는 자연과 이성을 초월하며 그것들을 평가할 수 있는 능력이 있고 한 걸음 더 나아가서는 자아의식을 통하여 자아 자체를 객관화하여 연구하고 평가할 수가 있다. 여기서 자아의식이란 매우 중요한 것이다. 자아의식(自我意識)은 경험적으로 영원의 차원 또는 자유의 궁극적 경지를 보여주는 현상이다.[7]

1943), p. 1.
4) Reinhold Niebuhr, *Human Nature* (Charles Scribners Sons: N.Y., 1941), p. 3.
5) *Ibid.*, p. 4.
6) *Creative Minds in Contemporary*, p. 383.
7) *Idem.*

니버는 말하기를 이 자아의식은 고등한 초극을 넉넉히 해낸다고 한다. 즉 자아가 자아를 객관화하되 자아는 항상 객체가 아니라 주체로 머무는 일을 달성한다고 한다.[8] 그러므로 니버의 인간관에 있어서는 인간의 실존적 갈등과 긴장 관계의 상존에도 불구하고 정신적 수준에서 인간의 자아의식을 통한 초절(transcendence)의 달성이 인간의 제일 가는 과제로 되어 있다.[9]

이제 우리는 니버의 인간에 대한 자아의식적이며 실존적이고 이중 차원론적인 해석에 관한 고찰로부터 인간의 피조성과 죄 문제에 대한 니버의 견해는 무엇인가를 살펴보는 보다 더 신학적인(?) 고찰로 옮겨가기로 한다.

클라우드 월치(Claude Welch) 교수는 말하기를 많은 사람들이 니버가 사람을 죄인으로 단죄하는 일에만 능숙한 것처럼 생각하나 실상은 니버가 인간은 하나님의 형상으로 창조되었다고 하는 고등한 인간관을 가졌음을 유념해야 한다고 하였다.[10] 그러나 니버는 고등한 인간임에도 불구하고 기독교는 인간에 대하여 유죄 판결을 내린다는 것을 지적한다. 죄는 인류에 대하여 보편적이다.[11] 고뇌는 인간의 피조성의 한 부분을 이룬다. 인간은 자연적 자아와 이성적이며 도덕적이고 정신적인 자아의 틈바구니 속에서 갈등을 느낀다. 그는 유한하지만 자유롭고, 자신의 제한성을 의식하면서 동시에 그것을 초극(超克)할 수가 있다. 인간은 그의 제한성과 자유를 똑같이 의식하면서 그 자신에 대하여 염려하게 된다. 이것이 그의 고뇌이다.[12]

여기서 니버가 말하는 고뇌는 죄 그 자체는 아니고 다만 죄와 믿음을 가능케 하는 그 무엇이다. 인간은 그의 자연과 정신 또는 유한성

---

8) Reinhold Neibuhr, *op. cit.*, p. 14.
9) *Op. cit.*, p. 384 참조.
10) *The Ten Makers of modern protestant thought*, p. 85.
11) *Idem*.
12) *Ibid.*, p. 86.

과 자유라는 이중적 차원 구조 속에서 고뇌하면서 하나님께 전적으로 의존하면서 자아 긍정을 할 수가 있고, 반면에 그의 피조성을 부인함으로써 자아 부정적으로 흐를 수 있는데, 전자를 가리켜서 믿음이라고 하고 후자를 죄라고 한다는 것이다.[13] 이렇게 살펴 볼 때 니버가 인간이 하나님의 형상으로 창조되었다는 생각에 입각하여 고등한 인간관을 갖는다고는 하지만 인간의 피조성 안에 고뇌가 내포되어 있다는, 또는 인간의 피조성이 고뇌를 수반한다는 사상은 그의 고등한 인간만을 백지화하는 결과를 초래하는 창조론자적이기보다는 존재론적이며 그것도 플라톤적 이원론에 근거를 두는 실존주의적 해석학의 소치인고로 처음부터 인간에 대한 근거를 부정적 사고가 작용하고 있는 것으로 보아야 하겠다. 니버 자신이 창세기에 기록된 창조 설화를 신화로 여기고 있으며, 그것을 역사적 사실 또는 사건으로 믿는 복음주의자들에게 문자주의자들이라고 비난을 퍼붓고 있음을 볼 때 그의 반창조론적 입장도 우리가 분명히 알 수 있다.[14]

여하튼 니버의 인간의 피조성에 대한 해석은 죄에 대한 개념을 동시적으로 수반하므로 우리로 하여금 그의 죄관에 대한 고찰로 곧 옮겨가도록 만들어 준다. 앞서 말한 바대로 죄는 니버에 의하면 인간이 자연과 정신 또는 유한성과 자유라는 이중적 존재론적 환경에 처하여 그의 피조성을 부정하는 행위이다. 그런데 여기서 행위라 함은 개별적인 행동들이 아니라 계속적으로 행동하는 상태를 말한다. 죄는 자아의 중앙부에서 일어나는 왜곡을 뜻하기 때문이다. 죄, 즉 이 자아의 중앙부에서 발생하는 왜곡 또는 변질은 보편적이기는 하나 필연적은 아니다. 인간이 이와 같은 왜곡 또는 변질에 대하여 강요당하지는 않기 때문이다.[15]

---

13) *Idem.*
14) Edward John Carnell, *The Theology Reinhold Niebuhr*(Grand Rapids, Michigan: Wm. B. Eerdmans Pub. Co. , 1951), p. 57 참조.
15) *Op. cit.*, p. 89.

그러면 니버는 원죄라는 것을 믿는가? 그가 창세기의 창조 설화를 역사적인 것으로 안 믿는 것과 마찬가지로 원죄를 죄의 유전이라는 뜻에서는 믿지 않는다고 보아야 하겠다. 니버는 원죄를 인간의 유한성 부정에 있다고 보면서 역사적 기독교가 신봉하고 있는 원죄설을 어거스틴적 부패(An Augustinian Corruption)로 돌려 버리고 말았다.[16]

여기서 에드워드 존 카넬 박사의 말을 빌린다면 니버는 죄가 불가피하다고 하면서도 죄, 즉 인간이 그의 피조성을 부정하는 행위가 왜 불가피한지를 설명하는 일에 궁색하다.

첫째 인간인 아담으로부터의 죄의 유전으로 인한 인류 안의 죄성의 존재를 인정하지 않고서 어떻게 모든 인류의 자아 유한성 또는 피조성을 거절하는 행위가 불가피하다는 것을 설명할 수 있겠는가?[17] 니버를 따르면 기독교의 원죄교리는 변증법적인 진리를 가르치는 것으로서, 그것은 인간에게 자아애(自我愛)와 자아중심 사상은 불가피하지만 그것이 자연적 수요의 범주로 설명될 바는 아니라는 사실을 잘 나타내 준다는 것이다. 니버는 오히려 역설적으로 인간의 죄의 불가피성에 대한 발견은 그의 자유에 대한 최고의 긍정이 된다고 하였다.[18] 니버는 죄의 유형에 대하여 두 가지가 있다고 말한다. 즉 관능성(sensuality)과 교만(pride)이 있다고 한다. 인간의 이중적 존재론적 환경 속에서 발생하는 고뇌는 교만과 관능성이라는 두 유형의 죄를 유발한다. 인간은 그의 유한적 존재에 대하여 무한대한 의미성을 부여하려고 할 때 교만의 죄에 빠지게 된다. 그리고 자유의 무제한적 가능성으로부터 도피 행각을 하며 자아결정의 모험과 책임성에 대하여 등을 돌리고 다만 자연적이며 육체적인 활동에 자기를 내어던

---

16) *The theology of Reinhold Niebuhr*, p. 92 참조.
17) *Idem*.
18) *Human Nature*, p.263.

질 때 인간은 관능성의 죄에 빠지게 된다.[19] 그런데 이 두 유형의 죄 중에서 성경과 기독교 사상은 교만을 근본적인 죄로 평가한다. 특히 교만을 근본적인 죄로 평가하는 죄관은 어거스틴 계통의 신학사상에서 철저하다.[20] 이 근본적인 죄인 교만의 죄에는 네 가지가 있다. 힘의 교만과 지식의 교만과 도덕적 교만과 정신적 교만이다. 인간이 힘의 교만의 죄를 범하게 될 때 자충족을 전제하는 안전성(security)을 가상하는 죄를 범할 수 있다. 이와 같은 힘의 교만은 존재의 모든 변천과 우연적 양상들을 인정할 뿐만 아니라 인간으로 하여금 완전히 존재의 창조자요, 모든 가치의 판단자로 착각하게 만든다. 이것은 모든 인류에게 공통적인 것으로 볼 수 있겠으나 더욱이 비상한 사회적 권력을 소유한 개인들과 특수층에서 많이 발견된다.[21] 그리고 힘의 교만의 또 하나의 형태는 불안정성의 느낌으로부터 오는 것으로서 타자를 희생시키면서 자기에게 충족한 힘 또는 권력을 수집하려고 하는 죄이다. 사회적으로 불안을 느끼는 사람에게서 보다 큰 힘 또는 권력을 획득함으로써 사회적 명성이나 경제적 윤택, 그리고 육신의 건강 등의 결여로부터 오는 불안정감을 극복하려는 경향을 흔히 볼 수 있다.[22] 이런 것들은 힘에 대한 의지의 잘못된 표현들로서 역대의 제왕들과 군주들 그리고 부유층과 권력자들과 심지어는 일반 인민들에게서도 종종 발견된다.

다음으로 지식의 교만(the intellectual pride of man)은 인간이 자기가 가지고 있는 지식을 절대시하며 모든 진리에 대한 평가의 기준으로 삼으려고 할 때 범하는 죄이다. 데카르트, 헤겔, 칸트와 콩트 등 철학적 거성들이 모두들 이런 죄를 범하였고 현대에 와서는 자연과학적 지식의 한계성을 망각하고 과학주의적 사고에 젖어 있는 과학

---

19) *Ibid.*, p.186.
20) *Idem.*
21) *Ibid.*, pp. 188, 189.
22) *Ibid.*, p. 190.

자들도 역시 마찬가지인 것이다.[23] 그러나 지식의 교만은 거기서 끝나지 않고 흔히 도덕적 교만으로 옮겨가게 된다. 도덕적 교만(The moral pride of man)은 자기가 알고 있는 바 선을 절대적인 도덕으로 주장할 때 범하는 죄이다. 신약성경은 이 때문에 스스로 의롭다고 하는 '서기관들과 바리새인들'을 '세리와 죄인들'과 비교하면서 냉혹히 비판하고 있다. 사도 바울도 이 도덕적 교만의 죄에 대하여 말하였다(롬 10:2, 3).[24]

마지막으로 니버는 정신적 교만(the spiritual pride of man)에 대하여 언급한다. 도덕적 교만의 죄가 잉태한즉 정신적 교만의 죄를 산출한다. 궁극적 죄는 도덕적 교만에 잠재해 있던 자아신격화를 완성하는 종교적 교만의 죄인 것이다. 가장 혹독한 박해는 종교적 박해로서 박해자가 종교적 절대성을 내세우고 남을 박해하는 일이다. 기독교는 인간이 하나님을 찾아가는 이성적 종교가 아니다. 만일 그렇다면 인간은 하나님을 찾는 과정에서 자기를 하나님으로 만드는 죄, 즉 정신적 교만의 죄를 범하기 쉽기 때문이다. 반대로 기독교는 하나님이 인간을 찾아오시는 계시의 종교이다. 하나님은 인간에게 그의 계시로서 진리를 보여 주면서 인간의 모든 자기주장과 교만을 산산조각나게 한다.[25]

이상은 니버의 죄의 유형들에 대한 설명이었다. 니버의 인간관은 인간이 하나님의 형상으로 지음을 받았다는 사실을 중시하고 인간의 피조성에서 인간이 누릴 수 있는 신적 가능성(또는 자아초절)을 찾아 그것을 강조한다. 그러나 그 다음 순간 우리는 니버가 인간의 죄에 대한 매우 심각한 강론으로 들어가서 역사적 상대주의 또는 역사적 현실주의로 흐르면서 죄에서 인간을 구제할 수 있는 묘방이 전혀 없

---

23) *Ibid.*, pp. 194, 195.
24) *Ibid.*, p. 199.
25) *Ibid.*, pp. 200, 201.

는 것처럼 그 어조가 비관적이 됨을 본다. 물론 여기서 우리는 니버의 인간의 피조성에 대한 해석도, 그리고 인간의 죄에 대한 해석도, 영원과 시간 또는 자연과 자유라는 그의 특유한 이중구조적 존재론적인 고찰과 변증법적 상호관계 인식에 입각한 것이라는 것을 알아야 할 것이다. 존재의 구조 자체가 자연과 정신의 이분제로 되어 있어서 변증법적 갈등과 긴장 관계를 벗어날 수 없다면, 그리고 죄란 그와 같은 갈등과 긴장 관계 속에서의 인간의 보편적인 자아주장의 선택을 뜻한다면, 인간의 미래에는 구원받을 수 없는 절망의 암운이 덮여 있는 듯 보인다.

(2) 구원관

니버는 이와 같이 죄라고 하는 자아긍정의 보편적 상황 속에 있는 인간에 대하여 비관하지 않고 오히려 낙관적인 그의 구원관(Doctrine of Salvation)을 제시한다. 한마디로 니버의 구원관은 정신적 차원의 강조를 뜻한다. 이 정신적 차원을 가르쳤고 또 가르친 분이 예수 그리스도이다.[26] 그러므로 예수 그리스도는 인간의 실존적 상황에 대한 대답이기도 하다.[27] 예수 그리스도가 특히 산상수훈에서 가르친 윤리관은 현세계가 아니라 다른 세계의 정신적 이념들이었다. 물론 예수가 가르친 바 윤리적 당위성과 역사 속에서의 윤리적 가능성 사이에는 긴장과 모순이 존재한다.

그러나 니버는 모순성을 '역설'(paradox)로 본다. 그것은 절대적 모순이 아니라 역사적 모순이다. 따라서 예수의 윤리의 당위성과 역사적 가능성 간의 모순성은 궁극적으로 그리고 통전적으로 이해되고 극복되어야 한다는 것이다.[28] 환언하여 예수 그리스도가 제시한 정신

---

26) *Creative Minds in Contemporary theology*, p. 388.
27) *Idem.*
28) *Ibid.*, p. 389.

적 차원의 진리들은 역사적이며 현실적이고 자연적인 차원에 존재하는 사실들과 부합하지 않을 뿐더러 그것들과 충돌하나 오히려 그것들을 유도하여 영원적인 차원에서 완성시키는 역할을 하고 있다. 예수 그리스도가 제시한 정신적 차원의 진리들의 정상이요 총집약은 십자가이다. 십자가는 시간과 영원, 역사와 초역사의 교차점에 놓여 있는 프리즘과 같다. 그것은 인간 역사 속에 빛을 던져주고 또 영원을 향하여 빛을 던진다. 그것은 사람과 하나님에 대하여 다 빛을 비춘다.[29] 십자가의 기능 또는 역할은 이렇게 매개적이며 통전적이다. 그리고 십자가의 내용은 아가페 즉 희생적 사랑이다. 그런데 이 아가페 즉 희생적 사랑은 역사의 관점에서 볼 때에는 불가능이요 어리석음이다. 그러나 자유의 차원에서 생각할 때 십자가는 하나님으로부터의 계시이다.[30] 십자가에서 하나님은 진노와 사랑의 이중적 관계를 제시한다. 십자가의 내용인 아가페 즉 희생적 사랑이 그것을 말해 준다. 예수 그리스도의 고난에서 하나님은 인간애에 대한 불용납과 그의 격분을 계시한다. 동시에 아들을 희생시키는 사랑을 통하여 인간의 죄의 결과를 자신이 걸머지는 일을 기꺼이 한다. 그의 사랑과 자비를 나타낸다.[31] 아가페 즉 희생적 사랑은 인간악을 정죄하기 위하여 아들의 죽음으로 희생을 치러야 하는 하나님의 진노의 계시적 국면을 나타내고 동시에 아들의 희생까지 감수하면서 끝까지 인류를 버리지 않고 사랑하는 하나님의 자비와 사랑의 계시적 국면을 나타낸다.

니버는 십자가에 나타난 하나님의 사랑(아가페)에 대하여 특히 세 가지 의미 해석(意味解釋)을 한다. 첫째로, 그것은 상호 사랑 즉 에로스의 불완전성을 윤리적으로 보완하여 완전케 한다.[32] 둘째로, 그것은 역사의 모호성을 분명히 밝히는 초월적 투명성 내지 완전성을

---

29) Ibid., p. 390.
30) Ibid., p. 391.
31) Idem.
32) Human Destinty, p. 82.

뜻한다.[33] 셋째로, 그것은 역사상 존재하는 허위적 미덕들을 고발하고 인간의 자기주장과 하나님의 사랑과의 원거리성을 그 완전성을 통하여 우리에게 보여준다.[34] 이와 같은 3대 의미를 지니고 있는 하나님의 사랑은 십자가에서 나타난 계시적 사랑이다. 그것은 인간에게 보여주는 하나님의 사랑이라는 뜻에서 매개적이지만 본질적 실재로서는 역사적 실재들을 초월한다. 따라서 그것은 즉각적이며 역사적인 증명을 기대하지 않는다. 다만 인생과 역사의 궁극적 종결에서 그 실현을 기대한다는 점에서 통합적이다.[35]

니버에게는 이미 지적한 대로 그리스도는 역사와 그것의 불완전성 및 모든 부패와 부정에 대한 교본이다. 역사의 불완전성과 및 죄악성에 대한 교본으로서의 그리스도는 인간의 도덕과 죄악의 문제에 대하여 대답을 주지만 당장 제거하지는 않는다. 인간의 자아는 계속하여 그 모든 사고와 행위에 있어서 표준적 선에 미달하므로 유죄이다.[36]

니버에 따르면 기독교 복음은 그리스도 안에 지혜와 능력이 함께 있다고 주장한다. 즉 그리스도 안에서 삶의 참 의미가 계시되었을 뿐만 아니라 그것을 실현할 수 있는 역량도 제공되어 있다(고전 4:19). 그리스도 안에는 진리만이 아니라 은혜가 충만하다(요 1:14).[37] 그리스도 안에는 양국면 즉 지혜 국면과 능력국면이 있는데 지혜 국면에 대하여서는 그리스도의 희생적 사랑(십자가)을 역사와 계시의 관점에서 고찰함에 있어서 이미 거론된 줄 안다.

이제 능력 국면에 대하여 니버의 은혜관을 살펴봄으로써 설명하여야 하겠다. 니버에 있어서는 다른 많은 개신교 신학자들에게 있어서와 마찬가지로 은혜가 곧 구원을 의미하기 때문에 니버의 은혜관을

---

33) *Ibid.*, p. 86.
34) *Ibid.*, p. 89.
35) *Ibid.*, p. 96.
36) *Creative Minds in Contemporary Theology*, p. 391.
37) *Human Destiny*, p. 98.

고찰함은 곧 그의 구원관을 고찰하는 것이 되지 않을 수 없다.

니버를 따르면 그리스도 안에는 삶의 참 뜻을 계시해 주는 아가페, 즉 희생적 사랑으로 대표되는 지혜 국면이 있음과 동시에 그것을 크리스천의 생활 가운데서 열매맺게 하는 하나님의 은혜로 말미암아 대표되는 능력적 국면이 있음과 같이 그리스도 안에 있는 하나님의 은혜 자체에 두 가지 국면이 있다. 그리스도 안에 있는 하나님의 은혜는 한편으로는 인간을 압도(壓倒)하는 하나님의 능력이다. 인간이 완성 못한 것을 완성케 하고 인간의 죄적 요소들을 초극하는 하나님의 자비요 용서이다.[38] 동시에 은혜는 인간 안에서 역사하는 하나님의 능력이다. 그것은 인간이 소유하지 않은 역량의 공급이다. 즉 성령의 사역이다.[39]

신약성경을 보면 은혜의 경험이 한편으로는 인간의 마음속에서의 죄의 정복이며 다른 한편에서는 인간의 마음속에서 완전히 정복되지 않은 죄를 압도하고 도말하는 하나님의 자비로운 용서임을 말해준다.[40] 좀더 조직신학적 용어를 쓴다면, 인간 안에서 역사하는 하나님의 능력으로서 은혜는 성화적 은혜요, 인간 위에서 역사하는 하나님의 능력으로서 은혜는 칭의적 은혜이다.[41]

여기서 니버는 전형적이며 또 정통적인 신학의 구원론적 순서를 무시하고 칭의가 성화보다 앞서는 것으로만 인식하기는 곤란하다는 발언을 서슴지 않고 한다. 은혜로 의롭다 여김을 받는다고 할 때 의롭다 여김을 받은 후 인간 즉 칭의된 인간은 교만하기 쉽고 칭의를 자랑하게 되므로 새로운 형태의 바리새주의가 생기게 된다. 이것을 역사가 말해주고 있지 않는가? 하나님의 용서와 및 칭의는 기독교인

---

38) *Ibid.*, p. 98.
39) *Ibid.*, p. 99.
40) *Ibid.*, p. 100.
41) *Op. cit.*, p. 392.

의 삶의 시작에서 필요한 것처럼 끝에서도 역시 필요한다.[42] 기독교의 역사적 기록들은 아무 사람도 로마서 7장이 말하는 바 중생인이 경험하는 죄의 내적 갈등으로부터 해방된 적이 없었음을 우리에게 알게 하여 준다.[43]

이렇게 하여 니버는 성화를 앞서고 또 뒤따르는 칭의의 필요성과 타당성을 강조하면서 바울도 그의 생각을 궁극적으로 추진했으면 이와 같은 결론에 도달했을 것이라고 하였다.[44] 인간을 압도하는 하나님의 능력으로서의 은혜가 인간 안에서 구원을 이루도록 역사하는 하나님의 능력으로서의 은혜를 선행할 뿐만 아니라 완성한다는 뜻이다.

중생과 칭의의 과정을 거쳐 존재하는 새 자아는 이미 성취된 존재가 아니며, 하나님의 계속적인 죄의 용서와 칭의적 은혜를 필요로 한다.

따라서 하나님의 성화적 은혜는 그의 칭의적 은혜와 항상 동반하면서 새 자아가 완성을 본다. 실존적 자아는 그리스도를 표준으로 한다 할지라도 믿음으로만 그 표준대로 이루어짐을 경험한다. 즉 새 자아가 됨을 경험한다. 새 자아는 그리스도로 새롭게 되는 자아이지만 현실적으로가 아니고 의존적으로만 완전하다(갈 2:20).[45]

특히, 우리가 니버의 발언 중에서 주목할 만한 것은 성화적 은혜를 칭의적 은혜로 보완함이 역사적으로 필요하다는 그의 이야기이다. 역사 내의 은혜(성화적 은혜)는 계속적으로 불안전성을 고백하면서 완전한 실현을 역사 너머 바라본다. 즉 초역사적이며 영원한 세계 또는 차원에서 기대한다는 그것이다.[46] 여기서 우리는 니버가 하나님의 칭의적 은혜를 성화적 은혜보다 더 중요시하는 근본적인 이유를 알게

---

42) *Op. cit.*, p. 105.
43) *Ibid.*, p.106.
44) *Ibid.*, p.105.
45) *Op. cit.*, p. 394.
46) *Ibid.*, p. 395.

된다. 전자를 영원의 차원에 두고서 사고를 전개하는 그의 의식구조가 전자의 우위성과 항구성을 강조하게 만들기 때문이다.

니버의 구원론과 특히 구원의 서정에 관한 그의 강론에서 우리는 영원과 자연 또는 역사와 초역사로 존재를 양분하여 인식하는 플라톤적인 이원론 사상의 섬광이 번쩍임을 목격한다. 니버의 인간관이 자연과 정신 또는 시간과 영원의 이분법적 존재구조로서 인간을 파악하려고 했다면, 그의 구원론은 진리와 이념들의 지참자로서의 예수 그리스도와 특히 그가 보여준 십자가 또는 아가페의 희생적 사랑을 통하여 인간이 현재로서는 역사적이며 자연적인 차원의 고뇌들과 일상성 속에 깊숙이 빠져 있음에도 불구하고 믿음으로 영원한 정신과 자유의 세계에 도달하여 그의 역사적인 존재성을 새 자아로 완성시킬 수 있다는, 이중구조적 존재로서의 인간에 대한 어떤 일차원적이며 통전적인 해결의 실마리를 풀었다고 볼 수 있겠다. 이렇게 관찰할 때에는 플라톤적인 이원론보다는 아리스토텔레스적인 일원론의 모색이 오히려 니버가 도달하고자 하는 구원관과 신학 자체의 결론인 듯 보여지기도 한다. 물론 그것이 진정한 기독교 유신론적 일원론이냐 하는 문제는 분명치가 않고 차라리 회의의 여지가 충분히 있다고 말해야 좋을 것이다.

(3) 역사관

니버의 역사관(Doctrine of History)은 이미 그의 인간관과 구원관을 논술할 때 관련하여 지적된 줄 안다. 그러나 이제 본격적인 고찰을 해야 할 것이다. 니버의 역사관은 교리적으로는 그의 종말관과 관련이 있고 또 일반적으로는 문화관과 관련이 있다. 따라서 니버의 역사관에 대한 서술에 있어서 그의 종말관과 문화관에 대한 고찰과 검토가 불가피하다. 우선 니버는 역사의 불완전성을 강조하는 것으로 그의 역사관을 출발시키는 듯하다. 역사는 유한하다. 역사 안에서 많은 것들이 창조되나 오히려 부정과 불의의 새 가능성들이 또한 창조된다. 역사는 유한하기 때문에 그 안에서의 인간의 모든 행위들과 업적도 유한성으로부터 벗어날 수가 없다.[47] 그러므로 역사는 하나님의 나라에서 그 성취와 완성을 기대할 뿐이다.

그런데 이 하나님의 나라는 역사의 피안에 있다. 그러면서도 '나라'는 그리스도 안에 집중되어 있다. 그리스도는 누구인가? 그리스도는 하나님의 사랑의 계시로서 역사 안에 들어와 있는 역사의 센터(center)이기도 하다. 이 그리스도 안에 집중되어 있는 '나라'는 역사 전체에 대한 하나님의 목적의 상징(象徵)인 동시에 하나님의 통치하의 개인들과 사회적 삶의 궁극적 실현에 관한 상징이기도 하다.[48]

역사의 유한성 때문에 역사 안에서는 개인적인 것이나 사회적인 것을 막론하고 삶은 완성을 못 본다. 그리스도 안에 있는 하나님의 나라 역시 역사 안에서 계시되고 진행하면서도 역사의 끝에서 또는 역사 너머에서 그 완성을 볼 것이다. 이렇게 생각할 때 그리스도인은 현재적으로 하나님의 통치하에 살면서도 하나님의 통치의 완성을 희망하면서 산다.[49]

니버는 이상과 같이 역사의 불안전성과 하나님의 나라의 피안성을 강조하다가 결국 역사의 종말과 그 의미성을 거론하게 된다. 불충분하고 조직적이지는 못하나 기독교의 종말론 교리를 니버 나름대로 해석하고 강론한다. 니버를 따르면 인간이 역사적 존재라는 것은 유한한 존재를 뜻하며 그것은 또한 죽음이 있고 끝이 있는 존재라는 뜻이다.

그런데 인간에게는 두 가지 끝(termination)이 있다. 첫째는 자연-유한의 차원에서 볼 때 육체적 죽음은 그의 목적으로서의 끝이다.

---

47) *The Ten Makers of Protestant Thought*, p. 84.
48) *Ibid.*, p. 84.
49) *Ibid.*, p. 83, 84.

그러나 또 한편 자유 정신의 차원에서 볼 때에는 죽음은 그의 목적으로서의 끝이다.

그것은 인간으로 하여금 정신적인 목적 설정과 그것을 지향하는 노력을 가능케 한다. 이것이야말로 신약성경적 종말론의 제 상징들이 가르치고 있는 종결의 형식이다.[50] 자연-유한적 존재로서의 인간의 끝이 자유-정신적 존재로서의 인간이 염원하는 바 초유한적 목적관을 위태롭게 하는데 이와 같은 위험과 무의미의 공포에 대한 대답으로서 신약성경의 종말론 교리가 존재하고 있는 것이다.[51] 이제 니버는 신약 성경의 종말론 자체를 상징적으로 해석하는 입장을 취하면서 그리스도의 부활과 사자의 부활, 그리고 재림과 최후 심판 등 중요한 종말론적 교리들을 종말론적 상징들이라고 호칭하고 그 의미성을 진술한다.

신약성경에 있는 종말론적 상징들은 이중적 의미성을 지닌다. 그것들은 역사와 관련이 있지만 그것들 자체는 초역사이다. 그것들은 역사적으로 유의미하나 역사상의 것들은 아니다. 그것들을 우리는 심각하게 생각해야 하나 문자적으로 받아들여서는 안 된다.[52] 만일 우리가 신약성경에 있는 종말론적 교리를 문자적으로 받아들일 경우 시간과 영원의 변증법적 상호관계성이 파괴되고 하나님의 역사에 대한 지배가 역사의 한 토막에 한정되는 결과를 낳는다. 천년왕국설이 바로 이런 것이다. 그러나 그와 반대로 재림과 같은 종말론적 상징을 심각하게 여기지 않을 때 역사 자체를 소홀히 여기는 결과가 된다. 신학자들이 역사를 완성하지 않고 무효화하는 영원의 존재를 말하고 있는 경우가 많다.[53] 이와 같은 변증법적이며 초역사적인 종말론적 이해에 입각하여 니버는 부활, 재림, 최후심판에 대하여 이렇게 말한다.

---

50) *Op. cit.*, pp. 395, 396.
51) *Ibid.*, p. 396.
52) *Idem.*
53) *Human Destiny*, p. 289.

신약성경에 있는 부활 교리는 종말론적 상징으로 삶의 2분제적 구조의 최종적 조화를 의미한다. 육체적 부활은 정신과 육신(자연)의 긴장관계를 초극하여 통합하는 궁극적 진리를 뜻한다. 새로운 영적 몸은 정신-자연의 변증법적 관계를 완성적 조화의 극치로 이끌어 가는 변화를 의미한다.[54] 그러나 육체적 부활을 그대로 믿는 신앙은 부활 교리의 문자주의적 부패를 의미한다.[55] 육체적 부활을 종말론적 상징으로 파악하지 않고 앞으로 오는 미래사의 사건으로 생각함은 육체적 부활의 진의를 부정하는 것이 된다. 강림 또는 재림은 하나님의 세계와 역사에 대한 주권적 통치의 승리를 믿는 신앙의 표현이다. 여기서는 이것이 역사의 끝에 있다는 것이 중요하다.[56] 재림은 그리스도의 개선적 귀환을 뜻한다. 그리스도는 역사 속에서는 수난하는 사랑(a suffering love)이었지만 그의 재림에서는 승리하는 사랑(a victorious love)으로 온다. 그것은 사랑이 역사 안에서는 수난하지 않을 수 없으나 역사의 피안에서는 승리하며 그 결과가 역사에 미친다는 교훈이다.[57]

최후심판은 그리스도의 재림을 수반하는 상징이다. 그것은 역사상에 존재하는 선과 악의 심각성을 지적한다. 하나님은 역사적 선과 악의 모호성에 대하여 결코 방관하지 않는다. 동시에 역사적 선과 악의 행위들은 그것들이 상대적인 만큼 모두가 다 심판의 대상이 되며 윤리적 비판의 한계를 넘어서지 못한다.[58]

최후의 심판에는 특히 세 가지의 뜻이 있다. 첫째로, 그리스도가 역사의 심판자임을 말해주고, 둘째로는, 선과 악의 투쟁은 끝 곧 역사의 끝에 가서 그 승부가 결정됨을 말해준다.

---

54) *Op. cit.*, p. 397.
55) *Op. cit.*, p. 297.
56) *Ibid.*, p. 290.
57) *Op. cit.*, p. 396.
58) *Ibid.*, p. 397.

그리고 셋째로는, 최후심판은 최후에 그 강조가 있는 것으로서 모든 역사적 가치 창조는 최후로 평가하게 되어 심판을 피하지 못한다는 것을 말해준다. 역사 자체가 그 결산기가 있으며 심판 아래 놓여 있음을 뜻한다.59)

그러면 이상과 같은 니버의 종말론 교리에 대한 상징적이며 변증법적이고 초역사적인 해석에서 우리는 그가 역사적 기독교가 믿어오던 정통적인 종말론 교리를 문자주의(文字主義)라는 이름 아래 모두 부정해버린 것을 알게 된다. 니버에게 우리가 묻고 싶은 것은 신약성경의 종말론 교리로부터 그 역사성을 제거할 때 남은 것이 무엇인가 하는 것이다. 정말로 남은 것이 있다면 상징적 교훈들뿐일 것이다. 부활이라든가 그리스도의 재림과 최후심판 등 종말론적 교리를 미래사적 사건들로 생각하지 않고 우리에게 주는 어떤 실존주의적 교훈들로 여긴다면 우리는 인류와 내 개인의 미래에 대한 진정한 기대와 희망을 걸 수가 없고 한낱 역사의 사실과는 거리가 먼 사상의 유희를 즐기는 자가 될 것뿐이다.

니버는 시간과 역사를 두 동의어로 사용하는 듯하다. 니버가 기독교의 종말론 교리를 역사적 차원에서 고찰하지 않는다는 것은 그것이 시간성을 속성으로 하지 않는 것으로 본다는 이야기가 된다. 그것은 어쩌면 영원한 순간들에서 일어나는 사건들이요 존재하는 사실들일 것이다. 역사와 시간의 불완전성을 구제하며 완성하는 것은 영원의 차원이기 때문이다.

그러면 역사와 시간과 이 영원의 차원과는 어떻게 관련이 되어 있는가? 역사와 특히 그 시간성을 부인한 결과로서 얻게 되는 비역사 또는 무시간성의 상태를 영원이라고 하는가? 니버는 말하기를 영원은 시간 위에 서 있다고 한다. 왜냐하면 영원은 모든 시공적인 것의 궁극적 기반이며 출처이기 때문이다.60) 또 한편 영원은 시간의 끝에 있

---

59) *Human Destiny*, pp. 291-293 참조.
60) *Ibid.*, p. 299.

다. 영원은 끝이 없는 것이기 때문에 끝이 있는 시간 또는 역사의 끝에 있다는 것이다.[61] 이렇게 생각할 때 영원이란 것은 직선과 같은 역사의 진행과는 달리 그것을 사방에서 또는 그 기반으로서 감싸주고 붙들어 주고 있는 본질적인 그 무엇으로 볼 수 있겠다.

　니버는 이런 말을 하기도 한다. 역사 안에서 창조적이고자 하는 인간의 자유는 역사 자체에 대한 자유인 만큼 역사 안에서 영원과 직접적인 관계를 맺고 존재하는 자유의 순간들이 있다. 시간과 및 역사의 각 순간은 영원으로부터 동거리에 있다는 랑케(Ranke)의 말은 실로 명언이다.[62] 그러나 랑케의 말은 보완이 필요하다. 역사는 또한 전체적 진행이기 때문에 어떤 끝(최후의 심판과 같은 것)에서 그 전체적 성장과 성숙성에 대한 평가가 있어야 하기 때문이다.[63]

　이상과 같은 니버의 말로 미루어 보아서 영원은 시간과 본질적으로 다르면서도 동일하다는 변증법적 사고의 작용을 여기서도 느낄 수 있다. 영원은 시간과 같이 시작과 끝이 없고 항존한다는 뜻에서 본질적으로 다르다. 그러나 영원은 시간과 본질적으로 동일하기도 하다. 왜냐하면 영원은 시간 바깥에서 시간을 평가하고 위협하는 어떤 고고한 존재가 아니라 시간의 질적인 개념으로 볼 수 있기 때문이다. 시간이 진정한 자유의 성격을 띨 때 그리고 진정한 가치 창조(價値創造)의 기회가 될 때 그것은 영원으로 이어지는 순간이요 그것 자체가 영원성을 갖게 되는 것이다. 물론 니버가 시간과 역사의 전체적 진행을 고려했기 때문에 랑케의 동거리설에 대한 보완을 제의한 것은 사실이나 그의 역사의 영원에 대한 동거리성의 강조가 시간과 및 역사의 전체적 진행에 대한 그의 이해를 압도하는 듯 보이는 것은 웬일인가?

---

61) *Idem.*
62) *Ibid.*, pp. 300, 301.
63) *Ibid.*, p. 301.

이상과 같은 니버의 시간과 역사 그리고 영원에 대한 변증법적 고찰을 배경으로 역사의 산물이요 창조물이라고 볼 수 있는 문화 또는 문명에 대한 그의 해석을 들어 보기로 하자.

랑케의 역사해석의 원리에 입각하는 복수주의적 사관(The pluralistic view of history)을 가진 역사가들로서 스펭글러 (Oswald Speengler)와 토인비(Arnold Toynbee)를 들 수 있는데 그들 역시 역사를 관류(貫流)하는 어떤 종합적 의미성을 전혀 무시할 수는 없었다.

스펭글러의 『서구의 몰락』(the Decline of the West)에서 주장한 바는 너무나 유명하다. 문명이나 문화는 춘하추동과 같은 주기적이며 자연적인 필요에 따라 그 흥망과 명멸을 가져온다는 것이다.[64] 그러나 토인비는 그 해석에 있어서 좀더 랑케적이다. 즉 문명이나 문화의 흥망성쇠가 그것이 가지는 연륜 때문만은 아니라는 것을 지적한 것이다. 문명의 흥망은 그것이 새로운 도전을 이겨내지 못한다든가 또는 역사의 복수주의적 구조와 및 그 흐름에 대하여 오판하는 치명적 과오를 끝에 가서 범하기 때문이다.[65] 역사가 그런 것처럼 역사의 창조물인 문명이나 문화도 자연주의적 관점에서만 해석되어서는 안 된다. 오히려 전체적 진행 가운데 나타나는 의미성의 파악을 중심으로 인식되어야 할 것이다. 그것은 믿음으로 위로 올라가서 내려다봄으로써만 가능하다. 그렇게 할 때 영원한 진리들이 흥왕하는 문명들 속에서 죽음을 극복하는 삶과 쇠망하는 문명들 속에서 교만한 삶을 눌러버리는 죽음 속에서 다같이 나타나고 입증됨을 알 수 있다.[66]

인간은 개인적 존재로서 이 역사 속의 문화 또는 문명에 대하여 공헌하면서도 또한 자유를 누린다. 인간의 사회의 일원으로서의 문화행

---

64) *Ibid.*, p. 302.
65) *Ibid.*, p. 303.
66) *Ibid.*, p. 307.

위는 사회와 문화의 창달에 기여하기 때문에 역사적이다. 그러나 또한편 그의 문화적 창조행위의 기반이 되는 자유는 모든 역사적 지역사회(地域社會)들과 역사 자체를 초월하며 삶의 궁극적 의미성을 영원과의 관계에서 찾는다.[67] 유대 및 기독교적 사관은 역사를 적립적으로 보는 사관이다. 문명이나 문화는 그 이전의 문명이나 문화의 터 위에 세워지며 진행하고 완성한다고 보기 때문이다.[68]

그러나 니버는 역사와 진행을 진보와 동일시 함은 잘못이라고 한다. 역사와 문화의 진행이 보다 고도의 혼란과 위험성을 내포할 수 있기 때문이다.[69] 한 가지 적절한 예를 든다면, 현대 문명 사회는 원시적 종족사회에 비하여 고도로 발달한 정치적이며 경제적이고 문화적인 성숙성을 갖고 있는 것은 사실이다. 그러나 보다 고등한 차원에서 인간적 실책과 자유의 남용으로 비롯되는 폭발의 위험성을 안고 있는 것도 또한 사실이 아니겠는가?[70]

여기서 우리는 다시금 니버의 사관이 전통적인 기독교 사관을 따라 적립적이면서도 한편 역사적 진보와 역사 자체가 가지는 의미성에 대하여 적극적 평가를 꺼려하고 랑케를 좇아 시간과 역사와 모든 문화와 문명들을 영원과 상관시켜서 그 의미의 일률화(一律化)를 기하려는 축소주의적인 일면을 내포하고 있는 사관임을 깨닫게 된다.

(4) 윤리관

니버의 윤리관(The Doctrine of Ethics)은 이중적인 윤리 사상에 입각한 윤리관이라고 할 수 있겠다. 인간은 죄인이건 의인이건 간에

---

67) *Ibid.*, p. 308.
68) *Ibid.*, p. 314.
69) *Ibid.*, p. 315.
70) *Ibid.*, p. 316.

개인 윤리만을 지킬 수는 없다. 의인은 그들의 식품과 의류를 가난한 자들에게 공급하기 위하여 죄인들이 경영하는 배라든가 기중기와 불도저 또는 판매장의 제공이 필요하고, 죄인들은 그들의 경제 번영을 위하여 의인의 상품 구입을 필요로 하고 있다. 이와 같은 상황이 빚어 내는 윤리적 복잡성은 엄청난 것이며 어떤 단순한 윤리 기준으로 개인윤리와 사회윤리를 묶어보려는 생각은 무산하기 마련이다.[71]

니버는 개인윤리와 사회윤리 간에 항상 차이가 있고 갈등이 있음을 지적한다. 사회윤리는 정의(正義)를 목표로 하나 개인윤리는 그 목표가 사랑이다. 양자는 전적으로 배타적인 것은 아니다. 그렇게 쉽게 조화를 이룰 수도 없다.[72] 니버는 전자를 종교윤리라고 부르고 후자를 정치윤리라고 부르기도 한다.

개인윤리 또는 종교윤리는 동기로서 행위를 평가하나, 사회윤리 또는 정치윤리는 동기를 보지 않고 결과를 보고서 평가한다. 그리고 후자는 사회와 및 정치의 필요성에 따라 가변적인 집단의지(集團意志)를 중시한다.[73]

개인윤리는 심오성을 띨수록 종교윤리화하기 마련인데 그것은 본질적으로 이상주의적이기 때문에 사회정의의 문제에 대하여서는 제이차적 관심을 나타낸다. 예를 들어서 예수가 제자들에게 일흔 번씩 일곱 번이라도 용서하라고 가르쳤을 때 그 목적이 그들의 원수들을 개종시키기 위한 것은 아니었다. 도덕적 완전성에 도달하기 위해서였다.[74] 이렇게 볼 때 도덕적 이상의 사회적 타당성은 인간의 사회적 제관계가 복잡해지면 복잡해질수록 저하한다. 개인윤리 또는 종교윤리의 이상주의가 사회와 및 정치적 집단의지 앞에서 약화되며 사회윤

---

71) E.J. Carnell, op. cit., p. 215.
72) Reinhold Niebuhr, Moral Man Immoral Society (N.Y.: Charles Scribners Sons, 1932).
73) Ibid., p. 259.
74) Ibid., p. 263.

리 또는 정치윤리의 현실주의의 승락을 얻지 못한다.[75] 그러나 니버는 분명하게 사회윤리보다 개인윤리, 그리고 정치윤리보다는 종교윤리가 보다 근본적이며 본질적인 윤리임을 지적한다. 인간들이 정의를 실현하기 위해서는 정의보다 더 순수하고 위대한 것을 알아야 한다. 즉 사랑을 찾아야 한다. 인간들에게는 이타심보다 이기심이 훨씬 강하기 때문에 사랑의 마음을 품지 않고서는 정의를 구현할 수가 없다.[76] 여기에서 우리는 사랑을 그 목표로 하는 개인윤리 또는 종교윤리가 정의를 구현하기 위하여 사회윤리 또는 정치윤리를 도와야 함을 알게 되는 것이다.

개인윤리의 주인공인 개인은 사회적인 제관계 속에서 살아간다 하더라도 개인윤리의 높은 사랑의 경지를 향하여 나아갈 수 있는 기회가 있다. 사회악과 정치적 불의에 대하여 반대하고 저항하며 그 시정과 개혁을 위하여 자신의 위험과 손해를 무릅쓸 수 있다.[77]

오늘날 국제적으로 사회 정의의 실현을 위하여 일하며 투쟁하는 지도층 인사들이 개인윤리의 영역에서 실패했기 때문에 그들의 정치운동과 사회사업이 손상을 입는 경우가 허다하다. 비근한 예로서 오늘날 미국 안에서 전개되고 있는 있는 흑인운동은 그 운동의 주역을 맡았던 유능하고 고등 교육을 받은 흑인 지도자들이 백인 사회에 대한 동경을 느끼고 동화(同化)하려고 함으로써 크게 후퇴하고 있다. 유능하며 생활 수준이 높은 노조 지도자들이 노동자 계급을 대표한다는 의식이 박약함과 동시에 자본주의 기업가들과 오히려 심리적 일체감을 느낌으로써 미국 노조운동이 큰 지장을 받고 있는 것이 사실이다.

어떤 사회계층이나 그룹을 대표하는 지도자가 그의 충성심을 이기

---

75) *Ibid.*, pp. 266, 267.
76) *Ibid.*, p. 266.
77) *Ibid.*, p. 273.

주의적인 이유와 생각 때문에 다른 데로 전향하여 실패를 가져을 때가 많으므로 개인윤리의 훈련이 필요하다. 이런 의미로서 볼 때 사회윤리가 정의라는 목표 수행에 있어서 개인윤리 또는 종교윤리의 협력을 필요로 한다는 결론이 된다.[78] 그러나 그렇다고 해서 니버가 사회윤리와 정치윤리에 대하여 경시하거나 과소 평가하는 것은 결코 아니다. 차라리 사회윤리와 및 정치윤리를 그의 지대한 관심의 대상으로 삼고 있는 듯하다.

니버는 이렇게 말하고 있다. 오늘날 우리는 그 어느 시대에서보다도 큰 사회적 관심 속에 살고 있다. 우리는 더 이상 사회정의를 희생하는 대가로서 개인윤리의 사랑의 최고봉만을 바라보고 나아가는 자들이 되어서는 안 되겠다. 우리는 사회정의의 완전한 실현이라는 환상을 가지고 오늘날을 살아가야 할 것이다. 만일 그와 같은 환상이 우리에게 없다면 오늘날의 우리 사회와 국제 정치의 현실 속에서 정의가 상대적으로나마 실현을 보지 못할 것이다. 그와 같은 환상만이 정의를 실현코자 하는 광기를 우리들의 영혼 속에 불러 일으키기 때문이다.[79]

이중윤리사상(二重倫理思想) 또는 윤리의 이중성의 불가피함을 지적하면서, 개인윤리의 높은 수준을 사회윤리의 소용돌이 속에서 발휘할 것을 주장하는 니버는 윤리적으로 인류를 양분하여 어둠의 자녀들(The children of darkness)과 빛의 자녀들(The children of light)로 호칭하고 양자의 윤리적 사상성과 동태를 예리하게 분석하며 비교 평가한다. 니버가 윤리적으로 인류를 빛의 자녀들과 어두움의 자녀들로 나눈 것은 인류를 civitas dei와 civitas terrena로 양분한 어거스틴의 구분법과 유사하다.

윤리 도덕적으로 볼 때 어두움의 자녀들이란 종교개혁에 반대하는

---

78) *Ibid.*, pp. 274, 275.
79) *Ibid.*, pp. 276, 277.

르네상스인들이다. 그들은 하나님의 은혜는 알지 못하며 철저한 현실주의자들로서 사회생활을 영위한다. 그들은 종교적이거나 형이상학적인 가치관을 박물관의 미이라와 같이 여기고 오로지 현재의 생활 속에서 안정과 번영을 추구하기에 여념이 없다. 그들은 하나님의 역사에 대한 심판에 대하여 망각하고 있다. 명예와 물질적 번영만을 추구하는 삶에 대한 하나님의 심판에 대하여 망각적이다. 그러나 어두움의 자녀들은 힘의 윤리를 알고 있고 힘의 현실적 사용에 대한 감각과 방법론을 개발함으로써 자유주의 기독교 윤리보다 지혜로운 발걸음을 옮겨 놓을 때가 많다.

한 가지 예를 든다면 칼 마르크스(Karl Marx)는 잘못도 많지만 인간은 언제나 안정성의 기준치를 넘어서, 또는 정의심이 허용하는 한계 밖으로 그 욕망이 뻗어나가기 때문에 힘을 추구하여 욕망하는 인간을 힘으로 다스릴 수밖에 없다고 생각한 것은 참으로 현명한 일이다. 여기서 우리는 니버의 위에서와 같은 발언 중에서 그의 자유주의 기독교 윤리의 낙관론(樂觀論)에 대한 크나큰 실망과 마르크스주의의 현실주의적 힘의 윤리에 대한 호의적 반응을 감지할 수 있다. 특히 니버가 나치즘(Nazism)을 반기독교 사상으로 보고 극구 반대했음에도 불구하고 공산주의에 대하여는 기독교적 이단으로 평가했음은 참으로 놀랍다. 니버는 제1차 세계대전 이후 소비에트 러시아가 세계 최초의 공산국가로 등장한 이후에도, 그리고 스탈린이 그 학정과 무자비한 숙청으로 악명을 국제사회에 떨치고 있을 때에도 마르크스의 프로그램과 예수의 프로그램이 사회윤리적으로 볼 때 별로 다를 것이 없다는 의외의 낙관론을 말하기까지 하였다.[80]

그러면 빛의 자녀들에 대한 니버의 진술을 들어 보기로 하자. 빛의 자녀들이란 어거스틴의 *Civitas Dei*에 해당하는 자녀들로서 어두움의 자녀들이 르네상스인들이라고 한다면 빛의 자녀들은 종교개혁인

---

80) *The Theology of Reinhold Nibuhr*. pp. 216-218을 보라.

들이다. 빛의 자녀들은 초월적 윤리(超越的 倫理)의 신봉자들로서 개인적 차원에서는 물론이고, 사회적 제관계에 있어서 하나님의 초월적 사랑 즉 아가페를 나타내려고 애쓰는 자들이다. 특히 우리가 유의해야 할 바는 이 빛의 자녀들이 신봉하고 있으며 실천하기를 원하는 초월적 윤리는 자유주의 기독교 윤리보다도 우수하고 마르크스주의보다도 탁월하다.

빛의 자녀들은 초월적 윤리를 신봉함으로써 자유주의 기독교인들과는 달리 정의를 구현하려고 하는 모든 사회윤리적 노력이 인간들의 이기주의와 자기사랑의 벽에 부딪치게 된다는 사실을 알기 때문에 우수하다. 그리고 빛의 자녀들은 그들이 믿는 바 초월적 윤리에 있어서 마르크스주의자들보다도 탁월하다. 그들은 마르크스주의자들이 부르짖는 힘의 윤리로서는 사회정의의 실현이 어렵다는 것을 알고 있다. 왜냐하면 힘의 사용으로 불평등을 시정하려고 하는 것은 더욱 큰 불평등을 가져오기 때문이다. 마르크스가 아니라 그리스도야말로 계급 없는 사회 즉 인류의 평등을 실현할 수 있다. 그 이유로서 그리스도는 사랑의 완벽성 위에 정의가 도달해야 할 최종적 목표를 두었기 때문이다. 마르크스주의자들이나 공산주의자들은 사랑만이 얻을 수 있는 목적(정의에 입각한 평등한 복지사회)을 '힘의 윤리'라고 하는 초강경적인 방법으로 얻으려고 하고 있으니 얼마나 무리한 일인가?

니버는 어두움의 자녀들과 빛의 자녀들에 대한 평가를 비교적 간략한 몇 마디로 매듭짓는다. 즉 역사가 어두움의 자녀들에게 실패를 안겨줄 때 비관론이 그 결과이다. 그러나 동일한 역사가 빛의 자녀들에게 실패를 줄 때 그 결과는 믿음인 것이다. 역사상의 성공이 기독교인을 낙관하게 못하며 역사적 실패들이 기독교인의 정의 의식을 좌절시키지 못한다.[81]

끝으로 니버의 윤리관은 그의 역사관이 문명 또는 문화관을 내포

---

81) *Ibid.*, pp. 219-221 참조.

하고 있듯이 그의 정치 또는 국가관을 내포하고 있으므로 이에 대한 고찰이 필요할 줄 안다. 니버가 사회윤리를 정의의 개념을 중심으로 전개한다는 것은 이미 설명한 바와 같지만 그의 정의론이 곧 그의 정치관 또는 국가관으로 발전하여 완성을 보게 된다는 것을 염두에 두어야 좋을 것 같다. 따라서 우리가 먼저 니버의 정의론에 대한 지식을 얻고서 그의 정치관 또는 국가관의 고찰로 들어감이 올바른 순서일 것이다. 니버에 따르면 정의에는 두 가지 차원이 있다.

첫째는, 정의의 법칙의 차원이 있고, 둘째로는, 정의의 제도적 차원 즉 정의의 외적 표현인 사회적이며 정치적인 기구 조직들이 있다. 그런데 어떤 면에서는 양자 간의 차이성은 사랑과 정의의 법칙적 차원 사이의 그것보다도 더 크다고 말할 수 있겠다.[82] 양자간의 차이성이란 이른바 정의의 이론과 정의의 사회적 정치적 적용 또는 실천과의 차이성을 의미하기 때문에 매우 크다고 보아야 하겠다. 이와 같은 정의의 두 가지 차원을 구현하는 두 가지 정의법(正義法)이 있는데 정의의 원리적 진술로서의 자연법과 지역사회들과 국제정치의 행동 현장을 관리하는 실제법이 있다.[83] 그런데 평등은 자연법으로서의 정의가 추구하는 가장 높고 큰 목표로서 죄의 상태에 놓여 있는 인간에게 그것은 형제우애(a true brotherhood)의 근사치가 된다. 그러므로 고등한 정의일수록 평등한 정의라고 말할 수 있을 것이다. 그리고 이 평등은 힘의 균형으로서만 획득하고 보유할 수가 있다. 인간에게 윤리적으로 가장 큰 문제는 힘에 대한 과욕이다. 한 사람이 다른 사람을 힘으로 지배하려는 데서 모든 사회악과 정치적 불의가 생겨난다. 힘의 균형의 원리와 그 실행은 인간의 인간에 대한 지배와 노예화를 방지하려는 정의의 수단이다.[84]

---

82) *Human Destiny*, p. 247.
83) *Ibid.*, p. 257.
84) *Ibid.*, p. 266.

민주주의 사회는 이 수단을 가지고 평등적 정의를 계속 추구한다. 민주주의 제도의 우수성은 정부가 일 개인이나 일부 특수층 인사들에게 편중하여 평등적 정의를 위태롭게 할 때 정부를 반대하고 시정을 촉구할 수 있는 저항의 원리를 정부의 원리 자체 내에 설정하고 있다는 사실을 보아도 알 수 있다.[85]

우리는 이미 니버의 정의론의 고찰로부터 그의 정치 또는 국가관의 와중으로 깊숙이 들어온 느낌이 든다. 성경은 우리에게 두 종류의 정부 또는 국가관을 제시한다. 첫째는, 정부는 하나님이 정하신 제도이기 때문에 그 권위는 신적 권위라는 것이다. 그리고 둘째로는, 국가의 통치자들은 약자와 빈자를 박해하고 하나님의 존엄성(尊嚴性)을 부정하는 것을 일삼기 때문에 하나님의 심판 아래 있다는 견해이다. 이 두 종류의 정부 또는 국가관이 균형적인 조화를 이룰 때 원만하고 타당한 것이 될 수 있다고 한다.[86]

보수주의자들은 전자의 국가관을 택하고 자유주의자들은 후자의 국가관을 택하는 경우가 많다. 그러나 양자 택일의 문제가 아니라 조화의 문제이다.[87]

니버는 초대교회의 국가관이 낙천적인 성격을 띤 국가 신성론에 입각한 것임을 꼬집었고,[88] 어거스틴은 하나님의 나라와 국가를 과도하게 격리시킨 데는 문제가 없지 않으나 국가와 정치에 미치는 죄의 영향을 강조한 것은 본받을 만하다고 하였다.[89]

중세교회의 정치관은 성경에 제시된 두 종류의 국가관을 종합한 것이라고 볼 수 있겠으나 결국은 국가신성론(國家神聖論)으로 기울어졌고 중세의 정치가 힘의 균형 조성에 입각한 정치에 힘쓰지 못 한

---

85) *Ibid.*, p. 268.
86) *Ibid.*, p. 269.
87) *Ibid.*, p. 270.
88) *Ibid.*, p. 272.
89) *Ibid.*, pp. 272. 273.

것이 큰 결함이라고 하였다.[90] 특히 니버가 루터가 로마서 13장의 내용에 입각하여 정부나 국가의 권력에 대한 무비판적 수용을 부르짖은 데 대하여 비판한 것과,[91] 칼빈이 그의 초기사상을 변경하여 나중에는 정부나 국가가 하나님의 뜻을 시행하지 않을 경우에 불복종해도 가하다고 함으로써 후기 칼비니스트로 하여금 더욱 민주주의적인 정부 또는 국가관을 가지도록 길을 열어 놓았다고 찬양한 것은 주목할 만하다.[92] 시간과 영원이라는 이중적 구조 속에서 사는 인간의 갈등과 죄의식을 강조하는 니버는 그의 정치관 또는 국가관 역시 현실주의적이요 제한적인 긍정주의라고 봄이 타당할 것이다. 어떤 현세적인 정치 체제에 있어서도 독재와 무정부적 혼란의 양대 위험을 전적으로 극복하기는 어렵다고 한다. 정치의 영역에서도 이신득의(以信得義)가 필요하다고 한다.[93] 새롭고 바람직한 국제사회는 비관주의자들이나 경박한 낙천주의자들이나 또는 자기 도취적인 이상주의자들의 손에 정치가 쥐어질 때 이루어지지는 결코 않을 것이다. 그것은 희망이 사라졌을 때 오히려 믿음으로 희망을 가지는 자들, 힘의 윤리와 권력에 의한 지배 등 모순과 부조리가 난무하는 오늘의 정치 현실 속에서 오히려 이신득의의 신념으로 정의를 추구하는 자들이 정치의 주인공들로 나서게 될 때 가능할 것이다.[94] 우리는 니버의 정치관에서도 현실주의적이면서도 이상론을 풍기는 그의 윤리 사상의 위대한 호소력을 느낀다.

---

90) *Ibid.*, pp. 274, 275.
91) *Ibid.*, p. 278.
92) *Ibid.*, p. 281.
93) *Ibid.*, p. 284.
94) *Ibid.*, p. 285.

3. 평가

 라인홀드 니버는 금세기의 몇 손가락에 꼽힐 만한 이름난 신학자였고 또 그 미친 영향력이 지대한 신학자였다. 그는 특히 미국에서는 개신교(改新教) 신학을 대표하는 신학자로 여겨졌고, 또 칼 바르트와 에밀 브루너에 의하여 제창된 신정통주의 신학의 미국적 대변자라고 생각되기도 하였다.[95]
 우리는 이와 같이 현 20세기의 위대한 신학자요, 미국에서뿐만 아니라 전세계적으로 많은 신학자들과 지식인들을 사상적으로 심취케 한 라인홀드 니버의 신학사상을 살펴보았고 고찰하였다. 이제는 그의 신학사상을 결론적으로 평가해야 할 차례가 온 줄 안다.

(1) 의도는 좋았으나 결과가 나빴다

 라인홀드 니버의 신학은 20세기인에게 기독교를 설득력 있게 전달하고자 하는 목적을 위해 존재했다. 또 이 목적을 추구하는 과정에서 그는 기독교 교리와 신학에 대한 놀랍도록 새로운 통찰과 예지를 과시하기도 하였다. 그러나 니버는 기독교의 복음을 20세기인의 사상과 급속히 접속시키기를 원한 나머지 그것을 타협하는 과오를 저지른 것이다.
 니버는 기독교 복음과 신학의 현대 사상에 대한 적응성을 강조했지만 실상은 적응성이 아니라 적합성이요, 더 나아가서는 수용성(受容性)을 의미하였다. 니버는 기독교 복음과 신학의 현대적 적응성을 위하여 현대인의 사상과 개념들을 무비판적으로 받아들인 것 같다. 예를 들면, 인간의 존재를 자연과 정신 또는 자유의 이중구조를 가진 존재로 보는 실존주의의 인간관과 그것에서 인출되는 실존주의의 우

---

95) *The Ten Makers Protestant Thought*, p. 78 참조.

주관 또는 세계관을 그대로 받아들였다.[96] 그 결과는 인간이 비록 하나님 앞에서 범죄하여 타락했지만 존재 구조상으로는 이율배반적인 존재가 아니라 하나님의 형상을 가진 하나님의 피조물이라는 역사적 기독교의 인간관을 타협 또는 포기하게 된 것이다.

라인홀드 니버의 신학은 기독교를 20세기 사상과 접촉시켜서 20세기 사상을 기독교적으로 설득하려고 하는 좋은 의도를 가졌으나 결과적으로는 20세기 사상의 수용을 초래하는 우를 범한 것이다.

우리는 "기독교의 존재 없이는 기독교의 적용이 있을 수 없다"는 어떤 위대한 보수주의 신학자의 말을 기억함이 좋겠다.[97] 기독교 신학의 20세기 사상에 대한 적응 또는 적용을 위하여 기독교 신학을 타협하거나 포기한다면 그것은 적응이나 적용이 아니라 수용이며 동화가 아니고 무엇이겠는가?

(2) 인간의 죄악을 강조하나 죄의 개념이 철학적이다

니버는 그의 인간관에서 놀랍도록 현실적이며 인간 존재에 대한 너무나도 심오한 분석을 하였다. 인간의 존재가 야기하는 제 갈등과 불안감 그리고 긴장 관계에 대한 그의 해설은 참으로 일품이다. 그리고 그가 인간에게 있어서 가장 기본적인 문제로서 힘에 대한 과다한 욕망을 말하고 인간의 윤리적인 문제들이 모두 그것으로부터 비롯됨을 지적한 것도 훌륭했다.[98]

그러나 니버는 앞서 말한 바대로 하나님의 말씀인 성경에 입각하기 보다는 실존주의 철학 사상에 입각하여 그의 인간관을 구성하고 전개해 나갔다는 것이 크게 유감스러운 일이라고 하지 않을 수 없다.

---

96) *Creative Minds in Contemporary theology*, p. 404.
97) J. Gresham Machen, *Christianity and Liberalism*, Wm. B. Eerdmans, Grand Rapids. Michigan, 1923, p. 155.
98) *Creative Minds in Contemporary Theology*, p. 401.

니버의 인간관이 죄를 강조하면서도 인간의 가능성을 또한 강조하는 비관론(悲觀論)인 듯하면서도 낙천적인 인간관이라고 말한 적이 있다. 그런데 인간이 자연과 자유라고 하는 이중적이며 이율배반적인 존재 구조 속에서 갈등과 긴장을 항상 느끼면서 고뇌를 맛보게 된다는 니버의 해석은 철학적인 죄의 개념을 내포하고 있으며 인간의 존재 자체에 대한 실존주의적인 부정론의 작용을 의미한다. 그러나 성경은 가르치기를 인간은 하나님의 피조물로서 하나님의 손에서 창조될 때에는 선하고 아름다웠으나(창 1:27~31; 시 8:4~5), 그의 윤리적 자유의 오용으로 말미암아 하나님 앞에서 범죄하여 타락했고 죄와 죽음의 비참한 상태에 놓여 있다고 한다(창 3:1~19; 롬 5:18~19; 엡 2:1~3 등).

니버의 인간관에 있어서는 인간의 존재가 본래적으로 선하고 아름다운 것이 아니라 자연과 자유(정신)라는 이율배반적 본성 때문에 불안한 긴장 속에 놓여 있으며 고뇌를 수반한다고 한다. 그리고 죄는 인간의 이율배반적인 본성의 결과라는 뜻이 된다.[99] 즉 인간의 본성이 고뇌를 내포 또는 수반하고, 고뇌하는 죄 즉 인간의 유한성 부정을 촉발함으로써 결국은 인간의 본성과 죄를 동일시하는 철학적이며 존재론적인 죄의 개념을 선명히 읽을 수 있다. 더욱이 원죄에 대하여 그것은 인류에게 편재하는 유한성 부정의 사상과 및 행위라고 하면서 첫째 인간인 아담의 역사성과 창세기 1장의 하나님의 우주창조의 역사성을 모두 부인하는 니버에게 우리는 어떻게 원죄의 역사적 근거를 부인하면서 원죄의 보편성을 말할 수 있겠느냐고 반문해야 할 것이다.

또 만일 죄가 인간에게 본성적으로, 그러니까 존재론적으로 존재하게 되는 것이라면 죄의 필연성 또는 불가피성을 부인하고 죄의 보편성만을 주장하는 입장을 어떻게 취할 수 있겠느냐 하는 것도 심각

---

99) *Ibid.*, p. 404.

하게 따져봐야 할 문제이다.

또한 니버가 인간이 자아의식을 통하여 영원으로 비약하는 자아초월의 가능성을 보유하고 있음을 강조하였으나 그것이 가능성으로 그치는 것인지 또는 실현할 수 있는 그 무엇인지 분명치 않다. 그리고 실현할 수 있다면 인간 자신의 힘으로써, 그러니까 자아의식적 능력으로써 실현이 가능한 것인지, 아니면 인간 내에 존재하는 어떤 초자연적 능력의 작용으로써, 예컨데 성령의 역사로서 그 실현이 가능한 것인지에 대하여 애매하다.

(3) 구속이 없는 변증법적인 십자가의 이해와 예수와 그리스도의 분리는 타당한가?

니버가 인간의 구원과 동일시하는 정신적 차원에서 인간의 자아초월(自我超越)은 그 이념과 방법론을 예수 그리스도가 우리에게 가르쳐 주었다고 한다. 그런데 이 정신적 차원에서 인간의 자아초월을 가르치는 진리들의 정상으로서의 십자가 교리에 대하여 니버는 그것을 변증법적으로 사료할 뿐 그리스도의 인류를 위한 구속사역과 연관을 시키지 않고 있다. 십자가는 시간과 영원, 역사와 초역사 그리고 사람과 하나님 사이에 위치하여 하나님의 사랑에 대한 계시가 되고 사람의 영원을 향한 도약의 계기가 된다고 한다. 그러나 구속론적인 목적이 결여된 십자가는 비성경적이다(고전 1:18~25; 갈 2:30 등). 그리스도의 십자가는 구약의 구속사적 성취이며 결코 그것이 하나님의 희생적 사랑의 계시로서 그치는 것도 아니요, 불가능한 가능성으로서의 어떤 실존주의 사상에 입각한 인간의 자아초월의 원리의 제시라고 보는 것은 엉뚱한 이야기이다.[100] 그러면 십자가에 달려서 죽음으로 하나님의 아가페 사랑을 보여 주었고 영원한 세계에 존재하는

---

100) *Idem.*

정신적 진리들의 지참자요 계시자라고 하는 예수 그리스도는 어떠한 분인가?

니버는 이미 진술한 대로 예수 그리스도를 가리켜서 역사의 불완전성에 대한 교본이니, 하나님의 희생적 사랑의 지참자니 하면서 그리스도 안에 있는 하나님의 지혜라든가 능력 및 은혜를 강조할 뿐 예수 그리스도가 어떤 분인가에 대하여는 설명이 별로 없다. 다만 한 가지 분명한 것은 니버가 예수 그리스도에 대하여 예수와 그리스도를 분리시켜 생각했다는 것이다. 예수는 예루살렘을 거닐던 역사적 인물이고 그리스도는 모든 인간이 그렇게 되기를 힘써야 할 참 인간이며 또 인간을 넘어서 인간 위에 있는 하나님의 참모습이라고 한다.[101] 니버는 역사적이며 상대적인 예수와 초월적이고 절대적인 그리스도 구별하여 말했는데 전자와 후자의 상호 관련성에 대하여는 밝히지 않아 모호하다.[102]

우리가 여기서 한 가지 확실하게 알 수 있는 것은 오늘날 현대 신학자들에게, 특히 신정통주의 신학자들에게 공통적인, 예수와 그리스도를 각각 역사와 초역사의 차원에서 별개의 존재로 생각하는 차원신학적 사고가 뚜렷이 니버에게 나타나고 있다는 것일 것이다. 이렇게 생각할 때 니버가 말하는 대로 하나님의 사랑의 계시자로서의 예수 그리스도는 실상은 인간 예수와 초역사적인 영원성을 상징하는 그리스도와의 결합이므로 하나님의 아들이요, 영원한 삼위일체의 제2위가 되는 성자 그리스도가 아니라 인간의 정신적 자아초월의 원리로서의 변증법적 개념 진술에 불과함을 알게 된다. 얼마나 실망스러운 일인가. 구속이 없는 변증법적인 십자가의 이해는 니버로 하여금 하나님의 아들 예수 그리스도를 믿음으로 우리가 얻을 수 있는 하나님의 초자연적 구원을 거부하게 하고 내면적 의식 속에 실존적으로 이루어

---

101) *The Theology of Reinhold Niebuhr*, p. 144.
102) *Ibid.*, p. 145.

지는 자아초월을 구원으로 착각하는 변증법적 구원의 개념으로 이끌어 갔으니 이는 역사적인 정통 구원론 사상과 너무나 원거리에 있는 것 같다.

(4) 역사의 불완전성 때문에 기독교와 문화가 초역사적으로 해석되어야 하는가?

니버가 역사의 불완전성을 절감하고 영원한 희망을 역사의 피안에 있는 하나님의 나라에 두고자 한 것은 성경적인 사상이며 나무랄 곳이 없다. 그러나 이미 수차 언급한 바와 같이 실존주의 사상의 수용으로 말미암아 니버는 불완전한 역사에 대한 규제 개념으로서의 초역사 또는 영원한 세계를 객관적으로 실재하는 존재의 영역으로 생각하기보다는 인간의 내면적 의식이 더욱 심화하여 도달하는 탈자아 또는 자아완성의 경지로 생각했다는 데 큰 문제가 있다. 그 결과로서 역사적 기독교가 믿어온 창조와 타락과 구속 등의 교리가 비역사화 되고 그것들이 단순한 인간의식의 여러 실존적 순간들로 해석되기에 이르렀다. 그렇다면 문제는 심각하지 않는가! 역사는 불완전한 것이 사실이지만 기독교는 말씀이 육신이 되어 역사적으로 우리에게 오신 하나님의 독생자를 믿는 역사의 종교이다(요 1:14; 3:16; 갈 4:4~5; 사 53:4~5 등).

기독교가 믿는 역사적 교리들로부터 역사성을 제거(除去)하고 기독교 자체를 역사의 종교가 아니라 실존의 종교로 둔갑시키면서도 니버는 성경과 그리스도와 복음을 믿는다고 생각하고 있는가?[103]

니버의 종말관도 이런 점에서 그 문제가 심각하다. 그리스도의 부활과 재림과 최후심판 등을 성경의 저자들이 가르치는 대로 역사적이며 앞으로 역사적으로 이루어질 사건들로 믿지 않고 소위 종말론적

---

103) Op. cit., p. 404.

상징(?)들로 보면서 실존주의적인 해석을 가하고 있으니 말이다. "그리스도께서 만일 다시 살지 못하였으면 우리의 전파하는 것도 헛것이요 너희 믿음도 헛것이며…"(고전 15:14)라고 한 바울의 말을 상기함이 좋을 것이다.

니버의 실존주의적 역사관의 영향은 그의 문명관과 문화관에까지 미쳐서 문명과 문화를 유대적이고 기독교적으로, 그러니까 적립론적인 관점에서 본다고 하면서도 오히려 랑케의 '각 시간의 영원으로부터의 동거리'설에 끌려간 결과 각 문명과 문화들에 대한 다양성 있는 평가는 하지 못하고 실존주의 사상의 테두리 안에서 의미의 일률화를 추구한 것이 또한 아쉽다.

(5) 사랑과 정의에 대한 윤리적 분석은 절묘하나 법적이고 실존주의적인 테두리를 벗어나지 못했다

니버의 윤리사상은 이론적으로 매우 짜임새가 있고 예리한 판단과 통찰들을 내포한다. 개인윤리와 사회윤리의 차이성을 말하면서 전자의 목표를 사랑으로 본 반면에 후자의 목표를 정의로 본 것이라든가 또한 사회윤리의 와중에서 오히려 개인윤리가 공헌할 수 있는 수준 높은 사랑의 이상을 강조한 것 등은 참으로 윤리사상의 대가만이 할 수 있는 일이다. 또 사회윤리의 목표가 정의를 평등과 개념적으로 결부시켜 힘의 균형을 사회적으로, 정치적으로 성취함으로써 독재와 무정부적 혼란이라는 양대 병폐를 멀리하고 평등적 정의를 불완전한 인간 사회에서 사랑의 근사치로서 이루는 데 있다고 갈파한 것은 우리의 찬동과 존경심을 얻기에 충분하다.

더욱이 인간의 힘에 대한 과욕과 그것으로부터 빚어지는 사회악에 대하여 둔감한 나머지 사랑의 양심만을 가지고 자선남비 식으로 정의와 복지사회를 구현해 보겠다고 나서는 자유주의 기독교 윤리에 대하여 그 현실성 없는 사랑 지상주의를 꼬집고 차라리 하나님의 은혜와 심판은 알지 못하나 현실적으로 힘의 윤리의 효력과, 따라서 힘의 현실적 사용에 대한 방법론을 완숙하게 익혀두고 있는 불신 사회인들로부터 무언가 배우는 것이, 도달하고자 하는 목적(사회정의 또는 인간의 인간화)을 위하여 도움이 될 것이라고 하는 니버의 발언은 굉장히 박진감 있는 그의 기독교 현실주의 윤리(ethics of Christian realism)의 변호로 우리 귀에 들린다.

그러나 니버의 윤리사상은 이렇게 사랑의 이상과 사회적 관심을 잘 조화시킨 현실주의적이면서도 기독교적 이상론을 버리지 않는 탁월한 윤리임에 틀림이 없지만 역시 니버의 신학이 그런 것처럼 그의 윤리도 실존주의 사상의 영향과 지배를 받고 있다는 사실을 아쉬우나마 지적하지 않을 수 없다. 실존주의 사상은 개인으로서의 인간의 인격적 자유와 믿음의 결단을 강조하는 사상이다. 따라서 니버가 개인윤리와 그 목표가 되는 사랑의 우월성을 강조한 것은 실존주의 사상의 영향을 받은 것이라고 볼 수 있겠으며, 개인 안에서 역사하는 성령의 사역에 대한 언급이 별로 없는 것으로 보아 니버의 사랑의 윤리가 본질적으로 초자연을 배제하는 인본주의적이고 자연주의적인 윤리사상의 성격을 띠고 있음을 짐작할 수 있다.

또 한편 니버의 윤리사상은 개인윤리와 균형을 이루는 사회윤리에 대한 높은 관심도를 보이고 있는데 개인윤리의 우월성을 니버가 말한다고 하지만 오히려 그의 관심은 사회윤리의 목표가 되는 정의 문제에 있는 것을 보아서 니버에 있어서는 개인윤리와 사회윤리가 변증법적 상호 관련 또는 보완의 관계에 놓여 있음을 알 수가 있다. 이와 같은 변증법적 방법론은 그의 정의론에서 법칙적 정의와 실천적 정의 또는 정의의 자연법과 실제법을 구별하는 데서도 뚜렷이 찾아 볼 수가 있다.

사랑과 정의가 인간사회에서 상호보완적(相互補完的)인 것같이 법칙적 정의와 실천적 정의가 정의사회에서 상호보완적이라고 하는 변증법적 해석은 양자의 통전적 합일로서 어떤 목적론적 윤리관을 찾기 마련인데 그것이 무엇인지 니버에게 있어서는 애매하다.

　니버는 사랑과 정의가 궁극적으로 추구하는 목적에 대하여 언급이 없다. 인간이 정의를 추구하면 정의를 얻게 되고 사랑을 지향하면 사랑에 도달하게 된다는 단순한 이론은 니버에게 통하지 않는다. 니버의 윤리사상이 실존주의적이며 특히 변증법적이라는 이유가 여기에 있다. 정의를 얻으려면 그보다 높은 차원의 것인 사랑을 추구해야 하고 실천적 정의를 원한다면 한 차원 높다고 할 수 있는 법칙적 정의를 찾아야 한다는 이론이다. 그 이유는 인간은 언제나 그의 내면적인 존재론적인 갈등 때문에 또는 사회악의 벽에 부딪쳐서 목적하는 바 윤리적 가치를 달성하는 데 미흡하므로 목적과 이상에 대한 변증법적 절충 또는 타협이 불가피하기 때문이라는 것이다. 다시 말해서 인간은 그가 목적하고 의도하는 바 사랑이나 정의와 같은 윤리적 가치관을 향하여 나아가면 나아갈수록 그것으로 부터 멀어짐을 뼈아프게 느끼는가 하면 멀어졌다는 초조와 절망감 속에 싸여 있을 때 오히려 그것에 더욱 가까이 와 있다는 역설적인 이야기도 될 수 있다.

　이러한 생각은 윤리자로서의 인간을 겸손하게 만드는 데는 유효하나 역사와 시공의 세계가 갖고 있는 불완전성 때문에 그 안에서의 인간의 윤리적 가치 창조의 노력이 언제나 실망스럽고(결과가 목적을 따르지 못한다) 별로 객관적 실적(客觀的 實績)을 올릴 수 없다는 윤리적 비관론으로 결론을 끌고 가게 되는 것도 또한 사실이다. 그러므로 실존주의 윤리사상은 인간의 윤리적 생활을 주관화하여 그것을 인간의 내면적 의식 속에서의 자아초월(자아완성)의 결단으로 해석하고 평가함으로써 인간의 윤리적 실망을 보상하려고 하는데, 이와 같은 실존주의 윤리사상의 경향을 니버에게서 분명히 찾아볼 수가 있다. 즉 니버에게 있어서는 인간의 윤리적 가치창조는 역사적 과정에서 크게 좌우되지 않고 영원한 완성을 추구하는 인간의 의식 속에서의 내면적이며 실존적인 결단에 결정적으로 좌우된다는 식의 실존주의적 사고가 크게 작용하고 있는 듯하다. 이것은 성경이 가르치는 바 진정한 기독교 윤리의 일방적인 곡해이다.

　성경은 물론 윤리의 정신적이며 주관적인 의식의 차원을 힘주어 가르친다. 살인도, 간음하는 일도 본질적으로 정신적인 현상 또는 마음가짐의 문제로 해석한다(마 5:22, 27, 28, 29). 그러나 그렇다고 하여 윤리의 객관적인 생활 또는 역사적인 과정을 무시한 것이 아니라 오히려 더욱 강조하고 있다(마 3:10; 5:16; 약 2:17; 갈 5:22~23; 살전 5:6~15 등). 형제 중에 지극히 작은 자 하나에게 마실 것을 주는 그 윤리적 행동이 인간의 미래의 구원과 멸망을 좌우하는 중대성을 띠고 있다고 성경은 가르치고 있지 않는가(마 25:31~46). 니버는 실존주의 사상의 테두리를 벗어나지 못하고 그 안에 머물렀기 때문에 그의 윤리적 가치관에 강력한 기독교적 목적론을 부여 못한 것이 또한 사실이요, 그러므로 유감스럽다. 윤리자로서의 인간이 추구하는 사랑과 정의의 배후에 존재하는 궁극적 목적이 하나님의 영광이라는 것을 말하지 않았다. 아마도 그것을 니버는 인간의 정신적인 자아초월을 통한 실존적 자아의 완성으로 보았기 때문일 것이다.

　또 앞서 말한 바와 같이 니버는 구속이 없는 실존주의적인 십자가의 이해를 도모했기 때문에 그의 윤리사상에 있어서도 그리스도의 구속의 십자가의 혜택을 받은 중생인의 윤리적 삶과, 받지 못한 비중생인의 윤리적 삶을 구별하는 데 열심이 없었다는 것도 이해가 간다.

　끝으로 니버의 정치 또는 국가관은 앞서 이미 서술한 대로 국가 신성설과 국가 비판론의 양극단간의 균형적인 조화를 이루면서, 제한된 역사적 상황 속에서 정의를 전력으로 추구할 것을 강조하는 현실주의적이면서도 이상론의 냄새가 풍기는 매우 알뜰하게 다듬어진 이론이다. 다만 어떤 정치철학이나 국가관에 있어서도 그것이 현세적인 것인 한 독재와 무정부적 혼란의 위험성을 내포하고 있다는 것과 그러므로 힘의 균형을 위한 최선의 노력을 하되 결국 이신득의(以信得義)가 필요하고 하나님의 칭의적 은혜가 요구된다는 것을 강조하는 그의 말 가운데서 우리는 힘과 권력의 생태학을 연구하는 사회윤리의 와중에서도 니버의 생각은 시간과 역사의 피안으로, 또는 인간의 내면적 의식세계로 달려가서 실존적 각성과 결단을 통한 인간의 윤리적 완성을 의도하는 여유를 보이고 있음을 깨닫고 감탄하지 않을 수 없다.

(6) 라인홀드 니버는 디트로이트에서 시작하여 키에르케고르로 끝난 신학자이다

니버는 자동차의 도시 디트로이트에서 목사로 일하면서 현대 산업 사회에 있어서의 노동자들의 비인간화와 기업인들의 치부 등 사회악과 윤리적 부조리들을 친히 목격한 결과 기독교 사회윤리 방면에 큰 관심을 가지게 되었고 디트로이트의 충격이 그의 신학 전체를 위한 추진력이 되었다. 디트로이트에서 20세기의 개혁을 부르짖는 개혁 신학자가 탄생한 것이다. 니버는 어떤 의미로서는 종교개혁자들의 발자취를 좇았다고 볼 수 있겠다. 루터와 칼빈 중에서 특히 칼빈은 당시의 사회와 권력 구조를 비판하였고, 로마 카톨릭교회는 물론이며 중세문화까지도 하나님의 말씀의 권위로 비판하였다.

니버도 디트로이트의 충격을 살려서 미국사회와 현대 서구문명을 예리하게 비판하였고, 기성 종교로서의 기독교와 교회에 대하여서도 비판하기를 주저하지 않았다. 그러나 니버의 비판은 종교개혁자들보다 더욱 광범위하였다. 그는 사회와 문화와 교회만을 비판한 것이 아니라 역사 전체를 비판적인 안목으로 보았으며, 성경과 성경에 기록된 내용까지도 역사적인 차원의 것으로 간주하고 비판을 가하였다.

여기서 20세기의 개혁을 부르짖는 신학자 니버는 종교개혁자들과 길을 달리한 것이다.[104]

그러면 니버에게 있어서 사회와 문화와 종교 그리고 성경까지도

---

104) Ibid., p. 403.

비판할 수 있는 평가의 기준은 무엇이었던가? 종교 개혁가들에게 있어서는 모든 사물과 진리에 대한 평가의 기준이 하나님의 말씀인 성경이었던 반면에 니버에게는 성경까지도 평가할 수 있는 기준으로서 실존주의 사상을 채택한 것이 분명하다. 실존주의 사상 중에서도 키에르케고르의 이원론적 세계관과 및 주관주의적이며 인격주의적인 인간관에 그 거점을 두고서 니버는 그의 문화, 사회, 정치, 윤리관을 수립하였고 기독교 신학의 전면적인 재진술을 시도하기에 이르렀다.

니버는 디트로이트에서 받은 윤리적 충격파를 성경계시에 입각한 기독교 윤리적 대답으로 물리치려고 하지 않고 키에르케고르의 실존주의 사상을 동원하고 그 자신의 고안물인 기독교 현실주의 윤리(an ethics of christian realism)라는 것을 가지고 그것에 대처하였다. 그런데 그 결과는 디트로이트의 군중들에게 어떤 명확한 윤리적 행동의 지침을 제시하지 못하였고 미국사회와 서구 문명 속에서 사는 사람들에게 새로운 정신적 혁명의 기틀을 마련해 주지 못하였다.

니버는 그의 신학적 박식함과 강력한 사회적 윤리적 관심과 위대한 사상적 호소력의 소유에도 불구하고 초기에는 디트로이트 문제를, 후기에는 현대인과 현대 문명의 문제를 성경으로써 해결하려 하지 않고 키에르케고르의 지혜로 해결하려고 한 것이 그의 결정적인 실수요 과오였던 것 같다. 물론 이와 같은 저자의 비평이 니버에게는 기독교와 성경을 문자주의적 신앙(?)으로 믿는 정통주의자의 말로 들려서 굉장히 역겨울 것임에 틀림없다.

A Selective Reading on Reinhold Niebuhr

Reinhold Niebuhr, *Moral man and Immoral Society*, New York: Charles Scribner's Sons, 1932.

─────── , *The Children of Light and the Children of*

Darkness, New York: Charles Scribner's Sons, 1944.

Reinhold Niebuhr, *Faith and History: A Comparison of Christian and Modern Views of History*, New York: Charles Scribner's Sons, 1949.

Reinhold Niebuhr, *The Nature and Destiny of Man : A Chrirtian Interpretation*(I. Human Nature. Ⅱ. Human Destiny: Gifford Lectures), New York: Charles Scribner's Sons, 1946.

Chales W. Kegley and Robert W. Bretall(editors), *Reinhold Niebuhr: His Religious, Social, and Political Thought*, New York: Macmillan Company, 1956.

Creative Minds in Contemporary Theology(Edited by Philip E. Hughes), 12. *Reinhold Niebuhr*(pp. 377~406), Grand Rapids: Wm. B. Eerdmans, 1966.

『현대신학자 20인』, 7. 라인홀드 니버(pp. 59~67), 서울, 대한기독교서회, 1970.

제3장: 폴 틸리히

1. 생애

폴 틸리히(Paul Tillich)는 1886년 8월 20일 독일 부란테베르그 지방의 스탈찌델 바이 구벤에서 태어났다. 그의 부친은 프르시아 교회 목사였다. 그는 루터교적인 경건한 가정 분위기 속에서 자라났다. 1904년에서 1909년까지 그는 베를린 대학과 튀빙겐 대학과 할레 대학에서 수학했고, 1911년 부레스라우 대학에서 그의 박사 학위논문을 제출했으며, 1912년 할레 대학에서 신학 교수 자격을 위한 논문을 썼다. 그는 같은 해에 복음주의 루터파 교회의 목사로 안수를 받고 목회를 시작했다. 그의 목회(牧會)는 제1차 세계대전이 일어날 때까지 계속됐다. 그리고 대전이 일어나자 그는 군목으로 종군(從軍)했고, 대전이 끝난 뒤에는 본격적인 교수 생활로 들어갔다. 그는 5년 동안 베를린 대학에서 신학을 가르쳤고, 1924년에는 말부르크(Marburg) 대학에 가서 신학교수가 되었으며, 1926년에서 1929년에는 프랑크푸르트(Frankfuhrt) 대학의 철학교수로 임명되었다. 그러나 히틀러(Adolf Hitler)가 1933년에 독일 총통이 된 후 틸리히는 그의 교수직에서 해임되었고, 그때 독일을 방문중이던 라인홀드 니버(R. Niebuhr) 교수의 초청으로 미국 뉴욕 시에 있는 유니온 신학교로 가서 '철학적 신학'을 가르치는 교수가 되었다.

틸리히는 나이 47세 때에 신대륙에서 그의 새로운 생애(生涯)를 시작했는데 그는 그때부터 그의 신학의 완숙기에 접어들었다고 볼 수 있었다. 그는 1954년까지 뉴욕 유니온 신학교(New York Union Seminary)에서 교수하다가 교수직에서 은퇴하고 하버드 대학교로 가서 교수가 되었고, 1962년에는 시카고 신과대학 신학교수로 취임했었다.

틸리히는 1965년 10월 23일, 열흘 전에 일으킨 심장마비로 세상을 떠났다. 틸리히의 주요 저서로서는 『프로테스탄트 시대』(The Protestant Era, 1948)와 『존재에의 용기』(The Courage to Be, 1952)와 세 권으로 된 『조직신학』이 있는데, 특히 그의 『조직신학』은 그의 평생의 역작(力作)으로서 중세기의 대신학자 아퀴나스(Thomas Aquinas)의 『신학대전』(Summa Thegologica)과 견주어 볼 만한 '20세기 프로테스탄트 신학의 숨마'(Summa)라는 평가를 신학평론가들로부터 받기까지 했다. 틸리히를 가리켜서 무신론자라고 하는 평이 우리 귀에 들린다. 그러나 우리가 그의 저서들을 숙독(熟讀)할 때 그런 평이 지나친 평이 아닌가 하는 생각이 들게 되는 것이다. 결과적으로는 어떻든 간에 의도적으로는 그가 신(神)을 말하기를 원했다는 것만은 사실이다.

또 그는 그의 신학에서 신을 어느 정도 말했다고 보아야 옳겠다. 물론 그가 말하기를 원했으며 또 말했다고 볼 수 있는 '신'이 어떤 신이었던가를 생각해 볼 때 결코 그 '신'은 우리가 믿는 아브라함과 이삭과 야곱의 하나님이 아니었음을 알 수 있다. 그러면 틸리히가 기독교 성경이 말하는 신 외에 어떤 다른 '신'을 말했다는 점에 있어서 기독교 유신론(基督敎 有神論)을 거부했다고 볼 수 있겠으나 그렇다고 해서 우리가 그를 무신론자로 단정하는 것도 그리 현명한 일이 아닌 것 같다.

틸리히는 그의 신학에서 상호 연관적(栢互 聯關的) 방법을 기용(起用)했다. 그는 그의 상호 연관적 방법을 '질문과 대답'의 형식으로 철학과 신학을 서로 관련지어 주는 것이라고 말했다. 철학은 인간이 실존적 상황(實存的 狀況) 속에서 물어야 할 물음이 무엇인가를 우리에게 제시하고 신학은 우리로 하여금 실존적 물음에 대한 대답을 준비케 한다는 것이다.

틸리히의 신학을 가리켜서 인류학적 신학이라고 평하는 신학평론가들도 있다. 그러나 틸리히의 조직신학 제1권 제2부의 제목을 보면 존재와 신(Being and God)으로 되어 있는데 그것은 틸리히가 존재(Being)에 대한 대답이 신(神)이라고 생각했다는 것을 말해 준다고 볼 수 있겠다.

틸리히는 인간과 인간이 묻는 실존적 물음을 그의 신학의 출발점으로 삼았지만, 그의 결론은 신이었으며 그가 신학만이 인간의 실존적(實存的)물음에 대해서 진정한 대답을 할 수 있다고 강력히 주장한 것을 보아서 그의 신학이 '신 없는 신학'이 아니며 '인류학적 신학'이라고 그의 신학을 단정하기도 어려운 일인 것 같다. 상호 연관적 방법에 의거하는 틸리히 신학을 가리켜서 철학적 신학이라고 부르기도 한다. 틸리히가 그의 신학에서 철학과 신학을 '질문과 대답'의 형식으로 종합했다고 볼 수 있으므로 그의 신학을 철학적 신학이라고 함에는 일리가 있다. 또 틸리히가 그의 신학에서 철학과 신학 외에 존재와 비존재, 내재(內在)와 초월(超越), 무한과 유한, 정신과 물질, 자유와 자연, 프로테스탄트 신앙과 카톨릭 교리 등의 대응적 개념(對應的 槪念)들을 조화·종합하려고 했다고 볼 수 있으므로 그의 신학을 종합적 신학이라고 함에도 일리가 있는 것이다. 틸리히를 20세기의 아퀴나스로 생각하고 그의 조직신학을 아퀴나스의 *Summa Theologica*에 견주어서 말하는 신학 평론가들도 있다. 또 틸리히의 신학을 가리켜서 문화신학(文化神學)이라고 하기도 한다.

틸리히가 신률적 문화(神律的 文化)의 개념을 통해서 문화 일반을 신학의 영역으로 삼았고 실존주의 철학과 프로이드(Sigmund Freud)의 심리학과 현대 미술, 조각, 건축, 음악 등 제분야(諸分野)

에서 얻은 전문적 지식을 도구로 구사(驅使)하면서 현대문화에 관한 해석과 판단을 내렸다는 점을 보아 그의 신학을 '문화신학'이라고 함도 타당한 줄 안다.

그러나 틸리히의 신학을 상기(上記)한 '철학적 신학' 혹은 '종합신학' 혹은 '문화신학'이라는 통례적 평론 이상의 평론으로 평가한 글을 우리는 오늘날 좀처럼 찾아보기 힘들다. 우리 한국 신학계에는 틸리히의 신학을 그대로 번역하여 소개하는데 그치는 '번역판 신학교수'들이 있는가 하면 또 한편에는 틸리히의 저서를 한 권도 읽어보지 않고서 그의 신학을 '무신론'이니 '인류학적 신학'이니 하면서 정죄(定罪)하는 무책임한 신학교수들도 있다. 이와 같은 한국 신학계의 현황(現況)을 살피고서 필자는 틸리히(Paul Tillich)의 신학에 관한 연구의 결과를 발표함으로써 그의 신학에 관한 보다 정확한 이해를 촉구하며 틸리히와 개혁신학과의 거리를 논술하여 개혁신학을 연마하는 후학들의 틸리히 연구를 돕고자 이 글을 쓰게 된 것이다.

2. 신학

(1) 신관

틸리히의 신관(神觀)은 그의 저서 『조직신학』 제1권 제2부 '존재와 하나님'에서 그 체계적인 표현을 보았다고 하겠다. 틸리히는 '신'을 존재 자체라고 부른다. 만일 '신'이 존재라고 한다면 그가 비록 최고자라고 할지라도 상대적인 존재에 불과할 것이다. '신'이 '신'이려고 할 것 같으면, 즉 '신'이 참으로 절대자가 되려고 한다면 '신'은 존재 자체이거나 존재의 지반(地盤) 또는 존재의 힘이라야 할 것이다.[1]

---

1) Paul Tillich, *Systematic Theology*, Ⅰ, 1951, pp. 235-236.

존재 자체로서의 '신'은 본질과 실존의 구별을 초월해 있다. 본질에서 실존에로의 변천이 '신'에게는 없다는 것이다. 그리고 존재의 힘이 되는 신은 모든 존재를 초월해 있을 뿐 아니라 모든 존재들 안에서 존재의 힘이 된다는 것이다. 존재 자체로서의 신과 존재들과의 관계는 이중적(二重的) 관계라고 할 수 있으니, 그 관계는 첫째로 창조적 관계(創造的 關係)이며 둘째로는 심연적 관계(深淵的 關係)인 것이다.

창조적 관계는 모든 존재들이 존재 자체가 되는 '신'으로부터 존재의 힘을 받고서 존재한다는 사실에서 나타나고 있으며, 심연적 관계는 모든 존재들의 지반이며 힘이 되는 존재 자체는 모든 존재들을 초월해 있다는 사실에서 뚜렷이 나타나고 있다고 보아야겠다.[2] '신'은 존재의 지반이 되는 고로 존재 구조의 지반이 또한 되는 것이다. '신'은 존재하는 모든 것의 상태를 결정하는 힘을 소유한다. 그런데 우리가 우리의 탐구심에 휘말려 들어가서 '신'에 관해서 이 이상 더 말하려고 한다면 그것은 어리석은 일일 것이다.

'신'이 존재 자체라는 것과 절대자라는 것 외에 어떤 신에 관한 진술도 문의적(文意的)인 진술이 못되고 상징적 진술임을 알아야 할 것이다.

우리는 '신'을 자아나 세계라는 개념을 통해서 포착할 수는 없다. 우리는 '신'을 '자아'라고는 생각할 수 없다. 왜냐하면 우리가 '신'에게 자아의 개념을 부여한다면 '신'은 비자아 즉 자아 아닌 어떤 것과 대응적(對應的)인 위치에 놓이게 됨으로 절대자가 될 수 없기 때문이다. 또 '신'은 세계가 될 수 없는 것이 명백하다. '신'은 초월해 있는 분이기 때문에….

우리는 '신'에 관해서 말할 때 '인격신'(人格神)이라는 말을 흔히 한다. 그런데 이 '인격신'이라는 말은 상징적(象徵的)인 말이기도 하

---

2) *Ibid.*, p. 237.

다. 왜냐하면 '신'과 '인간'과의 관계는 실존적으로 즉 인격 대 인격의 관계로 이해되어야 하기 때문이다. 그러나 '신'은 한 인격자가 아니라는 것을 알아야 한다. '인격신'이라는 말은 '신'이 한 인격 혹은 한 인격자임을 뜻하지 않고, 오히려 그가 모든 인격자들의 지반이 되며 모든 인격적인 것들 안에서 존재의 힘이 됨을 말하는 것으로 이해되어야 할 것이다.[3]

오늘날 신학적 유신론(神學的 有神論)은 '신'을 세상과 인류 위에 살고 있는 어떤 완전무한(完全無限)한 천상적(天上的) 인격자로 말하고 있는데, 만일 그와 같은 천상적 인격자가 '신'이라고 한다면 '신'은 결코 인간들의 궁극적 관심이 될 수는 없을 것이다. 그러므로 '인격신'이라는 말은 오해하기 쉬운 말이니 오해하지 않도록 주의해야 한다는 것이다.[4] 틸리히는 이렇게 '인격신'이라는 말을 쓰는 것을 반대하지 않으면서도 인격자로서의 '신'을 부인함으로써 '인격신'의 존재를 결국 부인한 것이 되고 만 것이다. 틸리히는 그의 다른 저서 『존재에로의 용기』(The Courage to Being)에서 '신 이상의 신'이라는 말을 사용했는데 그 말은 진정한 신은 신학적 유신론의 '신'을 초월해 있는 분이라는 것을 의미하는 줄로 안다. 틸리히에 의하면 신학적 유신론의 '신'은 한 존재는 되어도 존재 자체는 되지 못하므로 주체와 객체의 이율적 구조(二律的 構造) 속에 얽매이게 된다는 것이다. 주체로서의 '신'은 나를 객체, 즉 한 개의 물건으로 만든다. 그는 나의 주관을 빼앗아 간다.

그는 전지전능하기 때문에 나는 그의 앞에서 무능무력한 것이다. 나는 그와 같은 '신'에게 도전하고 반기를 든다.

나는 나를 객체화(客體化)하는 '신'을 오히려 객체화하려고 달려든다. 그러나 그와 같은 나의 시도는 실패하고 절망이 내 마음에 깃든

---

3) Ibid., p. 245.
4) Ibid., p. 245.

다. 그리고 나를 객체화하려는 '신'은 내게 전보다 더 무서운 폭군으로 군림한다. 니체(Friedrich Nietzsche)가 죽었다고 선언한 '신'은 바로 이와 같은 '신'이었던 것이다. 현금(現今)의 무신론 혹은 사신론(死神論)은 신학적 유신론의 '신'에 대한 반동으로 그 의미가 있는 것이다. 틸리히가 말하는 '신 이상의 신'은 주체와 객체의 이율적 구조 속에 얽매이는 '신', 즉 '신학적 유신론'의 '신'을 초월하고자 하는 노력의 몸부림이라고 할 수 있겠다.

틸리히는 분명히 말하기를, '신 이상의 신'은 인간의 회의와 번뇌 속에서 '신'이 사라질 때 나타나는 '신'이라고 했다. 여기서 우리가 주목해야 할 사실은 틸리히가 '신학적 유신론'의 '신'의 부정(否定)을 통해서 어떤 다른 의미에 있어서 유신론의 수립을 시도했다는 것이다. 그는 '인격신'의 존재를 부정하는데 그치지 않고 그와 같은 부정을 통해서 초인격적 신(超人格的 神), '신 이상이 신'의 개념에 도달했다고 보는 것이 옳을 것이다.

그러나 틸리히가 '초인격적 신', '신 이상의 신'의 개념에 도달하기 위하여 버리기를 주저하지 않는 '인격신'은 바로 우리 기독교 성경이 말하는 아브라함과 이삭과 야곱의 하나님인 것이다. 다시 말한다면 틸리히는 아브라함과 이삭과 야곱의 하나님을 철학적 제단(祭壇) 앞에 희생의 제물로 받침으로써 그의 '초인격적 신' 곧 '신 이상의 신'을 획득한 것이다. 틸리히는 말하기를 "아브라함과 이삭과 야곱의 하나님은 철학자들의 하나님과 같은 하나님이다"라고 했다. 그러나 그 다음에 그는 '신은 인격자인 동시에 인격자로서의 자신의 부정인 것이다'라는 말을 덧붙이기를 잊지 않았다.[5]

틸리히의 신학에 있어서 무엇보다도 그를 지배한 생각은 '신'의 절대성이라고 하겠다. 그는 '신'의 절대성을 주장하기 위하여 '신'의

---

5) Paul Tillich, *Biblical Religion and the Search for Ultimate Reality*, 1955, p. 85.

인격성을 부정(否定)하고 신을 '존재 자체', '존재의 지반', '존재의 힘' 등의 개념으로 표현했다고 볼 수 있다. 이제 저자가 여기서 지적하고 싶은 사실은 틸리히의 과오는 그가 '신'의 절대성을 주장했다는 데 있지 않고 '신'의 절대성을 성경을 떠나서 철학으로 인식하려고 했다는 데 있다는 것이다. 틸리히는 '신'을 존재(Being)라는 개념 속에 집어넣고 '신'을 절대화했다고 생각했다. 그러나 그렇게 해서 절대화된 틸리히의 '신'은 어디까지나 철학적 허구(虛構)요 기독교 성경이 말하는 절대자 신은 아닌 것이다. 틸리히에 있어서 '신'은 존재의 구조를 이해하는 데 필요한 하나의 개념이 되어 버린 것만 같다.

성경 대신에 철학을 모든 판단의 표준으로 삼은 틸리히의 신학은 '인격신'의 존재를 부인하는 데 이르렀고 철학적 허구 속에서 배회(徘徊)하다가 철학적 허구 속에서 그 막을 내리게 됐다는 느낌이 든다.

(2) 그리스도관

'새 존재'의 개념은 틸리히의 기독론의 지주(支柱)가 되는 개념이라 하겠다. 틸리히는 그리스도를 '새 존재'라고 불렀다. 틸리히에 의하면 예수 그리스도는 실존적 소외(實存的 疎外)를 극복하는 능력을 가진 분이다. '새 존재'가 예수 그리스도 안에서 나타났고, 예수 그리스도는 곧 '새 존재'인 것이다. 예수 그리스도는 그의 존재 전반에 걸쳐서 새 존재의 휴대자(携帶者)인 것이다.[6] 그런데 그리스도의 존재가 새로운 존재라는 것은 두 가지 의미에서 그렇다. 첫째로, 그리스도의 존재는 존재의 잠재적 상태(潛在的 狀態)와 견주어 볼 때 새로운 존재이다. 그리고 둘째로, 그리스도의 존재는 존재의 실존적 소

---

6) Paul Tillich, *Systematic Theology*, II, 1957, p. 121.

외에 견주어 볼 때 새로운 존재인 것이다.[7]

틸리히에 의하면 존재(Being) 개념이 '신'에게 적용될 때 '신'은 '존재의 힘'이 되는 것과 같이 새로운 존재(New Being)의 개념이 그리스도에게 적용될 때 그리스도는 존재의 실존적 소외를 정복하는 힘이 되는 것이다. 예수 그리스도 안에서의 '새 존재'의 경험은 그리스도 안에서 모든 인간들이 갖는 '실존적 소외'를 극복하는 경험이다. 기독교 성경은 예수 그리스도를 지상을 걸어다니는 '신'으로 묘사하지 않는다.

예수 그리스도를 생의 모호성(模糊性)에 비극적으로 관련됨이 없는 하나의 '신인 자동기계'(神人 自動機械)로 생각하지 않는다. 성경에 나타난 그리스도는 실존적 소외의 모든 비참을 그의 몸에 지닌 분이지만 그 모든 비참을 극복하고 '신'과 영구적 합일(永久的 合一)을 이룬 분이다. 그리스도의 실존적 소외와의 비극적 관련이 '신'과의 영구적 합일을 무너뜨리지 못하고 오히려 더욱 든든하게 한 것이다. 틸리히는 또한 말하기를 '예수는 그리스도이다'라는 기독교적 고백은 두 가지 위험을 내포한다고 했다. 첫째 위험은 예수 그리스도의 그리스도적 성격의 부인이고, 둘째 위험은 예수 그리스도의 예수적 성격의 부인이다. 기독론은 조심스럽게 이 구덩이 사이로 찾아서 가야 한다. 그러나 어느 시대를 불문하고 기독교 신학이 이 구덩이 중의 어느 한 구덩이에 빠지지 않으리라고 장담하기는 어렵다.[8]

그리스도의 신성(神性)의 부인은 그리스도로 하여금 실존적 소외를 극복하지 못하게 하므로 새 존재(New Being)가 되지 못하게 하며 그리스도의 인성(人性)의 부인은 그리스도로 하여금 실존적 소외(實存的 疎外)를 경험하지 못하게 하므로 역시 새 존재(New Being)가 되지 못하게 한다. 틸리히에 의하면 초대교회의 2대 결정

---

7) *Ibid.*, p. 119.
8) *Ibid.*, p. 142.

(二大決定, 니케아와 칼케돈)은 미비한 신학적 용어들과 개념들의 구사(驅使)에도 불구하고 예수 그리스도의 그리스도적 성격과 예수 그리스도의 예수적 성격을 둘 다 보존케 했었다.[9]

틸리히는 그러면서도 니케아(Nicea)와 칼케돈(Calcedon)에서 채택한 기독론의 모순을 지적하고 시정할 것을 주장했다. '예수 그리스도는 신인(神人)이다'라는 생각은 너무 지나치게 개념적인 생각이며, 역동적(力動的)이 못 되는 생각이다. 만일 예수 그리스도가 참으로 신인(神人)이라고 한다면 그는 본질과 실존의 이중적 구조를 초월할 수가 없게 된다. '신'으로서의 그리스도는 인간의 시간 속에서 나고 죽을 수 없으며 존재의 비극과 관련될 수가 없다. 그리고 인간으로서의 그리스도는 존재의 비극 속에 깊이 빠져들어 가서 실존적 소외를 극복할 힘이 없는 것이다. 우리는 '예수 그리스도는 신성과 인성의 인격적 결합이다'라는 주장을 버리고 그 대신 ''신'과 '인간'의 영구적 합일이 예수 그리스도 안에서 역사적 실재로 나타났다'고 말해야 한다는 것이다.[10]

틸리히는 이렇게 신약성경에 나타난 그리스도에 대하여 그의 관심을 집중하는 듯 하면서도 실상은 '새 존재'라는 철학적 개념으로 그리스도를 설명하려고 한 것이다. 틸리히는 예수 그리스도를 역사적으로 성경적으로 인식하지 않고 철학적으로 실존주의적으로 인식한 것이다. 그는 나사렛 예수가 역사적 존재이지만 그를 그리스도로 믿는 자들에 의해서 그 사실이 수락(受諾)될 때 기독교가 성립한다는 것을 강조함으로써 나사렛 예수를 역사의 차원에 두고 그리스도를 신앙의 차원에 두는 차원 신학적(次元 神學的) 사고 방식에 사로잡혀 있는 듯하다. 그리고 틸리히에 의하면 그리스도의 선재(先在), 처녀탄생, 부활 등이 모두 다 기독론적 상징들임을 우리는 알아야 하는데, 이와

---

9) *Ibid.*, p. 145.
10) *Ibid.*, p. 148.

같은 기독론적 상징들은 나사렛 예수가 그를 그리스도라고 믿는 자들에 의해서 수락되는 데 있어서 꼭 필요한 방편 혹은 도구가 된다는 것이다.[11] 독일의 프로테스탄트(Protestant) 신학자 불트만(R. Bultmann)에 의해서 오늘날 신학계에 제기된 비신화화(非神話化)의 문제에 관해서 틸리히는 이렇게 논평한다.

불트만이 제창하는 신약성경의 비신화화 시도(非神話化 試圖)는 신약성경에 있는 신화들에 관한 자의적(字意的) 해석을 배격한다는 뜻으로 받아들여질 때 그 의의가 있다고 보아야 하겠다. 그러나 또 한편 불트만의 비신화화 시도는 신약성경에 있는 모든 신화(神話)들을 제거해 버리는 결과를 가져 왔으니 그것은 잘못인 것이다. 신화는 종교적 진리의 내용을 표현하는 도구로서 필요한 것이므로 신화는 제거되어야 할 것이 아니라 상징적(象徵的)으로 이해되어야 할 것이다.[12]

그리스도의 부활의 교리에 관한 틸리히의 견해는 차원신학에 입각한 견해임이 분명하다. 그는 말하기를 그리스도의 부활은 하나의 상징인 동시에 사실적 요소를 지니고 있다고 했다. 역사 과학은 그리스도의 부활의 역사성을 신약성경과 다른 역사적 문헌들 중에서 어느 정도 입증할 수 있을는지도 모른다. 그러나 그리스도의 부활을 믿는 우리들의 부활절 신앙은 우리가 실존적 소외(實存的 疎外)의 파괴적 영향을 물리치는 '새 존재'의 힘에 붙잡힘을 받는 경험에서 생겨나는 것이다.[13]

저자는 앞서 말하기를 틸리히는 그리스도를 성경적으로 파악하지 않고 '새 존재'라는 철학적 개념으로 파악하려고 했다고 했다. 그러나 틸리히의 '새 존재'의 개념이 전적으로 철학적 개념인 것은 아니

---

11) *Ibid.*, p. 152.
12) *Idem.*
13) *Ibid.*, 1957, p. 155.

다. 틸리히는 신약성경에 있는 사도 바울의 '새 창조'의 개념에서 그의 '새 존재'의 개념에 필요한 어떤 사념(思念)을 취했다고 볼 수도 있겠다. "그런즉 누구든지 그리스도 안에 있으면 새로운 피조물이라 이전 것은 지나갔으니 보라 새 것이 되었도다"(고후 5:17). 틸리히는 기독교의 메시지는 '새 창조', '새 존재'의 메시지라고 하면 '새 창조', '새 존재'는 그리스도와 함께 나타났으며 그리스도는 '새 창조'를 가져온 분이라고 말했다.[14] 또 갈라디아서 6장 15절을 설명하면서 말하기를, 바울에게 문제가 된 것은 내가 유대인이나 이방인(異邦人)이라는 사실이 아니라 인간이 그리스도와 결합하면 '새 창조', '새 존재'를 이룬다고 하는 것에 대한 확신이라고 했다.[15] 그러나 틸리히의 기독론의 지주(支柱)가 되는 '새 존재'의 개념은 사도 바울의 '새 창조'의 개념과 언어상 비슷하며 그 착안점이 비슷하다고 할지라도 근본적인 사상에 있어서 판이하다고 생각함이 옳을 것이다.

사도 바울의 '새 창조'(新創造)의 개념은 기독교 성경에 나타난 역사적 그리스도를 그 바탕으로 하고 있음에 반하여 틸리히의 '새 존재'의 개념은 그의 신론에 있어서 존재론적으로 파악된 존재(Being)의 개념을 기독론에 와서 다시 새 존재라는 철학적 개념으로 완성시켜 놓은 것이다.

틸리히는 '신'에 관해서 말할 때 Being이라는 철학적 개념(哲學的 槪念) 때문에 인격신의 존재를 부정하고 철학적 허구(哲學的 虛構) 속에서 배회(徘徊)한 것같이 그의 기독론에 있어서도 New Being이라는 철학적 개념 때문에 역사적 그리스도를 부인하고 철학적 허구 속에서 갈팡질팡했던 것이다.

---

14) Paul Tillich, *The New Being*, 1955, p. 15.
15) *Ibid.*, p. 16.

(3) 문화관

틸리히의 신률적 구상은 역시 철학적 허구라고 해야 하겠다. 틸리히(Paul Tillich)는 문화에 관해서 논할 때 3종의 문화를 말했다.

그는 자율적 문화(自律的 文化)와 타율적 문화(他律的 文化)와 신률적 문화(神律的 文化)가 존재함을 말했다.

자율적 문화는 인간들의 궁극적인 것에 대한 관심의 표명 없이 개인생활과 사회생활의 제형식을 합리적 실천적 이성을 좇아서 창조하려는 시도의 결과라고 하겠고, 타율적 문화는 인간들이 이성의 Gestalt를 파괴할 우려가 있음에도 불구하고 그들의 사고(思考)와 행동과 생활을 어떤 교회 종교나 정치적 유사종교(類似宗敎)의 권위적 표준에 예속시키려 하는 시도의 결과라고 할 수 있겠다.

자율적 문화와 타율적 문화의 잘못을 교정할 힘을 내포한 문화형태로서 틸리히가 내세운 신률적 문화는 인간들이 궁극적 관심과 초월적 목적론을 그들의 정신생활의 바탕이 되도록 창조적인 표현을 시도하는 문화이다. 신률적 문화는 '종교는 문화의 본질이며 문화는 종교의 형식이다' 라는 생각에 가장 충실한 문화이다.[16]

틸리히는 그의 저서 조직신학 제3권에서 신률적 문화에 관해서 이렇게 말했다. '신률적 문화는 정신적 문화이다. 신률의 개념은 인본주의(人本主義)와 반대되는 개념이 아니다. 이는 휴머니즘을 특정된 인간적 목적들을 초월하는 방향으로 이끌어 주는 역할을 한다.[17] 신률(神律)은 인간의 자율법칙(自律法則)을 의미하지 않는다. 또 한편 신률이란 외계로부터 인간에게 부여된 어떤 법칙이 아니라 인간 자신의 내적 법칙(內的法則)이라고 생각할 수 있으니, 그 이유는 신적 지반(神的地盤) 위에 서 있는 그 법칙은 곧 인간 자신의 지반이 되기

---

16) Paul Tillich, *The Protestant Era*, 1948, p. 57.
17) Paul Tillich, *Systematic Theology*, Ⅲ. 1963. p. 250.

때문인 것이다.
 그렇다면 신률적 문화는 존재의 지반에 토대하는 인간의 내적 법칙의 실현 그것 외에 다른 무엇이겠는가? 그리고 신률적 문화의 성격이 정신적이라는 것은 신적 지반 위에 서 있는 인간의 내적 법칙이 정신적이라는 것을 의미하지 않겠는가? 틸리히는 이렇게 말했다. '정신적 임재'가 문화일반과 관련을 지을 때 신률이 조성되는 것이다. 그리고 우리는 신률이 존재하는 곳에서 '정신적 임재'의 놀라운 사역을 경험할 수 있다.[18]
 틸리히는 이제 인류의 역사적 과정에 있어서의 신률적 문화(神律的 文化)의 출현에 관해서 언급하기를 잊지 않았다. 그에 의하면 뭐니뭐니해도 인류사상(人類史上) 중세기만큼 신률이 그 시대의 문화적 상황을 지배했다고 볼 수 있는 때도 없다는 것이다. 물론 중세기에 있어서 신률은 그 시대의 문화일반을 모호하게 그리고 단편적(斷片的)으로 지배했다고 보아야 옳겠다. 그러나 중세기에 있어서 이성은 신적 계시(神的啓示)에 예속되지 않았다. 그렇다고 해서 자주적으로 존재하지도 않았다. 중세기에 있어서 이성은 인간의 심오한 내면적 계시로서 그 존재의 의의를 가졌던 것이다.[19]
 그러나 틸리히에 의하면 중세기가 신률적 문화의 지배를 받았다고 하여 오늘날 카톨릭 교회가 신률을 소유하고 있다고 생각할 수 없으며 현금(現今)의 카톨릭 국가들이 신률적 문화를 창조하고 있다고 생각할 수 없다는 것이다. 오늘날 카톨릭 교회는 현대에 적합한 신률의 창조가 긴급히 요구되고 있음에도 불구하고 교회적 타율(他律)의 재설정을 도모하고 있다. 이러한 현황 속에서 프로테스탄트 교회는 로마 카톨릭 교회의 중세적 성격을 그대로 수락할 수 없다. 프로테스탄트 교회는 현 시점에서 새로운 신률을 찾아서 그것을 수렴해야 할 것이다.

---

18) *Ibid.*, p. 252.
19) *Systematic Thology*, Ⅰ. 1951. p. 149.

그러나 오늘날 프로테스탄트 교회가 현대에 적합한 새로운 신률을 찾고 수렴하기 위해서는 과거 인류사에 나타난 신률적 문화가 어떤 것이었는가를 알아야 하는데 그것을 알기 위해서 우리는 중세기의 문화를 연구함이 좋을 것이다.[20]

틸리히는 이렇게 오늘날 프로테스탄트 교회가 현대에 알맞는 신률을 찾아야 한다고 역설하면서 현대문화의 병통(病痛)이 궁극적 관심(窮極的 關心)의 결여에 있다고 했다. 궁극적 관심의 결여가 현대인의 마음속에 정신적 진공상태를 빚어냈고 이와 같은 상태는 현대인의 언어와 교육, 정치와 철학 속에서 그리고 그의 사회생활 속에서 뚜렷이 나타나고 있다는 것이다.[21] 틸리히는 칼 바르트(K. Barth)가 문화와 분리된 신학의 제창을 중지하고 신학과 문화와의 관계를 연구하기 시작한 것을 기쁘게 생각했다. 그리고 신학만이 아니라 문화일반도 궁극자(窮極者)에 대해서 무관심할 수가 없다는 바르트의 생각은 조금 뒤늦은 생각이기는 하지만 하여튼 다행한 일이 아닐 수 없다는 것이다.

틸리히는 현금 미국사회 내에서 세속적 자율의 실세(失勢)를 지적하면서 이것은 오늘날 미국의 원자과학자(原子科學者)들이 세계의 종말이 눈앞에 보이는 이 때에 종교가 우리의 문화를 구원할 수 있는 유일의 힘이 된다고 생각하게 되었기 때문이라고 논평했다. 인류의 전멸(全滅)을 눈앞에 놓고 오늘날 많은 교육자들과 정치인들과 심리학자들과 사회학자들과 문예인들이 종교에 대한 신뢰감을 더 한층 두텁게하고 있다는 것이다.[22]

---

20) Idem.
21) The Protestant Era. 1948. p. 60.
22) Ibid., pp. 60, 61.

3. 결론

폴 틸리히의 신학을 연구할 때 우리가 부딪히는 큰 난점(難點)은 그의 신학적 문장이 어려워서 이해하기가 힘들다는 점이라고 하겠다.
틸리히는 독일어식 영어를 구사했을 뿐 아니라 그의 신학적 낱말들은 특수한 학술적 의미(學術的 意味)를 갖고 있기 때문에 그 낱말들이 지닌 특수한 학술적 의미를 알지 못하고서 문장의 내용을 파악하기는 거의 불가능하다는 점이라고 하겠다. 틸리히의 저서들을 읽으면서 '무슨 말인지 난 모르겠다'는 것이 일반 신학도들의 소감일 뿐 아니라 신학교에서 신학을 가르치는 신학교수들의 평이기도 하다.
그러나 그의 신학적 문장이 이해하기 어렵고 그의 사상적 내용이 지나치게 '형이상학적'이라는 애로가 있음에도 불구하고 틸리히가 현대신학계와 현대문화 일반에 걸쳐서 끼쳐준 영향이 크다는 것은 우리 귀에 들려오는 중론(衆論)인 것이다.
로버트 존슨(Robert Johnson)은 틸리히(P. Tillich)에 대해서 말하기를 "역사가 틸리히를 어떻게 평가할는지는 모르겠으나 여기 한 위대한 마음이 있어서 전인류와 문명에 혜택을 주었다는 것은 의심할 수 없는 사실이다"라고 하였다.
틸리히의 신학이 자유주의적 신학(自由主義的 神學)이라고 해서 그 신학이 모든 자유주의 신학자들로부터 환영을 받는다고 우리가 생각한다면 그것은 잘못 생각하는 것이 되겠다. 라인홀드 니버(R. Niebuhr)와 같은 신학자는 틸리히의 신학에 깃들이고 있는 철학적이며 비성경적(非聖經的)인 개념들을 날카롭게 비판하면서도 틸리히의 신학의 현대적 의의를 시인하고 그에 대해서 대단히 동정적인 태도를 보여주었다.
칼 바르트는 그의 저서 『교회교의학』(敎會敎義學)에서 틸리히에 대한 언급을 거의 하지 않은 것으로 미루어 보아 그를 대수롭게 여기지 않는 것이 사실인 것 같다. 바르트는 틸리히를 아직도 헤겔주의의 영향하에서 사는 19세기적 종교철학자(宗敎哲學者)로 생각한 듯하다. 그러나 바르트의 태도와 대조적으로 틸리히는 그의 저서『조직신학』에서 칼 바르트에 관해서 거듭 언급하였고 바르트의 신학을 신정통주의(新正統主義)라는 이름 아래 비평하기는 했으나 20세기의 가장 위대한 신학자는 바르트라고 하는 찬사를 아낌없이 보냈던 것이다. 틸리히의 신학이 오늘날 모든 자유주의 신학자들의 환영과 지지를 받는다고 생각함은 잘못이고, 다만 자유주의 신학의 첨단을 걷고 있다고 볼 수 있는 소위 '사신신학'(死神神學)의 대열에 선 신학자들의 적극적인 지지를 받고 있다고 봄이 타당할 것이다.

애란국 뚤함 대학의 신학교수인 핸슨(R.P.C. Hanson)은 '사신신학'의 제1인자인 로빈슨(J.A.T. Robinson) 박사가 본 회퍼와 틸리히와 불트만(D. Bonhoeffer, P. Tillich and R. Bultmann)의 사상적 영향을 많이 받았다고 하면서 로빈슨은 틸리히를 모방하여 '신'을 '존재의 지반'(地盤)으로 생각하고 이 '존재의 지반'이 되는 신은 곧 사랑이라고 결론지었다고 말했다.[23]

오늘날 미국에서 '사신신학의' 리더(leader)로서의 위치를 굳히고 있는 에모리 대학의 신학교수 알타이저(Thomas J.J. Altizer)는 아래와 같이 말했다. "20세기의 젊은 신학자들 중에서 참으로 현대적 신학(現代的 神學)을 수립할 수 있는 길을 우리에게 보여준 신학자는 틸리히였다. 나는 틸리히의 신학적 결론을 그대로 수락할 수 없다는 것을 여기서 말해 두며 그 이유로서는 그의 신학적 결론이 오히려 급진적이 못된다는 것을 말하려고 한다."[24]

이제 우리는 이렇게 틸리히의 신학이 자유주의 신학 중에서도 그 최첨단(最尖端)을 가고 있다고 볼 수 있는 소위 '사신신학'의 일대

---

23) *The Honest to God Debate*, 1963, pp. 108, 109.
24) Thomas J. J. Altizer, *The Gospel Christian Atheism*, 1966, p. 10.

거점이 되고 있다는 사실에 착안해야 하며 비록 우리가 틸리히의 저서들 중에서 '사신'(死神)의 선언을 발견할 수는 없다고 할지라도 '사신'의 선언을 가능케 하는 사상적 분위기가 틸리히의 비인격화(非人格化)되고 철학화(哲學化)된 신의 개념을 통하여 조성되었다고 봄이 옳을 것이다.

케네트 하밀톤(Kenneth Hamilton) 교수는 틸리히와 사신신학에 관해서 이렇게 말했다. "물론 틸리히는 기독교적 무신론(基督敎的 無神論)을 부르짖지는 않았다. 아마도 그는 초자연주의(超自然主義)의 애굽에서 인민을 이끌어 내서 사신의 요단강 가로 인도한 모세와 같은 인물인 것이다. 그러나 요단강을 건너가서 사신신학의 복지로 들어가는 일은 모세의 후계자인 여호수아에게 맡겨진 일이다."[25]

결론적으로 말해서 틸리히의 의의는 그가 현대인의 병을 '허무' 혹은 '무의미'라고 진단하고 정신력의 샘이 말라버리고 기계문명만이 급속도로 발달해 가는 이 현대에 살면서 생의 허무를 느끼고 절망하는 인간들의 가슴 속에 의미와 목적을 안겨 주기 위해서 그의 조직신학을 썼다는 데 있다고 우리는 생각해야 할 것이다.

틸리히는 일찍이 말하기를 사도 바울과 마틴 루터(Martin Luther)에게 있었던 큰 문제는 어떻게 죄인이 하나님 앞에서 의롭다 함을 얻는가 하는 것이었으나, 오늘날 현대인에게 당면한 문제는 인간이 무의미한 세상에서 살면서 어떻게 의미와 목적을 찾겠는가 하는 것이라고 했다. 틸리히의 신학과 그의 '신'은 이와 같은 현대인이 당면하고 있는 심각하고 긴요한 문제에 대한 대답을 제시하기 위해서 구상되었으며 고안되었다고 생각할 수 있는 것이다.

그러나 애석하게도 틸리히는 현대인이 알고 있는 '허무' 혹은 '무의미'라는 병의 원인을 형이상학적(形而上學的)으로만 생각하고 윤리적(倫理的)으로 생각하지 않는 과오를 저질렀다. 즉 하나님 앞에서의

---

[25] Kenneth Hamilton의 論文 (프린스톤 신학교 학술지 1967년 6월호), p. 42.

인간의 불순종과 죄가 그가 맛보는 허무와 무의미의 원인이라고 생각하지 않고 인간 자신의 존재 구조가 '허무'와 '무의미'를 불러온 것처럼 생각했던 것이다.

그리고 '허무' 혹은 '무의미'라는 병을 앓고 있는 현대인을 위한 구제책으로서 틸리히는 '존재의 지반'으로서의 '신' 혹은 '새존재'로서의 그리스도 혹은 '신율적 문화'를 제시했지만 그가 구제책으로서 제시한 '신'과 그리스도와 문화의 개념들은 모두가 다 역사적 기독교의 입장을 멀리 떠나서 인간 자신의 종교적 의식과 체험을 바탕으로 하여 만들어진 철학적 허구임을 우리는 똑똑히 알아야 할 것이다. 우리는 역사적 기독교와 개혁신학 입장에 든든히 서서 현대인이 맛보는 '허무'와 '무의미'의 원인이 근본적으로 그가 하나님 앞에서 죄인이라는 사실에 있다고 간파(看破)하고 현대인을 위한 구제책으로서 기독교 성경에 나타난 역사적 그리스도를 제시하고 이와 같은 그리스도만을 믿는 믿음만이 현대인을 그의 위기에서 구제할 수 있다고 외쳐야 할 것이다.

"예수께서 가라사대 내가 곧 길이요 진리요 생명이니 나로 말미암지 않고는 아버지께로 올 자가 없느니라 너희가 나를 알았더면 내 아버지도 알았으리로다 이제부터는 너희가 그를 알았고 또 보았느니라" (요 14:6~7).

A Selective Reading on Paul Tillich

Paul Tillich, *The Courage to Be*, New Heaven: Yale University Press, 1952.
——————, *Systematic Theology*, Vols I-Ⅲ, Chicago: University of Chicago, 1951-1963.
——————. *Ultimate Concern: Tillich in Dialogue*(Edited by

D. Mackenzie Brown), New York: Harper & Row, 1965.

──────, *The Future of Religions*(Edited by Jerald C. Brauer), New York: Harper & Row, 1966.

C. Kegley & R. Bretall, *The Theology of Paul Tillich*, New York: Macmillan Company, 1952.

Kenneth Hamilton, *The System and the Gospel: A Critique of Paul Tillich*, New York: Macmillan Company, 1963.

Creative Minds in Contemporary Theology(Edited by Philip E. Hughes), I4. Paul Tillich(pp. 447-478), Grand Rapids: Wm. B. Eerdmans Publishing Company, 1966.

Alexander J. Mckleway, *The Systematic Theology of Paul Tillich*, New York: Del Publishing Company, 1964.

『박형룡 저작전집 Ⅷ』(신학난제선평, 상권). 제7장 존재의 신학(pp. 269-290), 서울: 한국기독교교육원, 1978.

간하배, 『현대신학해설』, 제13장 존재의 신학(pp. 118-125), 서울: 개혁주의 신행협회, 1973.

『현대신학자 20인』 8. 폴 틸리히(pp. 58-77), 서울: 대한기독교서회, 1970.

제4장: 루돌프 불트만

1. 생애

　루돌프 불트만(Rudolf Bultmann, 1884~1979)은 1884년 8월 20일 독일 바이휄스테데(Wiefelstede)에서 복음주의 루터교 목사 아터 불트만의 맏아들로 출생하였다. 어린 시절을 시골의 아버지의 목회지에서 보낸 후에 1903년 고등문과학교를 졸업하고 튀빙겐 대학에서 신학을 공부하기 시작했다.
　그 후 계속하여 베를린과 말부르크에서 신학을 연구하였다. 동 대학에서 1910년에 신학자 요한 바이스(Johannes Weiss)의 지도하에 논문을 써서 신학석사 학위를 취득하였고, 1912년에 "몹수에스티아의 테오도르의 강해"(*Die Exegese des Theodor Von Mopusestia*)라는 제하의 논문(論文)을 제출하여 신학박사 학위를 수여받았으며, 곧 동대학의 신약신학 분야의 전임강사로 강의하게 되었다. 그러다가 브레슬라우 대학에 초빙되어 1920년까지 거기서 조교수로 신약신학을 가르쳤고, 1920년에는 정교수가 되어 유명한 신학자 빌헬름 부세트(Wilhelm Bousset)의 후계자가 되었다. 그러나 그 다음 해인 1921에 모교인 말부르크 대학으로부터 초청을 받고 거기로 가서 빌헬름 하이트뮬러(Wihelm Heitmüller)의 후계자가 되어 신약신학 교수로 봉직하기를 1951년까지 하였는데, 동년에는 드디어 동교의 명예 신학 교수로 은퇴하기에 이르렀다.

히틀러의 출현으로 불트만의 신학활동은 매우 위축을 당하다가 제2차 세계대전이 나치의 패배로 끝나면서 불트만은 신학자로서 교수, 집필, 강연 등 제활동을 활발하게 전개하기에 이르렀다. 전후(戰後)에 불트만은 1947년에 스웨덴에 가서 신학강연을 하였고, 1951년과 1959년 2차에 걸쳐서 미국을 방문, 여러 신학교와 대학교에서 신학 강연을 하였으며, 1955년에는 영국에 가서 에딘버러 대학에서 신학을 강의하기도 하였다.

불트만이 자인하는 대로 그에게는 사상적으로 관련된 3대 학자가 있었으니, 그들은 말틴 하이데거(Martin Heidegger)와 칼 바르트(Karl Bart)와 프레드릭 고가르텐(Friedrich Gogarten)이었다. 그런데 말틴 하이데거로부터는 실존주의 철학을 배웠고, 칼 바르트로부터는 신학적으로 배운 것도 있지만 의견 대립이 더 컸으며, 고가르텐과는 신학적으로 일치감(一致感)을 느낀다고 불트만 자신이 술회하기도 했다.[1]

불트만의 저술 중에 의미가 중요한 것으로 그가 1921년에 쓴 『공관 복음적 전승사』(Die Geschichte Der Aynoptischen Tradition)가 있다. 그 후로 헤아릴 수 없을 정도로 많은 대소 저술들이 있었지만 그가 1948년에 쓰기 시작하여 1958년에 완성한 『신약의 신학』(Theologie des Neuen Testaments) 전 3권이 있고, 1954년에 본격적으로 시작하여 1967년에 끝낸 『신앙과 이해』(Glanben und Verstehen)가 모두 4권으로 나와 있다.

루돌프 불트만은 20세기 현대 신학계에서 신약신학 분야에서 특히 그의 『양식비평학』(Form Criticism)과 『비신화화 제창』(entmythologisierungsprogamm)으로 명성을 떨쳤고, 1950년대

---

1) The Theology of Rudolf Bultmann (edited by T.H. Kegley), Autobiographical Reflections of Rudolf Bultman. pp. xxii-xxv 참고.

와 60년대를 대표하는 신학자(물론 자유주의 계열에서)로서 크게 각광을 받기도 하였다. 그의 신학을 실존주의 신학이라고 하기도 하고, 좀더 구체적인 표현을 한다면 '실존주의 해석학적 신학'이라고 하기도 한다.

2. 신학

루돌프 불트만의 신학을 살펴봄에 있어서 양식비평(Form Criticism), 비신화화(entmythologisierung), 실존주의해석학(existential hermaneutics) 등 크게 셋으로 나누어서 진행하고자 한다.

(1) 양식비평

양식비평이란 말틴 디베리우스(Martin Dibelius, 1883~1947)가 쓴 『복음의 양식사』(*Die Fromgeschicke des Evangeliums*, 1919)라는 저서의 자극을 받아 시작된 일련의 신학적 운동인데 이 운동을 불트만이 이어받아서 신학적으로 더욱 발전시켰다. 그리고 불트만은 이 양식비평을 그의 저서 『공관복음 전승사』(1921)에서 이론적으로 조직화하였다.

불트만은 양식비평의 이론으로서 다음 몇 가지를 전제하거나 주장한다.

① 기록을 믿을 수 없다

불트만은 전제하기를 신약성경에 있는 그리스도와 사도들의 생애와 교훈에 대한 기록들이 신빙성이 적다고 한다. 복음서들은 예수와 제자들의 행적에 관한 정확한 역사적 기록들이 아니며, 초대교회(初

代敎會)가 편집하여 놓은 것에 불과하다고 한다. 복음서의 저자들은 신약성경이 저술되기 이전에 교회 내에 산재하여 있던 여러 독립된 구전들을 한데 모아 놓았다.

예수와 사도들의 행적과 교훈에 관한 잡다한 이야기들을 초대교회의 편집자들은 때와 장소를 그것들에게 부여하여 문화적으로 앞뒤가 맞는 스토리들로 조직함으로 사건화, 또는 사실화하는 결과를 가져왔을 따름이다. "배에서", "즉시", "다음 날", "길 가실 때에" 등 복음서에 나오는 구절들은 모두 복음서 편집자들이 예수의 모든 독립된 교훈과 그에 관한 이야기들을 한데 합하기 위하여 사용한 문학적 수단일 뿐이라고 한다.[2]

② 배후의 복음을 찾아라

따라서 양식비평의 목적은 오늘날 우리가 읽는 대로의 신약성경 복음서들 배후에 있는 독립된 구전으로서의 복음, 그러니까 편집되기 이전의 예수의 가르침의 본래의 내용을 찾고자 하는 데 있다. 양식비평의 '양식'이라는 말 자체가 원래의 복음을 알아내기 위하여 복음서들 중에 있는 행적과 교훈에 대한 진술 또는 기록들의 문학적 역사적인 제양식을 비교, 연구한다는 뜻이 있는 것이다.

그러므로 복음서들 중에 있는 시간과 장소의 표시라든가 심지어 역사적 인물과 사실들에 관련된 이야기까지도 믿을 수 없는 것으로 알아야 할 것이며, 그들 중에서 예수의 가르침에 관한 구절들만을 연구의 대상으로 골라내어야 한다고 한다. 이 작업이 끝나면 각각의 구절들은 이적 이야기, 변론적인 교훈, 예언 등으로 분류된다. 이 각각은 특유한 고정된 형식이 있다. 그래서 이 고정된 형식에 가까운 어느 전승을 발견하면 그것이 전통 전승인지 2차적인 전승인지, 초기의 사료(史料)인지 후기의 것인지, 믿을 만한 전승인지 판단할 수 있

---

2) 간하배, 『현대신학 해설』 (부산: 영음사, 1973), p. 43.

다는 것이다.[3)]

한마디로 말해서 양식비평은 복음서들 뒤에 숨어 있는 원래의 예수의 가르침의 내용을 찾아서 그것만을 기독교 신앙의 본질로 받아들이고자 하는 의도를 가진다.

③ 회의적인 결론

그러나 이와 같이 하여 추진, 진행된 양식비평학의 연구결과는 회의적인 것뿐이다. 오직 예수의 가르침에 대하여서는 어느 정도의 역사적인 근거를 찾을 수 있을 뿐, 예수의 행적이나 품격에 관하여서는 믿을 만한 역사적인 재료를 발견 못한다는 것이다. 불트만의 말을 직접 인용해 본다면, "초대 기독교 문헌은 예수의 생애와 인격에 대하여 관심을 표하지 않으며 거기다 단편적이고 전설적이며, 또 예수에 대한 다른 사료는 존재하지 않으므로 우리가 예수의 생애와 인격에 대하여서는 거의 아무것도 알 수 없다고 말함이 타당하다."[4)]

(2) 비신화화

불트만의 신학에 있어서 불가결의 요소가 되고 있는 것이 그의 비신화화 개념이다. 불트만을 따르면 신약성경에는 순수한 설교적 말씀 곧 케리그마(Kerygma)가 있는 반면에 소위 신화(mythos)라는 것이 있다. 전자는 예수가 친히 그 입으로 가르친 복음적 말씀인데, 이것은 전기(前記)한 바대로 양식사학적 방법으로서 찾아낼 수가 있다고 한다.

그리고 후자는 하나님의 하시는 일들 즉 사건들을 마치 객관적이

---

3) Ibid., p. 44.
4) Rudolf Bultmann, *Jesus and the Word* (N.Y.: Scribners & Sons, 1958), p. 8.

며 과학적 연구의 대상이 될 수 있는 것같이 표현하는 방법을 말한다. 불트만에 의하면 하나님의 사건들은 언제나 종말론적인 사건들이다.

역사 안에서 우리의 삶의 실존(實存)을 이루도록 하는 가능성으로서 존재하는 사건들이다. 따라서 이와 같은 하나님의 사건들을 시공적으로 제한되게 표현하며, 통상적인 역사적 사건들인 것처럼 이야기하는 것이 바로 신화라고 한다.[5] 환언하여 신화라는 것은 하나님의 일들을 이 세상의 언어로 그의 영원한 진리를 과거적인 사건들로 서술하는 것을 말한다.

① 3층 세계관

신약성경을 보면 예수의 출생에 관하여, 또는 그가 다시 올 것이라는 데 대하여, 그리고 천국과 지옥에 대하여 많은 이적 이야기들이 있다. 이러한 이적 이야기들은 1세기의 인간들이 가졌던 전근대적(前近代的)인 천문학과 역사학과 및 심리학의 지식에 근거하는 것들로서 인간의 실존적 삶의 선포와 그것에 대한 믿음의 결단을 요구하는 초대교회의 복음적 메시지의 영역을 벗어나 있다.[6]

이렇게 우리가 신약성경에서 발견할 수 있는 '탈선적인' 이적 이야기들을 자세히 살펴본다면 그것들 가운데서 소위 삼층 세계관이라는 전근대적이며 비과학적인 세계관을 발견하게 된다.

그러면 3층 세계관이란 어떤 것인가? 그것은 인간들이 사는 세상 위에 하나님과 천사들이 거주하고 있는 하늘이 있고 인간들이 사는 세상 아래에는 지옥이 있는데 사단과 마귀들이 있다고 생각하는 세계관이다.[7] 이와 같은 3층 세계관적 사고가 신약성경에 흔히 작용하고

---

5) *The Ten Makers of Modern Potestant Thought*, ed. Hunt (N.Y.: Association Press, 1958), p. 110을 보라.
6) *Ibid.*, pp. 110, 111을 보라.
7) 박아론, 『현대신학은 어디로?』 (서울: 청암출판사, 1970), p. 19 참조.

있기 때문에 텔레비전을 보며 우주비행선으로 달에까지 가서 착륙하는 20세기 과학문명 시대에 살고 있는 우리에게 크게 문제시 되지 않을 수 없다. 오히려 이것 때문에 20세기 서구사회에서 복음전파의 길이 막히며 사람들이 하나님의 말씀(케리그마)을 받아들이는 데 지장이 있게 된다. 그러므로 신약성경에 있는 과학 이전 시대의 세계관 중 3층 세계관을 내어 버리고 비과학적인 이적 이야기들을 가려낸 후에 그리스도의 복음의 본질을 파악하여야 할 것이다. 바로 이와 같은 일을 수행하는 것이 비신화화인 것이다.

② 신화의 옷을 벗겨라
불트만은 신약성경으로부터 신화의 옷을 벗기라고 부르짖는다. 신화의 옷을 벗긴다는 것은 신약성경의 저자들이 가지고 있던 비과학적이며 따라서 전근대적인 사고의 산물로서의 신화들을 가려내고 제거하는 것이다.

불트만을 따르면, 신약성경이 가지고 있는 신화라는 것은 유대적인 묵시문학과 그노시스 사상 및 AD 1, 2세기의 사람들이 가졌던 전기(前記)한 바 3층 세계관으로부터 유래한다고 한다. 3층 세계관에 입각하여 신약성경은 인류의 역사를 신과 사단의 전쟁터로 본다.[8] 한 천상적 존재가 인류의 구원을 성취하기 위하여 지상으로 파송된다.

그는 자연을 통치하고 이적을 행한다. 그는 십자가 상에서 대속적인 죽음을 인류를 위하여 죽음으로써 마귀들의 세력을 무너뜨린다. 최종적인 승리자로서 그는 부활하고 하늘로 돌아간다.

신약성경과 초대교회는 그 천상적 존재가 '하늘로 간 그대로 올'

---

8) *Creative Minds in Contemporary Theology*, ed P.E. Huher (Grand Rapids. Michigan: Wm. B. Eerdmans Pub. Co. 1966),§ Rudolf Bultmann, p. 134를 보라.

것을 믿었고(행 1:1), 사단을 완전히 패배케 하고(계 20:10), 영세 무궁토록 천상천하의 권세를 가지고 통치자로 군림할 것을 믿었다(빌 2:9-11; 엡 1:20-23; 계 19:11; 20:15). 따라서 신약성경에 존재하고 있는 3층 세계관적 사고만이 신화가 아니라, 그 3층 세계관에 입각하는 구원교리(救援敎理)의 진행과 결론이 모두 다 신화적 오염 가운데 있다고 한다.[9]

신약성경이 호흡하고 있는 세계는 틀림없는 신화의 세계이다. 우리가 현대인에게 신약성경이 가지고 있는 3층 세계관과 그것과 관련된 모든 신화적 진술들을 믿도록 강요하는 것은 신약성경이 호흡하고 있는 신화의 세계 속에 살 것을 강요하는 것이 되는데 그렇게 하는 것은 현대인에게 그가 가지고 있는 지상적 양심의 희생을 강요하는 것밖에 안된다.[10]

불트만은 절규한다. 우리가 어떻게 신약성경의 신화들을 그대로 두고서 오늘의 인류에게 지적으로 수긍이 가는 메시지를 전달할 수 있겠는가?[11] 우리는 과감하게 신약성경으로부터 그 신화의 옷을 벗겨야 한다. 3층 세계관과 그것에 입각하는 초자연적이며 비과학적인 설화(說話)와 및 사상 개념들로 구성된 '신화적 의상'을 벗겨 버림으로써 신약성경이 가지고 있는 본질적인 구원의 메시지를 20세기라는 사상과 문화의 세계에서 살고 있는 인류에게 전달하는 일에 지장이 없도록 하여야 한다고 한다. 사과가 벌레 먹었을 때에 우리는 벌레 때문에 썩고 문드러진 부분을 과도로 도려내고 사과의 깨끗한 부분만을 먹는 것을 옳고 당연한 일로 생각하지 않는가! 그렇다면 신약성경에 존재하고 있는 전근대적이며 비과학적인 세계관과 신화적 개념들을 제거하고 신약성경의 본질적인 구원의 메시지를 파악하고자 하는

---

9) *Idem.*
10) *Op cit.*, p. 135 참조.
11) 이 문제에 관하여 불트만의 입장을 더 자세히 고찰하려면 *Theology of The New Testament*, Ⅰ, 282-306; Ⅱ, 49-55를 읽도록 권한다.

이 비신화화 작업은 반드시 추진되어야 하며 그 추진이 빠르면 빠를수록 좋다는 것이다.

여기서 우리는 불트만이 비록 신약성경의 비신화화를 추진하고 있을 망정 그의 의도는 신약성경 전체의 부정이나 배척에 있는 것은 아님을 알 수가 있다. 그의 의도가 신약성경의 메시지(그것이 무엇이든 간에) 그 자체를 말소하는 데 있는 것은 아니다. 오히려 그것을 현대인에게 지적으로 설득력이 있고 수긍이 가도록 재해석하기 위한 기초작업 또는 준비단계로서 비신화화를 추진할 것을 제창하고 있다고 봄이 타당하겠다.

(3) 실존주의 해석학

여기서 실존주의 해석학이 대두하게 된다. 로버트 쿤드센(Robert D. Kundsen) 교수를 따른다면 불트만의 신학 자체가 기독교에 대한 실존주의적 재해석(實存主義的 再解釋)이라고 할 수 있겠다. "불트만의 사상은 실존주의 철학에 입각한 기독교 복음의 전적 재해석을 뜻한다."[12]

① 실존주의 해석학은 무엇인가?

실존주의 해석학은 불트만의 성경을 해석하는 원리이자 방법론이 되기도 한다. 해석학(Hermeneutics)은 '해석의 과학'이다.[13] 아무도 책을 읽을 때 해석적 원리나 관점 없이 읽기는 어렵다. 책을 읽는 데에는 해석의 원리나 관점 여하에 따라서 결과가 많이 좌우된다. 우리 기독교인에게 있어서 성경이 표준적 권위라고 하지만 어떤 해석의 원리를 가지고 성경을 읽는가가 매우 중요하다.

---

12) *Creative Mainds in Contemporary Theology*, p. 159.
13) *The Ten Makers of Modern Protestant Thought*, p. 102 참조.

그런데 불트만을 따르면 성경이 하나님의 말씀이라고 할지라도 다른 책들과 마찬가지로 '책으로' 읽어야 한다. 그러기 위해서 우리는 성경의 저자들이 성경을 저술할 때에 가졌던 해석적 입장이나 관점을 알 필요가 있다.[14]

그러면 그들이 가졌던 해석적 입장 또는 관점은 무엇이었는가? 불트만은 주장하기를 그것은 역사나 인물들에 관한 지식이나 정보에는 관심이 없었고 순수하게 개인적이며 신앙적인 차원의 것이었다고 한다. 즉 그들의 해석적 입장이나 관점은 실존주의였다는 것이다. 그렇다면 우리가 성경을 읽을 때 가져야 할 해석적 원리나 관점도 성경의 저자들의 그것과 일치가 되어야 하므로 실존적이어야 한다고 한다.[15]

이와 같은 이론으로서 불트만은 그의 성경을 해석하는 원리를 가리켜서 '실존적 해석학' 또는 '실존주의 해석학'이라고 호칭한다. 특히 '실존주의 해석학'이라는 호칭에 대해서는, 성경은 인간의 심오한 내면적 실존에 호소하고 있으며 오늘날 실존주의 철학도 세속적이기는 하나 역시 인간의 내면적 실존에 호소를 시도하고 있기 때문에 양자간에 존재하는 공통점을 관찰할 때 그와 같은 호칭이 타당성이 있다고 한다.

그러기에 불트만은 심지어는 하이데거의 존재의 구조에 대한 실존주의적 분석이 신약성경이 가지고 있는 인생관의 철학화(哲學化)라고 볼 수 있다는 말까지 서슴지 않고 하기도 했다.[16]

말부르크 대학에서 다년간 불트만과 더불어 교수로서 동역해 오던 20세기 실존주의 철학의 제일인자인 말틴 하이데거는 쉬운 말로 표현해서 '아무도 나의 죽음을 대신 죽을 수는 없다'는 주제하에 그의 실존주의 철학을 전개시켜 나갔다고 할 수 있겠다. 그런데 불트만은 하이데거의 그와 같은 주제를 약간 기독교적으로 바꾸어서 '아무도

---

14) Ibid., p. 103 참조.
15) Ibid., pp. 103, 104를 보라.
16) *The Theology of Rudolf Bultmann*. p. 29를 보라.

나의 믿음을 대신 믿을 수는 없다'는 주제 설정을 하고 그의 실존적 해석학 또는 실존주의 해석학을 진행시켰다고 생각할 수 있겠다.

② 죄와 구원과 종말에 대한 실존주의 해석학의 원리

불트만은 그의 실존주의 해석학에 입각하여 죄를 정의하기를, "인간이 현실적으로 또는 피상적으로 그의 존재의 부정성을 도피해 보려는 시도"라고 한다. 인간의 죄는 그의 내면적 실존을 은폐함이다. 그리고 타락이란 인간이 그의 내면적 실존을 은폐한 채 그의 외형적 존재성을 도모하는 상태라고 한다.

창세기에 기록된 인간의 타락은 연대기적이며 일반적인 개념의 것이다. 때문에 신화적인 이야기에 불과하다. 또 죄가 하나님의 계명의 위반이라는 생각도 신화적인 생각이다. 인간은 위반했기 때문에 타락해서 죄인이 된 것이 아니라 나면서부터 죄인이다. 출생시부터 인간은 내면적 실존 즉 진정한 실존으로부터 소외된 상태에 던져져 있고 계속 그것의 은폐를 시도하면서 존재의 일상성(日常性) 속에서 살아오고 있다. 이것이 인간의 타락이요, 죄를 의미한다.[17]

그러면 불트만이 그의 실존주의 해석학의 입장에서 본 구원은 무엇인가? 인간은 예수 그리스도 안에 있는 하나님의 은혜와 만남으로써, 그것을 받아들임으로써 구원을 얻는다. 이와 같은 만남 또는 수용을 통해서 일상적 존재성에서 과감히 탈피하여 미래에 대하여 개방적이 되며 내면적 실존과 그것이 가져오는 가능성들에 대하여 개방적이 되는데, 이것은 믿음만이 할 수 있는 것이다. 그러므로 구원이란 믿음의 태도인 것이다.

그러나 우리는 믿음도 절대시하여서는 안 된다. 믿음은 단독으로 존재하지 않고 하나님의 은혜로운 계시의 말씀에 대하여 경청할 때 존재하며 미래의 가능성으로 폭발할 수가 있다(롬 10:17). 따라서

---

17) *Creative Minds in Contemporary Theology*, pp. 145-147 참조.

구원의 삶은 하나님의 은혜를 믿는 믿음 안에서 가능하며, 인간이 가지고 있는 스스로의 존재성을 초월하여 인간에게 도래하는 그 무엇을 믿는 믿음 안에서만 존재할 수가 있다. 믿음은 예수 그리스도를 믿는 믿음인데 그것은 우리로 하여금 오늘이라는 현재 속에서 나의 진정한 실존을 개척하며 완성케 한다. 구원의 삶이란 참된 실존적 삶을 의미하는데, 그것은 언제나 하나님의 죄를 용서하는 사랑과 우리가 믿음으로 부딪칠 때 이루어진다. 그리고 죄를 용서하는 하나님의 사랑은 예수 그리스도의 십자가와 부활의 사건으로 구체화되었으며, 따라서 이 예수 그리스도의 사건을 믿는 믿음만이 우리에게 구원(참된 실존적 삶)을 가져다 줄 수가 있다. 그런데 이 예수 그리스도의 사건은 과거에서 끝날 사건이 아니라 지금도 다가오고 있고 나의 현재 속에 들어와서 믿음의 결단을 요구하는 그런 사건이므로 종말론적(終末論的) 사건인 것이며, 이와 같은 사건을 믿는 기독교인의 신앙이야말로 종말론적 신앙이라고 할 수 있을 것이다.[18]

여기서 우리는 불트만의 구원개념이 미래지향적인 것과 특히 그것의 종말론적 치중을 감지하게 된다.

따라서 불트만의 종말관을 살펴 보는 일은 그의 죄관과 구원관의 고찰을 뒤따르는 후속적 작업이 되어야 할 필요성이 있다. 불트만은 다른 많은 자유주의 신학자들과 마찬가지로 종말사상이 예수의 교훈 중에서 핵심이 되는 것이었다고 생각하는 동시에 또한 그들과 같이 예수 그리스도와 초대교회는 역사적이며 초자연적인 인류의 종말을 정말로 믿었다는 것도 사실로 인정하였다.

그러나 불트만을 따르면 그와 같은 예수 그리스도와 초대교회의 종말론 사상은 이미 바울과 요한에 의하여 비신화화 되었다는 것이다. 바울은 하나님의 나라를 미래적으로만 생각하지 않고 '현재적 실재'로 생각했으며, 요한은 바울보다 한 걸음 더 나아가서 하나님의

---

18) Ibid., pp. 147. 148을 보라.

나라를 신자의 믿음의 생활 가운데 존재하는 현재적 사실로 확신하였다. 따라서 오늘날 우리가 신약성경을 읽으면서 예수 그리스도의 종말론 사상과 직면하게 될 때 우리는 바울과 요한과 같이, 아니 그 이상으로 20세기에 사는 지식인들답게 그것을 비신화화하고 실존주의 해석학에 입각하여 재해석하여 받아들여야 한다는 것이다.

여기서 한 가지 재미있는 관찰은 불트만이 제창하는 바 비신화화된 종말론 사상은 또 한편 실존적 해석학으로 재해석된 종말론 사상이기도 하다는 점이다. 예수 그리스도의 종말론 사상을 비신화화한다는 것은 그의 신체적인 공중재림과 그것을 전후하여 발생하겠다고 예수가 예언한 여러 가지 자연적이며 초자연적인 사건들에 대한 기대를 우리가 포기하는 데 그치는 것이 아니다. 그것은 예수 그리스도의 종말론 사상을 인간의 존재 문제와 관련지어 재해석하고 이해하는 일로 발전할 것을 요구한다.

신약성경이 말하는 바 종말은 역사적인 것이 아니라 인간의 현재적 삶 속에 들어와서 인간의 실존적 결단을 요구하며 그로 하여금 실존적 결단을 하게 하는 사건이다. 여기서 우리는 불트만이 키에르케고르의 '영원한 현재' 사상에 많은 영향을 받았다는 것을 알 수가 있겠다. 불트만은 예수가 세상의 종말이 여자적(如字的)으로 올 것을 믿었다고 시인한다. 그럼에도 예수의 진정한 의도는 현재에 사는 인간의 실존적 삶에 있었다고 한다. 인간은 종말론적인 현재 속에서 그의 자연적이며 타락한 존재를 계속하느냐 아니면 미래에 대하여 개방된 실존을 택하느냐 하는 결정 앞에 놓이게 된다는 것이다. 그리스도의 사건이 종말론적이라고 할 수 있는 것은 그를 믿는 인간에게 실존적 결단을 요구함으로 그의 미래에 대하여 변혁(變革)케 하기 때문이다. 불트만에 따르면 교회도 종말론적 사회이다. 예수 그리스도라는 사건에 대한 실존적 각성과 결단을 통하여 참으로 미래 지향적인 사람들이 모여서 사는 사회이기 때문이다.[19]

---

19) Ibid., pp. 143-145를 보라.

3. 평가

 루돌프 불트만은 금세기에 몇 손가락에 꼽힐 수 있는 대신학자(大神學者)였다. 20세기 신학의 흐름 속에서 신학적 리더십의 바톤이 수차 바뀔 때 불트만이 그 바톤을 쥐고 뛰던 그의 전성기는 1950년대였다. 1960년대에 들어서면서 독일 신학계의 지배자적 위치로부터 불트만은 물러나게 되었고, 그의 가르침을 받은 젊은 신학자들이 후기 불트만 시대를 연출하여 오늘에 이르고 있음은 우리가 잘 아는 사실이다.[20]
 불트만은 그의 신약신학 연구를 통하여 학자적인 능력을 가지고 몇 가지 공헌한 바가 있었다. 신약성경은 복음이 기록되기 이전에 구전의 형식으로 존재했었다는 사실을 밝힌 일이라든가, 복음서들은 객관적인 기록이라기보다는 기록자들의 신앙고백이라는 것을 우리에게 환기시킨 일이며, 신약성경의 저자들이 우리가 생각했던 것보다는 더 적게 지리적인 지식이나 연대적인 사실에 관심을 두고 있다는 것을 깨닫게 한 것 등 공헌한 바가 분명히 있다.[21] 또한 그의 신약성경의 비신화화라는 다분히 철학자 냄새가 풍기는 해석학적 작업을 통하여 그의 말대로 그리스도의 복음을 텔레비전을 보며 달나라로 여행을 하는 과학시대에 사는 20세기 인간들에게 지적 공신력이 있게 해석하여 전달하고자 하는 선교적 의도에 대하여는 경의를 표하지 않을 수 없다.
 그러나 근본적으로 신학자 불트만은 초자연적 하나님의 존재를 믿지 않는 신학자였다. 역사적인 기독교의 초자연 신앙을 거절하는 불트만은 기독교 신학의 발전에 기여했다기보다는 차라리 기독교 신학

---

20) Carl F.H. Henry, *Frontiers of Modern Theology* (Chicago: Moody Press), pp. 9-13 참조.
21) 간하배, 『현대신학해설』, p. 45 참조.

으로 하여금 탈기독교 신학으로 또는 무신론 신학(無神論 神學)으로 흐르게 하는 일대 계기를 20세기 신학 사상에 만들어 놓은 신학자라고 봄이 타당하다. 이와 같은 견지에서 신학자 불트만에 대한 몇 가지 부정적인 평가를 하고자 한다.

(1) 기독교와 그리스도가 따로 있는가?

불트만은 신약성경에 기록되어 있는 예수에 대한 기록들이 신뢰할 만한 것이라는 것을 의심한 결과로서 예수의 생애와 행적과 인격까지도 회의하였고 그의 가르침에 대하여서도 크게 믿을 것이 못되는 것으로 여겼다. 그는 복음서 저자들이 예수의 제자였다는 사실도 잊어 버린 듯 한낱 문서 편집자들로 생각하기에 이르렀다.

이리하여 불트만의 양식비평은 기독교를 그리스도에게서 분리시키는 과오를 저질렀다.[22] 역사적인 그리스도의 생애와 가르침이 복음서들과 신약성경을 산출했다고 하기보다는 초대에 존재했던 기독교회가 예수의 생애와 가르침에 대한 기록들을 산출했고, 그와 같이 하여 존재케 된 문서들에 입각하여 오늘날 기독교가 존재하고 있다는 뜻이 된다. 즉 예수 그리스도가 기독교를 창립한 것이 아니고 기독교는 예수 그리스도를 떠나서 초대교회의 형태로 따로 존재했다는 것이다. 기독교는 예수 그리스도로부터 유래하지 않고 초대교회로부터 유래했다는 말이다. 예수의 제자들인 사도의 증언과 주장도 신빙성이 없는 것으로 돌려 보낸다. 불트만의 신학에 있어서는 초대교회가 가장 중요한 위치를 차지하고 있는 듯하다. 불트만은 예수 그리스도의 권위를 빼앗아서 그것을 초대교회에 부여한 결과 초대교회의 신앙이 복음서를 산출했다는 해석까지 할 정도가 된 것이다.[23] 어처구니 없는

---

22) Ibid., pp. 47.
23) *Creative Minds Contemparary Theology*, pp. 154, 155 참조.

이야기이다.
 기독교란 그리스도교란 뜻인데 예수 그리스도의 생애와 교훈에 대하여 회의하면서도 기독교를 믿을 수 있단 말인가? 예수 그리스도가 없는 기독교가 존재할 수 있단 말인가? 그것은 마치 공자 없는 유교를 믿는 것과 같은 것이며 부처를 빼놓은 불교를 운운하는 것과 같을 것이다. 불트만의 양식비평의 결론을 따르면 결국 기독교는 허위적인 종교밖에 안 된다. 왜냐하면 초대교회가 예수 그리스도에 대한 신앙을 조작했고 조작된 신앙 및 교리의 기초들 위에서 기독교가 존재하고 있다는 뜻이 되기 때문이다.

(2) 초자연적 신앙이 신화인가?

 불트만은 신약성경으로부터 신화를 골라내서 그것을 실존주의적으로 재해석하자고 하였다. 그의 소위 비신화화 제안이다. 그러나 불트만의 신화의 개념부터가 문제이다. 신화를 과학 이전 시대의 강화라고 보는 견해가 문제이다. 종교적인 강화 중에서 소위 과학적 사고(?)와 부합하지 않는 것은 무조건 신화로 단정하고 그것을 백안시(白眼視)한다. 따라서 신약성경에 기록되어 있는 모든 초자연적 사건들과 사실들이 신화가 되며, 그것들을 초자연적 하나님의 사역으로 믿는 기독교인의 신앙도 신화가 된다. 이렇게 볼 때 초자연적인 하나님과 초자연적 그리스도를 믿는 우리의 믿음 곧 초자연적인 신앙이 바로 신화라는 뜻이 된다.
 불트만이 신화라고 부르는 모든 교리를 신약은 사실이라고 부른다. 이 모든 소위(所爲)는 불트만의 인간중심적 사상과 일치한다. 신약의 하나님 중심적 성격과 정반대이다.[24] 그리고 신약의 하나님 중심적 사상은 곧 초자연 사상을 뜻하는데 초자연을 신화로 간주하는

---

24) 간하배, *op. cit.*, p. 55.

불트만의 신학의 입장에서는 신약 자체가 신화라고 결론을 내리는 것이 오히려 타당하지 않겠는가 하는 것이다.

물론 그렇게까지 하지 않으려고 신약성경의 본질과 형식 또는 내용과 의상(衣裳)을 구별하면서 후자를 버리고 전자를 실존주의적으로 재해석하여 채택하자고 하는 불트만의 제안은 눈가리고 아웅하는 식의 조작적인 인상을 강하게 풍겨주고 있다. 또 불트만이 갖고 있는 신화의 개념만이 아니라 비신화화의 작업 자체가 문제가 된다.

불트만은 신약성경 중에서 예수 그리스도의 가르침과 그것을 감싸고 있는 전설적이며 전근대적이고 3층 세계관에 입각한 설화들을 구별할 것을 주장한다. 그러나 예수 그리스도의 세계관 자체가 3층 세계관이었다. 하나님은 초자연적 하나님이고 그 자신은 초자연적 하나님의 아들이라는 것을 믿었기 때문에 예수 그리스도의 가르침과 그의 사상 자체가 불트만의 비신화화 작업의 대상이 되어야 할 것이다. 일이 이 지경에 이르고 보면 신약성경에서 신화를 가려내고 진리의 알맹이를 취하고자 하는 소위 비신화화의 작업은 결국 신약성경에 기록된 이적 기사의 이야기들과 3층 세계관뿐만 아니라 신약성경의 그리스도 자신을 무너뜨리는 결과를 가져오지 않을 수 없다. 이는 마치 빨래통에서 빨래물을 버린다고 하다가 빨래까지도 내버리는 '우'를 범하는 일이 아니고 무엇이겠는가?

불트만의 비신화화 제안은 초자연을 신화로 인식하고 그것을 과학화(?)하자는 이야기이므로 신약성경이 증거하는 초자연적 그리스도가 제거되어야 하며 그 결과는 그리스도가 없는 신약성경을 만들어 놓는 것이 된다. 이 얼마나 어처구니 없는 일인가!

(3) 실존주의에 대한 맹신

불트만이 그의 비신화화 작업을 통하여 신약성경으로부터 초자연을 몽땅 제거하므로 그리스도가 없는 신약성경을 만들어 놓았다는 저자(著者)의 앞서 말한 바 비평에 대하여 불트만은 그렇지 않다고 대답할 것이다. 그는 신약성경에 기록된 초자연적 그리스도를 제거한 것이 아니고 실존주의적으로 재해석하여 20세기인들의 신앙의 대상이 되기에 적합하게 하였다고 할 것이다. 그러나 문제는 바로 여기에 있다.

우리의 역사적 기독교가 믿는 그리스도는 하나님의 말씀인 성경 66권이 증거하는 그리스도 곧 성경적 그리스도이며, 이 성경적 그리스도는 초자연적 그리스도이다. 그런데 불트만은 이 성경적 그리스도 즉 초자연적 그리스도를 비신화화한다고 하여 말살해버리고 하이데거의 실존주의 철학 사상 속에서 탄생한 실존적 그리스도로 대치해 버렸기 때문이다.

하나님의 말씀인 성경에 대한 불신과 실존주의라고 하는 철학사상에 대한 맹신이 불트만으로 하여금 역사적인 기독교 사상으로부터 멀리 떠나가게 한 결정적인 요인이다. 그의 실존주의 해석학이라고 하는 것도 신약성경을 해석하는 원리로서 하이데거의 실존주의 철학사상을 그대로 채택한 것이고 보면 성경을 해석하는 원리를 성경 안에서 찾아 해석해야 한다는 종교개혁가들의 성경적 성경관의 입장과 전혀 위배되는 것이며, 실존주의라고 하는 일개 철학사상을 하나님의 말씀인 성경보다 위에 놓고 그것을 진리의 표준으로 삼는 인본주의적인 과오를 범하고 있다(롬 1:24, 25 참조).

누드센 박사가 말한 바와 같이 불트만의 사상은 실존주의 철학의 입장에서 행하여진 그리스도의 복음에 대한 전적인 재해석이다. 불트만의 신학을 받아들인다는 것은 하나님의 말씀으로서의 성경의 권위를 거절하는 것이다.[25] 불트만의 신학은 실존주의 철학을 맹신(盲信)하며, 실존주의 철학을 위해서라면 성경도 포기하기를 불사하는 신학이기 때문이다.

---

25) *Creative Minds in Contemporary Theology*, p. 159.

경건한 루터교 목사의 아들로 태어나 성장한 볼트만이 말부르크에서 하이데거와의 친교의 탓도 있겠지만 성경보다 실존주의를 더 사랑하고 그것을 그토록 맹신하게 되었는지 생각하면 매우 아쉽고 안타깝기 그지없는 일이다. 만일 볼트만에게 실존주의에 대한 맹신이 없었고 하나님의 말씀인 성경의 권위에 대한 보다 건전한 식견이 있었더라면 오늘날 20세기 신학의 판도는 크게 달라져 있었으리라고 생각하지 않을 수 없기 때문이다.

볼트만을 찬양하여 그의 추종자로 생각될 수도 있는 미국의 모 신학 교수도 볼트만의 비신화화 신학 때문에 현대 신학계에 큰 폭풍우가 몰아 닥치고 있다고 하며, 볼트만의 신학의 위협성을 염려하는 발언을 일찍이 하기도 하였다.[26]

끝으로, 신학자 볼트만을 한마디로 생각한다면 그는 현대인에 대한 선교적 동기를 앞세우기는 하였으나 결과적으로 신약성경뿐만 아니라 기독교를 비신화화하고 실존주의화하여 초자연적 그리스도와 영생과 내세를 믿지 않는 자연적 종교 또는 실존주의라는 철학의 종교로 만들어버린, 20세기에 일어난 탈기독교적 태풍의 눈과 같은 신학자였다. 이것은 적어도 복음주의 정통 기독교 입장에서 볼 때 그렇다. 볼트만은 19세기 자유주의 신학의 산물이라고 하기도 한다. 그의 비신화의 개념은 릿츨(A. Ritschl)과 헤르만(W. Hermann)과 하르낙(A. Harnack) 등 19세기 자유주의 신학자들의 '정신화'(Spiritualisierung)의 개념의 영향을 크게 받았기 때문이다. 그리고 그는 최근 그의 신학의 인기가 떨어진 후에 현대 신학계에서 '세속화'(Säkulisierung)의 사상의 물결을 일으키게 한 촉발제가 되기도 하였다. 이렇게 볼 때 볼트만은 19세기 자유주의 신학으로부터 '정신화'를 받아서 '비신화화' 제창으로 대치하려다가 뜻을 못 이루

---

26) Carl Michalson, "Rudolf Bultmann", *The Ten Markers of Modern Protestant Thought*, p. 113.

고 결국 20세기 후반기에 젊은 신자 위주의 신학자들에게 넘겨주어 '세속화'를 유발하게 한 신학자이다.
우리 한국교회는 상기(上記)한 바와 같은 불트만의 현대신학사적 의의를 인식함과 동시에 '세속화'에까지 이르는 그의 신학의 탈기독교적 과정을 경고하면서 우리 조상 전래의 바른 신앙과 신학의 입장에서 이에 대처하여야 할 것이다.

A Selective Reading on Rudolf Bultmann

Rudolf Bultmann, Die Geschichte der Synopitschen Tradition, Göttingen: Vandenhoeck und Ruprecht, 1921.
―――――, Theologie des Neuen Testaments, Tübingen: J. C.B. Mohr I, 1948; II, 1951; III, 1953.
―――――, Kerygma und Mythos, Hamburg Reich Verlag I, 1948; II, 1952; III, 1954; IV, 1963.
―――――, Glauben und Verstehen, Tübingen: J.C.B. Mohr I, 1933; II, 1952; III, 1960; IV, 1965.
Charles W. Kegley(editor), The Theology of Rudolf Bultmann, New York: Harper & Row, 1966.
Herman Ridderhos, Rudolf Bultmann(Modern Thinkers Series), Philadelphia: Presbyterian and Reformed Publishing Company, 1962.
Creative Minds in Contrmporary Theology(Edited by Philip E. Hughes), 5. Rudolf Bultmann(pp. 131-162), Grand Rapids. Wm. B. Eerdmans, 1986.
『박형룡 박사저작전집』, VIII(신학난제선평 상권) 제6장 비신화화 신학

(pp. 246-268), 서울: 한국기독교육연구원, 1978.
간하배, 『현대신학해설』, 제4장 양식비평과 제5장 비신화화 (pp. 40-48; pp. 49-55), 서울: 개혁주의신행협회, 1973.
『현대신학자 20인』, 9. 루돌프 불트만(pp. 78-86), 서울: 대한기독교서회, 1970.
김영한, 『바르트에서 몰트만까지』, 3. 루돌프 불트만: 실존주의신학 (pp. 111-159), 서울: 대한기독교출판사, 1982.

제2부

현대의 유행하는 신학들

제1장: 세속화 신학

1. 서론

오늘날 '사신신학'(死神神學)이니 '세속화 신학'(世俗化 神學)이니 하는 말이 우리 귀에 들려오고 그런 이름을 가진 신학에 관해서 논하는 것이 소위 '지성적 기독교인'들 사이에서 하나의 패션(Fashion)처럼 되었다. 타임지(The Time)의 표제(表題)와 같이 "과연 신은 죽었는가?"

본회퍼(Dietrich Bonhoeffer)가 말한 대로 "오늘날 우리는 종교를 필요하게 생각지 않는 성인(成人)의 시대에 살고 있는가?" 상황윤리론자(狀況倫理論者)가 주장하는 대로 '사랑의 목적을 이루기 위해서는 수단과 방법을 가리지 않아도 좋은가?' 등의 문제를 둘러싸고 논쟁을 벌이면서 '신(神)의 사망(死亡) 혹은 '세속적 기독교'를 주장하는 신학자들에 대해서는 호의와 동정을 표명하면서도 '조금 지나쳤다'는 의견을 말하는 것이 또한 오늘날 소위 '지성적 기독교인'들이 흔히 취하는 태도인 것이다.

저자는 "오늘날 저들은 역사적 기독교의 전통(傳統)과 신앙을 무너뜨렸다"는 말을 하지 않고서 '과격하다'는 표현 정도로는 우리가 '사신신학'이나 '세속화 신학'에 관한 근본적 비평(根本的 批評)을 하는 것이 못 된다고 생각한다. '신의 사망'이나 '세속적 기독교'를 주장하는 신학은 확실히 최근에 나온 신학이다. 현대 프로테스탄트 (Protestant) 신학사상의 흐름에 있어서 이 새 신학은 주류적(主流的)인 위치에 있다기보다는 오늘날 주류적인 위치를 차지한 '불트만 후 신학'(the Post-Bultmannian Theology)에 대해서 도전을 시도하는 비주류적 신학으로 인식되어야 할 줄 안다.

20세기 초에 칼 바르트(Karl Barth)가 『로마서 강해』(der Römerbrief)를 출간한 후로 바르트 신학이 '신정통주의'의 이름을 가지고 프로테스탄트 신학을 지배해 오다가, 1950년경에 불트만의 '실존주의신학'이 유명해져서 신학적 인기(神學的 人氣)와 관심의 대상이 되었다.

그러나 1960년경에 와서 소위 '불트만 왕국'은 무너지고 불트만의 제자들인 서독의 신학교수들에 의해서 소위 '불트만 후 신학'(The Post-Bultmann Theology)이 발족하게 된 것이다. 그런데 '불트만 후 신학'의 특징은 이것이 신학자 한두 사람에 의해서 세워지지 않고 10여 명의 불트만의 영향을 받은 젊은 신학자들에 의해서 세워졌다는 점일 것이다.

어쨌든 '불트만 후 신학'이 현대 프로테스탄트 신학사상에 있어서 주류적인 존재이고 '사신신학'(死神神學) 혹은 '세속화 신학'(世俗化 神學)은 '급진적 신학'(急進的 神學)으로 자처하고 있지만 너무나 급진적인 까닭에 신학적으로 일대 센세이션(sensation)을 일으키고 있으나 아무래도 현대 프로테스탄트 신학 중에서 하나의 이색적(異色的)인 현상이 아닌가 생각된다. 이제 '사신신학' 혹은 '세속화 신학'에 대한 본론적인 검토와 비판으로 들어가기 전에 두 가지 사실을 여기 말해 두려고 한다.

첫째로, '사신신학' 혹은 '세속화 신학'은 '실존주의 후 신학'이며 '비구주적 신학'(非歐洲的 神學)이라는 것을 말하고 싶다.[1] 불트만의

---

1) Carl Henry, *Frontiers in Mordern Theology*, p. 148.

신학과 '불트만 후 신학'이 순전히 구주대륙(歐洲大陸)과 특히 서독의 프로테스탄트 신학자들에 의해서 형성된 것이라고 한다면 '사신신학' 혹은 '세속화 신학'은 서독 유학의 과정을 거친 영국, 미국의 몇몇 젊은 신학자들에 의해서 제창되고 있다는 것을 잊어서는 안 될 것이다.

물론 '세속화 신학'이라 할지라도 그 신학적 근원을 찾아 올라가 보면 본회퍼나 불트만과 같은 독일의 프로테스탄트 신학자들로부터 영감(inspiration)과 감화를 받았다는 것은 의심할 여지가 없는 줄 안다. 오늘날 '사신신학' 혹은 '세속화 신학'을 부르짖는 몇몇 젊은 신학자들을 보면 거의가 다 영국, 미국의 여러 대학교와 신학교에서 신학을 가르치고 있는 영, 미인 교수들이라는 사실을 알 수 있으니 '사신신학' 혹은 '세속화 신학'을 가리켜서 '앵글로 색슨적 현상'(an Anglo-Saxon phenomenon)이라고 할 수 있는 줄 안다.

'사신신학'이나 '세속화 신학'은 20세기 구주대륙(歐洲大陸)의 프로테스탄트 신학사상의 영향 아래 생겨난 것이지만 그 성격에 있어서 영, 미인들의 경험론적(經驗論的)이며 실용주의적(實用主義的)인 문화 일반을 잘 반영시키고 있는 신학인 것이다.

특히 뉴욕이나 런던과 같은 초현대적 대도시에서 사는 현대 인간들의 과학적이며 기술 본위의 인생관을 지지하는 반면에 무(das Nichts)와 불안(Angst)를 논하는 구주 대륙의 실존주의 사상에 대해서 의식적인 반발을 하는 사실로 보아서 '사신신학'이나 '세속적 신학'은 앵그로 색슨적 신학이 아닌가 생각되는 것이다.[2]

둘째로, '사신신학'과 '세속적 신학'은 일반적으로 동일한 신학을 말하는 것으로 인식(認識)되고 있는데 결코 양자가 똑같은 것은 아니

---

[2] Robert L. Richard 교수는 그의 저서 *Secularization Theology*에서 '세속화 신학'을 앵그로색슨적 현상이라고 칭하고 신학에 있어서 국적을 논할 것은 아니지만 세속화 신학이 앵그로색슨적 문화 속에서 육성되었다는 것을 잊어서는 안 된다고 말했다(pp. 27, 29).

며, '사신신학'을 명실공히 주장하는 신학자들은 소수이고 대다수의 소위 '급진 신학자'들은 '세속화 신학'의 제창자라는 사실을 말하고자 한다. 물론 '사신신학'과 '세속화 신학'이 현대 프로테스탄트 신학에 있어서 '급진적'이라고 불린다는 점에서 동일시 되기 쉬우나 '사신신학'과 '세속적 신학'은 '신(神)의 사망(死亡)' 문제를 둘러싸고 의견을 달리하고 있음을 알아야 할 것이다. 전자는 '신의 사망'을 적극적으로 주장하는 반면에 후자는 오늘날 기독교인들은 '신'이 없는 것처럼 생각하고 이 세상에서 살아야 한다는 것을 주장한다.

오늘날 소위 '급진 신학자'라고 불려지는 자들의 이름을 열거한다면 로빈슨(John A.T. Robinson), 알타이저(T.J.J. Altizer), 하밀톤(W. Hamilton), 바하니안(G. Vahanian), 밴 뷰렌(P. Van Buren), 콕스(H. Cox), 스미스(R.G. Smith), 플레처(J. Fletscher), 드월트(L. Dewart) 등이라고 하겠다.

이 리스트(list) 중에서 '신의 사망'을 뚜렷하게 말하고 있는 신학자는 알타이저와 하밀톤뿐이고 나머지 신학자들은 '신의 사망'에 관해서는 애매한 태도를 취하며 '기독교의 세속화' 문제에 관하여 주로 말하고 있다.[3] 그러므로 '기독교의 세속화' 문제를 취급하는 세속화 신학이 '신의 사망'을 선언하는 '사신신학'보다 더 중요한 위치를 현대 프로테스탄트 신학사상에서 차지할 줄 안다.[4] 지금까지 필자는 '사신신학'과 '세속화 신학'의 두 용어를 병행적(竝行的)으로 사용했으나 이제부터는 '세속화 신학'이라는 용어만을 사용하되 '세속화 신학' 속에 '신의 사망'을 말하는 신학자들의 사상을 포함시켜서 검토하며 비평하려고 한다.

---

3) Robert L. Richard 교수의 *Secularization Theology*, pp. 10-12 참조.
4) Robert L. Richard 교수는 '세속화 신학'이 먼 후일에 가서 진정으로 창의적인 현대적 종교운동의 하나로 인정받게 될 가능성이 많다고 말했다.

2. 본론

저자는 '세속화 신학'이라는 제목 아래 이 글을 쓰고 있다. 그러나 '세속화 신학'이란 아직 형성 도상에 있는 새 신학이며 '세속화 신학'을 주장하는 신학자들 사이에서도 의견의 일치가 없다는 사실로 보아서 '세속화 신학'에 관해서 구체적이며 체계적인 검토와 비평을 한다는 것은 어려운 일인 줄 안다. 그러므로 지금까지 '세속화 신학'을 세상에 내놓고 소개하는 데 산파역을 담당한 몇 명의 신학자들의 대표적 저서들을 각각 한 권씩 검토하고 그 신학적 내용을 비평함으로써 '세속화 신학' 전체에 관한 비판을 대신하고자 한다.

(1) 로빈슨의 『신에게 솔직히』

로빈슨(John A.T. Rohinson)의 『신에게 솔직히』가 S.C.M. 출판사를 통해서 1963년에 발간되었을 때 즉각적으로 그 인기가 대단해서 근래에 출간된 신학 서적들 중에서 가장 많은 부수가 팔린책으로 인정받는 명예를 갖게 되었다.

영국 울윗치의 감독인 로빈슨은 이 책에서 폴 틸리히(Paul Tillich)와 본회퍼(Dietrich Bonhoeffer)의 신학에서 얻은 개념들을 활용하여 지금까지 역사적 기독교(歷史的 基督敎)가 가졌던 신관이 현대인에게 무의미한 것이 되었으므로 우리는 현대 인간의 철학과 생활에 적응하는 새로운 '신'의 개념을 고안해야 하겠다고 역설했다.

로빈슨은 기독교 성경의 세계관은 삼층 세계관임을 말하고 성경의 저자들은 신(神)을 '위에 계신 분'(God 'up there')으로 생각하고 항상 '올라가고', '내려오고' 하는 공간적 표현(空間的 表現)을 사용했다. 그러나 오늘날 우리 기독교인들이 '신'을 '위에 있는 분'으로 생각하지 않는다고 하더라도 '저만치 멀리 있는 분'(God 'out there')으로 생각하는 경향이 많다.[5]

그러나 신을 '위에 있는 분'으로 생각하는 것이나 '저만치 멀리 있는 분'으로 생각하는 것이나 양자가 다 같이 이 우주 여행 시대(宇宙旅行 時代)에 사는 현대인에게는 부적당한 비과학적이며 유치한 생각이 아닐 수 없다는 것이다. 우리는 오늘날 공간적으로 '신'의 거처(居處)를 정할 수 없다. 옛날 예수가 출생할 때 베들레헴 시(市)에 몸 둘 곳이 없었으나 오늘날은 '신'이 온누리에 몸 둘 곳을 찾지 못하고 있는 것이다.

오늘날 '우주 여행 시대'가 옴으로써 '위에 있는 분' 혹은 '저만치 있는 분'은 그의 거처를 잃어 버리게 된 것이다.[6] 그 결과 '신'의 존재 자체를 부인해야 한다는 생각이 생겨나게 되었다.[7] 그러나 로빈슨은 '신'의 존재 자체를 부인하는 것은 잘못이라고 생각하고 '신'의 존재를 '우주 여행 시대'에 사는 현대인을 납득시키기 위해서는 전에 우리가 가졌던 신의 개념을 새 것으로 바꾸어야 한다는 것을 강조했다.

그러면 로빈슨이 고안한 새로운 '신'의 개념은 무엇인가? 로빈슨은 틸리히의 신학에서 '존재의 지반'(the ground of Being)의 개념을 빌려다가 '우주 여행 시대'에 합당한 신의 이미지(image)를 생각하려고 했다. 틸리히는 신(神)을 '모든 존재의 지반'(存在地盤)으로 말했는데, 이와 같은 말은 단순히 '위에 있는 분'(God 'up there')을 '아래 있는 분'(God 'down under')으로 바꾸는 것이 아니라는 것이다. 틸리히의 '존재의 지반'은 '모든 존재의 무한하고 측량할 수 없는 깊이'를 말하기 때문이다.[8]

틸리히의 최대의 신학적 공헌은 '초절'(transcendence)의 개념에

---

5) John A.T. Robinson, *Honest to God*, pp. 11-13.
6) *Ibid.*, pp. 13, 14.
7) *Ibid.*, pp. 16.
8) *Ibid.*, p. 46.

대하여 그 실재성을 보존하면서도 초자연주의의 투영(projection)의 과오를 범치 않도록 재해석하였다는 것일 것이다.[9]

또 로빈슨은 본회퍼의 신학 속에서 '이웃을 위한 사람'(the man for others)의 개념을 빌려다가 그의 기독론으로 삼는 동시에 그의 '새로운 모랄'(the new morality)의 이론적 근거로 삼았다. 예수는 이웃을 위한 사람이다. 예수는 사랑에 전적으로 사로잡힘으로써 그의 존재의 지반이 되는 '신'과 하나가 된 분이다.

이웃을 위한 삶은 '신'의 존재에 참여하는 삶이기 때문에 '초절'(超絶)이라고 할 수 있다. 그리스도는 전적으로 '이웃을 위한 사람'으로 살았기 때문에 또 그 자신이 사랑이라고 할 수 있을 정도로 사랑스러웠기 때문에 사랑이신 하나님 아버지와 하나가 된 것이다.[10]

그렇다면 기독교 윤리는 '이웃을 위한 사람' 예수의 사랑을 본받아서 우리도 사랑 가운데서 '이웃을 위한 사람'이 되어야 한다는 것 외에 무엇이겠는가? 예수의 도덕적인 가르침은 사정과 형편이 어떻게 되었든 간에 기독교인들이 행해야 할 불변의 법칙이 아니라 사랑이 언제나 우리에게 무엇을 요청하는가를 보여 주는 '사랑의 예화'인 것이다.[11]

로빈슨은 플레처(Joseph Fletcher)의 상황윤리(狀況倫理)를 지지하면서 기독교 윤리는 사랑 외의 아무 것에도 규정함을 받지 않는 그때 그때의 '상황의 윤리'임을 강조했다.[12]

성도덕(性道德)에 있어서도 순결은 사랑의 표현인 까닭에 사랑으로 하는 행위이면 옳은 행위로 인정되어야 한다는 것이다. 어떤 가정에 있어서 부부간의 이혼이 온 가정의 심리적, 정신적 유익을 가져온다고 할 것 같으면 이혼을 하라고 권유한다는 것이다.[13]

---

9) *Ibid.*, p. 56.
10) *Ibid.*, p. 56.
11) *Ibid.*, pp. 110, 111.
12) *Ibid.*, p. 116.
13) *Ibid.*, pp. 118.

리차드(Robert L. Richard) 교수가 지적한 바와 같이 로빈슨(J.A.T. Robinson)은 '신'의 존재를 부인하지 않았다. 그가 '위에 있는 분', '저 만치 멀리 있는 분'의 존재를 부인하고 인간의 궁극적 관심의 대상이 되고 모든 존재의 지반(地盤)이 되는 '신'을 말했다고 해서 신의 객관적 존재를 부인했다고 말할 수는 없는 줄 안다.[14] 그러므로 로빈슨을 사신신학자(死神神學者)들 중의 한 사람으로 생각하는 것은 잘못인 것이다. 그가 문제로 삼은 것은 '신의 존재'가 아니라 지금까지 역사적 기독교가 가졌던 신관인 것이다.

물론 우리는 역사적 기독교의 신관(神觀)은 '신'의 역사적 계시인 기독교 성경에서 유래함으로 로빈슨의 신관이야말로 잘못된 신관임을 말해야 할 것이다. 로빈슨은 플레처(J. Fletcher)와 함께 사랑 외에 인간의 행위에 대한 규범(規範)이 없으며 기독교 윤리는 법칙의 준수가 아니라 사랑에 의한 즉각적 행위를 의미한다고 하지만 로빈슨이 말하는 사랑은 어떤 사랑인가? 그가 말하는 사랑은 기독교 성경이 증언하는 성령의 사역(使役)을 떠나서 존재하는 사랑이기 때문에 인간이 '신'의 도우심 없이 행하는 사랑이라고 할 수밖에 없다. 그러므로 로빈슨의 새 도덕은 결국 아가페적 사랑의 근원이 되는 '신'을 예찬함이 아니라 인간의 자기예찬(自己禮讚)이 아닌가 생각한다.

(2) 알타이저의 『기독교 무신론의 복음』

알타이저(Thomas J.J. Altizer) 교수는 그의 저서 『기독교 무신론의 복음』에서 '신(神)의 사망(死亡)'을 공공연하게 선언했다는 점에서 다른 급진 신학자들과 다르다고 볼 수 있겠다. 우리가 그에게는 '사신신학자'(死神神學者)라는 이름을 떳떳하게 줄 수 있는 줄 안다. 1966년 웨스트민스터 출판사를 통해서 발간된 『기독교 무신론의 복

---

14) Robert L. Richard, *Secularzation Theology*, p. 34.

음』에서 알타이저는 역사적 기독교의 신조(信條)들과 고백서들을 완전히 버리고 급진적으로 새로운 기독교적 말씀의 형태를 찾기를 주장했다. 알타이저는 '역사적 기독교의 부정'(否定)을 말했는데 그것은 알타이저 자신에 의하면 '창조적 부정'(creative negation)인 것이다. 까마득하게 먼 태고시대(太古時代)에 인간들에게 십계명(十戒命)을 주었다고 전해지는 '신'은 죽어버린 지 오래이다. 그러므로 우리는 '신'의 죽은 몸에 매달리지 말고 오늘을 사는 용기 가운데서 기독교적 말씀(the Christian word)에 되돌아가서 새로운 신학을 수립해야 한다는 것이다. 알타이저는 동방 신비종교(東方 神秘宗敎)에서 찾아 볼 수 있는 coincidentia oppositorum의 개념을 기용(起用)해서 그의 신학의 원리로 삼았다. 그는 말하기를 '급진적 기독교의 coincidentia oppositorum은 정신(靈)과 육신(肉)의 상호 변형'을 말한다. "정신이 역사적으로 육신이 된 것같이 육신은 최종적으로 정신이 됨을 말한다"[15]라고 했다.

성육신(成肉身)의 사건은 '신'의 절대적 정신으로서의 자아를 부정하고 역사적 실재(實在) 속으로 완전히 들어온 것을 말한다. 이것은 '신'의 사랑인 것이다. '신'은 자아를 공허화(空虛化)한 이 사랑의 동작을 통해서 인간과의 완전한 결합을 성취한다는 것이다. 급진 신학(急進神學)은 초절적 신(超絶的 神)의 전적 부정(全的否定)과 인간이 된 '신'의 전적 긍정(全的肯定)과 새로운 사랑의 전체성(A new totality of Love)을 주장한다.

알타이저(T.J.J.Altizer)는 계속해서 말하기를 coincidentia oppositorum에 의거한 기독교적 말씀의 전진적 활동은 역사의 종말기에 가서 위대한 신적 인류(the great humanity divine)의 실현을 그 목적으로 한다고 한다. 그러면 우리는 신적 인류(神的 人類)의 실현을 목적으로 하는 기독교적 말씀의 전진적 활동을 바라 보면서

---

15) Thomas J.J. Altizer, *The Gospel of Christian Atheism*, p. 48.

우리의 오늘을 어떻게 살아야 할 것인가?

알타이저는 이렇게 말한다.

"범속(凡俗)한 세상의 출현에 놀라서 신앙은 과거로 뒷걸음질 치려는 시험에 빠지기 마련이다. 그러나 급진적 기독교는 기독교적 말씀의 새로운 현현(顯現)을 우리에게 제시하는 것이다. 기독교적 말씀은 본래의 불가침적 신성(神聖)을 버리고 오늘날 완전한 범속(凡俗) 가운데서 나타나고 있는 것이다."16)

"우리는 오늘의 혼돈(chaos)을 신의 무덤으로 알고 오늘의 인류의 불안(anxiety)은 신이 죽어서 그 몸이 썩는 냄새로 안다. 공허와 허무가 신의 사망의 결과라는 것을 아는 지식이 우리로 하여금 혼돈과 불안에서 자유하게 할 것이다."17)

"'신의 사망'의 선언은 오늘날 기독교인들이 해야 할 신앙고백인 것이다. '신'의 사망은 윌리암 블레이크(William Blake)의 말과 같이 '신'의 자멸(self-annihilation)을 의미하지만 이것은 헤겔의 '부정(否定)의 부정'의 개념을 통해서 인식되어야 할 것이다."18)

왜냐하면 '신의 사망'은 그리스도 안에서의 '신의 사망'이며 '신'과 '인간'을 사랑으로 하나가 되게 하는 새 창조를 목적으로 하기 때문이다. 특히 우리가 주목해야 할 사실은 알타이저가 '신'의 사망을 말하되 '신'은 사망의 역사적 사건(歷史的事件)으로 못박아 놓았다는 점일 것이다. 이것은 다른 사신신학자(死神神學者)들의 말과 비교해 볼 때 특이한 점이라고 생각지 않을 수 없다.19)

이제 알타이저의 '무신론적 기독교의 복음'에 관해 총괄적인 비평

---

16) *Ibid.*, p. 51.
17) *Ibid.*, p. 96.
18) *Ibid.*, p. 102 참조.
19) William Hamilton의 저서 *The New Essence of Christianity* (1961)와 G. Vahanian의 저서 *The New Essence God*(1961)과 *Wait Without Idols*(1964) 읽기를 권유함.

을 한다면 알타이저는 '신'에 관해서 그 어떤 새로운 비전(vision)을 갖고 말하려고 애썼고, 그의 글 전체가 현대인의 지성(知性)을 자극하는 매력적인 분위기를 만드는 데 성공했다는 말을 해야 할 줄 안다. 그러나 한 가지 마음에 후련치 않은 것은 혹시 알타이저(T.J.J. Altizer)에게는 기독교 성경보다 니체(Friedrich Nietsche)와 블레이크가 더 권위적인 존재가 되지 않았는가 하는 생각인 것이다.

알타이저는 성경보다 니체와 블레이크의 글을 더 많이 읽은 것 같고 니체와 블레이크의 글이 그에게 성경이 되어 버리지 않았는가 생각되는 것이다. 알타이저는 말하기를 우리가 '급진적 그리스도'의 이미지(image)를 택하느냐 혹은 퇴보적 그리스도의 이미지를 택하느냐 하는 것을 결정해야 하는데 양자 중의 택일(擇一)은 그것이 모험이기 때문에 진정한 신앙의 표현이라고 한다.[20]

그렇다면 알타이저는 그가 부르짖는 '기독교적 무신론의 복음'도 절대적 진리로서의 확실성을 가질 수는 없고 오히려 진리가 아닌 하나의 새롭고 매력적인 철학적 허구(哲學的 虛構) 혹은 종교적 서사시(宗敎的 敍事時)일 수 있다는 것을 아는지 모르는지? 알타이저는 역사적 기독교를 헤겔(Hegel)의 철학과 블레이크의 시(時)로 바꾸어 놓고 그것이 복음이라고 하는 어리석은 모험을 하는 투지에 넘치는 젊은 도박자인 것이다. 그리고 바네트(Henlee H. Barnette) 교수가 말한 바와 같이 신학은 '신'의 존재와 관계가 있는 학문이라고 저자는 생각하는데 알타이저처럼 '신의 사망'을 주장하는 것은 신학자로서의 자격을 상실하는 것이 되지 않을까 하는 것을 노파심에서 생각해 보기도 한다.[21]

---

20) *Ibid.*, p. 139.
21) Henlee H. Barnette, *The New Theology and Morality*, p. 28.

(3) 밴 뷰렌의 『복음의 세속적 의미』

S.C.M. 출판사를 통해서 1963년에 발간(發刊)된 이 책에서 밴 뷰렌(Paul Van Buren)은 알타이저와 같이 '신의 사망'을 선언하지 않고 '신'(神)이라는 낱말을 언어 분석학적(言語分析學的)으로 고찰할 때 무의미하다는 것을 주장하면서 '객관적 신'의 존재에 관해서는 침묵을 지키는 것이 현명한 일이라고 말했다. 그는 본회퍼(Dietrich Bonhoeffer)의 아래와 같은 말을 인용하면서 그의 책을 시작하였다. "우리는 신의 전제(神前提) 없이 우리로 하여금 세상에서 살도록 하는 '신' 앞에서 항시 살아야 한다."[22]

밴 뷰렌은 불트만(Rudolf Bultmann)이 말한 바 케리그마(Kerygma)가 복음이며 복음의 고전적 표현(古典的 表現)은 현대 사상과 위배된다는 말은 옳은 말이라고 생각한다.[23] 바르트에 대해서 밴 뷰렌은 비평적이다.

불트만의 신학이 너무나 주관적(主觀的)이라는 바르트의 비평은 '우리가 무엇을 말하는가?'가 중요치 않다는 그의 사상적 전제(思想的 前提)를 그 속에 내포하고 있는데, 그것은 잘못인 것이다. 바르트는 오늘날 20세기 인간이 제1세기 인간의 언어를 그대로 사용한다고 하더라도 그 언어에 부여하는 의미는 전혀 다르다는 사실을 잊어버렸다.

자유주의 신학의 결점도 많지만 이 문제를 진지하게 생각하는 것이 그 좋은 점이라고 하겠다.[24] 불트만은 바르트와 같은 신학자들로부터 그의 '비신화화' 신학이 계시의 역사성을 과소평가함으로 말미암아 기독교 복음 자체를 위태롭게 한다는 비평을 듣는 반면에 '신학

---

22) Paul Van Buren, *The Secular Meaning of the Gospel*, p. 1.
23) *Ibid.*, p. 6.
24) *Ibid.*, pp. 8, 9.

적 좌익'(神學的 左翼)이라고 할 수 있는 많은 실존주의 신학자(實存主義 神學者)들로부터는 그리스도의 역사성(歷史性)을 너무 지나치게 강조함으로 말미암아 '비신화화'(非神話化)를 철저히 하지 못하고 있다는 비평을 또한 듣는다.

특히 불트만이 실존주의적 입장을 타협한다고 말하는 신학자로서 서구에 뷰리(F. Buri)와 미국에 옥덴(S.M. Ogden)을 생각할 수 있다.[25] 밴 뷰렌은 특히 옥덴의 저서 『신화 아닌 그리스도』(Christ without Myth)를 소개하면서 불트만에 대해서도 비평하기를 잊지 않았다. 불트만은 옥덴이 지적한 바와 같이 우리가 신앙을 '합당한 철학적 고찰'에 의거하는 인간의 참된 실존의 가능성으로 인식해야 한다고 말하면서도 또 한편에 있어서는 나사렛 예수의 역사적 사건으로 인해서 신앙이 성취된다고 말하므로 두 개의 상호위배(相互違背)되는 주장을 한다는 것이다.[26] 옥덴은 불트만의 모순을 지적한 다음에 그 모순을 극복하는 그의 방안을 제시했는데 그것은 신앙은 자기이해이며 참된 '자기이해'(自己理解)는 곧 '실존'(實存)이라는 생각에서 '실존'의 개념과 나사렛 예수의 역사적 사건을 분리시키는 것이라 하겠다. 옥덴에 의하면 '하나님이 예수 그리스도 안에 계신다'는 사도 바울의 말씀은 하나님이 예수 그리스도 안에만 계신다는 것을 뜻하지 않고 예수 그리스도 안에서 알려진 하나님은 한 분 하나님이며 보편적으로 존재하는 하나님이라는 것을 뜻한다는 것이다.[27] 불트만과 옥덴의 신학적 공헌은 밴 뷰렌의 생각에는 신학적 세계관(神學的 世界觀)이 그 자취를 감춘 오늘날에 있어서 인간의 상태를 구제하기 위하여 역사에 어떤 시점(時點)에서 '신'이 행동했다는 구원사(Heilsgeschichte)적 해석도 사라져 갈 수밖에 없다는 사실을 절감

---

25) Ibid., p. 9.
26) Ibid., p. 10.
27) Ibid., p. 11.

하고 현대 인간의 사상적 테두리를 초월하지 않고 그 테두리 안에서 기독교의 복음을 소개하려고 애쓰고 있는 것일 것이다. 그러나 불트만의 신학적 노력은 그의 신학에 내재(內在)하는 논리적 모순으로 크게 좌절되었으나 옥덴은 신앙과 역사를 완전히 분리시켜서 불트만의 논리적 모순을 극복했지만 "신학은 과거와의 대화 속에서 이루어진다"는 바르트의 주장을 충분히 고려하지 않은 것이 그의 잘못이라는 것이다.[28]

우리는 이제 바르트와 불트만과 옥덴이 다같이 '진정한 현대인을 위한 신학'을 수립하지 못했다는 사실에 비추어 보아서 현대의 분석철학(analytical philosophy)이 그와 같은 일을 할 수 있지 않겠는가 기대를 걸어볼 만하다.

밴 뷰렌에 의하면 분석철학(分析哲學)은 오늘날 우리로 하여금 정확하게 생각케 하고 우리가 생각하는 바를 명료하게 표현한다.[29]

우리는 실존주의의 사상적 공헌을 부인하지 않는다. 그러나 우리 영어를 말하는 인간들이 모여서 사는 세계는 경험주의적 전통(經驗主義的 傳統)을 갖고 있다는 것과 오늘날 이 세상은 최고의 기술 발전과 급격한 공업화로 말미암아 그 모습이 달라지고 있다는 것을 우리는 잊어서는 안 될 것이다. 실용주의(實用主義)를 철학으로 하고 과학과 기술을 생활로 하고 있는 현대 인간에게 실존주의 신학자들의 말은 동떨어진 소리로 들릴 수밖에 없다. 현대인은 경험에 의존해서 생각하며 실용적(實用的)으로 생각한다.[30] 밴 뷰렌은 계속해서 말하기를 칼케돈에서 형성된 기독론(基督論)은 본체의 개념을 통해서 그리스도를 생각하려고 했기 때문에 그리스도의 정신성(精神性)을 붙잡지 못했다고 했다. 칼케돈 신조(信條)는 말하기를 그리스도는 참 인

---

28) *Ibid.*, p. 12.
29) *Ibid.*, p. 15.
30) *Ibid.*, p. 17.

간이며 참 신인데 그의 양성(兩性) 간에는 혼돈함이 없는 완전한 연합이 있다고 했다.

그러나 현대인은 이런 유(維)의 언어를 이해 못하는 것이다. 바르트는 초대교부들과 같이 '신적 실체'(神的實體)를 강조했으니 '그리스도는 참 신이며 참 인간'이라는 고백은 신성(神性)과 인성(人性)을 동등한 위치에 두는 것이 아니라, 말씀이 육신이 되었다는 사실을 지적하기 위한 것이라고 생각했다.[31] 바르트의 초대교부들의 신학에 대한 깊은 동정은 그로 하여금 성육신(成肉身)의 교리를 강론함에 있어서 현대인에게 납득되지 않은 말들을 하게 만든 것이다. 그러면 불트만과 옥덴(Schubert M. Ogden)은 어떤가? 불트만과 옥덴은 '경험된 비객관적 실재'(experienced ono-objective reality)라는 말을 하는데 그 말은 도대체 무엇을 의미하는 것인가? 그들은 그 말을 '신'(神) 혹은 '모든 피조물의 지반(地盤)과 목적이 되는 신의 사랑'을 지적하기 위해서 사용하고 있는 것 같은데, 그렇다면 '모든 피조물의 지반과 목적이 되는 것'이 경험할 수 있는 것이라고 하면서도 비객관적(非客觀的)인 것이라고 하니 도저히 이해할 수 없는 말이다.[32]

특히 불트만은 '신의 행동'이라는 말을 하기를 좋아한다. 그런데 불트만은 아직도 현대인이 '신'(神)이라는 말을 이해하는 것같이 생각하는데 밴 뷰렌(P. Van Buren)은 그와 같은 불트만의 생각이(옥덴의 생각도 됨) 잘못이라고 비평했다.[33] 그러면 밴 뷰렌은 '신'이라는 말을 어떻게 하자는 것인가? '신'이라는 말을 다른 말로 대치하자는 것인가? 그렇지 않으면 그 말의 사용을 중지하자는 것인가?

밴 뷰렌은 현대인에게 기독교의 복음(福音)이 어떤 뜻을 가지려고

---

31) *Ibid.*, p. 36.
32) *Ibid.*, p. 65.
33) *Ibid.*, p. 66.

한다면 후자의 길을 택해야 한다고 한다. '우리는 신이 무엇을 의미하는지를 알지 못함에도 불구하고 왜 신(神)이라고 하는 말이 오늘날 계속해서 사용되고 있는지 이해하기 힘든 것이다. 신(神)이란 말은 고유명사(固有名詞)라고 하는데 신학자들은 말하기를 이 고유명사는 다른 고유명사와 달라서 '실존적 만남' 혹은 '철학적 관점(觀點)' 혹은 '인간의 자기 이해'를 의미한다고 하니 그게 무슨 말인가?[34]

밴 뷰렌은 현대신학이 '신'이라는 말의 사용을 중지할 것을 주장하면서 오늘날 언어분석을 과업으로 삼는 분석철학자(分析哲學者)들의 학설과 식견을 소개했다. 아이어(A.J. Ayer)는 1936년에 『언어와 진리와 논리』(Language, Truth, and Logic)라는 책을 썼는데, 그 책에서 그는 어떤 문장의 진술이 유의미(有意味)하려면 두 가지 조건을 만족시켜야 한다고 주장했다. 그가 말한 두 가지 조건은 (1) 문장 내용이 수학적(數學的)이거나 논리적이어야 한다는 것과 (2) 문장의 내용이 경험적 사실에 근거해야 한다는 것이다. 아이어는 이상과 같은 이론(理論)을 갖고 모든 형이상학적(形而上學的) 언어의 사용을 거부하고 모든 종교적 언어를 형이상학적이라고 규정했던 것이다. 아이어 이후의 분석철학자들의 대다수는 모든 종교적 언어(특히 신학적 언어)에 관해서 부정적 태도(否定的 態度)를 견지해 왔다. 그러나 밴 뷰렌(P. Van Buren)은 최근에 와서 헤어(R.M. Hare)라는 분석철학자가 종교적 언어의 의의(意義)를 시인했다는 사실을 지적한다. 즉, 헤어는 말하기를 종교적 언어는 물론 우리가 살고 있는 이 세상에 관해서 객관적으로 말해주는 바가 없으나 그렇다고 해서 모든 종교적 언어를 불필요한 것으로 생각해서는 안 된다고 했다. 헤어는 블릭(Blick)이라는 말을 만들고 그 말로써 종교적 언어가 내포하고 있는 근본적 태도를 표시했다. 모든 종교적 언어는 그 언어를 사용하는 사람의 블릭, 즉 인생관을 나타내며 우리가 그 사람의 인생관을 수락

---

34) *Ibid.*, p. 84.

하지 않는다고 할지라도 그 사람의 인생관(人生觀)이 무엇인지를 앎으로써 그 사람의 행동과 생활에 관한 '올바른 이해'를 할 수 있게 한다는 것이다. 밴 뷰렌은 이상과 같은 헤어의 견해를 받아들이는 동시에 "신앙의 언어는 그 언어를 말하는 사람의 상황식별(situation-discernment)과 그 결과로 생기는 생활을 향한 결의(1ife-commitment)를 나타낸다"는 램지(Ian T. Ramsey)의 의견에 찬동하며 "종교적 언어는 근본적으로 도덕적 성격을 띠고 있는 것으로 종교적 언어의 의의(意義)는 우리의 행동을 도덕적으로 지도하는 일을 하는 데 있다"는 브레드웨이트(R.B. Braithwaite)의 의견에도 찬동한다.[35] 이제 밴 뷰렌은 이렇게 헤어, 램지, 브레드웨이트 등의 의견을 좇은 결과로 '신앙은 지식이 아니라는 태도'라는 결론에 도달했고, 그러므로 신앙은 대상을 필요로 하지 않고 생활에 임하는 태도 혹은 결의(決議)인 것을 강조하는 것이다. 즉 신앙을 구원의 지식으로 생각하는 주지적 신앙관 대신에 신앙을 블릭(Blick)으로 생각하는 비주지적 신앙관을 밴 뷰렌은 주장한다.[36] 종교적 언어 중에서 '신'(神)이라는 말은 주지적 신앙(主知的 信仰)을 나타내는 말이므로 제거되어야 하지만 객관적 신의 존재에 대해서 밴 뷰렌은 어떻게 생각하는가? 이 문제에 관하여 밴 뷰렌(P. Van Buren)은 마일즈(R. Miles)의 견해를 따라간다. 즉 객관적 '신'의 존재에 관해서는 침묵을 지키되 '신학적 비유와 예화로 해설이 붙여진 침묵'(the way or silence qualified by parables)을 지켜야 한다는 것이다.

만일 우리에게 '절대자가 존재하는가?' 혹은 ''존재자체'가 존재하는가?' 혹은 ''모든 피조물의 지반과 목적이 되는 자'가 존재하는가?' 하는 질문이 던져진다면 우리는 무엇이라고 대답할 수 없기 때문에 침묵을 지킬 수밖에 없는 줄 안다. 그리고 우리의 침묵을 신학

---

35) *Ibid.*, p. 87, 99, pp. 92-96.
36) *Ibid.*, p. 97, 96.

적 비유와 예화로 해설하고 그 다음에 우리가 할 일은 예수의 역사를 이야기하고 부활절 날에 '예수의 자유'가 모든 사람들에게 어떻게 번져갔는가를 말하는 것일 것이다.[37] '신'이란 말을 '언어의 한 조각' (a piece of language)으로 생각하고 객관적 신의 존재에 관해서는 침묵을 지킬 것을 주장하는 밴 뷰렌은 이제 기독교는 나사렛 예수의 역사와 부활절 날에 번져간 그의 '신비롭고도 인간적인 자유'에 관심을 쏟는 것이 당연하다고 말한다.[38] 그리스도의 부활이 없었다면 기독교인의 신앙은 존재하지 못했을 것이다. 기독교인이 '예수의 자유'를 떠나서 단순히 인간 예수를 생각하는 것은 마치 그의 몸의 가죽을 벗으려고 하는 것과 같다고 하겠다. 기독교인은 역사적 예수에 관해서 지대한 관심을 갖는데, 그 이유는 부활절 날에 갑자기 번져간 나사렛 예수의 자유의 힘으로 말미암아 그가 지금까지 살아 온 자기 본위의 생활에서 자유함을 얻고 이웃을 위해서 사는 생활로 전향(轉向)할 수 있었기 때문이다.[39] 밴 뷰렌은 결론적으로 이렇게 말한다. 기독교 복음은 나사렛 예수에 관한 부활절적 선언(the Easter-proclamation)인 것이다. 물론 기독교에 있어서 나사렛 예수는 없어서는 안 될 인물이지만 부활절 사건이 핵심적 위치를 차지해야 할 것이다. 복음의 의미는 종교적이거나 형이상학적인 것이 아니라 역사적이며 윤리적인 것이다.[40]

밴 뷰렌은 한마디로 말해서 자연주의적 기독론(自然主義的 基督論)을 말하고 있는 것이다. 예수는 단순히 한 인간이었는데 그의 사후(死後)에 그를 따르던 제자들에게 각성이 왔다. 그 각성은 '이웃을 위한 사람'으로 살아야 하겠다는 각성이었는데, 그와 같은 자유의 각성은 나사렛 예수의 자유의 번져감에 기인한 것이다.

---

37) Ibid., p. 144.
38) Ibid., p. 160.
39) Ibid., pp. 165, 166.
40) Ibid., p. 197.

결론적으로 밴 뷰렌(P. Van Buren)은 이렇게 말한다. 우리가 기독교 복음을 세속적(무신론적)으로 해석할 때 어려운 질문들을 받게 된다. 혹자는 묻기를 역사적 기독교의 '신'은 어디 갔느냐고 한다. 또 혹자는 묻기를 신학을 윤리로 축소시킨 것이 아니냐고 한다. 그러나 나는 그런 유(類)의 질문을 하는 자에게 '세속시대'에 사는 우리들로서 그 이상의 무엇을 생각할 수 있는가라고 반문하고자 한다. 만일 우리의 입장이 축소주의(reductionism)라는 비난을 받는다면 '축소주의'는 오늘날 학문의 여러 분야에서 성행하고 있다는 사실을 지적하면 될 줄 안다. 고대의 점성학(占星學)은 오늘날 천문학(天文學)으로 축소되었고, 중세의 연금술(鍊金術)은 오늘날 화학(化學)으로 축소되었고, 중세에 있었던 미술의 형이상학적 연구는 문예부흥을 거쳐서 오늘날 단순히 '미술학'(美術學)으로 축소되지 않았는가?[41]

이상은 밴 뷰렌의 '복음의 세속적 의미'를 간단히 요약해서 소개한 것인데 이젠 밴 뷰렌에 대해서 몇 가지 비평을 해야 하겠다. 첫째로, 밴 뷰렌이 기독교의 복음을 세속적 생활을 하는 현대인에게 납득시키기 위해서 현대인의 언어로 재해석하려는 그 의도는 우리가 높이 평가해야 할 줄 안다. 그러나 밴 뷰렌은 언어분석을 그의 신학의 방법으로 삼고 우리가 감관적(感官的)으로 경험할 수 있는 것만이 참이라고 하는 잘못된 전제하에 정신계의 존재를 부인하고 '신 없는 신학'을 말하고 '나사렛 예수의 인간적 자유'를 논했으니 그것이 그의 큰 잘못이라고 하겠다.[42]

둘째로, 밴 뷰렌(P. Van Buren)의 입증의 원리(the principle of verification)는 순전히 경험주의적 성격(經驗主義的 性洛)의 것이기 때문에 그와 같은 원리로서는 인간이 무엇이며 어디서 왔다가 어디로 가는지 확인할 수가 없다는 것이다. 인간의 감관적 경험(感官

---

41) *Ibid.*, p. 197, 198.
42) Henlee H. Barnette, *The New Theology and Morality*, p. 12.

的 經驗)과 인식의 범위 내에 들어오지 않는 것은 그 존재와 의미가 입증될 수 없다는 그의 입증의 원리는 결국 인간 자신의 존재와 의미를 입증하기 어려울 것이라고 보아야 옳겠다.

셋째로, 밴 뷰렌은 두 가지 일을 하려고 했는데 그것은 언어분석(言語分析)의 방법에 의거하지 않는 신학적 구상(神學的 構想)은 허구(虛構)임을 증명하는 일과 현대 분석철학자(分析哲學者)들에 의해서 행해진 종교적 언어에 관한 연구를 소개하려는 일인 것이다.[43]

그런데 전자에 있어서 밴 뷰렌은 그의 독자들을 설득하지 못했고 오히려 인간의 감관적 경험만을 신뢰하는 밴 뷰렌 자신의 견해가 편견이라는 인상을 준 것 같다. 그리고 후자에 있어서는 종교에 관심을 갖는 분석철학자들 몇 명(Wisdom, Flew, Hare, Ramsey, Braithwaite, Miles)의 견해를 소개함으로써 현대 분석철학이 종교적 언어의 의의(意義)를 시인한다는 것을 인식시키는 데 어느 정도 성공한 줄 안다. 그러나 밴 뷰렌이 분석철학의 역사와 유래에 관해서 약간의 설명이라도 하고 또 현대 분석철학자들 중에는 종교적 언어의 의의를 전혀 부인하는 철저한 무신론자들이 많이 있다는 사실을 지적했으면 더욱 떳떳했을 줄로 생각한다.

넷째로, 밴 뷰렌은 본회퍼에게서부터 인간은 '신'이 존재하지 않는 것처럼 생각하고 세상에서 살아야 한다는 것과 '이웃을 위한 사람' 예수를 인간의 생활이념으로 삼아야 한다는 두 가지 식견(識見)을 배웠다. 그러나 밴 뷰렌(P. Van Buren)은 *esti deus non daretur*의 문구에 깃든 역리(paradox)를 죽이고 '이웃을 위한 사람'을 인간 예수로 객관화시켜버렸고 '신'과는 하등의 관련성이 없는 부활절 사건을 말했다는 점에서 본회퍼(Dietrich Bonhoeffer)의 사상에 충실치 못한 것이 아닌가 생각한다.[44]

---

43) Robert L. Richard, *Secularization Theology*, p. 79.
44) *Ibid.*, p. 121.

다섯째로, '밴 뷰렌의 세속적 기독교는 불트만의 실존주의 못지 않게 역사적 기독교의 본질을 훼손했음을 알아야 한다. 그리고 또 한편 생각할 때 과학적이며 실용적 인생관을 소유한 현대 인간의 귀에는 세상에서 살고, 세상에서 사랑으로 봉사하라고 우리를 부르는 '예수의 윤리적 자유'도 불쾌하게 생각될 것임에 틀림없다[45]'는 비평에 밴 뷰렌은 귀를 기울여야 할 것이다.

(4) 하비 콕스의 『세속 도시』

하비 콕스(Harvey Cox)는 1965년에 S.C.M. 출판사를 통해서 그의 저서 『세속 도시』(The Secular City)를 발간함으로써 일약 유명해졌고 『세속 도시 토론』(Tte Secular City Debate)이라는 책에 실려진 그의 주장에 관한 찬반(贊反)의 격(激)한 논문들을 읽어보면 오늘날 얼마나 그의 '세속화 신학'(世俗化 神學)이 많은 신학자들의 관심을 모으고 있으며 또한 논의(論議)의 대상이 되고 있는가를 알 수 있는 것이다.

밴틸 박사의 말을 빌린다면 그는 "사신신학자(死神神學者)들이 새 예루살렘의 건축을 완성했을 때 그 새 예루살렘의 정문을 열고서 새 예루살렘의 도시 내부를 우리에게 보여 주었다."[46]

콕스의 '세속 도시'를 우리가 한마디로 평한다면 하나님 없는 현대 도시에 사는 인간들의 '생활 풍속도'(生活 風俗圖)라고 하겠다. 콕스는 그의 책의 서두에서 '세속화'(Secularization)를 이렇게 정의(定義)했다. "세속화는 인간이 그의 관심을 저 세상으로부터 이 세상, 이 시대(Saeculum은 시대라는 뜻을 갖는다)로 돌리는 것"을 말한다. 이것은 본회퍼의 '성인(成人)된 인간'(man come of age)의 개

---

45) Carl Henry, *Frontiers in Modern Theology*, p. 149.
46) Cornelius Van Til, *Is God Dead?* p. 6.

념을 통해서 표현될 수 있다.⁴⁷⁾ 세속화가 '인간이 성인이 되는 것'을 말한다면 도시화(urbanization)는 세속화가 이루어지는 환경을 말한다. 도시화는 새로운 사회의 형체(shape)인 것이다. 인류의 문화사(文化史)를 셋으로 나눈다고 하면 부족 문화시대와 소도시 문화시대와 산업 대도시 문화 시대(an age of tribal culture and an age of town culture and an age of technopolitan culture)로 나눌 수 있을 것이다. 그런데 이제부터 닥쳐올 시대는 산업대도시 문화 시대(産業大都市 文化 時代)일 것이다.⁴⁸⁾

'세속 도시'(世俗都市)란 바로 이 산업대도시 문화 시대에 사는 인간들이 이 세상 각처에서 과학과 기술로 건설하는 최신도시(最新都市)를 두고 하는 말인 것이다. 콕스(Harvey Cox)는 '세속화'(secularzation)와 '세속주의'(secularism)를 명백하게 구별한다.

전자는 사회와 문화가 종교적 억압과 형이상학적(形而上學的) 인생관에서 자유함을 얻는 역사적 과정을 말하는 것이고, 후자는 그와 반대로 이 세상만을 생각하고 살 것을 주장하는 하나의 폐쇄된 인생관을 가리킨다는 것이다. '세속화'의 개념은 성경에 그 근거를 두고 있으며 성경적 신앙(Biblical Faith)이 서구 문화사(西歐 丈化史)에 미친 영향의 결과라고 볼 수 있는 반면에 '세속주의'는 세속화 운동이 낳은 관용과 자유를 위태롭게 만드는 하나의 이데올로기라는 것이다.⁴⁹⁾ 우리는 성경에서 세속주의를 발견하지는 못하지만 세속화의 물결의 흐름을 찾아볼 수는 있는 것이다.

첫째로, 창세기에 기록된 '창조의 이야기'는 '무신론적 선전' (atheistic propaganda)인 것이다. 하나님의 '천지 창조설'은 이스라엘 사람들로 하여금 자연을 반신 반인격(半身 半人格)으로 생각하

---

47) Harvey Cox, *The Secular City*, p. 2.
48) *Ibid.*, p. 6.
49) *Ibid.*, pp. 20, 21.

고 그 앞에서 제사(祭祀)와 기원을 할 것을 권장하던 마법적 자연관(自然觀)을 버리게 하고 자연은 하나님의 손에서 나온 것이며 만물의 영장(靈長)인 인간의 손에 맡겨진 것이기 때문에 인간이 하기에 달렸다고 생각케 한 것이다. 즉 '신'의 '천지 창조설'은 '자연의 비마법화'(the disenchantment of nature)를 의미한다.[50] 이것이 첫 세속화의 물결이다.

둘째로, 이스라엘의 출애굽은 이스라엘 사람들로 하여금 태양신(太陽神) '레'의 후손인 바로의 신정(神政)으로부터 자유함을 얻게 하고 종교적 군주의 지배를 벗어나서 국한된 사회적, 국가적 목적을 달성할 수 있는 힘과 능력이 있는 자에게 정치적 지도권을 부여하는 세속적 사회 속으로 발걸음을 옮겨놓게 했다. 즉 이스라엘의 출애굽은 '정치의 비신성화'(the desacralization of politics)를 의미하며 이것은 우리가 성경에서 찾아 볼 수 있는 둘째 세속화의 물결인 것이다.[51]

셋째로, 시내산에서 이스라엘은 하나님께로부터 "우상숭배를 하지 말라"는 내용의 계명을 받았는데 이 시내산 언약(the Sinai Covenant)은 유일신(唯一神) 여호와만을 절대시하고 인간의 모든 작품들과 업적의 가치를 상대화(相對化)했다는 것이다. 즉 시내산 언약은 가치의 세속화(the deconseration of values)를 의미하며 이것이 셋째 세속화의 물결인 것이다.[52]

콕스는 이렇게 이스라엘의 역사 속에 흐르는 세속화의 물결을 지적함으로써 '세속화'의 개념이 성경적임을 증명하려고 했다. 그 다음으로 그는 '세속의 도시'의 형체(shape)와 스타일(style)이 성서적 신앙에 위배되지 않고 오히려 성서적 신앙을 나타낸다고 주장했다.

---

50) *Ibid.*, p. 23.
51) *Ibid.*, pp. 25, 26.
52) *Ibid.*, pp. 31, 32.

콕스에 의하면 '세속 도시'는 형체와 스타일을 갖고 있다. '세속의 도시'의 형체에 관해서 말한다면 무명성(anonymity)과 기동성(mobility)의 두 특징을 생각할 수 있다.

'세속 도시'의 특징으로서의 무명성(無名性)은 도시에서 통신의 열쇠가 되는 전화교환기에 의해서 상징되며 '세속 도시'의 특징으로서의 기동성(機動性)은 도시의 자동차 교통을 민활하게 하는 입체교차로에 의해서 상징된다. 전화교환기 앞에 앉은 교환양(交換孃)은 무명의 존재이며 도시에 사는 무명의 인간들을 번호로 연결지어주는 것이 그의 일이다. 그의 입장에서 볼 때 도시에 사는 모든 사람들은 번호에 불과한 것이다. 우리가 대학교의 철학개론 시간이나 교양강좌 시간에 흔히 듣는 말은 '대중인간', 'I.B.M. 카드', '자아의 상실(the loss of identity)' 등의 말이다.[53]

'세속 도시인의 생활'은 고독함과 대인적 교제(對人的 交際)의 기회가 적다는 폐단을 내포하고 있지만 신학적 견지에서 이것을 고찰할 때 도시인의 무명성은 복음이 해야 할 일을 '세속 도시'에 사는 사람들에게 하고 있다는 것을 알아야 할 것이다. 즉 '세속 도시인'(世俗都市人)의 무명성은 '세속 도시인'으로 하여금 여러 가지 가능성(친구, 직장, 오락) 중에서 그가 최상이라고 생각하는 가능성을 자유롭게 택하게 하고, 적고 중요치 않은 것들로부터 그의 사생활(私生活)을 보호해 줌으로써 복음이 해야 할 일을 하고 있다는 것이다.[54]

그러면 대도시의 여기저기에 있는 입체교차로에 의해서 상징되는 '세속 도시'의 기동성은 어떤가? 오늘날까지 수많은 철학자들과 문학가들과 종교인들이 현대인간의 기동성(機動性)을 나쁘게 평가한 것은 사실이다. 그들은 이구동성으로 기동성이 현대인간의 생활을 빈약하게 하고 허무를 낳게 한다고 비난해 왔다.[55] 그러나 세속 도시의 '기

---

53) *Ibid.*, p. 39.
54) *Ibid.*, p. 46.
55) *Ibid.*, p. 50.

동성'을 우리가 신학적으로 고찰할 때 적극적 의의를 발견할 수 있다. 이스라엘 사람들은 역사적으로 그들 자신의 영주지(永住地)를 갖지 못했고 늘 하나님의 인도를 따라 한 지역에서 다른 지역으로 이동하면서 살았다. 이스라엘 사람들이 영주지라고 부를 만한 거주지를 가졌을 때는 짧은 기간이었으며 그 짧은 기간에 그들은 창조적 사업을 별로 하지 못했다. 그와 반대로 이스라엘의 출애굽, 광야에서 40년 그리고 가나안 전투 등은 이스라엘 사람들의 신앙을 불러일으킨 위대한 역사적 기간이었던 것이다.[56]

여호와 하나님과 바알(Baal) 신을 대조해서 생각한다면 바알 신은 기동성이 없는 지역신(地域神)이었으나 여호와 하나님은 이스라엘 사람들과 함께 움직이는 신(God)이었으며 그의 임재가 이스라엘 사람들의 법궤(法櫃) 속에라든지 혹은 성전(聖殿) 안에 국한되지 않았다는 것을 말할 수 있다. 물론 기동성이 인간에게 구원을 줄 수는 없다. 그러나 기동성이 구원의 방해물이라고 할 수도 없는 것이다.[57]

'세속 도시'의 형체를 '무명성'과 '기동성'의 2대 특징으로 설명한 콕스(Harvey Cox)는 이제 '세속 도시'의 스타일을 실용주의 (pragmatism)와 불경건성(profanity)으로 특징짓는다.

콕스에 의하면 실용주의는 세속인간이 가지는 인생철학으로서 세상을 형이상학적으로 생각지 않고 문제와 기획의 연속으로 생각하는 것을 말한다. 세속인간은 생의 비밀에 관해서 머리를 쓰지 않는다. 그는 어떻게 하면 소기(所期)의 목적을 이룰 수 있는가 묻고 그렇게 할 뿐인 것이다. 또 세속 도시의 스타일을 특징짓는 불경건성은 세속인간이 가진 자연주의적 인생관(自然主義的 人生觀)혹은 철학을 의미한다. 그는 이 세상을 어떤 다른 세상을 기준으로해서 관찰하지 않고 이 세상 자체를 기준으로 해서 이 세상을 관찰한다. 그는 이 세상의

---

56) *Ibid.*, pp. 54, 55.
57) *Ibid.*, p. 58.

존재의의(存在意義)가 이 세상 자체 내에 있다고 생각하는 것이다.[58]

세속 도시에 사는 현대인간들의 실용주의를 가장 잘 대표한 자는 고 케네디 대통령(John F. Kennedy)이었으니 그는 종교적 도덕적 물음을 심각하게 묻지 않고 당면한 문제들을 솔직히 검토하고 전문가들의 의견을 참작해서 가장 효과적인 대책을 세우고 실행으로 빨리 옮긴 정치가였던 것이다.[59] 그리고 세속 도시에 사는 현대인간들의 불경건성을 가장 잘 대표한 자는 불란서의 문학가 까뮈(Albert Camus)였다. 까뮈가 문제로 삼은 것은 인간이 신(神) 없는 세상에서 어떻게 방향을 잃지 않고 인간답게 살 수 있는가 하는 것이다.

그는 신의 존재와 인간의 도덕적 책임 간에 모순이 있다고 생각하고 기독교의 신의 존재를 부인했지만 그렇다고 해서 허무주의로 흐르지 않고 오히려 기쁨과 열의(熱意)를 갖고 신이 없는 삶을 영위했던 것이다.[60] 그런데 콕스(H. Cox)는 주장하기를 '세속 도시'의 스타일을 특징짓는 실용주의와 불경건성은 성서적 신앙과 거리가 먼 것들이 아니고 오히려 성서적 신앙을 나타낸다고 한다. 사도 바울이 골로새 교인들에게 한 말씀과 같이 하나님께서 그리스도 안에서 세상을 보존하심으로 우리는 마음놓고 우리가 당면한 과제(課題)들을 생각하고 그것들을 해결하기 위해서 일할 수 있는 것이다. 예수 그리스도 자신을 가리켜서 진리라고 말씀하고 진리를 행할 것을 강조했으니, 실용주의 철학(實用主義 哲學)의 원천을 성서에서 찾을 수 있지 않는가 생각할 수 있다.[61] 그리고 우리는 까뮈의 불경건성을 정죄(定罪)할 것이 아니라 인간으로부터 창의성(創意性)과 도덕적 책임을 빼앗아가는 신이 존재한다면 그런 신의 존재를 강력히 부정해야 한다는 까뮈

---

58) *Ibid.*, pp. 60, 61.
59) *Ibid.*, pp. 62, 63.
60) *Ibid.*, p. 70.
61) *Ibid.*, pp. 66, 67.

의 주장에 찬동해야 할 것이다.[62]

창세기 제2장을 읽어 보면 하나님께서 천지만물과 인간을 창조하신 다음에 각 생물에게 이름을 지어주는 권한을 주셨는데, 이름을 지어준다는 것은 주권(主權)의 행사를 의미한다고 보아야 하겠다. 즉 인간은 하나님께로부터 "땅을 정복하고 땅에 움직이는 모든 생물을 다스리라"(창 1:28)는 문화적 사명(文化的使命)을 받았다. 그러므로 인간이 그의 문화적 사명을 이행함에 있어서 하나님과 같이 일하는 하나님의 '동역자'(同役者) 혹은 '동사자'(同事者)가 된다는 사실을 생각할 때 인간의 창의성과 도덕적 책임을 높이 평가하지 않을 수 없는 것이다.

콕스는 '세속 도시'와 관련해서 두 현대 프로테스탄트 신학자, 즉 틸리히(P. Tillich)와 바르트(Karl Barth)를 비평하였다. 틸리히는 주장하기를 현대 인간들은 종교적 물음은 묻지 않을 수 없으니 종교적 물음은 인간의 존재의 구조 속에 새겨진 물음이라고 했다. 그러나 오늘날 '세속 도시'에 사는 인간들은 종교적 문제에 대해서는 관심을 잃어버렸으며 그런 문제를 생각할 시간의 여유도 없는 것이다. 즉 틸리히의 잘못은 '세속시대'에 사는 인간들의 실용주의 철학을 충분히 인식하지 못했다는 것이다.[63]

그러면 바르트는 어떠한가? 바르트는 '세속 도시'의 불경건성에 관한 이해가 부족했기 때문에 그도 역시 기독교의 복음을 '세속 도시'에 사는 인간들에게 소개하는 일에 있어서 크게 성공했다고 볼 수 없겠다. 바르트의 초기의 신학이 인간의 무력함과 신과 인간과의 격리를 강조했다는 것은 모두가 다 아는 사실이다. 그러나 그의 후기의 신학에 와서 우리는 '신'의 '동사자'(同事者)로서 선택받은 인간의 중요성이 강조되고 있는 것을 본다. 바르트는 신(神)의 은총으로 말

---

62) *Ibid.*, p. 72.
63) *Ibid.*, pp. 79-81.

미암는 인간의 중요성을 말하면서 '복음주의 신학의 사고(思考)에 있어서 방향의 전환'을 제창하기까지 했다.[64] 그러나 '세속 도시'의 스타일과 조화되기 위해서 우리는 틸리히의 실존주의적 인생관과 우리의 견해를 달리해야 할 것이며 바르트가 허용하는 이상으로 '세속 도시인'의 불경건성, 즉 그의 창의성과 인격적 책임과 '신의 동사자'로서의 문화적 사명을 강조해야 할 것이다.[65]

콕스(H. Cox)는 다음으로 '세속 도시'에 사는 현대 인간들을 위한 신학에 관해서 논한다. 즉 사회변혁의 신학(a theology of social change)이 바로 그런 신학이라는 것이다. 사회적 변천과 개혁은 하나님이 하시는 일로 생각하고 교회는 언제나 사회적 변천에 눈을 뜨고 있어야 한다.[66] 사회변혁의 신학은 콕스에 의하면 정치적 신학(a theology of politics)이라고 할 수 있다. 우리는 정치를 오늘날 하나님께서 이 세상에서 하시는 일로 보아야 할 것이며, 정치에 중점을 두는 '정치적 신학'은 급격한 사회적 변혁 속에서 '신'이 인간을 위해서 하는 일이 무엇인가를 알고자 한다.[67] 콕스(H. Cox)는 또한 '세속 도시'에 사는 현대 인간들을 위한 교회를 논함에 있어서 교회의 과업에 관해서 세 가지를 말했다.

첫째는, 케리그마(Kerygma)적 과업이다. 경제적 빈곤이나 사회적 부정에 관해서 불평만 하지 말고 그것을 시정하고 타개해 나가는 일에 직접 참여함으로써, 이 세상을 사람들이 살기에 적합한 장소로 만들도록 사람들을 권유하는 일일 것이다.[68]

둘째는, 디아코니아(diakonia)적 과업이다. 교회는 대도시 안에 있는 민가와 인종차별 제도를 개선해서 도시의 모든 부분을 건전하게

---

64) Ibid., pp. 81-83.
65) Ibid., p. 83.
66) Ibid., p. 105.
67) Ibid., p. 107.
68) Ibid., p. 130.

만들어야 할 책임과 의무를 갖고 있다.[69]

셋째는, 코이노니아(koinonia)적 과업이다. 교회가 증언하는 케리그마와 교회가 행하는 디아코니아의 의의를 눈에 보이는 형태로 나타내야 하는데 그것이 코이노니아인 것이다.[70]

교회가 인종적으로 교파적으로 나누어져 있을 때 '미래를 향한 전초기지'(前哨基地)가 되지 못하고 오히려 과거의 유물이 되기 쉽다. 교회는 언제나 구름기둥과 불기둥이 되며 격심한 사회변혁(社會變革)의 물결 속에서 진정한 '인간 도시'의 산 모형(模形)이 될 때 코이노니아적 과업을 성취할 수 있을 것이다.[71] 결론적으로 콕스(H. Cox)는 "신(神)에 관해서 세속적으로 말한다"(To speak in a secular Fashion of God)는 제목하에 우리가 신에 관해서 말할 수 있는 세 가지 가능한 길이 있다고 한다.

첫째로, '세속 도시'에 살고 있는 우리들로서 '신'을 '사회적 문제'로 삼고 신에 관하여 말할 수 있는 길이 있다. 왜냐하면 '신'이라는 말 자체가 사회적 문화적 변혁의 영향을 받아서 생겨났으며 오늘날 많은 사회학자들이 지적하는 대로 '신'에 관해서 형이상학적(교리적)으로 말하는 것은 현대인간에게는 무의미한 것이 되었기 때문이다.[72]

둘째로, '세속 도시'에 살고 있는 우리들로서 '신'을 '정치적 쟁점'으로 삼고 '신'에 관해서 말할 수 있는 길이 있는 것이다. 즉 우리는 '신'에 관해서 우리가 하는 말이 추상적 말이 아니라 '세속 도시인'들의 생활(가정, 직장, 그들의 희망과 실망 등)과 직접 연관성이 있는 말이 되도록 해야 한다. 신에 관해서 하는 말이 원자탄의 공포 속에 사는 이 세계의 평화를 성취케 하는 말이 되어야 하며 기아선상(飢餓線上)에서 허덕이는 많은 사람들을 먹여 살리는 말이 되어

---

69) Ibid., pp. 132, 133.
70) Ibid., p. 144.
71) Ibid., pp. 147, 148.
72) Ibid., p. 248.

야 하며, 인종차별의 제도와 풍습의 지배를 받는 사회 속에서 인간의 참된 자유와 평등을 옹호하는 말이 되어야 할 것이다.[73]

셋째로, '세속 도시'에 사는 우리들로서 '신'을 '신학적 문제'로 삼고 '신'에 관해서 말할 수 있는 길이 있다. '복음의 세속적 의미'의 저자(著者)인 밴 뷰렌(P. V. Buren)은 현대의 '세속인간'은 '초절'(超絶)을 경험하지 않는다고 주장하나 그것은 잘못된 말이다.

스미스(Ronald Gregor Smith)의 말과 같이 '초절'은 인간 자신이 소유하지 못하는 것, 인간의 자아가 아닌 그 이상의 어떤 것을 의미한다면 '초절'의 경험은 '세속 도시인'들에게도 불가피한 것이 아니겠는가?

물론 '부족문화시대'(部族文化時代)와 '소도시문화시대'(小都市文化時代)에 살던 인간들의 '초절'에 관한 경험과는 그 형태가 전혀 다르겠지만…. 그러면 오늘날 '세속 도시'에 사는 인간들은 '초절'에 관한 경험을 어떻게 하고 있는가? 오늘날 '초절'은 '세속 도시'에 사는 우리들을 격심한 사회적 변혁과 그 결과로 발생하는 여러 사건들 중에서 만나고 있는 것이다.

끝으로 콕스는 '신'이라는 낱말은 신화(神話)와 형이상학에서 온 말이기 때문에 '세속 도시인'들에게 무의미한 말이 되었음을 지적하고 새롭고 적절한 말이 나오기까지 '신'이라는 낱말의 사용을 중지할 것을 주장했다. 그러나 '신'이라는 낱말의 사용을 중지하는 것은 '신'의 존재를 부정(否定)하는 것과는 전혀 다른 것이다. 모든 말들은 역사적(歷史的)이기 때문에 생겨났다가는 없어지기 마련이다. 그러나 '실재(實在)로서의 '신'은 모든 말들이 그 존재를 잃은 후에도 계속해서 존재할 것이다.'[74] 이제 우리가 '세속 도시'에 나타난 콕스의 사상을 전체적으로 비평해야 할 줄 안다. '세속 도시'에 나타난

---

73) Ibid., p. 256.
74) Ibid., pp. 260-267.

콕스의 사상은 역사적 기독교의 제교리(諸敎理)와 충돌하는 급진성을 띠고 있음에도 불구하고 신학적으로 현저하게 기여한 바가 있음을 저자는 말하고자 한다.

첫째로, '신에게 솔직히'의 저자 로빈슨(J.A.T. Robinson)은 현대인의 세속성을 추상적인 개념과 이론으로 서술했지만 콕스(H. Cox)는 그것을 그의 사회학적 지식을 최대한 활용해서 '세속 도시'라는 구체적 현상 속에서 표현시켰다는 것이다. 그리고 이 '세속 도시'에 사는 현대 인간들은 '허무' 혹은 '무의미'를 개탄하는 '실존주의 철학'에서 마음이 떠난 지가 오래되었다는 것, 즉 그들은 '실존주의 후 인간'이라는 사실을 사회학적으로 권위 있게 부각시킴으로써 오늘날까지 20세기 프로테스탄트 신학사상을 주름잡던 실존주의 신학에 대한 도전을 감행했다는 데 그 의의가 있는 줄 안다.

둘째로, 로빈슨이 본회퍼(D. Bonhoeffer)의 사상을 횡적(橫的)인 주해로 확장시킨 것과는 대조적으로 콕스는 '세속 도시'가 성서 신앙을 나타낸다고 함으로써 본회퍼의 사상에 사회학적 깊이를 추가했다고 봄이 옳겠다. '콕스에 의하면 세속적인 기독교는 그 기초를 정신적인 복음에 두고 있는 것이다. '도시화'와 '세속화'의 현상이 가져온 무명성, 기동성, 실용주의, 불경건성 등은 인격적 자유와 사회적 문화적 책임을 추구하는 기독교 복음의 이념(理念)을 나타낸다는 것이다.[75]

폴 틸리히(P. Tillich)는 일찍이 말하기를 "우리가 세상을 성(聖)과 속(俗)의 두 부분으로 나눌 수 없으니, 그 이유는 이 세상의 어떤 것이든지 그것이 '신'을 상징하는 것이 될 때 그것은 '성'이 되기 때문이다"라고 했다.

교회와 수도원 혹은 신학교 밖에 있는 것들을 '불신앙' 혹은 '불경건'으로 생각하기 쉬운 보수신앙을 가진 기독교인들로 하여금 콕스

---

75) Robert L. Richard, *Secularization Theology*, p. 159.

(H. Cox)는 인간은 타락해서 죄인이 됐지만 그래도 하나님의 피조물이라는 것과 하나님으로부터 받은 문화적 사명을 갖고 건설한 도시가 '세속 도시'가 아닌가 하는 점을 생각케 한 것이다.

물론 서구문명사(西歐文明史)가 명실공히 성서적 신앙의 영향의 결과라는 콕스의 주장은 그 진실이 입증되기 어려운 주장인 줄 안다. 아마도 우리는 콕스의 낙천주의(기독교적 사회진화론)를 복음과 세상이 걸어가는 방향이 근본적으로 같다는 말로 생각하고 받아들이면 될 줄 안다.[76]

이제 저자는 '세속 도시'를 통해서 콕스가 신학적으로 현저한 공헌을 했다는 사실을 지적하는 동시에 콕스의 세속화 신학의 근본적 과오 몇 가지를 말하고자 한다.

첫째로, 콕스는 '세속 도시'에서 죽음의 문제에 관해서 말하지 않았는데 그것은 잘못인 것이다. 물론 기독교인이 오는 세상만을 생각하면서 이 세상을 사는 것은 잘못이지만 이 세상만을 생각하고 이 세상에서 죽지 않고 영원히 살 것처럼 생각하는 것도 잘못이 아니겠는가? 콕스는 영생을 믿는 듯한 인상을 우리에게 준다. 그러나 그의 신학에 있어서 영생의 교리나 부활의 교리에 관한 이렇다 할 만한 언급이 없는 것도 사실이다. 한마디로 평해서 콕스는 내세 문제를 신학의 연구대상의 리스트에서 제외함으로써 기독교 신학을 지나치게 간이화(簡易化)하는 과오를 범한 것이다.[77]

둘째로, 콕스의 세속화 신학은 예수 그리스도를 '이웃을 위한 사람'으로만 생각하고 '하나님의 아들'이라고는 생각하지 않는 오늘날 모든 급진신학자(急進神學者)들이 범하는 과오를 범했다고 볼 수 있다. 콕스는 로빈슨이나 밴 뷰렌과 같이 나사렛 예수로부터 초자연적 차원(超自然的 次元)을 완전히 빼앗아갔다.

---

76) Ibid., pp. 159-162.
77) Ibid., p. 169.

물론 우리는 '선한 사마리아인' 되시는 예수를 자연적인 차원에서 생각할 수 있는 줄 안다. 그러나 예수가 '이웃을 위한 사람'이 될 수 있는 사랑과 자유의 능력을 소유한 까닭은 '그리스도 안에 하나님이 계시사 세상과 자기를 화목하게 하신다'는 사실에 기인(起因)함을 알아야 할 것이다.

즉 우리는 기독교인으로서 '이웃을 위한 사람' 예수만을 볼 것이 아니라 그를 통하여 인간의 창조주와 속죄주가 되시는 영원절대자(永遠絶對者)로서의 '신'을 알아야 할 것이 아니겠는가?

셋째로, 콕스는 그의 '세속 도시'에서 역사적 기독교의 '신'을 '형이상학적'이라는 죄명 아래 추방해 버렸다. 그러면 오늘날 '세속 도시'에 사는 인간들에게 사랑과 봉사함으로 살라고 권유하는 '신'은 무엇이며 어디 있는가? 콕스는 '세속 도시'에서 '신'이라는 말을 사용하기를 그만두자고 하면서도 계속해서 그 말을 사용했고 '신'을 '인간 아닌 어떤 것' 혹은 '인간 이상의 어떤 존재'로 생각하는 듯한 인상을 주었다. 그러나 또 한편 콕스는 '신'이 나사렛 예수를 통해서 일했으며 오늘날은 급격한 사회적 변혁 속에서 일하고 있다고 말한다. 그렇다면 '신'은 예수의 사랑을 가리키는 말에 불과하지 않는가? 혹은 '신'은 '세속 도시의 발전상'이란 말인가?

(5) 플레쳐의 『상황윤리』

플레쳐(Joseph Fletcher)의 『상황윤리』(*Situation Ethics*)가 S.C.M. 출판사를 통해서 1966년에 발간되었을 때 하비 콕스의 말을 빌린다면 '굉장한 바람과 불'을 불러일으켰고 그 책을 둘러싸고 신학자들로부터 일반 평교인들에 이르기까지 많은 사람들이 찬반(贊反)의 치열한 변론(辯論)의 와중에 빠졌으며 지금도 빠지고 있다.[78]

---

78) *The Situation Ethics Debate*(edited by Harvey Cox), p. 9.

오늘날 플레처의 '상황윤리'는 '신의 사망' 혹은 '세속적 기독교'를 말하는 소위 '새로운 신학'의 '새로운 윤리'로서 등장하고 있다.

플레처 자신의 말을 인용한다면 로빈슨은 기독교의 교리에 관해서 새로운 관찰을 했고 콕스는 기독교의 선교(宣敎)에 관해서 새로운 관찰을 했다고 한다면, 플레처 자신은 기독교의 윤리에 관해서 새로운 관찰을 한 것으로 생각할 수 있겠다.[79] 이렇게 기독교의 윤리에 관한 '새로운 관찰'이라고 할 수 있는 플레처의 『상황윤리』의 내용을 간단히 소개하기로 하자.

플레처는 말하기를 도덕적 결단(道德的 決斷)을 내릴 때 인간이 취할 수 있는 세 가지 태도가 있다. 그것은 준법적 태도(遵法的 態度)와 도덕 무용론적 태도(anti-nomia attitude)와 상황윤리적 태도(situational attitude)라고 한다. 그런데 이 삼자(三者) 중에서 상황윤리적 태도만이 진정한 아가페의 윤리를 나타낸다고 플레처는 말한다.

상황윤리론자(狀況倫理論者)는 그가 당면한 문제들을 윤리적 규범에 의거해서 해결하려고 하지만 만일 윤리적 규범을 타협하거나 포기함으로써 사랑이 이루어진다면 그는 그렇게 하기를 주저하지 않을 것이다.[80] 상황윤리는 원리나 공리를 무시하지 않고 그것들을 사용하되 법칙으로 생각하지 않고 조명물(illuminator)로 생각하고 사용한다.[81]

플레처는 계속해서 말하기를 그의 '상황윤리'는 네 가지 원리에 기초한다고 한다.

첫째는, 실용주의적 원리이다. '상황윤리'는 모든 생각과 행위의 잘잘못을 판단하는 표준을 사랑에 두고 사랑을 이루게 하는 것이 좋

---

79) Ibid., pp. 152-152.
80) Joseph Fletcher, Situation Ethics, p. 17.
81) Ibid., p. 31.

은 것이고 사랑을 방해하는 것은 나쁜 것이라고 말한다.[82]

둘째는, 상대주의적 원리이다. '상황윤리'는 사랑 외의 모든 것을 상대시한다. 사랑만이 불변한 것이고 나머지 모든 것들은 가변적(可變的)임을 주장한다. '상황윤리'는 기독교인으로 하여금 사랑을 통해서 '준법적 도덕'에서 벗어나게 한다.[83]

셋째는, 실증주의적 원리(實證主義的 原理)이다. '상황윤리'는 신학적 실증주의를 말한다. 기독교인은 사랑의 개념을 통해서 '신'을 인식하지 않고 신을 통해서 사랑을 인식하는 것이다. 사도 바울이 갈라디아서 5장 6절에서 말씀한 바와 같이 '사랑으로써 역사하는 믿음'이 기독교 윤리의 본질이며 요점인 것이다.[84]

넷째는, 인격주의적 원리(人格主義的 原理)이다. '상황윤리'는 물건들의 존재를 경시하고 사람들을 귀중하게 생각한다. 준법주의자는 법이 무엇이라고 하는지를 알고자 하지만 '상황윤리론자'는 누구를 도울 것인가를 알고자 한다. 그리스도의 추종자들은 사람을 사랑하라는 계명 하에 살고 있지만 어떤 원리나 법칙이나 물건을 사랑하라는 계명을 받은 적이 없는 것이다.[85]

이상은 플레처(J. Flecher)의 '상황윤리'의 기초가 되는 4대 원리를 요약해서 소개한 것이다. 이렇게 4대 원리를 가진 플레처의 '상황윤리'의 여섯 가지 신조는 무엇인가?

플레처의 '상황윤리'의 첫째 신조는 '오직 사랑만이 본래적으로 좋은 것이고 사랑 외에 좋은 것은 없다'는 것이다. 사랑은 우리가 소유하는 것이 아니고 행하는 것이다. '사랑은 언제나 좋은 것'이라고 하는 말의 뜻은 상황이 어떻게 되었든 사랑을 하는 것은 좋은 일이라는

---

82) *Ibid.*, p. 43.
83) *Ibid.*, pp. 43, 45.
84) *Ibid.*, p. 49.
85) *Ibid.*, p. 51.

것이다.[86] 사랑은 '신'에게 있어서는 '소유물'(所有物)이지만 인간은 유한하기 때문에 사랑을 행할 뿐이다. 인간은 '신'과 같이 되라는 '사랑의 계명'에 순종할 것 뿐인데, imitatio Dei, imitatio Christi 는 이웃을 사랑하라는 말인 것이다.[87]

플레처의 '상황윤리'의 둘째 신조는 '기독교인의 행위를 결정하는 규범은 사랑이요 그 외의 아무것도 아니다'라는 것이다. 예수와 바울은 토라(Torah)의 교훈을 아가페(agape)의 원리로 대치 했는데 아가페는 다른 것이 아니라 '지혜로움으로 베푸는 친절'인 것이다. 마가복음 15장에서 예수가 가르친 율법의 개요(概要)를 준법주의자들은 율법의 요약(compendium)으로 생각하나 '상황윤리론자'는 율법의 '증류물'(distillation)로 생각한다. 준법적 껍질과 쓰레기를 내버림으로써 율법의 본래적 정신이 증류(蒸溜)되고 자유롭게 된 것이다.[88]

플레처(J. Fletcher)의 '상황윤리'의 셋째 신조는 '사랑과 의(義)는 같은 것이다. 의(義)는 분포된 사랑 외에 아무것도 아니다'라는 것이다. 기독교 윤리학자들 중에서 사랑과 의를 '대응물'(opposites)로 보는 자들도 있고 '보완물'(補完物)로 보는 자들도 있으며 혹은 양자택일을 주장하는 이들도 있다. 그러나 '상황윤리'는 사랑과 의가 같다는 것을 말하기를 주저하지 않는다. 사랑을 하는 것은 의로운 것이며 의로운 것은 사랑을 하는 것이다.[89]

플레처의 '상황윤리'의 넷째 신조는 '사랑은 우리가 이웃을 좋아하든 싫어하든 우리로 하여금 그의 행복을 생각케 한다'라는 것이다. 사랑은 사랑을 받는 사람에 대해서 자격을 묻지 않으며 그를 판단하지도 않는다. 아가페는 '신'을 섬기기 위한 '이웃 사랑'인고로 아가

---

86) *Ibid.*, p. 61.
87) *Ibid.*, pp. 52-63.
88) *Ibid.*, pp. 70. 71.
89) *Ibid.*, p. 93.

페적 사랑은 우리가 인간적으로 도저히 사랑할 수 없고 좋아할 수 없는 사람들을 사랑하는 것일 것이다.[90] 그런데 이렇게 우리가 이웃을 좋아하든 싫어하든 이웃의 행복을 생각케 하는 아가페적 사랑은 또한 타산적 사랑인 것이다. 사랑은 감상적(感傷的)이 되어서는 안 되고 이지적(理知的)이라야 한다. 우리가 '준법주의'(遵法主義)의 옷을 벗어 버리고 '상황윤리론자'가 될 때 어떤 사랑의 행동을 취하는 것이 우리 이웃의 행복을 성취하기에 최적(最適)한 것인지 곰곰히 생각해야 할 것이다.[91]

플래처의 '상황윤리'의 다섯째 신조는 '목적만이 수단을 정당화한다. 그 밖에는 아무것도 수단을 정당화시킬 수 없다'라는 것이다.

러시아에서 공산혁명이 일어나고 있을 때 톨스토이(Tolstoy) 추종자들이 레닌(Lenin)에게 말하기를, "당신은 혁명의 목적을 이루기 위해서 폭력과 전쟁을 수단 방법으로 사용하기를 주저하지 않으니 그것이 옳은 일인가"라고 했다. 그때 레닌은 그들에게 반문(反問)하기를 "목적이 수단을 정당화하지 않는다면 무엇이 그렇게 할 것인가"라고 했다고 한다.[92]

사도 바울이 고린도전서 6장 12절과 10장 23절에서 한 말씀을 보더라도 어떤 행위가 합법적이기 때문에 선한 것이 아니라 많은 사람들에게 덕을 세우기 때문에 선한 것임을 알 수 있다. 신약성경에 기록된 예수의 '율법의 개요'를 본다면 아가페적 편익(agapeic expedience)만이 모든 행위를 선하게 만들 수 있다는 것을 알 수 있지 않는가?[93]

플래처의 '상황윤리'의 여섯째 신조는 '사랑의 결정은 상황적으로

---

90) *Ibid.*, p. 105.
91) *Ibid.*, p. 114.
92) *Ibid.*, p. 121.
93) *Ibid.*, p. 125.

취해져야 하며 관례(慣例)를 따라 취해져서는 안 된다'는 것이다.

사랑은 도덕적 규범이나 사회적 관례에 의존치 않고 사건이 벌어지는 현장에서 사랑의 목적을 이루기에 최적(最適)한 결정을 하는 것이다. '상황윤리론자'는 일곱 가지 질문을 하는데 그 중의 셋에 대한 답을 알고 있는 것이다. 즉 '무엇', '왜', '누구'라는 질문 중에서 '무엇'의 답은 '사랑'이며, '왜'의 답은 '하나님 때문에'이며, '누구'의 답은 '내 이웃'이라는 것을 알고 있다. 그러나 '상황윤리론자'는 나머지 네 가지 질문 '언제', '어디서', '어느 것을', '어떻게'에 대한 답을 갖고 있지 않으면 그때와 그곳에서 무엇이 가장 옳은 행동인가를 결정할 수밖에 없다.[94]

플레처는 결론적으로 '상황윤리'는 일종의 새로운 결의법(Neocasuistry)이라는 것을 주장한다. 이 새로운 결의법(決疑法)은 중세교회가 사용한 결의법과 같이 사건 중심이며 실제 생활에 있어서의 '기독교 윤리'의 응용을 목적으로 한다. 그러나 중세교회가 사용한 결의법과는 달리 이 새로운 결의법은 실존적 상황 속에서 인간이 내려야 할 결단에 관해서 관례적으로 규정짓기를 거부한다.[95]

'상황윤리'는 또한 플레처에 의하면 제도가 없는 윤리이다. 그러나 '사랑의 전략'(strategy of love)을 위한 지혜로운 전술적 법식(tactical formula)을 갖고 있으니 그것은 "서술법과 명령법을 합하면 일반법이 된다"(The Indicative plus the Imperative Equals the Normative)는 것이다. 사랑이 이웃을 도와야 한다는 명령법적 무드 속에서 직면한 상황적 문제들을 차분하게(서술법적으로) 검토한다면 나는 무엇을 해야 하겠는가 하는 일반법적 결론에 도달할 수 있지 않겠는가?[96]

---

94) Ibid., p. 142.
95) Ibid., pp. 146, 148.
96) Ibid., p. 151.

이상이 플레처의 '상황윤리'의 내용을 요약해서 소개한 것인데, 그의 '상황윤리'는 콕스의 말과 같이 그의 독자들을 "자극하고 격분시키고 매혹시켰다"는 것이 사실인 줄 안다. 그렇다면 무엇 때문에 그의 독자들이 '상황윤리'을 읽으면서 한결같이 자극을 받고 격분하며 혹은 매혹되었는가? 먼저 우리는 플레처의 간결하고도 세련되게 다듬어진 언어 때문이 아닌가 생각할 수 있겠다.

플레처의 문장들은 짤막짤막하게 되어 있어 때로는 신문기사를 읽는 듯한 착각을 일으키게 하지만, 거기에 함축된 의미와 박력이 있어 그가 말하고자 하는 메시지를 정확하게 전달한다는 느낌을 준다. 또 한 가지 생각할 바는 플레처(J. Fletcher)의 '상황윤리'가 타협함이 없는 '사랑의 급진성'을 주장했다는 점에서 우리가 보는 대로의 굉장한 물의(物議)와 논쟁을 일으키게 된 것이 아닌가 하는 것이다.

플레처는 '상황윤리'를 가리켜서 '원리에 입각한 상대주의'(principled relativism)라고 부른다.[97] 그러나 아가페적 사랑을 최고의 유일의 표준으로 삼는 플레처의 '상황윤리'를 우리가 '사랑 절대주의'(love-absolutism)라고 부를 수 있겠다.

플레처는 예수의 사랑의 계명을 '계명'으로만 생각지 않고 '아가페적 사랑이 실존적 상황 속에 있는 인간에게 요청하는 구체적 행동'으로 생각한 줄 아는데 그와 같은 플레처의 생각은 높이 평가되어야 할 줄 안다. 우리는 "억지로 5리를 가게 하는 자와 10리를 함께 가라"는 예수 그리스도의 말씀을 '기독교의 도덕적 이념' 혹은 '예수가 가르친 고등한 사랑의 계명'으로만 생각하고 플레처와 같이 '아가페적 사랑이 오늘도 우리에게 요청하는 것'으로 생각하지 않기 때문에 10리를 못 간 것은 물론 5리를 가는 것을 억울하게 여기는 것이 아니겠는가?

그러나 우리가 플레처의 '상황윤리'의 장·단점을 비교하기 위해

---

97) *Ibid.*, p. 31.

서 저울질을 한다면 저울은 단점편으로 크게 기울어지는 것을 어떻게 하랴? 즉 플레처의 '상황윤리'가 범한 과오가 플레처의 '상황윤리'의 기독교 윤리학적 공헌을 수포화시킨 것이 아니겠는가? 그러면 플레처의 '상황윤리'의 과오는 무엇인가?

첫째로, 플레처가 '사랑 절대주의'를 말하는 것은 좋으나 사랑이 무엇인가에 대해서, 즉 사랑의 내용과 성격에 대해서 아가페라는 말 외에는 하지 않기 때문에 대단히 애매한 인상을 독자들에게 주고 있는 점이다.

예일 신과대학의 거스타프슨(James Gustafson) 교수가 말한 바와 같이 플레처는 무엇이든지 그가 말하기를 원하는 바를 가리켜서 사랑이라고 하는 것 같다. 플레처의 아가페적 사랑은 선, 의, 원리, 지배적 규범(支配的 規範) 중의 어느것도 될 수 있다고 보아야 하겠다.[98]

둘째는, 플레처의 '상황윤리'는 도덕법과 교회법(종교법)을 같은 것으로 생각하는 과오를 범하고 있다. 다윗이 시장할 때 성전에 들어가서 제사장 외에는 먹지 못하는 진설병을 먹은 것은 교회법을 어긴 것이지만 그렇다고 해서 십계명과 모든 도덕법을 상황에 따라 어길 수 있다는 말로 생각한다면 그것은 큰 잘못인 것이다.[99]

셋째로, 필자가 특히 못마땅하게 생각하는 것은 플레처의 상황윤리의 다섯째 신조이다. 즉 플레처는 목적이 수단을 정당화시키지 않으면 무엇이 그렇게 하겠느냐고 묻지만 악한 수단의 사용으로 인해서 선한 목적의 의의가 상실될 수 있는 경우를 왜 그리 생각하지 않는가? 사랑만이 선한 것이라고 하지만 도둑질을 해서 가난한 사람을 돕는다면 가난한 사람들을 돕는 그 사랑이 정당한 사랑일 것인가? 니버(H.R. Niebuhr)의 '목적에 적합한 수단'이란 말은 '목적을 달성하

---

98) Henlee H. Barnette, *The New Theology and Morality*, p. 44.
99) *Ibid.*, p. 45.

는 데 가장 효과적인 방법'이라는 뜻으로 해석되어서는 안 되겠고 '선한 목적의 의의를 살릴 수 있는 수단'으로 해석되어야 할 줄 안다.

끝으로, 바네트(Henlee H. Barnette) 교수가 지적한 대로 플레처의 '상황윤리'에 크게 결여된 것은 '인간의 죄'(罪)에 관한 토론인 것이다. 회개와 심판, 인간의 죄악과 속죄 등의 문제가 다루어지지 않은 것을 보아서 플레처는 로빈슨(J.A.T. Robinson)과 같이 오늘날 인간은 성인(成人)이 된 고로 외부에서부터 오는 어떤 정신적 도움도 필요로 하지 않는다는 철저한 자율주의적 윤리관(自律主義的 倫理觀)을 내세우고 있는 줄 안다.[100]

이와 같은 플레처의 태도에 대해서 '상황윤리토론'(The Situation Ehtics Debate)이라는 책에 실린 글을 통하여 와그너(C. Peter Wagner)가 논평한 대로 '죄인이면서 죄인임을 인정치 않고 사랑할 능력을 잃어버렸음에도 불구하고 자력(自力)으로 사랑할 수 있다고 주장하는 타락한 인간의 창조주 '신'에 대한 또 하나의 도전을 의미하는 것이 아니겠는가?[101]

3. 결론

이제 최종적으로 '세속화 신학'(世俗化 神學) 전체에 관하여 종합적 비평을 할 때가 온 줄 안다. 우리가 '세속화 신학'의 급진적인 발언과 주장에 격분해서 '세속화 신학'을 '적그리스도적 존재'로 정죄(定罪)하고 연구와 논평의 대상으로 삼지도 않는다면 그것은 너무나 지나친 처사일 것이다. 우리는 오히려 차분하게 정돈된 마음으로 '세속화 신학'의 성격과 의의에 관해서 연구를 계속하되 세속화 신학이

---

100) Ibid., p. 47.
101) C. Peter Wagner, The Situation Ethics Debate, pp. 85, 87.

역사적 기독교의 신앙과 특히 칼빈주의(Calvinism) 신학사상을 크게 위협는 존재라는 사실을 깨닫고 각성과 자아 반성의 기회로 삼으면서 연구하면 될 줄 안다.

(1) '세속' 개념의 재검토

'세속화 신학'은 우리로 하여금 '세속'의 개념을 재검토하게 했다는데 그 공헌한 바가 있는 줄 안다. 세속(secular)이란 말은 라틴어 sacular에서 왔는데 '시대', '세대' 혹은 '장기간의 시간'이라는 뜻을 갖는다.[102]

본회퍼(D. Bonhoeffer)부터 시작해서 로빈슨(J.A.T. Robinson), 알타이저(T.J.J. Altizer), 밴 뷰렌(P. Van Buren), 콕스(H. Cox), 플레처(J. Fletcher) 등 모든 세속화 신학자(世俗化神學者)들이 오늘날 이구동성으로 주장하는 것은 '세속'은 과거에 기독교인들이 생각한 것과 같이 '죄악'이 아니라 오히려 '선'이라는 것을 알아야 한다는 것이다. '세속'은 성인된 인간의 표징(表徵)(로빈슨)이며, 기독교적 진리의 전진적 활동(알타이저)이며, 오늘날 대산업도시(大産業都市)에 사는 현대 인간들에게 주어진 복음의 형태(콕스)인 것이다.

아우부레이(Edwin E. Aubrey) 씨의 말과 같이 우리는 지금까지 세상과 죄를 같은 것으로 생각하고 세상의 기관 단체(機關團體)들을 경멸의 눈초리로 보았지만 '세속화 신학'으로 말미암아 우리는 세상의 기관 단체들(적십자사, 학부형회, 동문회, 보이스카웃 등)이 이 세상에서 기독교 문화를 창조하기 위해서 그리스도의 몸된 교회와 같이 일할 수 있는 중요한 존재라는 것을 알게 되었다.

---

102) 영국(英國)에 있어서의 '세속' 사상의 발전을 알려면 Ronald Gregor Smith의 *Secular Christianity*를 읽으면 될 줄 안다.

성경적 견지에서 우리가 생각할 때 세상과 죄는 결코 같은 것이 아니라고 보아야겠다. 성경에서 세상이 악한 것으로 정죄된 경우를 보면, 시공적 존재(時空的 存在)로서의 세상 혹은 물질적 존재로서의 세상이 정죄된 것이 아니라, '한때 있다가 없어질 사물들을 중심으로 형성된 생'(生)이 정죄된 것임을 알 수 있다(요일 2:16~17).

콕스(H. Cox)가 교회가 주로 선교(mission)의 개념을 통해서 관찰하고 기독교인들이 세상의 빛과 소금으로 사는 그곳에 교회가 있다고 말한 것은 일리가 있는 말이 아니겠는가? '하나님이 안 계신 것처럼 생각하고 세상에서 사는 것이 하나님의 기뻐하시는 뜻'이라는 본회퍼(D. Bonhoeffer)의 말과 "하나님은 절대자이므로 인간의 사랑을 필요로 하지 않는다. 하나님은 다만 헐벗고 굶주린 이웃들 가운데 계시면서 우리의 사랑의 서비스를 요청하신다"는 플레처(J. Fletcher)의 말을 '불신앙'의 말들이라고 하면서 어떻게 우리는 일소(一笑)에 붙일 수 있을 것인가?

그들의 말은 이 세상에 살면서도 이 세상과는 관계 없는 것처럼 행동하고 하나님을 믿는다고 하면서도(은혜를 많이 받았다고 하면서도) 이웃을 사랑하기엔 인색한 보수 기독교인들에 대한 예리한 비평의 말로 받아들여야 할 것이다.

이제 이렇게 '세속화 신학'이 우리로 하여금 재검토하게 한 '세속'의 개념은 일찍이 신학자 틸리히에 의해서 연구되었었다. 틸리히는 그의 『조직신학』에서 '성'(聖)과 '속'(俗)의 구별을 없이할 것을 주장했고, 그 상징의 교설(the doctrine of symbols)을 통하여 이 세상의 모든 것이 신의 계시의 방편 혹은 도구가 될 수 있으며 그렇게 될 때 그것은 거룩해진다고 말했다. 뿐만 아니라 그의 교회론(教會論)에서 틸리히는 교회를 '숨은 교회'(latent church)와 '나타난 교회'(manifest church)로 나누고 '숨은 교회'는 복음의 가능성이 있는 곳에 존재하는 것으로서 기독교 외의 종교를 믿는 종교인들과 유대인들과 무신론적 휴머니스트들까지 이 '숨은 교회'의 교인으로 보

아야 한다고 했다.[103]

즉 틸리히는 현금(現今)의 '세속화 신학'이 본격적으로 각광(脚光)을 받기 전에 세상은 '숨은 교회'인고로 우리 기독교인들은 세속적 문화 일반을 관용과 동정심을 갖고 이해해야 한다는 말을 했던 것이다.

오늘날 '세속'의 개념에 관한 연구가 본회퍼의 영향을 받은 자유주의 신학자(自由主義 神學者)들 중에서 활발하게 진행되고 있으나 우리 역사적 칼빈주의를 따르는 개혁 신학자(改革 神學者)들 중에서는 그것에 관한 본격적 연구가 아직도 없는 것이 사실이다. 그러므로 우리 개혁 신학자들 사이에 하나님의 피조물로서의 '세상'과 교회 문 밖에 자리 잡고 있는 '일반 문화'에 관한 보다 적극적인 연구가 있어야 할 줄 안다.

(2) 사랑의 형이상학

리차드(Robert L. Richard) 교수의 말과 같이 '세속화 신학'(世俗化 神學)은 역사적 기독교의 제교리(諸敎理)를 파괴하는 것만을 일삼지 않고 파괴한 그 자리에 건설하기를 잊지 않는다.[104]

그러면 '신의 역사적 사망'(歷史的 死亡)의 선언(알타이저)과 '십계명의 석판(石版)의 파괴'(플레처)로 말미암아 무너진 기독교의 폐허 위에 '세속화 신학'은 무엇을 건설했는가? 한마디로 말해서 '세속화 신학'은 역사적 기독교의 폐허 위에 '사랑의 형이상학'을 건설한 것이다.

하밀톤(W. Hamilton)은 말하기를 '신이 사망한 이 때에 우리가 있어야 할 장소는 교회 안이 아니라 교회 바깥, 즉 세상이다. "우리

---

103) Paul Tillich, *Systematic Theology*, Ⅲ, pp. 152-155.
104) Robert L. Richard, *Secularization Theology*, p. 59.

는 신이 없어서 추악한 이 세상 속에서 사랑으로 존재해야 한다"고 했다.

그리고 밴 뷰렌(P. Van Buren)은 말하기를 기독교인들은 '이웃을 위한 사랑' 곧 예수의 '사랑의 자유'를 본받고 그것에 전염되어 살아야 한다고 했고, 로빈슨(J.A.T. Rohinson)과 플레처는 사랑만이 기독교인의 행위의 최고 유일한 규범이며 사랑만이 변화하는 이 세상에서 기독교인에게 절대 불변의 법칙이 된다고 하지 않았는가?

하밀톤, 밴 뷰렌, 로빈슨, 플레처 등은 이렇게 이구동성으로 사랑을 강조하고 있는 것이다. 그러나 그들이 강조하는 사랑은 역사적 기독교가 증언하는 그리스도와는 관계가 없는 사랑임을 우리는 알아야 할 것이다. 즉 세속화 신학자들이 말하는 사랑은 신약성경의 그리스도에 그 근거를 둔 사랑이 아니라 인간의 자율적(自律的)인 이성에 근거를 둔 사랑이다. 그들의 윤리는 예수 그리스도의 신성(神性)을 부인하고 인간 예수의 사랑을 모형적(模型的) 사랑으로 생각하는 자유주의적 윤리인데, 그와 같은 윤리의 밑바닥에는 신약성경에 있는 그리스도의 말씀의 진리를 부인하고 인간 자신을 도덕과 사랑의 창조자로 생각하는 하나의 '형이상학'이 존재하는 것이다. 이것이 바로 세속 신학자들이 역사적 기독교의 폐허 위에 세운 '사랑의 형이상학'인 것이다.[106]

그런데 이 '사랑의 형이상학'은 신 없는 세속적 사회에 사는 현대 인간들을 위하여 존재하는 '새로운 윤리'로 자처하고 있으나 현대인들에게 과연 이 '사랑의 형이상학'이 얼마만한 윤리적 감화를 줄 수 있는지 대단히 의심스러운 것이다.

길키(Langdom Gilkey)가 말한 바와 같이 '오늘날 신(神)에 대하여 이야기하는 것이 현대인들의 귀에 무의미하게 들린다면 사랑에 관

---

105) William Hamiltion, *The New Essence of Christianity*, p. 14.
106) C. Van Til, *Is God Dead?* p. 39 참고.

한 이야기를 하는 것, 즉 네 이웃을 네 몸과 같이 사랑하라고 하는 것은 그들에게는 웃음거리가 되지 않겠는가.'[107]

(3) 신의 장사

한편 세속화 신학(世俗化 神學)에 관하여 우리가 할 수 있는 가장 근본적인 비평은 칼 헨리(Carl Henry) 박사의 비평인 것이다. '세속화 신학자들은 현대 인간에게 복음의 성서적 형식이 무의미한 것이 되었음을 전제(前提)하고 기독교 성경이 말하는 불가견적(不可見的)이고 초절적(超絶的)인 신을 제거해 버렸다'[108]

오늘날 세속화 신학자들 중에서 명백하게 '신의 사망'을 주장하는 자는 알타이저(Thomas J.J. Altizer)와 하밀톤(William Hamilton)뿐이라고 하겠다. 그러나 나머지 세속화 신학자들도 마음 속으로는 기독교 성경이 증거하는 신을 부인한 지 오래되는 줄 안다. 로빈슨(J.A.T. Robinson)과 플레처(J. Fletcher)는 '이웃을 위한 사람'인 예수만을 알고 '이웃을 위한 사람' 예수가 하나님의 아들임을 알지 못하니, 그래도 그들이 기독교적 유신론자(基督敎的 有神論者)라고 할 수 있겠는가? 그리고 밴 뷰렌(P. Van Buren)은 신의 존재가 그의 입증(立證)의 원리에 의해서 입증되지 않는다고 해서 '신'을 괄호 속에 집어 넣어야 하며, 혹은 '신'에 관해서 침묵을 지키는 길밖에 없다고 하니, 괄호 속에 들어가고 인간의 침묵의 대상이 되는 밴 뷰렌의 '신'은 기독교 성경에 나타난 아브라함과 이삭과 야곱의 하나님은 물론 아닐 것이다.

그러면 콕스(H. Cox)는 어떤가?

콕스는 밴 뷰렌의 '초절'(超絶)의 존재에 대한 부정(否定)은 잘못

---

107) Henlee H. Barnette, *The New Theoloy and Morality*, p. 26.
108) Carl Henry, *Frontiers in Modern Theology*, p. 149.

이며 '세속 도시'에 사는 현대 인간들에게도 '초절'의 경험이 있다고 주장하지 않았는가? 그러나 콕스의 '초절'은 인격과 초자연적 능력을 결여하고 있기 때문에 오늘날 우리가 보는 '세속 도시'의 발전상을 가리키는 말에 불과한 것으로 되어버리지 않았는가 생각된다. 그런데 '세속 도시'에 나타난 콕스의 '초절'의 개념은 영국의 세속화 신학자 스미스(Ronald Gregor Smith)의 영향을 받은 것 같다.

스미스는 그의 저서 『세속적 기독교』(Secular Christianity)에서 말하기를 역사적 기독교의 신관(神觀)은 현대에 와서 완전히 그 의의를 잃어버렸기 때문에 '신'에 대해서 우리가 침묵을 지키는 것이 좋을 것이라고 하였다. 그러면서도 '초절적 신'의 존재의 의의를 부인해서는 안 된다고 경고했다.[109]

스미스는 기독교 성경이 증언하는 영원 자존자이신 하나님을 변호하고자 하는 것인가? 아니다. 그렇지 않다. 스미스(R.G. Smith)의 '초절적 신'도 역시 '역사 속에' 혹은 '예수 안에' 그 존재가 국한되어 있으므로, 결국 인간의 자율적 이성의 조사의 대상이 될 수밖에 없으니 어떻게 기독교 성경이 말하는 '초절적 신'일 수 있으랴? 오늘날 세속화 신학자들은 알타이저(J.J. Altizer)와 함께 '신의 사망'의 장사(葬死)를 치르고 기독교의 신의 무덤에 묘비를 세운 자들이다. 그리고 아마도 그들이 기독교의 '신'을 장사한 것은 '아리스토텔레스의 신'이나 '칸트의 신'에 대한 그들의 무의식적인 사랑 때문일 것이다. 아기를 목욕시키고 아기의 목욕물과 함께 아기까지 내버린다는 말이 있다. 세속화 신학자들은 '기독교의 신'에 대하여 저 세상을 중심으로 생각할 것을 거부하고 이 세상을 중심으로 생각할 것을 주장하다가 결국은 실재(實在)하는 것은 이 세상뿐이라고 함으로써 '기독교의 신'의 존재를 부정(否定)한 것이 되었으니 목욕물과 아기를 함께 버렸다고 할 수 있지 않겠는가? '위대한 현대의 비극은 현대에 사

---

109) Ronald Gregor Smith, *Secular Christiaity*, p. 191.

는 인간들의 모습이 아니라 진정한 기독교인이 되기 위해서는 초자연
주의를 포기해야 한다고 현대에 사는 인간들에게 말하고 있는 현대신
학자들의 모습'일 것이다. 이와 같은 비극적 현상은 우리에게 '신'의
사망을 보여주는 것이 아니라 '기독교 신학'의 사망을 보여 주는 것
이다.[110]

Selective Reading on Secularization Theology

Thomas Altizer, *The Gospel of Christisn Atheism*,
    Philadelphia: The Westminster Press, 1966.
Harvey Cox, *The Secular City*, London: SCM Press, 1956.
The Honest to God Debate(editor: Harvey Cox). London:
    SCM Press, 1963.
The Situation Ethics Debate(editor: Harvey Cox),
    Philadelphia : The Westminster Press. 1968.
Ronald G. Smith, *Secular Christianity*, New York: Harper
    & Row, 1966.
Robert L. Richard, *Secularization Theology*, New York:
    Herder and Herder, 1967.
James C. Livingston, *Modern Christian Thought: From the
    Enlightenment to Vatican* Ⅱ, ⅩⅥ. *Radical
    Secular Theology*(pp. 479-484). New York:
    Macmillan Publishing Company, 1971.
Cornelius Van Til, *Is God Dead?*(a pamphlet), Philadelphia:
    Presbyterian and Reformed Publishing Company,

---

110) Carl Henry, *Frontiers in Modern Theology*, p. 153.

1966.

John W. Montgomery, *The Suicide of Christian Theology*, 1.5, *The Death of the "Death of God"*(pp.76-173), Minneapolis: Bethany Fellowship. Inc., 1970.

Tensions in Contemporary Theology(Edited by S.N. Gundry and A.F. Johnson), 4. Secular Theology(pp. 157-193). Grand Rapids: Baker Book House, 1976.

『박형룡박사저작전집 Ⅷ』(『신학난제선평』, 상권), 제8장 제2절 세속화 사신신학(pp. 296-303), 서울: 한국기독교교육연구원, 1978.

간하배, 『현대신학해설』, 제7장 세속화 신학(pp. 65-73), 서울: 개혁주의 신행협회, 1973.

제2장: 희망의 신학

1. 서론

'희망의 신학'은 '세속화 신학' 다음으로 나타난 현대에서 유행하는 신학들 중의 하나이다. 이 신학의 창시자는 1926년에 독일에서 출생한 위르겐 몰트만(Jürgen Moltmann)이라는 신학자다.

그는 1955년에 괴팅겐(Güttingen) 대학에서 신학박사 학위를 받았고, 현재 튜빙겐(Tübingen) 대학에서 신학을 교수하고 있다. 몰트만은 1964년에 아직 젊은 신학자로서 『희망의 신학』(Theologie der Hoffnung)이라는 저술을 펴냄으로 큰 명성을 얻어 국제적으로 널리 알려지게 되었고, '희망의 신학'이라고 하는 현대신학의 한 학파를 이루기에 이르렀다.

어떤 신학자에 따르면 '희망의 신학'은 인간을 미래와 행동으로 부르는 '신학'이라기보다는 하나의 운동으로서 '하나님의 죽음의 신학'이 만들어 놓은 '절망의 분위기' 속에서 '희망의 불꽃'을 피워올리게 했다고 한다.[1]

---

1) *Tensions in Contemporary theology*(edited by S.N. Gundry & A.F. Johnson), 5. *Theology of Hope* by Daved P. Scaer, Grand Rapids: Baker Book House, 1976. pp. 198-200.

이 '희망의 신학'이라는 운동의 리더로서 위르겐 몰트만 외에 미국에서는 칼 브라텐(Carl Braaten)과 로버트 잰슨(Robert Jenson)을 들었고, 독일의 또 하나의 신학적 해성인 볼프하르트 판넨베르크(Wolfhart Pannenberg)와 로마 가톨릭 신학자 요하네스 메츠(Johannes Metz)를 들었다.[2]

그리고 '희망의 신학'은 신학적으로 전기한 바 '하나님의 죽음의 신학자들'을 무조건 반대하거나 비난하지 않고, 다만 하나님의 존재 문제가 미래의 차원에서 검토됨으로써 그 가능성을 거절당해서는 안 될 것이라고 주장을 한다는 점을 강조했다. 미래는 '역사의 가능성'을 의미하므로 하나님이 미래에서 살아계실 수도 있지 않는가?[3] 그러나 본서의 저자는 '희망의 신학'을 서술함에 있어서 '광범위한 신학적 운동'으로 취급하지 않고 오늘날 이 신학의 창시자의 자리를 굳히고 있는 위르겐 몰트만의 신학사상에 집중하려고 한다. 그렇게 하는 것이 독자들로 하여금 '희망의 신학'에 대하여 방황하지 않고 보다 '구체적이고 선명한 인식'을 갖도록 돕는 일이 되는 줄로 믿기 때문이다. 그러면 이제 본서의 저자는 '희망의 신학'에 관한 서술을 위르겐 몰트만의 '희망의 신학'이라는 저술 자체에 대한 소개와 '희망의 신학'이라는 신종 신학의 후기사상(後期思想)에 대한 고찰과 '희망의 신학'에 대한 종합적 평가 등 세 제목하에 나누어서 진행하고자 한다.

2. 『희망의 신학』(Theologie der Hoffnung, 1964년 저술)에 대한 소개

위르겐 몰트만은 그의 신학적 출세작인 『희망의 신학』에서 주장하

---

2) Ibid., pp. 197, 219.
3) Ibid., p. 200.

기를 종말론은 기독교 교리 중의 한 교리가 아니라 차라리 기독교 신앙의 형태라고 한다.

기독교 신앙은 십자가에 못박혀 죽은 예수 그리스도의 부활에서 그 발랄한 생명을 확보한다. 그리고 그리스도의 부활의 미래에 대한 기대로 소망이 부풀어 오른다.

그런고로 종말론은 기독교 복음의 핵심이며 그리스도의 교회의 근본적인 교리이다.[4]

몰트만은 말하기를 종말론이란 말은 그렇게 적당한 말이 못된다고 한다. Eschatollogie의 logie는 헬라어의 *Logos*에서 왔는데 헬라인들은 '로고스'를 과거와 현재와 미래에까지 존재하는 실재를 지적하는 말로 사용하였다. 그런데 문제는 미래가 현재의 반복이 아닌 한 미래에 관한 '로고스'란 생각하기가 어렵다. 기독교 성경은 미래를 생각할 때 그것을 단순히 과거와 현재의 연장으로 생각하지 않고, 신국의 건설을 위하여 하나님이 인류와 세계를 개혁하는 연속적인 사건들을 의미하는 것으로 생각한다. 따라서 엄밀히 말한다면 종말론 즉 '현재의 시점에 아직도 도착하지 않은 것'들에 대한 교리란 있을 수 없다.[5] 기독교 신학의 그리스도에 관한 진술의 형식은 헬라인들이 좋아한 로고스의 형식일 수 없으며 우리들의 과거 경험에 토대하는 교리적 진술은 기독교 신학의 형식이 될 수 없다. 참 기독교 신학의 형식은 '하나님의 약속의 말씀'에 근거를 두는 '소망의 형식'인 것이다. 성경은 그리스도를 가리켜서 "영광의 소망"이라고 한다(골 1:27).

소망은 무엇인가? 그것은 '하나님의 미래'에 대한 '신앙적인 기대'이다. 신앙은 신의 신실함을 믿는 것이고 소망은 그것이 드러날 때를

---

4) Jürgen Moltmann, *Theology of Hope*, New York: Harper & Row, 1967 p. 16.
5) *Ibid.*, p. 17.

기다리는 '기다림'이다. 신앙은 소망의 기초가 되고 소망은 신앙을
살찌우고 꽃피운다.⁶⁾ 오늘날 종말론을 초역사적으로 생각하는 칼 바
르트(Karl Barth)도 잘못이고 실존주의적으로 해석하는 불트만(R.
Bultmann)도 잘못이다. 또 알트하우스(P. Althaus)처럼 종말론을
"영원의 언덕에 부딛치는 시간의 파도"라는 등 시적 이미지로 전개
시킴도 잘못이다. 이러한 고찰과 해석들은 모두 다 종말론이 지녀야
할 역사성을 박탈함으로서 성경적인 종말론과 특히 초대교회가 가졌
던 종말론 사상을 약화하는 결과를 가져왔다.⁷⁾ 기독교 계시의 본질은
에벨링(Gerhard Ebeling)의 말과 같이 인간 예수의 역사적 사실성
에 정위하지도 않고 판넨베르크(W. Pannenberg)의 말처럼 예수 그
리스도의 부활의 역사성에 정초하지도 않는다. 그것은 다만 예수 그
리스도의 십자가와 부활 가운데서 '하나님의 신실성'이 역사적으로
나타났다는 사실에 집중한다.

예수 그리스도는 그의 '부활절 출현'으로 말미암아 그의 존재성과
그가 이미 행한 사역을 견고히 하고 영구화하였을 뿐 아니라 그의 미
래의 영광과 승귀에 대하여 확고한 증언을 한 것이다.⁸⁾ 이스라엘의
역사는 구약성경에서 우리가 보는 대로 신의 언약에 대한 기대와 미
래적 소망으로 가득차 있다. 우리가 잘 아는 대로 이스라엘은 유목민
이었다. 그러나 이스라엘의 역사에 있어서 특이한 것은 이스라엘이
광야에서 목양할 때 섬긴 신을 농업에 종사할 때에도 계속하여 섬겼
다는 사실이다.⁹⁾ 이스라엘이 '신의 신실성의 불변함'을 믿었다는 증
거가 된다.

또한 이스라엘은 신의 계시의 장소나 시간보다는 그것을 가져온

---

6) *Ibid.*, p. 20.
7) *Ibid.*, pp. 39, 40.
8) *Ibid.*, pp. 84, 85.
9) *Ibid.*, p. 97.

언약의 말씀을 더욱 중요시한 것은 특기할 만한 일이다.[10] 신약에 나타난 계시관도 구약의 그것과 별로 다를 바가 없다. 신학에 있어서 진정한 계시의 뜻은 기록된 글의 내용에 있지 않고, 그리스도의 십자가와 부활로 말미암아 나타난 신의 언약의 신실한 역사에서 발견된다. 그리스도의 약속의 말씀 속에서 미래는 벌써 현재로서 존재하며 그리스도의 재림에 대한 지표로서 인류의 소망이 된다.[11]

우리 기독교인들이 진정한 소망을 소유할 수 있는 까닭은 우리가 하나님의 계시의 역사를 통하여 그리스도의 미래에 참여할 수 있기 때문이다. 그런데 그리스도의 미래는 그의 생애를 다시 반복함이 아니다. 그것은 아직도 그리스도로 말미암아 발생하지 않은 사건들을 의미한다. 기독교인이 믿는 그리스도는 이 세상에 이미 왔고 살다가 죽고 부활한 그리스도이지만, 앞으로 행하게 될 굉장히 새로운 일들을 기대해 볼 만한 그리스도이다.

기독교인은 그리스도에게서 신의 약속한 공의가 성취될 것을 기대하며, 그의 부활로 말미암아 모든 죽은자들의 부활이 실현될 것을 기대하며, 십자가에 못박혀 죽은 자의 왕권과 그의 영화로운 상태가 실현될 것을 기대한다.[12] 예수 그리스도는 자신을 가리켜서 "알파"와 "오메가"라고 하였다(계 1:8). 그러나 그리스도의 역사는 이미 끝나 버린 역사가 아니라 미래를 향하여 뻗어가는 역사이다. 미래는 '십자가에 못박혀 죽고 부활한 자'의 역사이며, 따라서 우리는 그와 같은 미래에 소망을 걸 만하다.[13]

하나님은 어떤 분인가?

하나님은 미래를 향하여 인간을 부르고 그에게 미래에 관한 약속을 하는 분이다.

---

10) *Ibid.*, pp. 90, 100.
11) *Ibid.*, p. 139.
12) *Ibid.*, p. 228.
13) *Ibid.*, p. 229.

하나님은 인간에게 역사적으로 종말론적인 가능성을 제시함으로써 그로 하여금 소망하게 하고 하나님 자신이 존재와 능력자임을 신뢰하게 한다.[14]

이와 같은 몰트만의 '소망의 신학관', '소망의 계시관', '소망의 미래관' 등은 그로 하여금 '출애굽 교회'(Exodus Church)라고 하는 '소망의 교회관'으로 나아가도록 만든다. '출애굽 교회'의 개념은 기독교는 '순례의 길에 오른 하나님의 백성들'의 종교라는 사상에 입각한다. '우리가 여기는 영구한 도성이 없고 오직 장래 올 것을 찾나니'(히 13:14)라는 말씀을 깊이 생각하면서 현대사회 안에 존재하면서 그 갈등과 불만, 교회의 존재의 의의와 그 과업은 무엇인가를 생각해야 할 것이다.[15]

오늘날 그리스도의 교회의 존재 의의는 현대사회와 접촉하면서도 동화하지 않고 '종말론적 소망의 메시지'를 통하여 현대사회에 사는 인간들에게 각성을 촉구하는 데 있다.[16]

오늘날 기독교와 교회는 '새로운 주관성의 종교'로 현대사회에 나타나고 있다. 기독교는 하나님과 인간의 주관적인 결합에서 성립하는 종교가 된다. 기독교인에게 있어서 '이웃 사람'은 '길 가다가 만나는 사람', '나와 교제하는 사람'이며 인간의 사회적 인격이나 법적 지위 등은 '이웃'의 개념으로부터 제외된다.

'내집 문을 두드리는 사람'이 '내 이웃'이고 '인종문제에 나타나는 인간상', '사회적 빈곤 속에 나타나는 인간상', '저개발 국가의 정치와 경제와 교육의 현실 속에 나타는 인간상' 등은 전혀 고려되지 않고 있다.[17] 오늘날 기독교와 교회는 '정신적 지역사회의 종교'로 현대사회에 또한 나타나고 있다.

---

14) *Ibid.*, pp. 284, 285.
15) *Ibid.*, p. 304.
16) *Ibid.*, pp. 304, 305.
17) *Ibid.*, pp. 314, 315.

쏘홈(R. Sohm)은 교회를 가리켜서 '정신적 교회'라고 하였고 브루너(E. Brunner)는 '정신적 지역사회' 그리고 불트만(R. Bultmann)은 '신앙의 지역 사회' 또는 '초월적 지역 사회'라고 호칭하였다.

교회를 우리가 이렇게 호칭하고 생각할 때 그것은 벌써 이 세상을 절대적으로 초월하여 존재하는 '타계적 존재'가 되어 버린 것이다. 순수한 '정신사적인 존재'로서의 교회는 현대사회 안에서 부정 부패를 멸절하고 그리스도의 사랑을 구현하는 개혁의 세력으로 활동하는 일을 하기에는 매우 부적당하다.[18]

끝으로 오늘날 기독교와 교회는 '제도적이고 기관화한 종교'로 현대사회 가운데 나타나고 있다. 오늘날 고도로 공업화한 현대사회는 사람들로 하여금 삶의 의미와 목적론에 대하여 눈을 감게 하고 제도화된 사회구조 속에서 개미들처럼 잘 조직된 삶을 살도록 만들고 있다. 환언하여 현대인들은 인생의 목적과 가치관의 검토를 가능케 하는 이데올로기 또는 사상성을 급격히 상실해 가고 있다.[19]

이와 같이 삶의 비전과 사상성이 결여된 현대 사회 속에서 기독교와 교회가 존재하면서 오히려 '제도화와 조직화의 물결'에 편승하여 깊이 생각하지 않고 목하 유행적인 삶의 모습들을 비호하는 종교로 전락하고 있다.

우리는 이상에서 서술한 바와 같은 현대사회 속에 나타나고 있는 기독교와 교회의 잘못된 작태들을 시정하여 '올바른 교회상을 제시하는 방안으로서 '출애굽 교회''를 생각하여야 할 것이다.

'출애굽 교회'는 종말론적 신앙을 갖고서 종말론적 변혁을 일으키는 교회이다. 그리스도의 교회는 하나님의 말씀의 지배를 받는다. 그런데 이 하나님의 말씀은 우리로 하여금 미래를 전망하게 하며 미래

---

18) *Ibid.*, pp. 320, 321.
19) *Ibid.*, pp. 321, 322.

를 향하여 출발하게 하는 말씀이다. 하나님의 말씀은 인간을 미래로 보내는 소명의 말씀이다.[20]

따라서 '출애굽 교회'란 하나님의 말씀이 약속하는 바 '종말론적 가나안'을 향하여 나아가면서 이 세상과 사회를 부단히 개혁하는 교회일 것이다. '출애굽 교회'는 세상을 위하여 봉사함으로써 하나님의 나라를 확장해 나아가는 교회이다.

출애굽 교회는 현대 사회를 종말론적 신앙을 갖고서 이끌어서 하나님의 약속하신 바 '미래'를 준비하며 소망하며 의와 진리와 사랑의 '종말론적 구현'에 기여하는 교회이다.[21]

이상은 『희망의 신학』(Theology of Hope)이라는 저술에 나타난 몰트만의 신학사상에 대한 간략한 소개와 고찰이었다. 우리는 이상의 소개와 고찰에서 신학자 몰트만의 그리스도의 부활과 그것으로 말미암는 미래에 대한 그의 강조를 엿볼 수가 있다.

몰트만은 기독교는 "십자가 상에서 죽고 3일 후에 부활한 예수 그리스도의 미래에 대한 소망 속에 존재하는 종교"임을 강조하며 오늘날 교회는 인간의 Summun Bonum인 예수 그리스도의 미래에 우리가 믿음을 갖고서 참여하는 데 있다는 메시지를 현대사회에 사는 많은 사람들에게 외쳐 주어야 함을 강조하고 있기 때문이다.

이와 같은 몰트만의 '미래'와 '종말'에 관한 신학적 강조는 지금까지 '영원한 현재'와 '신앙의 주관성'과 같은 '실존주의적 개념'들에 의존하면서 기독교의 역사성과 교회의 종말론적 과제를 경시해온 현대 신학자들에게 큰 경종을 울리고 있다.

더욱이 '실존주의 신학'의 철학적이며 초역사적인 입장을 비난하고 기독교 종말론의 역사성에 대하여 '신학 연구의 초점'을 맞추고 있기 때문에 몰트만의 신학은 어떻게 보면 '보수적인 색깔'이 짙은

---

20) *Ibid.*, pp. 325, 326.
21) *Ibid.*, pp. 327, 328.

신학이라고 볼 수도 있을 것이다.

다만 위르겐 몰트만의 '희망의 신학'이 과연 보수신학의 입장과 본질적으로 동일하며 특히 역사적 개혁신학 사상과 부합하는가에 대하여는 결코 그렇지 않음을 저자는 여기서 먼저 말해둠과 동시에 이에 대한 보다 상세한 논평은 나중에 있을 '종합적 평가'로 미루기로 한다.

3. '희망의 신학'의 후기사상에 대한 고찰

몰트만의 신학사상은 『희망의 신학』(Theologie der Hoffungn, 1964) 이후에 그의 2대 작품, 즉 『십자가에 달린 신』(Der gekrevzigte Gutt, 1973)과 『성령의 능력 안에 있는 교회』(Die kirche in der kraft des Geistes, 1975)에서 신학적으로 '첨단적인 양상'을 보이기에 이르렀다.

『십자가에 달린 신』에서 몰트만의 '희망의 신학'은 '십자가의 신학'(Theologie des kreuzes)이라는 이름으로 탈바꿈하는 듯하다.

그는 "십자가에서의 예수의 죽음은 전 기독교 신학의 중심이다"(Der Tod Jesu am Kreuz ist das Zentrum der ganz Christlichen Theologie)라는 말을 서슴지 않고 한다. 십자가에서 예수의 죽음은 단순히 '예수의 죽음'에 그치지 않고 '삼위 일체적 신의 죽음'으로 이해되어야 한다고 한다. 그러나 그것은 또한 '신의 죽음'(Tod des Gottes)이라는 표현보다는 '신 안의 죽음'으로 표현함이 나으며, '신 안에서의 예수의 십자가의 죽음' 또는 '예수의 십자가의 죽음 안에서의 신'이라는 표현이 월등하게 좋다는 것이다. "신과 창조, 죄와 죽음에 관한 모든 기독교적 언급은 십자가에 못박힌 자에게 지시되며 역사, 교회, 신앙, 성화, 미래, 희망에 관한 모든 기독교적 진술은 십자가에 못박힌 자로부터 온다."[22]

---

22) Jürgen Moltmann, Der Gekeuzigte Gott, Chr. Kaiser Verlag

몰트만은 '십자가'와 '부활'을 역사적 사건들로 이해하며, 시간적으로 선후관계에 있다고 본다. 그러면서도 먼저 있었던 '십자가 사건'은 순수한 역사적 사건이로되 나중에 오는 '부활사건'은 종말론적 사건으로 설명한다. "십자가와 부활이 아니라 십자가에 못박힌 자의 부활이 중심에 서 있다."[23]

몰트만이 그의 '십자가의 신학'을 생각하게 된 것은 종교개혁가 말틴 루터(Martin Luther)의 '십자가의 신학'의 영향을 받았기 때문이다. 그러나 루터의 '십자가의 신학'이 비록 인간의 자유와 신앙 양심을 억압하는 교회에 대한 저항의 동기가 있었다 할지라도 몰트만의 '십자가의 신학'은 성서적이고 정통적 기독교 교리에 입각한 루터의 신학과는 근본적인 방향 변화와 급진주의적인 사상적 변질을 보이고 있다. 성서적이고 정통적인 루터의 신학과는 달리 몰트만의 십자가의 신학은 하나님의 신성을 그의 아들의 고통과 죽음의 사건과 일치시킴으로써 하나님에게 죽음과 고통과 가사성(可死性)을 부여하는 결과를 가져 왔다.

몰트만은 말한다. "십자가 신학으로서의 기독교 신학은 '철학적이고 정치적인 유신론'에 대한 비판이요 그것으로부터의 해방이다."[24] 이와 같은 몰트만의 십자가의 신학의 착상과 엄청난 결론을 우리는 "인간을 신화된 아버지의 모습에서 해방시키며, 모든 정치적 전능 표상의 두려움으로부터 해방시키는" '쾌거'로 과연 찬양할 수 있을 것인가?[25]

몰트만의 '십자가의 신학'은 이미 앞서 언급한 바와 같이 그의 특이한 '삼위일체론'과 접착되어 있다. 그는 '삼위일체적 십자가 신학'

Munchen, 3. Auflage, 1976, p. 189.
23) Idem.
24) Ibid., p. 201.
25) 김영한, 『바르트에서 몰트만까지』 (서울: 대한기독교 출판사, 1982), pp. 362-364 참고.

을 말한다. 십자가에서 아들의 '버림받음'은 아버지에게도 해당된다. 아들의 죽음은 아버지의 죽음의 경험이기도 하다. 그러나 소위 '삼위일체적 십자가 신학'은 기독교의 역사적 이단 중의 하나였던 '성부수난설'(Patri Passianismus)과는 크게 다르다. 왜냐하면 몰트만의 '삼위일체적 십자가 신학'은 '역사 속에서의 신'(Gott in der Geschichte)을 생각하지 않고 '신속에서의 역사'(Geschichte in Gott)를 생각하고 있기 때문이다. 몰트만은 신을 '천상의 인격'이나 '도덕적 범주'로 인식하지 않고 하나의 '사건'으로 인식한다. '삼위일체적 십자가 신학'은 골고다의 역사적인 십자가 사건이 신의 삼위일체성의 단 한 번의 '경륜적인 계시'임을 강조한다.[26]

몰트만의 근래의 저술인 『삼위일체와 하나님의 나라』(Trinitat und Reich Gottes, 1980)를 읽어보면 그는 사변적이며 내면적인 신의 삼위일체성을 거절하고 희랍정교(Greek Orthodox Church)가 하고 있는 바 '삼위일체'에 대한 '사회적 이해'를 주장한다. '영원부터 자존하시는 전능자인 하나님' 대신에 교회의 회원들이 '서로 사랑으로 교제할 때 경험할 수 있는 신'이 바로 '사회적이며 교통적인 삼위일체의 신'이다. 진정한 '삼위일체론'은 '힘의 원리'를 배격하고 '사랑과 일치의 원리'를 채택해야 할 것이다.[27]

여기서 몰트만은 에른스트 블로흐(Ernst Bloch)의 도움을 받아 그의 '사회적 삼위일체론'을 전개한다. '삼위일체 신의 나라'로서 '첫째 나라'는 '아버지의 나라'이다. 이 나라는 '미래에 대하여 개방된 세계'의 창조를 의미한다. 이 나라는 아버지의 '자기 비하'와 스스로를 '내어줌'으로 상징된다. 그리고 '둘째 나라'는 '아들의 나라'로서 '십자가에 달려 죽은 자'의 인류를 자유롭게 하는 '주권적 능

---

26) Ibid., pp. 369-372.
27) Liberation Theology(edited by Ronald H. Nash) "Jürgen Moltmann's Theology of Hope" by R.C. Walton. Matt Media: Milford, Michigan 1984. p. 163.

력' 가운데 나타나며, 마지막으로 '셋째 나라'는 '성령의 나라'로서 아들로 말미암아 발생한 자유 가운데 우리가 영적으로 정신적으로 참여하는 나라이다. 이 세 가지 유형들로 인식된 하나님의 나라는 '역사적인 나라'요 인류의 진보하며 성장하는 자유의 역사를 뜻한다.[28]

몰트만은 '어거스틴적인 서구 기독교'의 '삼위일체론'의 결함은 삼위일체적 신의 인격론에 집착한 나머지 사회적 감각과 '공동체'의 개념의 부재를 가져온 데 있다고 한다. '사회적이며 교통적인 삼위일체론'은 상기한 바 정통신학의 삼위일체론의 불균형을 시정할 뿐만 아니라 사회적으로 적용할 때 사유재산의 폐지와 '공동체로서의 인류의 미래'에 대한 우리들의 책임의식을 고양한다고 한다.[29] 몰트만은 말하기를 그리스도의 십자가의 죽음은 하나님을 '인간적인 하나님'으로 나타내 보여준다고 한다. 이 세상의 권력자들을 닮아서 정치적 박해를 일삼는 그런 하나님의 모습은 우리에게 백해무익하다.[30] 예수 그리스도는 잘잘못을 막론하고 십자가에 달려서 '정치범의 죽음'을 죽었다.[31]

그리스도는 정치적 혁명가였기 때문에 처형당했고 '가난한 자들의 대변인'이었기 때문에 살해당한 것이다. 그런데 하나님은 그리스도 안에 계셔서(고후 5:19) 가난한 자들과 억눌림을 받는 자들에 대한 그의 정치적이고 사회적인 사명 때문에 고난을 당하였다.[32]

몰트만에게는 '십자가 상의 삼위일체적 하나님 사건'은 그것이 곧 미래를 향하여 열려 있고 미래를 열어 놓은 하나님의 역사이다.[33] 그

---

28) Jürgen Moltmann, *Trinity and the Kingdom of God*, pp. 208-217.
29) *Ibid.*, pp. 199-218.
30) Jürgen Moltmann, *The Crucified God*, London: SCM Press, 1974, pp. 194, 195.
31) *Ibid.*, p. 69.
32) *Ibid.*, pp. 122-136.
33) *Ibid.*, p. 255.

리고 이 하나님의 역사(Historie Gottes)로 나타나는 '자유로운 삶'은 반드시 정치적인 영역에서 '해방'과 가난한 자들을 풍요하게 하는 '경제적 변혁'을 동반한다.[34]

여기서 우리는 놀랍게도 몰트만의 '사회적이고 교통적'인 '삼위일체적 십자가 신학'이 실상은 인류의 정치적 해방을 위한 '투쟁사'와 가난한 '무산자'(無産者)들을 위한 마르크스적인 '경제 혁명론'을 대변하고 있음을 발견하고 아연실색하지 않을 수 없다. 위르겐 몰트만은 그의 3대 작품 중에서 마지막 것이 되는 『성령의 능력 안에 있는 교회』(Die Kirche in der Kraft Des Geistes, 1975)에서 '메시야적인 교회론'(Messianische Ekklesiologie)을 전개한다.

교회는 성령 안에서 '메시야적인 공동체'로서 존재한다. 이 '메시야적인 공동체'로서의 교회는 다가오는 하나님의 미래를 선포하며 그 미래의 성취를 위하여 일한다. 그리고 교회가 '메시야적 공동체'라는 사실은 삼위일체적 하나님의 원천적인 존재성을 통하여 이해되어야 하며 그것은 구체적으로 말하여 '예수의 메시야적 보냄'에 근거한다.[35]

그의 죽음에서 충족되고 그의 부활에서 능력화된 '예수의 메시야적 보냄'은 이 세상을 향한 교회의 보냄이 된다. 교회는 다가오는 나라와 '인간의 현재적인 억압과 갈등으로부터 해방'을 선포하면서 '출애굽의 공동체'로서 존재한다. '출애굽의 공동체'로서의 교회는 '기독교'라는 종교의 확장이나 교회의 증식을 목표로 삼지 않고 '다가오는 나라의 이름 안에서 출애굽을 향한 백성들의 해방'을 목적으로 한다.[36]

여기서 우리는 또 한 번 넋을 잃을 정도로 크게 놀라지 않을 수 없

---

34) *Ibid.*, pp. 332, 335.
35) Jürgen Moltmann, *Die Kirche in der Geistes*, München: Chr. Kaiser Verlag, 1974, p. 93.
36) *Ibid.*, p. 103.

게 된다.
 몰트만의 소위 '메시야적인 교회론'은 교회는 정치적 억압과 경제적 빈곤으로부터 해방된 자들 또는 해방을 희망하는 자들의 공동체라고 하는 '정치적 경제적 혁명론'으로 둔갑하기 때문이다. 이는 교회를 그리스도의 대속적인 죽음과 생명의 부활을 믿음으로 말미암아 영적이며 내세적인 하나님의 구원을 확신하는 그리스도인들로 구성된 '신앙의 공동체'로 사고하는 역사적이며 정통적인 기독교 신학의 교회관과 너무나 동떨어진 이야기가 되므로 우리 모두가 개탄해 마지 않을 일이다.
 '출애굽의 공동체'로서의 교회관은 이미 몰트만의 출세작인『희망의 신학』(Theologie der Hoffnung, 1964)에서 그 모습을 드러낸 바 있다.
 몰트만은 초대교회의 종말론적 신앙을 강조하면서 에른스트 블로흐(Ernst Bloch)의 희망과 미래에 대한 상념(想念)을 빌려다가 십자가에서 죽은 그리스도의 부활이 인류에게 미래에 대한 희망의 지평을 열었음을 주장한다.
 그러나 그 다음부터의 해석이 문제가 된다.[37] 몰트만을 따르면 그리스도의 부활은 내세의 삶과 관련이 있지 않고 현세의 삶과 관련되어 있다. 예수 그리스도를 믿는 믿음으로 말미암아 그의 장래에 대하여 갖게 되는 '희망'은 그를 믿는 신자로 하여금 그 사회와 그 속에서의 '현실적인 삶'에 대하여 크게 불만을 품으며 마음에 갈등을 느끼게 한다. 그와 같은 불만과 갈등은 기존하는 사회제도와 정치기구 그리고 권위주의적인 교회에 대한 것으로서 미래를 향하여 혁명적인 발걸음을 옮겨 놓는 정치신학을 불가피하게 한다.[38]
 따라서 '출애굽의 인민'(Die Exodus Gemeinde)의 행로는 자유

---

37) R.C. Walton, op. cit., p. 169.
38) Ibid., p. 170.

를 추구하는 세계사의 행로와 일치한다. 프랑스 혁명이 인류의 자유를 위한 투쟁에 밑거름이 되었다고 한다면 '산업 혁명'(Industrial Revolution)은 인류의 사회적 경제적 위기를 더욱 심화시켰다. 그러나 그러면 그럴수록 세계 인민의 미래를 향한 '혁명적 발걸음'을 더욱 빨리 재촉할 것이다.[39]

그런데 여기서 몰트만이 말하는 바 '출애굽의 인민'이란 '정치적으로 억눌린 자' 요 '사회의 변두리에 사는 가난한 사람들'을 의미한다.

인권을 박탈당한 자들과 사회적으로 버림을 받은 자들이야말로 십자가에 달린 그리스도의 형제들이다. 그리고 성경은 가난한 자와 절망하는 자의 책이요 사회적이며 종교적인 지도자들의 책은 아니다. 성경은 혁명적인 책이요 지하운동의 책이다.[40] 이렇게 하여 몰트만은 새로운 '선민의 개념'에 도달한다. 하나님의 진정한 '선민'은 가난하고 억눌림을 당하는 자들이다. 왜냐하면 그들만이 하나님의 말씀을 참으로 이해하고 '십자가에 달린 예수'와 참 친교와 우정을 나눌 수 있기 때문이다.[41]

몰트만이 말하는 이 '출애굽의 인민' 또는 '출애굽 교회'는 이 세계에서 사회적 정의를 실현하기 위한 투쟁에서 성령의 인도하심을 받는다. '메시야적 삶의 길'을 가도록 인도된다.[42]

그리스도인들은 예수 그리스도를 하나님의 아들로 믿는 한 하나님이 이 세계에서 정의를 이루어 나가는 역사 속에서 '전사'로서 싸워야 한다. '출애굽의 인민' 또는 '출애굽 교회'는 모든 피조물들의 해방을 위한 투쟁에 참여하여 고난을 겪음으로서 하나님께 영광을 돌리게 될 것이다.[43]

---

39) *Ibid.*, p. 171.
40) Jürgen Moltmann, *Das Experiment Hoffnung Einfüehrung*, München: Kaiser, Verlag, 1974, pp. 65, 66.
41) *Ibid.*, pp. 97, 98.
42) Jürgen Moltmann, *The Church in the power of the Spirit*, p. 197. 198
43) *Ibid.*, pp. 79-82.

이 '출애굽 교회'의 행진은 수요와 공급의 원리에 입각하는 '시장경제'를 따라 사는 자본주의 사회를 배격하고, 사유재산 제도를 포기하고, 인민이 조화하여 공통체적으로 사는 '사회주의의 길'을 선택하게 될 것이다.[44]

진정한 교회의 특징은 자유의 통일성과 가난의 성결과 약자를 지지하는 보편적 열정과 고난의 사도성 등이다.[45] 이 정도가 되면 몰트만의 '메시야적 공동체'로서의 교회론은 '사회주의 국가 혁명론이 아닌가 하는 의심을 우리에게 불러 일으키게 되고 그가 힘주어 말하는 '출애굽 교회의 행진'은 성경이 가르치는 바 하나님의 초자연적인 나라(요 18:36)와 그리스도의 영혼 구제의 복음(요 3:16; 행 4:12)과는 전혀 상관이 없는 지상적인 사회정의의 구현을 목표로 하는 사회주의 혁명 요원들의 행진과도 같다는 인상을 받지 아니치 못하게 된다.

4. '희망의 신학'에 대한 종합적 평가

'희망의 신학'에 대하여 저자는 앞서 말하기를 '보수의 색깔이 짙은 신학'처럼 보이기도 한다고 하였다. 그러나 위르겐 몰트만의 '희망의 신학'을 그 후기 사상까지 종합하여 살펴볼 때에 결코 그렇지 않으며 오히려 '희망의 신학'의 출현 직전에 있었던 '사신신학'과 같은 '급진신학'(急進神學) 못지 않은 '신학적 급진성'을 띠고 있음을 알아차릴 수 있을 것이다.

우선 첫째로, '희망의 신학'의 신학적 급진성은 그것이 1960년대 현대 신학계에 나타났던 '사신신학' 또는 '하나님의 죽음의 신학'

---

44) Ibid., pp. 175, 179.
45) Ibid., p. 360.

(God is Dead Theology)의 연장선 상에 놓여 있음을 느끼게 될 때 분명해지는 사실이다. '하나님의 문제'는 역사적으로만 그 대답이 가능한데, 역사는 미래 없이는 미완성이다.

미래는 많은 '미지의 가능성'들을 갖고 있기 때문에 하나님의 존재를 포함한 모든 것이 현재로서는 단정을 내리기 어려운 그 무엇이다. 모름지기 신은 미래에 살아 계신지 누가 알겠는가?[46]

그러므로 몰트만의 '희망의 신학'은 우리가 살고 있는 이 세계 안에 하나님은 이미 존재하지 않는다는 '하나님의 죽음의 신학자'들의 비관적인 결론에 대하여 전적으로 반대하는 것은 아니다. 다만 하나님의 존재 또는 죽음 문제를 당분간 보류하고 미래에 가서 판명되는 그 순간까지 희망을 갖고 기다려 보자는 것뿐이다.

그러나 몰트만의 '희망의 신학'에 있어서 하나님의 문제에 대한 해결을 미래에 회부한 것은 막연한 미래의 가능성 중의 하나로 하나님의 존재를 생각한 것뿐이며 오직 확실한 것은 미래에 대하여 희망을 갖고 있는 인간이 존재한다는 사실뿐이다.[47] 그러나 우리의 역사적 기독교 신학은 하나님은 존재할 수도 있고 존재하지 않을 수도 있는 인간의 미래에 대한 사고 속에 존재하는 '하나의 가능성'에 그치는 하나님이 아니라 그의 존재를 전재하지 않고서는 이 우주와 인류의 기원과 운명을 설명할 수 없는, 그런 절대적인 존재, 즉 영원부터 자존하시고 이 우주와 인류의 창조주가 되시는 삼위일체의 하나님을 믿고 주장하고 있는 것이다.

따라서 하나님의 사망을 선포한 '사신신학'과 하나님의 사망의 선언을 보류하고 있는 '희망의 신학'과의 차이는 '성급함'과 '신중함' 이라는 신학적 방법론 상의 차이일 따름이며 원칙적으로는 양자가 똑

---

46) *Tensions Contemporary Theology* (edited by S.N. Gundry & A. F. Johnson), 5. *Theolog of Hope* by Darid Scaer, Grand Rapids: Baker Book House. 1976. pp. 199. 200.
47) *Ibid.*, pp. 201, 231.

같이 역사적 기독교가 과거 2000년 동안 믿어 온 바 '절대적 하나님'의 존재에 대한 신앙을 포기하였다는 점에서 '사신신학'의 또 다른 형식이라고 볼 수 있을 것이다.

역사적 기독교의 하나님은 몰트만의 '희망의 신학'에서 이미 죽은 지 오래 되었고, 만일 신이 그래도 형식적으로나마 존재한다면 인간의 '미래적 역사의식'의 한 산물로서 '이름도 없이 빛도 없이' 존재할 뿐이다.

둘째로, '희망의 신학'의 신학적 급진성은 칼 마르크스의 '변증법적 유물론'과 에른스트 블로흐의 '미래적 인간론'으로 기독교 종말론을 크게 변질시켰다는 사실에서 찾아 볼 수 있다. 몰트만은 그의 전기 작품인 『희망의 신학』에서 종말론적 사고를 강조했을 뿐 아니라 그의 후기 저술들인 『십자가에 달린 신』(1973)과 『성령의 능력 안에 있는 교회』(1977)와 『삼위일체와 하나님의 나라』(1980) 등에서도 그와 같은 강조는 계속되고 있다.

문제는 그의 종말론 사상은 기독교적 종말론이라고 하기보다는 칼 마르크스의 '변증법적 유물론'과 에른스트 블로흐의 '미래적 인간론'으로 뒤범벅이 된 '사회주의적 미래학'이기 때문에 성경적 종말론 신앙을 견지하고 있는 우리들에게는 '경악을 금치 못할' 사실이라는 데 있다.

칼 마르크스는 정·반·합의 3단계적 진행으로 말미암아 물질의 발전사는 지상에 이상적인 인류의 복지사회를 실현할 수 있다고 생각하였다. 철저한 무신론자요 마르크스주의자인 블로흐는 칼 마르크스처럼 물질이 인간에게 역사를 창조하는 폭발력을 제공한다고 주장한다. 다만 그가 칼 마르크스와 다른 점이 있다면 그것은 역사의 시계바늘은 무한한 미래를 향하여 계속 달리고 있기 때문에 미래는 예정된 방향이나 종말을 갖고 있지 않다는 주장인 것이다.

초자연적인 하나님이 역사의 과정과 미래를 결정한다는 생각은 마르크스와 블로흐에게는 똑같이 '웃음을 자아내는' 이야기밖에 안 된다. 따라서 몰트만은 마르크스와 블로흐의 충실한 추종자로서 초자연적인 하나님이 아니라 자연적인 하나님의 개념을, 초월적인 신이 아니라 내재적인 신의 개념을 그의 '희망의 신학'에 도입한 것이다. 그리고 마르크스보다는 블로흐의 영향을 더욱 많이 받은 몰트만은 '무한한 미래'를 향하여 '아직도 존재하지 않는 존재'(Noch-Nicht-Sein)로서의 인간의 유물사적 완성을 추구할 것을 '기독교 종말론'이라는 주제하에 부르짖고 있는 것이다.[48]

몰트만의 종말론은 '미래적인 종말론'일 뿐 과거에 있었던 예수 그리스도의 역사적인 부활을 부인하며 2000년 전에 죽고 부활한 예수 그리스도가 공중의 구름을 타고 육체적으로 지상에 강림하는 재림의 개념이 전혀 없는 종말론이다(마 24:29, 30; 행 1:10, 11; 살전 4:16, 17 등).

몰트만의 종말론은 '인간이 미래를 내다보는 인간중심의 체계'이다. 그런 의미에서 몰트만의 사상을 종말론이라 하기보다 미래론(Futurology)이라 불러야 할 것이다.[49] '미래론은 미래론'인데 '정치적이며 혁명적인 미래론'으로서 이 '미래론적 복음'이 가는 곳마다 정치적으로 억눌린 자들과 가난한 자들을 해방하기 위하여 파괴와 전쟁을 일삼음으로 말미암아 오늘의 세계를 혼란과 비참의 소용돌이로 몰아 넣을 우려가 크다.[50]

셋째로, '희망의 신학'의 신학적 급진성은 역사적 기독교의 절대적 신관을 상대화하고 상대적인 인간관을 절대화함으로 말미암아 '신인일치적 형이상학'(Metaphysics of God-Man co-relativism)으로 우리를 이끌어 가는 데서 찾아 볼 수 있다. 몰트만은 역사적 기독교

---

48) Ibid., pp. 204-209.
49) 간하배, 『현대신학해설』(서울: 개혁주의 신행협회, 1973), pp. 89, 90.
50) Liberatin Theology(edited by Ronald H. Nash) "Jürgen Moltmann's Theology of Hope" by Rohert C. Walton, Milford, Michitan: Mott Media, 1984. cf. p. 176, 177.

의 초월적이며 절대적인 신관을 헬라 철학의 유물로 단정하고 거절한다. 신·구약성경에 나타난 신관은 종말론적이며, 그의 신실성을 인류에게 주신 미래적인 약속들의 성취로서 증명하며 역사와 더불어 진행하며 미래의 역사에서 스스로를 완성하는 하나님을 말한다고 한다.

인간은 이와 같이 미래의 역사 속에서 스스로를 완성하는 하나님과의 관계에서만 참으로 이해 될 수가 있다. 하나님과 사람은 역사의 미래가 갖고 있는 완전한 자유 가운데서 상호 관련적으로 존재한다.[51] 사람이 '하나님의 형상'을 갖는다는 뜻은 그가 현재의 삶을 초극하여 '기다리고 있는 미래' 즉 하나님의 미래로 들어가는 능력을 의미한다. 몰트만은 사람을 하나님으로 만드는 '신론적 인간론'을 극구 부정한다. 그러나 몰트만의 역사의 영역에서의 '새로운 인류'의 개념은 하나님에게 접근하며 '하나님처럼 되어가는 사람'을 가리키지 않고 무엇을 가리키는 것인가?[52]

무한한 '미래적 역사' 가운데서 어떻게 하나님은 사람에게 불가침의 존재로 머물러 있을 수가 있겠는가?[53]

결국 몰트만의 '새로운 인류'에 대한 예찬은 18세기 계몽사상이 가졌던 '낙천주의적 인본주의'와 비슷한 입장으로 낙착을 보게 될 수밖에 없을 것 같다.[54]

넷째로, '희망의 신학'은 교회의 정치활동을 선교로 인식함으로써 교회를 정치기구화 하는 일을 도모함에 있어서 그 신학적 급진성을 보이고 있다.

몰트만의 '출애굽의 인민'으로서의 교회론은 교회를 사회적으로 억눌림을 받는 자들과 가난한 자들 편에서서 경제구조의 개혁과 정치

---

51) David Scarer, op. cit, pp. 211-213.
52) Jügen Moltmann, Religion, Revolution and the Future, New York: Charles Scribners' Sons, 1969, cf. pp. 105-107.
53) Darid Scarer. op. cit., p. 214.
54) Idem.

적 혁명을 도모하는 '무장한 성도'들의 회합으로 생각한다. 교회는 여지껏 도덕적이고 정신적인 죄악에 대한 하나님의 용서와 내세의 구원에만 그 관심이 집중되어 있었기 때문에 사회정의에 대한 관심과 열의가 교회를 떠난 지 오래 되었다. 그러나 영혼의 구원만이 아니라 육체의 구원(물질적 구원)이 성경의 메시지인고로 교회는 그 '피안적 안주'(彼岸的 安住)에서 빨리 벗어나서 인류의 육체적이고 사회적인 구원의 성취를 위하여 혁명의 일선에 서야 한다는 것이다. 그리스도의 영은 이미 오늘의 사회적 정치적 변혁의 소용돌이 속에서 역사하고 있으며 교회를 '출애굽의 인민'으로서 자유와 정의 구현을 위하여 일하도록 부르고 있다.[55]

지금까지 교회는 교인들의 도덕적이고 정신적인 삶의 개선을 위하여 일해왔고 도덕적으로 정신적으로 변화된 교인들로 하여금 그들이 살고 있는 사회를 변화시키도록 하는 방법을 선호하였다. 그러나 '희망의 신학'은 교회가 직접적으로 세상에 나아가 참여를 하여야 한다고 주장한다. 그리고 교회의 사회참여 및 개혁을 위한 프로그램은 과거에 신에 의하여 제정되었다고 하는 어떤 '권위주의적 기준들'에 의존하여서도 안 되겠고 오직 미래가 가져다주는 자유와 자유가 표방하는 상대성, 특히 '윤리적 상대성'의 인식하에 추진되어야 할 것이다.[56]

여기서 우리가 크게 놀라지 않을 수 없는 사실은 몰트만이 교회의 사회와 및 정치참여를 강조하는 소위 '장의신학'(Sitz-im-Leben Theologie)을 부르짖는다는 것이라고 하기보다는 교회의 회원들의 도덕적인 삶과 내세 구원은 포기하고 오직 억눌린 자들과 가난한 자를 위한 교회의 사회적 정치적 활동을 교회의 최고 유일의 사명으로

---

55) Jügen Moltmann, *Religionon Revolution and The Future*, pp. 104. 105.
56) David Scaer, *op. cit.*, p. 215.

여긴다는 것일 것이다. 그것도 칼 마르크스의 폭력 유혈혁명의 방법론을 정당화하고 에른스트 블로흐의 변증법적 유물사관에 입각한 미래학을 기독교적인 종말론으로 제시하는 너무나 어처구니 없는 일까지 하니까 말이다.

오늘날 우리 주변에서 인기를 모으고 있는 '장의신학' 또는 '현장에서 하는 신학'의 부르짖음은 이모저모로 위르겐 몰트만의 '희망의 신학'의 영향을 받는 것이기 때문에 우리는 그것이 단순한 '사회참여 또는 정치참여를 하는 신학'을 하자는 뜻이 아님을 알아야 할 것이다. 그것의 참뜻은 오늘날 그리스도의 교회가 세계적으로 가난하며 억눌림을 당하고 있는 인민들의 해방을 위한 혁명적인 투쟁의 선봉자가 되자는 데 있다. 그것은 교회는 "그리스도 안에서 하나님을 예배하며 성찬에 참여하며 하나님의 말씀의 전파를 위하여 힘쓰는 회중"[57] 이라는 개혁 신학적 교회관을 가진 신학이 아니라, 교회는 '가난한 자와 억압하는 자들의 해방을 위하여 기독교의 이름을 갖고서 사회적으로 정치적으로 투쟁하는 혁명동지인들의 회합'이라는 교회관에 입각하는 신학이다.

다섯째로, '희망의 신학'의 신학적 급진성은 인간들 사이의 경제적 평등화를 '구원'으로 생각할 뿐 초자연적 하나님과 내세를 전혀 고려에 넣지 않는 '순수한 사회 구원론'을 가르친다는 사실에서 뚜렷하게 드러난다.

몰트만은 칼 마르크스처럼 '구원이란 인류의 육신과 경제생활의 개선을 의미하며 '화해'는 하나님의 초자연적 사역이 아니라 '인간들 사이에 벌어지는 일'이며 교회와 기독교는 오늘의 세계의 이와 같은 구원사적 전개에 있어서 그 '선봉적인 역할'을 담당해야 함을 역설하고 있기 때문이다. 물론 몰트만은 블로흐의 영향을 받아서 칼 마르크스와는 달리 혁명의 계속성을 강조하면서 기독교인들의 혁명의 참여

---

57) John Calvin, *The Institues of Christian Religion* Ⅳ. 1. 7.

는 언제나 '최종적이 아닌 혁명의 참여'임을 지적함으로써 '혁명의 거취의 불확실성'과 '미래의 개방성'을 말하고 있다.[58] 이런 점에 있어서 몰트만의 '사회구원론'은 칼 마르크스의 그것보다도 상대주의적이며 '미래사적인 성향'을 더 많이 띠고 있다.

개혁신학의 '구원론'이 하나님의 '선택론'에 입각하는 것처럼 '희망의 신학'의 '구원론'도 '선택론'에 기초한다. 그러나 문제는 '선택론'이 성경적 기반을 떠나서 칼 마르크스와 에른스트 블로흐의 '사회주의 사상'으로 재구성되었다는 사실이다. 하나님의 선택을 받은 '선민'은 '이 세계에 살고 있는 가난하고 억압당하는 자들'이라는 것이다. 그들만이 '십자가에 달린 신'과 진정한 친교를 가질 수가 있다고 한다.[59]

이렇게 몰트만의 '선택론'은 경제적인 성격의 선택론인고로 그와 같은 선택론에 기반을 두는 그의 '구원론'도 '경제적 구원론'일 수밖에 없으며 오늘의 세계와 인류의 역사 가운데서 역사하시는 하나님의 삼위일체적 사역 역시 '사회적 삼위일체론'에 입각하는(사유재산을 폐지하고 인류 가운데서 부의 균등한 분배를 실현하는) 하나님의 경제적 사역으로 인식될 수밖에 없는 것이다.

몰트만의 신학적 공적은 무엇인가? 그가 '희망의 신학'이라는 '좌익신학'을 구상함으로 말미암아 역사적 기독교가 신봉하는 대교리들을 사회주의 혁명의 세계적 투쟁을 위한 무기들로 만들어 버렸다는 것일 것이다. 만일 몰트만의 '경제학적 선택론'이 참이라고 한다면 오늘날 북미합중국의 인민의 80퍼센트는 경제적 중산층에 속하는 고로 하나님의 구원에서 제외될 수밖에 없다.[60] 우리 한국에서도 '하나님의 구원'은 한국의 경제발전의 견인차가 되고 있는 중산층의 인민

---

58) David Scaser, *op. cit.* pp. 216-217.
59) Robert Walton, *op. cit.*, pp. 171, 172.
60) *Ibid.*, p. 175.

들은 모두 소외시키고 경제적으로 매우 가난한 꼬방동네의 '서민'들
만이 하나님의 '선민'으로서 하나님의 구원에 참여하는 자격을 부여
받게 되는 셈이다.
 오늘날 몰트만의 '사회 구원론'에 입각하는 '희망의 신학'은 가공
할 만한 파괴적 결과를 가져오고 있다. '희망의 신학'을 추종하는 많
은 구미의 신학자들과 성직자들은 교회를 자본주의 사회의 번복을 꾀
하는 전쟁터로 만들려 하고 있으므로, 상당수의 교인들이 기성교회를
떠나는 현상이 속출되고 있다.
 미국의 연합장로교회의 '1967년도 새 신앙고백서'도 몰트만의 희
망의 신학의 영향을 크게 받은 작품이었고 1982년에 작성된 독일 개
혁교회의 '새신앙 고백서'는 더욱 '희망의 신학'의 파괴적인 영향을
실감케 하는 작품이다.[61]
 여섯째, 끝으로 저자는 '희망의 신학'이 '하나님 없이 인간만이 하
는 신학'(Theologie ohne Gott)이라는 사실에서 그 신학적 급진성
을 보이고 있으며 그것은 곧 '희망의 신학'이 실상은 '희망의 신학'
이 아니라 '절망의 신학'이라는 뜻임을 우리에게 말해 준다고 결론짓
고자 한다.
 몰트만이 그의 저술『희망의 신학』에서 개진한 종말론적 미래의 지
평은 그의 두번째 작품인『십자가에 달린 신』에서 아들의 죽음 가운
데서 아버지가 스스로를 인류에게 내어주는 '역사 속의 신'(Gott in
der Geschichte)이 아니라 '신 속의 역사'(Geschichte in Gott)의
사건으로 연결된다. 여기서 몰트만의 소위 '삼위일체적 십자가 신학'
은 역사적으로 십자가 상에서 발생한 삼위일체 하나님의 단 한 번의
자기계시를 강조 한다. 하나님은 '천상의 인격'이나 '도덕적 규범'을
떠나서 역사(歷史) 가운데서 경륜적 삼위일체로 역사(役事)하는 '하
나의 사건'이 된다. 그리고 그의 세번째 대작인『성령의 능력 안에

---

61) *Ibid.*, pp. 171, 172.

있는 교회』에서 삼위일체적 신의 원천으로부터 '예수의 메시야적 보냄'을 몰트만은 말하면서 그것은 십자가에 달린 예수의 죽음으로 말미암아 발생되고 그의 부활로 말미암아 능력화됨을 주장한다. 그리고 교회는 이 예수의 메시야적 보냄에 참여함으로서 다가오는 하나님의 나라를 실현하고 인간 해방을 성취하는 '메시야적 교회'가 됨을 역설한다.

이 '메시야적 교회'는 '출애굽의 공동체'로서 가난과 노예됨에서부터의 인간해방을 목표로하여 나아가는 '메시야적인 세계 선교'를 그 과업으로 삼는다. 그리고 이 '메시야적인 세계 선교'는 '하나님의 선교'의 개념으로 이해되어야 하는 것으로서 '세계와 함께하는 하나님의 역사의 테두리 안에서 진행하는 구속사적 경륜'을 나타낸다.

여기서 우리는 역사적 기독교가 2000년 간 신봉해온 '영원부터 자존하시는 삼위일체의 하나님'이 몰트만의 소위 '삼위일체적 십자가 신학'으로 말미암아 천상적인 인격과 능력과 주권을 거절당하고 '하나의 역사적 사건으로 화하였을 뿐 아니라 그리스도의 교회는 '하나님의 선교' 또는 '메시야적 교회'라는 미명하에 세계적으로 '경제적 약탈의 제거와 억압과 독재의 정치적 극복과 인종주의의 문화적 박멸 등'을 목표로 하여 혁명적인 투쟁을 전개하는 '거룩한 정치인들(?)'의 모임 또는 기구가 되고 말았다.

그리스도의 십자가의 죽음은 초자연적 하나님의 '무력화'(無力化)와 '인간화'를 의미하고 그의 부활은 신자들의 세계를 변혁하고자 하는 '혁명적인 봉기'를 의미한다. 그리고 그리스도의 교회의 존재는 전세계적으로 가난한 자들과 정치적으로 노예된 자들(기독교 신자들과 불신자들을 모두 포함하여)의 인간 해방과 존엄성을 향한 대행진을 뜻할 뿐이다.

위르겐 몰트만의 '희망의 신학'은 특히 그 후기 사상에 있어서 1960년대에 성행한 '하나님의 죽음의 신학' 못지 않게 또는 그보다 더 크게 무신론적으로 기울어진 '급진신학'이다. '희망의 신학'은

'사신신학'과는 달리 하나님의 사망의 선언을 보류하고 있으나 그것은 역사와 미래를 믿는 믿음이 절대적이기 때문이며 양자가 초자연적 세계가 존재하지 않으며 현세만이 유일의 실재라는 것을 믿는 데 있어서는 전적으로 뜻을 같이 하고 있는 것이다.[62] 저자는 오히려 '희망의 신학'이 그 후기 사상에서 '정치신학' 또는 '혁명신학'의 모습으로 급속히 탈바꿈 함으로써 '사신신학'보다도 '역사적 기독교'와 개혁신학에 대하여 더욱 큰 파괴력을 행사할 수 있는 '위협적인 급진신학'으로 화하여 가고 있음을 경고하고자 한다. '하나님의 사망'을 선언하면서 하나님 없는 이 세상에서 세속 문화를 창조하여 인본주의적인 삶을 구가하자는 '사신신학'보다도 하나님의 존재를 '미결수의 감방'에 가두어 놓고 칼 마르크스와 더불어 어깨동무를 하면서 기독교의 깃발 아래 무산대중을 위한 사회주의 세계혁명을 부르짖는 '희망의 신학'이야말로 얼마나 더 가공할 만한 파괴력을 우리를 향하여 행사할 수 있을 것인가에 대하여는 긴 말이 필요 없는 줄 안다.

우리 한국 교회는 이 60년대의 '사신신학'보다도 더 위험스러우며 오늘날 우리 주변에서 요란스러운 소리를 내고 있는 '해방신학'과 '민중신학'의 도화선이 되었고 지금도 그 온상 역할을 하고 있는 위르겐 몰트만의 '희망의 신학'을 우리가 지금 '신앙적으로 신학적으로 맞이하고 있는 일대 위기의 적신호'로 받아들여서 방어와 응전의 자세를 확고히 해 나아가야 할 것이다.

몰트만의 '희망의 신학'은 역사의 미래에 희망을 거는 '종말론적 신앙'을 대변하는 신학이다. 그러나 현재와 과거와 미래의 역사의 3차원을 모두 창조하시고 주권적으로 섭리하시는 기독교의 초자연적 하나님을 추방시켜 버린 뒤 '역사의 미래에 희망을 거는 종말론적 신앙'은 오직 패배와 비참의 종말을 가져오게 하는 '불신앙'일 따름이며, 그와 같은 불신앙을 대변하는 신학이야말로 '희망의 신학'이기는 커녕 '절망의 신학'이라고 부름이 마땅할 것이다.

---

62) David Scaer, *op. cit.*, pp. 229-231.

A Selective Reading on the Theology of Hope

Jürgen Moltmann. *Theologie der Hoffnung*, München: Chr. kaiser Verlag, 1964.

─────. *Der gekreuzigte Gott Das Kreuz Christi als Grund und Kritik christlicher Theologie*, Mnchen: Chr. Kaiser Verlag, 1976.

─────. *Kirche in der kraft des Geistes*, Chr. Kaiser Verag: München, 1975.

─────. *Religion Revolution and the Future*, New York: Charles Scribner's Sons, 1969.

Tensions in Contemporary Theology(edited by S. N. Gundry and A. F. Johnson), 5. *Theology of Hope*(pp. 195-234), Grand Rapids: Baker Book House, 1976.

New Theology No. 5(edited by Martin Marty and Dean Peerman), Ⅱ. *The Theology of Hope-Enthusiastic words*(pp. 79-141), New York: The Macmillan Company, 1967.

『박형룡 박사 저작전집』 Ⅷ(신학난제선평 상권), 제8장 제4절 소망의 신학(pp. 308-312), 서울 한국기독교교육 연구원, 1978.

간하배, 『현대 신학 해설』, 제9장 소망의 신학(pp. 82-90), 서울 개혁주의 신행협회, 1973.

김영한, 『바르트에서 몰트만까지』, 7. 위르겐 몰트만: 삼위일체적 희망의 신학(pp. 329-403), 서울 대한기독교출판사, 1982.

『현대신학자 20인』, 위르겐 몰트만(? pp. 176-184). 서울 대한기독교서회, 1970.

제3장: 해방신학

1. 서론: 인기 있는 '제3세계의 신학'

해방신학은 '세속화 신학'과 '희망의 신학'의 뒤를 이어 1970년대와 1980년대에 크게 유행하고 있는 신학이다.

이 신학의 특이한 점은 '신학의 정치화 및 행동화'를 부르짖고 있다는 것이다. 더욱이 오늘날 제3세계의 고질적인 빈곤과 독재정권들에 의한 인민의 탄압과 같은 암울한 현실이 계속되는 한 마르크스주의를 기독교적으로 수용하면서 가난한 자와 정치적으로 억눌린 자들의 해방의 성취를 그 신학적 주제요, 목적으로 삼는 이 신학은 그 인기와 호소력이 오래 지속될 전망이다.

우리 한국교회는 청교도 개혁 신앙의 열기와 정통신학의 '진리관'으로 지금까지 성장하며 발전하여 온 교회이다.

최근 신학계를 떠들썩하게 하고 세상을 놀라게 하고 있는 이 '해방신학'이 한국교회를 사로잡지 못하도록 스스로를 방어하며 대처해 나아가야 할 것이다.

해방신학에는 엄밀히 말하여 '중남미 해방신학'(Latin American Theology of Liberation)과 '미국흑인 해방신학'(American Black Theology of Liberation)과 '미국여성 해방신학'(American Theology of Women's Liberation)이 있다.

그런데 오늘날 현대 신학계뿐만 아니라 전세계를 떠들썩하게 하고 있는 것은 '중남미 해방신학' 또는 '라틴아메리카 해방신학'인고로 저자는 '해방신학'이라는 제목하에 '중남미 해방신학'을 집중적으로 다루고 살펴보며 평가하고자 한다.

2. 본론

(1) 해방신학의 사상적 원천과 배경

'남미 해방신학' 또는 '라틴아메리카 해방신학'의 사상적 원천은 아무래도 칼 마르크스(Karl Marx, 1818-1883)라고 해야 할 것이다. 다만 칼 마르크스의 공산주의 사상이 에른스트 블로흐(Ernst Bloch, 1885-1977)에 의하여 미래학적으로 증류된 다음에 그것을 독일의 신학자 위르겐 몰트만(Jürgen Moltmann, 1926-)이 기독교 종말론의 이름으로 재단장한 것을 라틴아메리카적인 정치현실에 혁명적으로 조명하고 있는 것이 바로 '해방신학'인 것이다.

우리가 '해방신학'의 '족보'를 말한다면 몰트만의 '희망의 신학'이 '중남미 해방신학'의 '큰형님' 뻘이요, 칼 마르크스는 그 '아버지'요 에른스트 블로흐는 그 '작은 삼촌' 격이라고 할 수 있을 것이다. 그리고 족보를 조금 더 거슬러 올라간다면 프리드리히 헤겔(G.W. Friedrich Hegel, 1770-1831)이 '해방신학'의 '할아버지'가 된다고 말할 수 있겠다.

'해방신학'은 '희망의 신학'을 통하여 헤겔적(변증법적)인 역사관을 배웠고 특히 '미래'는 신과 인간이 서로 협력하여 도달할 수 있는 아직 미완성적인 역사의 '전방지대'라는 상념(想念)을 배운 것이다.[1]

---

1) Kenneth Hamilton, "*Liberation Theoglogy: An Overview*", Evangelicals

오늘날 '해방신학'을 하는 라틴아메리카의 신학자들을 보고서 '젊은 헤겔주의자'(Young Hegelians)라고 부르기도 하는데 저자는 차라리 저들을 가리켜 헤겔의 혈기왕성한 이데올로기적인 손자 또는 증손자들이라고 부르고 싶다.

중남미제국의 해방신학자들은 거의 전부가 몰트만의 『희망의 신학』을 탐독하였으며 칼 마르크스의 공산주의 사상의 '20세기적인 부활'이라고 할 수 있는 '신마르크스주의'(New Marxism)의 유럽사상계의 석권에 대하여 두 손을 들어 환호하고 있다. 다만 해방신학자들이 '큰형님'뻘인 위르겐 몰트만과 그의 '희망의 신학'에 대하여 '불만'이 있었다면 그것은 몰트만과 '희망의 신학'이 너무나 미래 집착적이어서 '현재'라는 역사의 공간 속에서 발생하고 있는 많은 사변들의 중요성과 심각성을 소홀히 여기고 있다는 점이다.[2]

그들은 몰트만이 에른스트 블로흐의 『희망의 원리』(Das Prinzip der Hoffnung)의 속삭임에 현혹되어 미래 집중적 사색에 잠기지를 않고 '오늘의 세계를 변화시키는 일'을 부르짖은 칼 마르크스를 좀더 따라갔다면 그의 신학이 중남미제국의 인민들에게 '혁명적 행동의 신학'으로 더욱 크고 열렬한 지지를 받았을 것이라고 생각하고 있다. 그러나 오늘날 해방신학자들의 '희망의 신학'에 대한 '불평 불만'은 '국부적인 사건'이요 전체적으로 볼 때 '해방신학'은 '희망의 신학'의 영향을 크게 받았고 또 '희망의 신학'에 지대한 영향을 끼친 신마르크스주의자 블로흐의 영향을 지대하게 받았다는 것은 의심할 여지가 없는 것이다.[3]

& Liberation, Philadelphia: Presbyterian and Reformed Publishing Company, 1979, cf. pp. 3, 4.
2) John Macquairrie, *Twentieth Century Religious Thought*, London: SCM Press, 1981, cf. pp. 3, 4.
3) 박아론, 『현대신학은 어디까지 왔는가?』 (서울: 기독교문서선교회, 1981), pp. 248, 249 참고.

이렇게 하여 '해방신학'의 발발의 도화선으로 평가되고 있으며 유럽 사상계를 석권하고 있는 '신마르크스주의'는 미래주의적 인생관을 강조하고 인간의 정치적이며 혁명적인 행동성을 부르짖는 것 등이 그 특징인 만큼 그것들은 또한 '중남미 해방신학'의 특징으로 급격히 화(化)해가고 있다고 보는 것이 옳을 것이다.[4]

(2) 해방신학에 대한 제1차적 정의의 시도

- 빈곤과 독재에 대한 유혈혁명을 찬양하는 신학.

오늘날 중·남아메리카에서 활동하고 있는 신학자들은 그 수가 수십 명에 달한다. 그중에서도 아주 유명한 인물들 몇몇을 열거하면 다음과 같다. 제일 먼저 언급하여야 할 인물로서 『해방의 신학』(A Theology of Liberation, 1971)을 저술하여 '중남미 해방신학'의 '제1인자'로 부상한 페루인 신학자 구스타보 구티에레즈(Gustavo Gutierrez, 1928-)가 있다. 다음으로 『인간다운 희망의 신학』(A Theology of Human Hope, 1969)의 저자인 브라질의 신학자 루벰 알베스(Rubem Alves, 1933-)가 있고 『기로에 선 그리스도』(Christology, at the Crossroads, 1976)의 저자인 살바도르인 신학자 요완 소브리노(Jon Sobrino, 1938-)가 있다. 이 외에도 아스만(Hugo Assman), 미란다(Jose Miranda), 미궤즈 보니노(Miguez Bonino), 퓨라이레(Paulo Freire), 세군도(Juan Luis Segundo) 등이 있다.

이들 해방신학자들이 무엇을 어떻게 부르짖기에 현대 신학계와 기독교계에서뿐만 아니라 일반사회와 대중들에게까지 인기를 끌며 큰 공감을 불러일으키게 되었는가? '세계교회협의회'(WCC)는 '방콕대회'(1972년)와 '나이로비 대회'(1975)에서 2차에 걸쳐 해방신학을

---

4) John Macquarrie, op. cit., pp. 378, 379.

'WCC의 신학'으로 정식 채택하였고, 지금도 변함없는 지지와 '충성'을 '해방신학'에 대하여 보내고 있다. 오늘날 '해방신학'은 기독교계를 떠나서 일반 사회인들에게도 적지 않은 관심을 불러일으키고 있으며 히피족이나 여권 신장주의자들까지도 박수 갈채를 보내고 있는 실정이다.[5] 이와 같은 '해방신학'의 세계 인민 가운데의 공감대 형성의 이유는 그것이 세계 도처에 존재하는 정치적 독재와 경제적 빈곤을 제거하기 위하여 기독교 신학이 앞장설 것을 부르짖고 있기 때문이다. 가난한 자들과 억눌린 자들의 놓임과 그들의 복지를 도모하는 일을 신학의 목적으로 삼고 '사회정의 구현에 참여하는 신학'을 제창하고 있기 때문이다.

따라서 '해방신학'이 오늘날 '제3세계의 신학'으로 자처하고 있고 또 그렇게 자처하고 있음은 당연한 일이라고 할 수 있겠다. 어떤 북아메리카 신학자는 말하기를 "오늘날 우리가 신학적으로 생각할 때, 그리고 또 인간적으로 생각한다 하더라도 해방신학자들이 제기하는 문제들보다 더 중요한 것은 없다고 본다"라고 하였다.[6] '해방신학'의 제1인자로 꼽히는 구스타보 구티에레즈는 "해방신학은 신학을 하는 새로운 길이다"라고 하였다.[7] 이 '새로운 길'을 따라 신학을 한다는 것은 세계를 관찰하고 이해하는 데 머물지 않고 세계를 변혁하는 과정에 참여함을 뜻한다. 그것은 짓밟힌 인간의 존엄성을 회복하며 가난하고 억눌린 자들을 해방하기 위하여 투쟁하는 일이다. 그렇게 함으로써 이 지상에 공의롭고 우애에 넘치는 사회, 곧 하나님의 나라를 건설하는 일이다.[8]

---

5) Kenneth Hamilton, *op. cit.*, p. 1.
6) Robert McAfee Brown, *Theology in a New Key*, Philadelphia: the Westminster Press, 1978, p. 11.
7) Gustavo Gutierrez, *A Theology of Liberation*, New York: Orbis Books, 1973, p. 15.
8) *Idem.*

'해방신학'에 있어서 그 출발점이 되는 것은 '가난한 자'이다. 신약성경의 하나님은 '가난하고 억눌린 자의 하나님'이다. 그는 가난하고 억눌린 자들 편에 서서 일하며 그들을 해방시키는 하나님이다. 브라질의 해방신학자 휴고 아스만은 가난한 자들에게는 '인식론적 특권'(an epistemological privilege of the poor)이 있음을 주장하고 있는데 그것은 가난한 자가 세계를 보는 눈이 부자의 그것보다 더 정확하다는 뜻이다.[9] 구티에레즈는 가난한 자들의 가난의 원인은 태만과 타성과 불성실에 있지 않고 그들을 착취하는 사회적 제도와 경제적 구조악에 있다고 보고 그것들을 제거하지 않으면 별 도리가 없을 것이라고 한다.

또 우루과이인 해방신학자 세군도는 말하기를 우리가 출발점을 가난한 자에게 두고 신학을 한다면(또 그렇게 하는 것이 당연한 고로) 오늘의 세계가 혁명적으로 변화되어야 한다는 결론으로 신학이 나아가지 않을 수 없을 것이라고 한다.

또 우리가 '해방신학'에 대하여 유념해야 할 사실은 칼 마르크스의 사회과학과 특히 그의 경제학을 '신학적 해석의 도구'로 삼고 있다는 것이다. 많은 크리스천들에게 마르크스주의는 '죽음의 입맞춤'과 같다. 그러나 해방신학자들은 우리에게 이런 물음을 던져온다. "중세기에 신학자 토마스 아퀴나스(Thomas Aquinas, 1225-1274)가 이방인 아리스토텔레스의 철학사상을 해석학적 도구로 삼고 신학을 한 것과 오늘날 우리가 역시 이방인인 칼 마르크스의 경제학을 해석학적 도구로 삼고 신학을 하고자 하는 것이 무엇이 다른가?"[10] 칼 마르크스의 사회과학과 특히 경제학의 조명하에 오늘날 중남미제국의 인민들이 겪고 있는 가난과 억압의 원인들을 정확히 분석할 수가 있으며 효과적이고 획기적인 '혁명의 방법론'을 마련할 수가 있다는 것이다.

---

9) Robert McAfee Brown, *op. cit.*, pp. 61, 62.
10) *Ibid*, p. 62.

예를 들면, 오늘날 중남미 아메리카에 존재하는 빈곤과 억압에 대한 '맑시스트 해석'(a Marxist analysis)은 이렇게 전개된다. 가령 칠레를 생각해 보자. 칠레에는 북아메리카와 유럽에서 많은 회사들이 진출해 있다. 이 다국적 회사들은 칠레의 인민들의 생활수준을 향상시키며 제3세계의 경제 부흥을 돕는 일에 결과적으로 기여하고 있다고 하더라도, 그들이 그 나라에 가 있는 궁극적 목적은 이득을 얻기 위한 것이며, 가능한 한 최대의 이득을 얻기 위함이라는 것을 알아야 한다는 것이다.[11]

이 다국적 회사들은 '경제적 침략주의'를 의미한다. 그들은 칠레에 사는 인민들을 가난하고 무력하게 만들고 있는 기존하는 독재적 정치체제와 경제적인 구조악을 악이용하여 이득을 많이 얻는 일에 몰두하고 있는 격이 되는 고로 '경제적 식민주의'라고 하는 새로운 식민주의를 만연시키고 있는 존재들로서 신랄한 비판을 받아야 하며 '혁명에 의한 추방'의 대상들이라고 한다 이제 여기서 해방신학은 '교전'(engagement)이라는 혁명을 위한 전투적인 용어를 소개한다. 즉 신학은 가난과 사회악과의 '교전'으로부터 시작하여 '재교전'(reengagement)을 향하여 나아가야 한다고 주장한다. 그리고 특히 Praxis라고 하는 단어를 강조적으로 사용한다. 이 Praxis는 '사회의 혁명적인 과정에의 참여'를 뜻하는 것으로서 그 의미는 '행동적 지식' 또는 '지식에 입각하는 행동'이다. 구티에레즈는 지식을 정의하여 말하기를 "지식이란 어떤 객체적인 존재와 나의 주관적 마음이 일치함을 뜻하기보다는 새로운 세계를 혁명적으로 건설하는 일에 행동으로 참여하는 것이다"라고 하였다.[12]

해방신학자들은 'ortho-doxy'와 'ortho-praxis'를 구별하여 전자는 '바른 사고'를 의미한다면 후자는 '사고와 행동의 바른 결합'을

---

11) Ibid, cf. pp. 64, 65.
12) Gustavo Gutierrez, The Witness, April, 1977, p. 5.

의미한다고 주장한다.[13]

　프락시스로서의 신학은 '내면적 사고적 변화'가 아니라 가난한 자를 억압하는 경제적 사회적 구조악을 제거하는 '행동상의 변혁'이라고 한다.[14] 가난한 자와 억눌린 자들의 해방을 위하여 '교전'과 '재교전' 그리고 'ortho-praxis' 즉 '혁명적인 참여' 등의 어휘들과 개념들을 구사하면서 오늘의 세계를 변화하는 일에, 특히 제3세계의 정치적 억압과 경제적 빈곤을 제거, 말소하는 혁명에 앞장설 것을 다짐하는 '해방신학'은 혁명의 방법론으로서 '유혈폭력'(流血暴力)을 승인할 뿐만 아니라 장려하는 입장임을 분명히 하고 있다. 이렇게 하여 오늘의 세계 가운데서 가난한 자와 정치적으로 노예 된 자들의 편에 서서 빈곤과 독재에 대한 유혈혁명을 찬양하고 있는 '해방신학'은 이스라엘의 '출애굽 사건'을 성경의 중심적 메시지로 간주하고 이 메시지의 실천과 구현에 전력을 기울이고 있음을 우리는 보게 되는데 이는 또한 우리가 크게 주목해야 할 일인 줄 안다.

　루벰 알베스는 출애굽 사건을 가리켜서 '성경 진리의 전체를 구성하고 있는 근본적 원리'라고 하였다.[15] 구티에레즈도 출애굽 사건에 입각하는 구원관을 강론한다. 구원은 '세계 만국에 가서 모든 족속들을 제자로 삼는 일'로만 제한될 수 없다고 한다. 진정한 오늘의 구원은 이스라엘의 출애굽 사건과 그리스도의 성육신과 고난과 부활 가운데 나타난 바 '해방의 모델'을 좇아 모든 사회적 불의와 경제적 불황 등을 해결하고 가난하고 억눌린 자들의 삶에 참여하면서 기존하는 자본주의 제도의 전복을 위하여 투쟁하는 것이라고 한다.[16]

　구티에레즈는 그의 신학에서 성경을 인용하고 해석할 때 문장의 내용과 문맥이 의미하는 바에 구애받지 않고 그의 '맑시스트 해석원

---

13) Robert McAfee Brown, op. cit., p. 71.
14) Stephen C. Knapp's Article, Evangelicals & Liberation, cf. p. 20.
15) R. Alves, op. cit., p. 114.
16) Gustavo Gutierrez, op. cit., p. 114.

리'를 따라 자유롭게 해석하고 결론 짓는다.[17] 이것은 다른 중남미의 해방신학자들에 대하여서도 마찬가지로 할 수 있는 이야기인 줄 안다. '해방신학'의 구원관은 그 성격상 '사회적 경제적 구원관'이다. 하나님은 이스라엘의 출애굽 사건에서 나타난 바와 같이 인류 개개인들의 죄와 그들의 내세문제에 대하여서보다도 인류전체를 또는 많은 인류를 억누르고 있고 괴롭히고 있는 정치적인 불의와 경제적 구조악에 대하여 더욱 분노를 느끼고 그들에게 해방을 주시기를 원하는 분이라고 한다.[18] 신학은 연구실의 책더미 가운데서 고민스러운 표정을 하고 앉아 있는 것이 아니다. 신학은 차라리 거리와 시장과 난민촌의 한가운데서 하나님의 분노의 대상들을 찾아서 즉 빈곤과 사회적 불의를 찾아서 싸우는 것이다.

중남미제국의 해방신학자들은 하나님은 '오늘날의 바로들'에 대하여 분노하고 있다고 이구동성으로 말한다. 그들이 말하기를 '오늘날의 바로들'은 누군가? 그들은 선진구미제국에 살고 있는 부유한 인민들이다. 특히 북아메리카에 살면서 자본주의를 신봉하고 더 많은 돈을 벌기 위하여 중남아메리카까지 진출하는 부르조아 중산층 사람들이다 '오늘날의 바로들'은 북아메리카 실업인들이며 미국 국무성과 국방성과 CIA 관리들이다.

해방신학자들은 입을 모아 말하기를 이스라엘의 '출애굽 사건'은 가난한 자와 억눌린 자들에게는 희망과 용기를 주고 압박자들과 착취자들에게는 큰 경종을 울릴 뿐 아니라 무서운 심판이 될 것이라고 한다.[19] 오늘날 하나님의 백성은 누군가? 진정한 '하나님의 백성'은 '오늘날의 바로들'로부터 인민들을 해방하는 하나님의 역사를 돕고 협력하는 사람들이다.

---

17) Carl E. Amerding, *Exodus: The Old Testament Foundation of Liberation*, Evangelicals & Liberation, pp. 51, 52.
18) Robert McAfee Brown, *op. cit.*, pp. 88, 89.
19) *Ibid.*, p. 90.

(3) 해방신학에 대한 제2차적 정의의 시도—칼 마르크스와 성경을 혼합하고 혼동하는 '계급 투쟁 신학'

콜롬비아의 신부 까밀로 토레스(Comilo Torres)는 중남미의 해방신학을 위한 '상징적 존재'였다고 볼 수 있겠다. 그는 로마 카톨릭교회의 신부로서 한때 신학대학에서 신학을 가르치는 교수이기도 하였다. 그러나 그는 가난한 인민을 구제하기 위한 신부로서의 노력이 효과가 없음을 알게 되자 로마 카톨릭교회와 신부직을 떠나 콜롬비아의 밀림지대로 들어가서 반정부 게릴라 전사가 되었다. 그 후 그는 밀림 속에서 정부군과 싸우다가 전사하였다.[20] 마치 까미로 토레스처럼 한 손에 성경을 들고 다른 한 손에는 기관총을 들고 다니면서 빈자와 피압박자의 경제적 정치적 해방을 위하여 투쟁하는 것이 '해방신학'이다.

그러나 '해방신학'이 칼 마르크스와 성경을 둘 다 가지고 다닌다고 하지만 그 강조점은 마르크스에 있는 것 같고, 마르크스에 대한 애정이 성경에 대한 그것보다 훨씬 능가하는 듯 보인다.

스코틀란드의 신학자 토렌스(T.F. Torrence)는 말하기를 해방신학은 유대교의 '메시야주의적 열정'과 기독교의 복음진리를 마르크스주의 이데올로기와 교묘하게 병합하였다고 하였다. 그와 같은 일은 교회로부터 성경적이고 복음적인 신앙내용을 비워버리는 결과가 될 것이라고 경고하기도 하였다.[21] 스테반 크냅(Stephen C. Xnapp)은 말하기를 구티에레즈와 같은 해방신학자는 성경보다는 칼 마르크스로부터 너무나 많은 것을 배우는 것 같다고 하였다. 그러면서도 그는 만일 우리가 성경을 '신앙과 행위의 규범'으로 수락한다면 성경으로

---

20) Robert McAfee Brown, *op. cit.*, p. 51.
21) T.F. Torrence, "*Ditetic Deficiences the Church Can Cure*", Cristianity Today, Sept. 24, 1976, cf. pp. 10-12.

부터 오늘날 중남미제국에 존재하는 빈곤과 사회적 경제적 구조악에 대한 해결책도 배우는 일에 우리가 힘써야 하지 않겠느냐고 반문하기도 하였다.[22] 저자는 여태껏 '해방신학'에 대하여 논술한 바를 다음과 같은 도표로 정리해 보고자 한다.

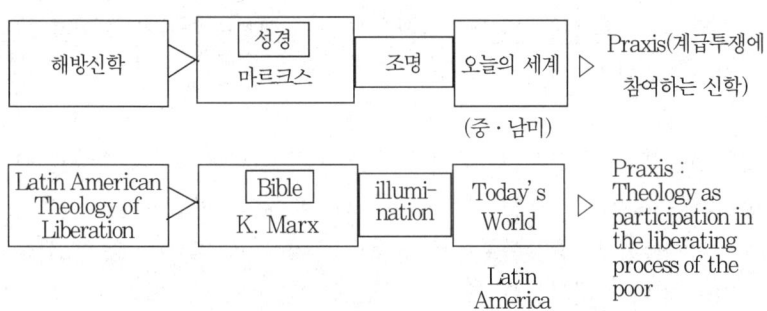

물론 해방신학자들은 '해방신학'이 그리스도의 복음과 마르크스주의 이데올로기를 혼합하였다는 비평에 대하여 반격을 가하여 말하기를 복음주의 크리스천들이 말하는 '그리스도의 복음'이라는 것은 실상 자본주의 이데올로기의 '변장에 불과하다'고 하는 이야기를 하고 있음을 우리가 알아두는 것이 좋을 것 같다.[23]

이렇게 하여 '칼 마르크스와 성경을 혼합하고 혼동하는 계급투쟁 신학이다'라고 하는 두번째의 정의가 '해방신학'에 대하여 내려졌다. 그러면 '해방신학'에 대한 첫번째 정의는 무엇이었던가? 그것은 '빈곤과 독재에 대한 유혈혁명을 찬양하는 신학이다'라는 정의였던 줄 안다. 이제 우리가 '해방신학'에 대한 이 두 가지 정의를 모두어 생각하면서 이 시점에서 아직 이른 것 같기도 하나 '해방신학'에 대하

---

22) Stephen C. Knapp, "*A Preliminary Dialogue with Gutierrez*", Evangelicals & Liberation, p. 121
23) Kenneth Hamilton, "*Liberation Theology: Lessons Positive and Negative*", Evangelicals & Liberation, p. 121.

여 한두 가지 근본적인 비판을 가하도록 하여 보자. 첫째로는 '해방신학'이 크게 잘못되었다고 볼 수 있는 것은 '폭력의 미화'(glorification of violence)를 일삼고 있다는 사실 때문이다. 레네 윌리암슨(Rene Williamson)이 지적한 대로 '해방신학'은 폭력과 유혈혁명이 가난한 자와 억눌린 자들을 해방시키는 일에 필요하다고 말한다. 더욱이 '폭력의 긍정'이 '해방신학'에 있어서 중요한 위치를 차지하고 있는 것도 사실이다.[24]

칼 마르크스의 '프롤레타리아 혁명론'을 따르고 있는 '해방신학'이고 보면 '무자비 폭력 투쟁'이라는 그의 혁명 방법론을 채택하게 됨은 자연스러운 일이라고 생각지 않을 수 없다. 해방신학자를 신부복을 입은 빨치산 기관총 사수로 묘사하는 것은 좀 지나치다는 느낌을 주기는 하나, '해방신학'의 원리대로 한다면 중·남아메리카에서 신학자는 그런 모습을 하고 나타날 수밖에 없지 않겠는가 생각된다. 그러나 오늘날 중·남미 제국의 해방신학자들은 말고의 귀를 검으로 베어 떨어뜨린 베드로를 보고서 '네 검을 도로 집에 꽂아라 검을 가지는 자는 다 검으로 망하느니라'(마 26:52; 요 18:10, 11)라고 하신 그리스도의 말씀을 기억하여야 할 것이다. 예수 그리스도는 고통과 죽음이라는 긴박하고 비참한 상황 속에서도 '내 나라는 이 세상에 속한 것이 아니라'(요 18:36)라고 하면서 끝까지 사랑과 인내 그리고 비폭력을 가르치지 않았던가? 하나님의 나라는 폭력으로 얻어지는 나라가 아니라 사랑으로 이루어지는 '평화의 나라'이다(마 5:9; 롬 14:17; 요일 4:7, 8, 20 등).

둘째로 '해방신학'이 잘못 되었다고 생각할 수 있는 것은 '해방'의 의미에 대한 진정하고 심오한 인식과 통찰이 결여되어 있다는 사실 때문이다. '해방'의 의미를 인간의 '사회적 경제적 구원'에 제한하고

---

24) Rrene de vistine Williamson, "*Theology of Liberation.*" Christianity Today, Aug 8, 1975, cf. pp. 7-13.

죄와 죽음으로부터의 놓임을 고려하지 않는 것은 진정하고 심오한 '해방'의 개념이라고 할 수 없을 것이다. 그것은 성경적인 '해방'의 의미에 크게 미흡하다. 예수 그리스도는 그가 세상에 온 목적은 '죄인을 부르는 것'이라고 하였고(마 9:13), 예수를 믿는 삶의 축복이 내세의 영생에 있는 것으로 가르쳤다(요 3:16; 11:25, 26). 바울은 '해방'을 '이 사망의 몸'으로부터의 놓임으로 생각하였고(롬 7:24), 그것을 더욱 자세히 설명하여 '그리스도 예수 안에 있는 생명의 성령의 법'이 우리를 '죄와 사망의 법'에서 놓아 주는 것이라고 말하지 않았 던가?(롬 8:1, 2). 물론 성경적인 '해방'의 개념은 정치적이고 경제적인 영역을 포함하고 있는 것도 사실이다. 그러나 정신적이고 영적인 해방이 성경적인 해방의 개념의 본질을 이루고 있는 것만큼은 틀림이 없다. 해방신학자들은 말하기를 '영적으로 변화된 크리스천들'이 '정치적으로 경제적으로 개선된 사회'를 창조하는 것은 아니며 오히려 그들은 정치적으로 경제적으로 Status quo를 유지하는 일에 협력하는 경우가 많다고 한다.[25]

케네트 하밀톤 교수는 말하기를 보수주의자들(개혁주의자와 근본주의자와 심지어는 신복음주의자까지 포함하여)이 그리스도의 복음을 전혀 정신적인 것으로 해석하여 그것이 내포하고 있는 정치적이고 경제적인 측면들을 묵살하고 있다고 비난을 받는 데 대하여 그와 같은 비난을 '타당한 비평'으로 알고 받아들여야 할 것이라고 하였다.[26]

또 한편 로버트 맥아피 브라운(Robert McAfee Brown)과 같은 '해방신학'의 열성자는 말하기를 오늘날 기독교인들은 가난하고 억눌린 자의 리더가 되는 그리스도를 반대하든가, 아니면 그와 같은 그리

---

25) Robert McAfee Brown, *op. cit.*, p. 124.
26) Kenneth Hamilton, "*Liberation Theology: Lessons Positive and Negative*", Evangelicals & Liberation, cf. p. 125.

스도를 믿고 모든 경제적이고 정치적인 억압에 대하여 그와 함께 싸울 것인가. 이들 중의 하나를 택하여야 한다고 한다. 그러나 문제는 그렇게 간단하지 않다. 오늘날 공산권 국가들 내에 존재하는 교회들은 공산주의 정치와 및 경제체제를 따르겠다는 서약하에 그 존재가 허용되고 있다. 그렇다고 하여 그들이 '영적인 구원사업'만 한다고 하여 그리스도의 교회가 아니라고 할 수 있겠는가? 초대교회에 있었던 '카타콤(지하굴)교회'도 마찬가지였다.[27] 믿음은 마땅히 '비정치화'(depoliticize)되어야 한다.[28] 기독교인은 이 세상에서 빛과 소금으로 일하며 영향을 끼쳐야 하지만 그의 궁극적 소망은 지상에서 되어지는 정치나 경제에 있지는 않다. 그것은 하나님의 나라에 있고 또 '신천신지'와 '하늘에서 내려오는 새 예루살렘'에 있다(요 14:1; 고후 4:16-18; 골 3:1-4; 히 11:13-16; 13:14; 계 21:1, 2; 시 39:7-9; 146:5). 그리스도인의 진정한 소망은 그리스도에게 있다(골 1:27). 그리스도만이 우리로 하여금 진정하고 완전하며 영구적인 자유를 누리도록 하기 때문이다(갈 5:1). 그러므로 '해방신학'은 그 '해방'의 개념 자체가 성경적으로 이루어졌다기보다는 마르크스주의적으로 구상되었기 때문에 오늘날 인류들에게 특히 중남아메리카의 인민들에게 그리스도 안에 존재하는 참되고 영구적인 해방으로 그들을 이끌어 주는 안내자의 역할을 하는 일에 있어서 크게 실패하고 있는 것이다.

(4) '해방신학'에 대한 현대 신학계의 높은 지지도

'해방신학'은 탄생한 지 5년 내지 10년 만에 세계 신학계에서 꽤 열렬한 지지를 받기에 이르렀다. 권위 있는 '종교서적 조사서'

---

27) *Ibid.*, cf. pp. 125, 126
28) *Ibid.*, p. 126.

(Index to Religious periodical Literature)에 의하면 '해방신학'은 1970년에서 1975년까지 5년 기간 동안에 서구신학의 '정상적 위치'에 오르게 되었다고 한다.[29] 북아메리카에서는 칼 브라텐(Carl Braaten), 하비 콕스(Harvy Cox), 말틴 마티(Marten Marty), 로버트 맥아피 브라운(Roben McAfee Brown) 등의 신학자들이 중남미 해방신학에 대하여 찬동하고 지지를 표명하고 있다.

또 한편 복음주의 진영의 신학자들까지도 '해방신학'에 대한 긍정적인 평가를 복음주의 신학 또는 개혁신학의 테두리 안에서 시도하는 경향이 두드러지게 나타나고 있다. 케네트 하밀톤(Kenneth Hamilton), 크라크 피노크(Clark Pinnock), 하비 칸(Harvie Conn), 로널드 내쉬(Ronald Nash), 로널드 사이더(Ronald Sider), 피터 와그너(Petter Wagner) 등이 그런 경향을 보이고 있는 신학자들이다. 심지어 '해방신학'에 대하여 비평 일변도라고 할 수 있는 원로 복음주의 신학자 칼 헨리(Carl F. H. Henry)도 중남아메리카에서 거세게 불어오고 있는 '해방신학'의 바람에 약간은 '감기몸살'을 앓고 있는 듯 보인다. 그는 말하기를 '정의와 자비가 없는 '정통신학'(a theological orthodoxy)은 '정통'(orthodoxy)이 아니라 '비정통'(heterodoxy)이다'라고 하면서 "교회가 오늘날 부유층이나 중산층의 사람들에게만 관심을 보이고 가난한 자들을 도외시함은 마땅히 반성해야 할 바이며 가난하고 억압을 받고 있는 많은 대중들에 대하여 교회는 복음전파와 아울러 사회적 행동을 취해야 할 책임과 의무가 있다"고 역설하였다.[30]

---

29) Carl E. Armerding, "*Exodus: the Old Testament Foundation of Liberation*", Evangelicals & Liberation, Philadelphia: Presbyterian & Reformed Publishing Company. 1979, p. 43.
30) Carl F.H. Henry, "*Liberation Theology and the Scripture*", Liberation Theology (edited by Ronald H. Nash), Milford, Michigan: Mott Media, 1984, pp. 193-195.

유럽에서는 서독의 위르겐 몰트만(Jürgen Moltmann)과 요하네스 메츠(Johannes Metz) 등이 중남미 해방신학에 대하여 큰 관심을 보이면서 대화와 토론을 추진하고 있는 신학자들 중에서도 대표적 신학자들이다.

특히 희망의 신학을 대표하는 신학자라고 할 수 있는 위르겐 몰트만은 1977년에 남아메리카에 친히 가서 여행하면서 그 지역의 가난과 정치적 억압의 실태를 살펴보았고 여러 명의 해방신학자들과 직접 만나서 신학적 대화를 갖기도 하였다. 중남미 해방신학의 거물인 호세 미구에즈 보니노(Jose Miguez Bonino)는 희망의 신학자 몰트만을 '해방신학'에 대하여 큰 영향을 끼친 신학자로 추켜올리면서도 그의 신학 역시 사색으로 많이 흐르고 프락시스(Praxis) 즉 '혁명적 행동성'이 결여되었다고 비난하였다.

보니노는 특히 몰트만이 '십자가에 달린 신'은 국적이나 계급을 초월하여 존재한다고 말한 것을 못마땅하게 생각하고 묻기를 우리가 국적과 계급을 묻지 않고서 정말로 가난한 자들과 억눌림을 당하는 자들을 위한 투쟁을 할 수 있는가라고 하였다.[31]

몰트만은 이와 같은 보니노의 비난과 비판에 대하여 공개서한을 보내어 다음과 같이 답변하였다.

> 해방신학자 보니노나 루벰 알베스(Rubem Alves)는 '희망의 신학'이 하나님의 미래적인 약속을 설명하는 데 있어서나 현재에 대한 심판을 이야기함에 있어서 너무나 초월적이며 '이론적'이라고 하였으나 '희망'은 언제나 우리로 하여금 역사의 현재에 머물게 하지 않고 우리에게 언어와 사고의 무한한 자유를 부여함을 알아야 할 것이다.[32]

---

31) Robert Mcafee Brown, *op. cit.*, pp. 127, 128, and Jürgen Moltmann, the Crucified God, p. 305.
32) Jürgen moltmann, "*An Open Letters to Jose Miguez Bonino*",

보니노는 그의 저술 『혁명적인 상황에서의 신학의 작업』에서 바르트와 희망의 신학자들을 포함한 많은 유럽의 신학자들과 대결하여 하나님의 나라를 역사적 안목을 갖고서 '현실화' 하며, 그것이 어떤 중립적인 학문적 토론으로 후퇴하는 것도 방지하기를 원한다고 하였는데 우리는 이에 대하여 새로운 한 가닥 사고의 실마리가 풀리는 것으로 보고 환영하고 싶은 마음이다.

다만 우리가 보니노의 해방신학의 이론을 읽어 본 결과는 우리 유럽의 '희망의 신학' 을 하는 신학자들의 이론이 다시 기용되고 있음을 알게 된다. 나아가서는 하나님의 나라와 역사적 현실들과의 만남을 말한 칼 바르트를 생각하지 않을 수 없게 되고 기독교 종말론의 '유토피아적 기능' 에 대한 강조와 '종말론적 신앙' 의 혁명적 행동성과 불완전을 완전케 하는 하나님의 사랑의 승리로서의 '죽은 자의 부활' 에 대한 인식 등은 본훼퍼(Bonhoefer), 바르트(Barth), 골비처(Gollbitzer), 메츠(Metz)와 몰트만(Moltmann) 등 유럽 신학자들의 신학적 이론을 그대로 수용하고 있다는 표시가 된다.[33]

구스타보 구티에레즈(Gustavo Gutierrrez)의 저서 『해방의 신학』(A Theology of Liberation)은 '훌륭한' 신학적 작품이나, 라틴아메리카의 신학이라고 하기보다는 '유럽의 신학' 으로서 공헌했다고 말할 수밖에 없는 것이 아쉬운 일이다.

구티에레즈는 라틴아메리카에서의 '사유화의 과정' 을 유럽인들의 자유를 위한 투쟁사의 연장선상에 놓고 칸트, 헤겔, 루소(Rousseau), 포이에르바하(Feuerbach), 마르크스와 같은 유럽 학자들의 사상을 검토함으로써 설명하고 있다. 그러나 우리의 물음은 그렇게 하는 것은 '유럽' 을 보는 것이지 '라틴아메리카' 를 보는 것이 되겠는가 하는 것이다.[34]

또 다른 하나의 문제점은 라틴아메리카의 해방신학자들의 '마르

Christianity and Crisis, March 29, 1975, p. 57.
33) Ibid., pp. 58, 59.
34) Ibid., p. 59.

크스주의'에 대한 '학술 세미나적'인 이해와 접근에 있다. 라틴아메리카의 해방신학자들은 유럽의 정치신학자들을 보고서 오늘날 세계의 정치적 현실들에 대하여서는 무관심한 채 보편주의적인 입장에서 '혁명'과 '야망'에 대한 학설들의 개진에만 열중하고 있다고 비난하지만 라틴아메리카의 해방신학자들이야말로 현금의 라틴아메리카의 인민들의 정치적 경제적 현실에 대한 정확한 분석 없이 마르크스주의와 유럽의 정치신학자들의 사상에 대한 그들의 학술적인 연구결과를 그들의 '세계관'으로 정립하여 과시하고 있는 것뿐이라고 말하지 않을 수 없다.[35]

끝으로 오늘날 많은 해방신학자들이 생각하는 바와 같이 라틴아메리카의 인민들이 '혁명적인 상황' 속에 살고 있다고 할지라도 문제는 혁명의 주체가 되는 가난하고 정치적으로 억눌린 자들이 실제적으로 혁명을 일으킬 준비가 되어 있는가 하는 것이다. 신학자들과 지성인들과 학생들이 아무리 '혁명의 제단'에 불씨로 던져진다 하더라도 라틴아메리카의 인민들이 '혁명의 불길'이 되어 타오르지 않는다면 사회주의 혁명과 인민해방의 꿈이 이루어질 수는 결코 없을 것이다.[36]

이와 같은 몰트만의 호세 미구에즈 보니노에 대한 공개서한에서의 답변은 중남미 해방신학자들의 유럽의 '정치신학'에 대한 의존도가 매우 높은 반면에 중남미제국의 인민들이 처해 있는 정치적 경제적 상황에 대한 분석과 평가가 불투명하고 그들을 위한 혁명의 분위기 형성과 방법론 제시에 있어서 크게 미흡하다는 이야기로 집약된다.

여기서 우리는 유럽의 '희망의 신학'이나, '정치신학'이 '혁명적 행동성'이 없는 상아탑 속에서의 학문연구에 불과하다는 남미 해방신학자들의 비판을 몰트만이 받아 가지고 상아탑 속의 학문 연구를 하

---

35) *Ibid.*, pp. 59, 60.
36) *Ibid.*, P. 60.

고 있는 것은 바로 해방신학자 자신들이며 해방신학자들이 유럽의 '정치신학'을 비판하는 데 동원한 이론과 개념들까지도 실상은 유럽의 정치신학자들로부터 배운 것들이라고 지적함으로써 크게 역습을 가한 셈이다. 알베스나 보니노와 같은 해방신학자들은 위르겐 몰트만과 유럽의 '정치신학'을 '혹'과 같은 존재로 여기고 떼어버리려고 하다가, 그 '혹'이 자신들의 얼굴에 붙어 있는 것임을 지적받고서 크게 당황하는 꼴이 되고 말았다.

그럼에도 불구하고 우리가 오늘날 전세계적으로 보아 경제적 빈곤에 허덕이고 독재자 정권으로부터의 억압을 받는 인민들은 유럽이 아니라 라틴 아메리카에 살고 있다는 사실과, 따라서 사회주의적 혁명의 가능성이 유럽보다는 중남미제국에 두드러지게 나타나고 있다는 사실 등을 감안할 때 아무래도 유럽의 '정치신학' 보다는 라틴아메리카의 '해방신학'이 '정치적 프락시스'(a political praxis)를 더 많이 발휘할 수 있으며 신학을 '혁명'과 '해방' 등의 주제하에 현실적으로 활발히 펴 나갈 수 있는 신학이 아닌가 사료된다.

어쨌든 오늘날 라틴아메리카의 '해방신학'은 현대신학계에서 높은 지지율을 확보하고 있으며 세계교회협의회(WCC) 산하의 교회 지도자들과 신학자들의 대다수가 '해방신학'의 신봉자들이 아니면 그 팬들이 되고 있는 것도 부인할 수 없는 오늘의 현실이다.

몰트만과 같은 유럽의 정치신학자와 라틴아메리카의 해방신학자들 간에 과거에 있었고 지금도 존재하는 '불협화음'(不協和音)은 '신 마르크스주의 신학'(Neo-Marxist Theology)이라고 일컫는 '신학적 교향악단'의 단원 중 몇 사람이 공연할 때 연습부족으로 범하는 실수이다.[37]

---

37) 이 '신마르크스주의 신학'(Neo-Marxist Theology)을 더 알기 위하여 John Macquarrie, *20th century Religious Thought*, London: SCM Press, 1981, cf. pp. 377-381을 보라.

(5) 해방신학이 빚어낸 '개혁신학' 내의 '침통한 분위기'

해방신학은 현금 유럽 신학계를 휩쓸고 있는 신마르크스주의(Neo-Marxismus)의 연장선상에 위치하는 신학으로서 좌경신학 중에서도 첨단적인 양상을 나타내고 있는 신학이다. 그럼에도 불구하고 이 신학이 오늘날 국제적으로 개혁신학계에 큰 충격을 주고 있을 뿐 아니라 '신학 자아반성'의 계기로 받아들여지고 있다.

웨스트민스터 신학교의 하비 칸(Harvie Conn) 교수는 해방신학자들이 갖고 있는 '맑시스트 사상'과 '르네상스(인본주의)적인 인간관'을 비판하면서도 해방신학은 복음주의자들에게 우리들이야말로 정말 '프락시스가 없는 이론적 신학자들이 아닌가' 하는 생각을 품도록 만드는 기회를 제공하고 있다고 하였다. 우리는 신학을 논리로써 또는 이론적으로 전개하는 일에만 바쁘고 신학을 인생의 모든 영역에 적용하는 일에는 너무나 무관심한 것이 아닌가?[38]

또 한편 크라크 피노크(Clark H. Pinnock) 교수는 북아메리카의 신학자들과 크리스천들은 중남아메리카의 해방신학자들의 절규를 귀 담아 들어야 하며 '열매 없는 나무'(마 12:33)와 같은 우리의 '보수신앙'을 반성하여야 하겠다고 하였다. 해방신학의 출현을 목도하면서 우리는 가난한 자들과 억눌린 자들이 살고 있는 세계로 우리를 부르시는 하나님의 음성에 대하여 더 이상 우리가 무관심할 수 없음을 느끼게 된다고 하였다.

우리 복음주의자들은 복음진리를 수호할 줄만 알고 어찌하여 실천할 줄을 모르는가? 복음의 실천과 생활화가 없는 복음의 전파는 위선이요 진정한 전파가 아니다.[39] '해방신학'이 오늘날 제기하며 강조하

---

38) Harvie M. Conn, *The Mission of the Church*, Evangelicals & Liberation, cf. pp. 72, 73.
39) Clark H. Pinnock, "*A Call for Liberation of North American Theologians*", Evangelicals & Liberation, p. 125.

고 있는 바 가난한 자와 억눌린 자들의 문제와 그들에게 정치적이며 경제적인 자유를 주기 위한 사회주의 혁명의 필요성 등은 여태껏 경제적 빈곤과 정치적 독재주의에 대한 무관심에 가까운 방관과 진정한 성경적인 해결책과 및 대안의 부재 등을 개탄하지 않을 수 없는 많은 개혁 신학자들과 복음주의 신학자들 사이에서 침통한 분위기를 만들어 주고 있다. 따라서 개혁신학자들 또는 복음주의 신학자들 중에서 세계적인 빈곤의 문제에 대처하기 위하여 우리 스스로가 '검소한 삶' (simple lifestyle)을 살 것과 교회와 하나님(가난한 자)에게 드리는 헌금을 '강화' 할 것을 부르짖을 뿐 아니라 실천에 옮기고 있는 경향을 발견할 수가 있다.

로널드 사이더(Ronald Sider)는 '점증적인 십일조'(the graduated tithe)를 제창했으며 크리스천 가족의 일 년 생활비를 14,850 달러(1977년도 달러로 계산)로 제한한 후 나머지 일 년 소득은 가난한 자를 위하여 사용할 것을 주장하였다. 그리고 그는 그가 설교하는 바를 실천하기 위하여 '검소한 삶'을 가족과 함께 살면서 주거를 필라델피아 시의 가난한 자들이 모여서 사는 지역으로 옮기기까지 하였다.[40]

피터 와그너(C. Peter Wagner)는 로널드 사이더보다는 '약소하다'고 하면서 그 자신의 '점증적 십일조'를 구상하여 발표하였다. 그것은 3단계로 되어 있다. 첫 단계는 십일조를 철저히 실행하는 것이다. 이것은 부자에게와 마찬가지로 가난한 자에게도 해당된다(말 3:7-10). 그리고 둘째 단계는 일단 십일조를 시작한 다음에는 '검소한 삶'을 도모하고 가난한 자를 돕기 위하여 십일조 이상의 더 많은 헌금을 하는 것이다. 소득과 수입이 증가함에 따라 25%까지 할 것이다. 즉 10의 4조까지를 헌금하는 것이다. 끝으로 셋째 단계로서

---

40) C. Peter Wagner, *Church Growth and the Whole Gospel*, San Francisco: Harper & Row, 1981. pp. 44, 45.

봉급이나 정기적인 수입 외에 부수입에 대하여서는 그것의 50%를 헌금한다는 것이다. 그렇게 하여야 '열성 있는 헌금'을 하는 것이 되겠고 하나님 나라의 시민에 걸맞는 검소한 생활을 하게 될 것이다.[41]

그러나 여기서 '가난한 자의 문제'를 앞에 놓고 자아반성의 '침통한 분위기'는 좋으나 너무나 그 문제에 매어 달려서 개혁신학자들과 복음주의 신학자들이 사회주의적인 경제이론이나 '수도원적으로 미화된 가난의 개념'을 고집하는 어리석음은 극히 삼가야 할 것이다. 예수 그리스도께서도 세상에 오신 목적이 가난한 자를 구제하는 것이 아니라 '죄인을 회개케' 하는 것이라고 말씀하지 않았는가(마 26:11; 9:40).

피터 와그너의 말과 같이 독실한 크리스천이나 신앙인들이라고 하여 모두 필라델피아의 가난한 사람들이 운집하여 사는 지역에 가서 살아야 한다는 법은 없다. 그렇게 하는 크리스천들은 하나님의 은혜로 말미암아 그렇게 할 수 있음을 감사할 따름이다.[42]

칼 헨리 박사가 말한 바대로 '해방신학'은 가난한 자들과 억눌린 자들이 겪고 있는 고난으로부터 출발하여 대중들에게 너무나 과다한 물질주의적 기대를 자극할 뿐 '죄악과 죽음으로부터의 놓임'(롬 8:1, 2)에 대하여는 무관심하게 하며 천당과 지옥 간의 양자택일의 믿음은 아예 망각하도록 만든다.[43]

오늘날 개혁신학자들이나 또는 복음주의 신학자들은 '해방신학'에 의하여 제기된 가난한 자의 문제를 진지하게 검토하고 성경적인 대책을 마련하도록 힘써야 하겠지만, 그것을 기독교윤리의 차원으로부터 '구원론적 차원'으로 끌어올린 뒤에 그것을 해결하느냐 못하느냐 하

---

41) Ibid., pp. 45, 46.
42) Ibid., p. 45.
43) Liberation Theology (edited by Ronald H. Nash), 'Liberation Theology & the Scriptures' by Cal F.H. Henry, Milford, Michigan: Mott Media. 1984, cf. pp. 198-201.

는 데 마치 기독교 신앙과 신학의 존폐가 달려 있는 것처럼 생각함은 크게 잘못된 것이다.

만일 그런 생각의 경향이 계속된다면 그것은 가난한 자의 문제를 갖고서 도전해오는 해방신학으로 말미암아 개혁신학 내에 조성된 '침통한 분위기'를 '공포의 분위기'로 바꾸어 놓게 할 것이요, 그 결과로서 개혁신학자 크라크 피노크(Clark Pinnock)의 일시적이기는 했으나 '혁명적인 정치신학' (a revolutionary theology of politics)에로의 '변신'과 같은, 개혁신학 내에서의 사회주의적 좌경화의 망동을 불러 일으키게 할 것이다.[44]

3. 평가

(1) 해방신학은 유례없는 큰 '이단신학'이다

오늘날 신학계를 떠들썩하게 하고 세계를 놀라게 하고 있는 '해방신학'이 한국에도 상륙하여 교계에서는 물론이요 일반 불신자들의 사회에서도 물의를 빚고 있다.

아무래도 해방신학은 1970년대와 1980년대에 세계를 휩쓸고 있는 '유행신학'인 것 같다. 우리는 한국에서 해방신학을 받아들여 소개하는 한국 신학자들 중에는 유행신학에 편승하는 자세로 '해방신학'의 춤을 추고 있는 이들도 있다.

수년 전에 기독신보 지상에 발표된 김남식 교수의 논문 "해방신학,

---

44) 크라크 피노크 박사의 '혁명적인 정치신학에로의 변신'을 알기 위하여 *A Pilgrimage in Political Theology* by Clark H. Pinnock, pp. 105-118, from Liberation Theology edited by Ronald H. Nash, 1984를 보라.

그 논리와 행동"의 끝부분에서 다음과 같은 글을 읽을 수가 있었다. "한국에서 해방신학을 주장하거나 그 여과인 민중신학을 주장하는 이들 가운데 과연 얼마만한 숫자가 가난한 자의 고난에 동참하고 있는가? 고급 맨션아파트에 살며, 고급 호텔 커피숍에 앉아서 가난한 자의 해방을 운운하는 것은 행동논리의 모순을 드러내는 것이라고 하겠다."[45]

꽤 재미있는 표현이다. 무엇인가 우리로 하여금 깊이 생각케 하여 주는 글이다.

'해방신학'은 가난하고 정치적으로 억눌림을 받고 있는 '제3세계의 신학'으로 자처하며 또 '개발도상국가들의 신학'으로 알려져 있기 때문에 그 인기도가 높고 세계적으로 넓은 공감대를 형성하고 있는 것도 사실이다.

오늘날 세계인구의 2/3가 식량부족으로 허덕이고 있고 세계도처에서 매일 15,000명의 아사자가 발생하고 있는데 북아메리카와 유럽에 사는 인민들은 전세계 인구의 20%에 불과하면서도 전세계 부의 80%를 누리고 있으니 이 얼마나 불공평한 일인가 하는 이야기가 많은 사람들에게 호응을 불러 일으키지 않을 수 없다.

어떤 북아메리카의 복음주의 신학자는 중남미 '해방신학의 출현'을 호기로 삼아 북아메리카인들은 생활을 더욱 검소하게 하고 식사와 주거와 오락 등을 위하여 쓰는 돈을 줄여서 중남미와 아세아와 아프리카에 사는 가난한 인민들을 경제적으로 도와야 할 것이라고 제안하기도 하였다.[46]

그렇게 할 수만 있다면 하여야 할 것이다. 얼마나 좋은 일인가. 이는 또한 해방신학자 구스타보 구티에레즈(Gustavo Gutierrez)의 다

---

45) 김남식, "해방신학 논리와 행동", 1992. 5. 8. 제46호 제3면에서 인용.
46) Clark Pinnock, *A Call for the Liberation*, New York: Orbis Books, 1973, pp. 301, 302.

음과 같은 말을 우리에게 상기시켜 준다.

"오늘날 교회 또는 크리스천은 스스로를 가난하게 만듦으로써 가난한 자와 일체감을 가지며, 또 '가난'에 대한 항의를 실천하는 가운데 인간에 대한 모든 '불의'를 정죄하는 선지자적인 기능과 사명을 이 시대에서 다 할 수 있을 것이다."[47]

그러나 이렇게 현금의 라틴아메리카의 가난의 정황에 대한 깊은 이해와 동정심으로 말미암는 '가난한 삶에 대한 신학자들의 결의에도 불구하고 이와 같은 결의를 불러 일으키게 한 '해방신학' 자체는 성경 66권을 하나님의 정확무오한 영감된 계시진리의 말씀으로 믿는 우리의 '정통신학'의 입장에서 볼 때에는 분명히 그리고 의심할 여지가 추호도 없을 정도로 '이단신학'(a heretical theology)이라고 말하지 않을 수 없다.[48]

'해방신학'이 '이단신학'이라는 사실에 대하여 여태껏 설명하지 않은 국면들을 몇 가지 들어서 논술하여 본다면,

첫째로, '신학의 사회적 행동성'을 강조하는 '해방신학'은 신학의 모든 '이성적 사고'로부터의 '해방'을 부르짖는 데 그 문제점을 갖고 있다고 할 수 있겠다.

만일 '정치적 또는 경제적 현실성'이 신학의 정당성에 대한 유일한 기준이 된다고 한다면 그보다 앞서 정치적 경제적 현실성을 평가하는 기준은 무엇인가?

칼 마르크스의 사회주의적 경제이론이 그 기준이 된다고 한다면 기독교 성경이 하는 역할은 무엇인가?

칼 마르크스의 경제이론은 '이성주의적 사고'가 아니며 유독히 기

---

47) Gustavo Gutierrez, *A Theology of Liberation*, New York: Orbis Books. 1973. pp. 301, 302.
48) Kenneth Hamilton, "*Liberation Theology: Lessons Positive and Negative*", Evangelicals & Liberation, cf. p. 124.

독교 성경의 가르침만이 그렇다는 주장도 매우 받아들이기 어렵다.[49]

둘째로, '마르크스주의적 해석학'을 진리관으로 받아들이는 '해방신학'은 그 '마르크스주의적 해석학'에 내포되어 있는 기독교인의 신앙고백과 정면으로 부딪치는 '유물사관적 세계관'을 어떻게 억제하며 그것으로부터 기독교인의 신앙고백을 어떻게 보호할 수 있을 것인가 하는 물음을 심각하게 묻지 않을 수 없다.

이 매우 중요한 물음을 긍정적으로 대답하기가 거의 불가능하다. 왜냐하면 '해방신학'이 '마르크스주의적 해석학'을 '하나님의 나라를 건설하기 위한 방법론'으로 삼는 그 순간 '해방신학'은 기독교 성경의 가르침과 전적으로 위배되는 무신론적이며 물질주의적인 환상의 '노예'가 되어 버리기 때문이다.[50]

그리고 셋째로는, 기독교신학이 여태껏 '서구철학 사상의 포로기'에 놓여 있었다고 주장하는 '해방신학'은 기독교신학이 그와 같은 '포로기'로 부터 놓임을 받아야 하며, 한편 성경을 '마르크스주의적 정치학과 경제이론'을 갖고서 읽고 해석하는 일을 적극 추진하여야 한다는 엄청난 이야기를 하고 있다는 사실에서 '이단신학'으로서의 해방신학의 위험성을 우리는 크게 느끼지 않을 수 없다는 것을 말하고 싶다.

먼저 우리는 어찌하여 기독교신학만이 '서구철학 사상의 포로기'에 놓여 있고 칼 마르크스의 정치학이나 경제론은 '순수한 객관성을 지닌 작품'으로 보아야 하는가 하는 물음을 묻지 않을 수 없다.

이에 대한 '해방신학'의 답변은 만일 우리가 궁극적으로 고찰하여 모든 인간적 사고나 사상이 전혀 주관의 개입이 없는 '순수한 객관

---

49) C. Rene Padilla, "The Theology of Liveration", a Paper read at End International Conference for Christian Higher Education, Dort College, Sioux center, Iowa, August 13, 1981, pp. 6, 7.
50) Ibid., pp. 10, 11.

성'을 지키는 일이 불가능하다고 한다면 우리는 우리의 관점과 입장 (마르크스주의적 해석학)을 그 비객관성에도 불구하고 기꺼이 선택한다는 것이다.

그리고 다음으로 우리가 물어야 할 중요한 물음은 어찌하여 우리가 '해방신학'의 권유를 따라 성경을 '마르크스적 사고'로 읽고 해석하여야 하며, 그 반대로 '마르크스주의'를 성경진리의 조명하에 읽고 해석하는 일은 마다해야 하는가 하는 것이다. 또 이런 물음도 물을 수가 있을 것이다. '마르크스주의적 해석학'을 도구로 하여 우리가 라틴아메리카의 인민들의 '경제적 정치적 고난'의 현실을 객관적으로 평가하는 일이 가능하다고 하면서 '해방신학'은 왜 성경에 대한 우리의 객관성 있는 이해와 평가는 불가능하다고 고집하는가 하는 것이다. 진정한 신학은 성경을 어떠한 '사상학적 틀'에도 집어넣기를 거절하고 성경을 성경자체의 조명으로 읽는 신학일 것이다.

신학은 하나님의 우주적이고 역사적인 경륜에 순종하기 위하여 그의 말씀인 '성경의 빛' 가운데서 신학적 실천성 내지 행동성의 문제를 검토하여야 한다. '해방신학'은 성경을 '마르크스주의적 해석학'의 눈으로 보고 해석하려는 매우 그릇된 방법론과 자세를 버리고 보다 충실한 성경 본문 연구를 통한 라틴아메리카의 역사적 상황의 제 국면들에 대한 바른 포착과 판단을 하도록 이제라도 돌이켜 힘쓰지 않는다면 그리스도의 복음을 한낱 '마르크스주의적 사상학'으로 축소시키는 '치명적인 과오'를 '해방신학'은 계속 범하게 될 것이며, 따라서 기독교 신학사상에 그 유례가 없는 크나큰 '이단신학'으로 영구히 낙인이 찍히게 될 것이다.[51]

라틴아메리카의 해방신학의 제1인자인 구티에레즈는 해방신학의 목적과 의의를 세계에 산재하는 기독교인들과 특히 라틴아메리카에 존재하는 교회를 동원하여 가난하고 정치적 억압하에서 신음하는 인

---

51) *Ibid.*, cf. pp 12, 13.

민들 편에 서서 사회적 불의와 경제적 구조악을 전복하고 "그리스도가 우리를 사랑한 그 사랑의 충만함으로써 진정한 인류의 형제성을 보장 하는 '새로운 사회'를 건설하는 데 있다"고 천명하였다.[52]

그러나 그와 같은 훌륭한 일을 하기 위하여 하나님의 계시 진리의 말씀인 성경으로 하여금 우리의 잘못된 사상적 편중성(예컨대 마르크스주의 해석학)을 시정하도록 하지 않는다면, 우리는 하나님이 기뻐하시는 '진정한 인류의 형제성을 보장하는 새로운 사회'를 결코 건설할 수 없을 뿐더러 '역사적 기독교가 보존해 온 정통신학'을 '자본주의 신학'으로 정죄하고 '프롤레타리아 신학'이라는 이름 아래 예수 그리스도와 그의 가르침은 없고 칼 마르크스만이 지배하는 '해방신학'의 승리를 우리 모두 예찬하게 될 것은 명약관화하다. 이와 같은 해방신학의 위험성과 그 '절망적인 종국'을 구티에레즈를 비롯한 모든 중남미제국의 해방신학자들은 명심함이 좋을 것이다.

'해방신학'은 '제3세계의 신학이기 때문에 한국의 신학'으로 우리가 받아들여야 한다는 '이색적'인 주장도 있다.

물론 대한민국은 제3세계의 국가이다. 식민지로서의 과거를 갖고 있기 때문이다. 그러나 사상적으로 우리는 제3세계의 이데올로기를 그대로 받아들일 수는 없다.

우리는 반공을 '국시'로 하고 있다. 그리고 또 한 가지 우리가 고려하지 않을 수 없는 중요한 사실은 대한민국은 현재 경제적으로 발전하고 있다는 사실이다.

대한민국은 지도상으로 볼 때에 세계의 북반구에 위치하면서도 여태껏 남반구의 빈자국가들과 과거의 빈곤과 '전 식민지적 성분' 때문에 '동계열군'(同系列群)으로 인식되어 왔다.

그러나 현재 대한민국은 개발도상국가들의 선두를 달리고 있는

---

52) Gustavo Gutierrez, *A Theology of Liberation*, New York: Orbis Books. 1973. cf. pp. 307, 308.

'중진 모범국'이다. 또는 요사이 새롭게 통용되는 용어를 사용한다면 동아세아 대륙 연안에 길게 뻗어 있는 소위 '신흥공업국가'들(NICS)의 선두주자가 된 것이다.

따라서 중남미 해방신학자들은 현금의 '경제적 기적'을 창조하고 있는 대한민국(The Republic of Korea)으로부터 배울 바가 분명히 있다. 세계 지도상으로 '북부남빈'(北富南貧)의 '경제현상'을 영구시 함과 동시에 정치적 혁명 외에는 중남미제국 인민들의 빈곤을 구제할 길이 없다고 생각하는 것은 '기막힌 패배사상'(a hopeless defeatism)임을 알아야 할 것이다.

오늘날 남반구 빈국의 인민들의 빈곤과 정치적 고난의 원인을 북반구 부국들의 소위 '자본주의적인 착취의 경제학'에서만 찾으려고 하지 말고 그들 자신들의 태만과 타성, 그리고 '무사안일한 낙천주의적 인생관'에서 한 번쯤은 찾아보려는 시도가 있어야 할 줄 안다.

성경은 모든 인류가 '하나님의 형상'으로 지음을 받았기 때문에 하나님 앞에서 평등함을 가르친다(창 1:27; 행 17:26, 27 등).

그러나 인류의 개개인들이 똑같은 능력(은사)을 소유한다든가 똑같이 일하여 똑같은 수확을 거둔다는 뜻은 결코 아니다.

이는 그리스도가 가르친 '달란트의 비유'에서 찾아 볼 수 있는 교훈이며 '심은 대로 거둔다'는 말씀이라든가, 일할 때 근면과 열심으로 할 것을 권고하는 말씀 가운데 명확하게 나타나고 있는 교훈이 아니겠는가(마 25:14-30; 갈 6:8, 9; 살후 3:10-12; 창 1:28; 출 20:9; 시 126:5, 6 등).

'맑시스트 혁명'과 '사회주의 경제체제'의 수립이 오늘날 라틴아메리카의 인민들을 빈곤과 독재로부터 해방하는 참된 방법론이 될 수는 없는 줄 안다.

이와 같은 생각은 오늘날 공산주의 진영의 종주국인 소련과 공산대국인 중국 그리고 동유럽의 공산국가들이 '공산주의 경제체제의 실패'를 자인하고 인민들의 빈곤과 '경제적 낙후성'을 구제하기 위하여

'자본주의 제도'의 도입을 서두르고 있다는 사실로 말미암아 현실적으로 뒷받침을 받고 있다.

우리 한국 교회는 창립 후 100년 동안을 성경적 신앙의 토대 위에 서서 놀랄 만한 성장과 발전을 이룩하면서 온갖 '신신학'과 '이단사상'과 싸우면서 오늘에 이르렀다.

'해방신학'은 우리 교회를 위협하는 80년대와 90년대의 '신신학'이요, '이단사상'이다.

'해방신학'이 '제3세계의 신학'으로 자처하면서 신학의 '탈북대서양화'(脫北大西洋化)를 부르짖는다든가 신학의 '제3세계화'를 외친다고 하여 우리가 그 '재치 있는 발언'에 현혹당해서는 안 될 것이다.

우리 한국 교회가 하여야 할 일은 성경 66권을 하나님의 영감된 '구원의 진리의 말씀'으로 믿고 실천하는 '성경적 신앙' 또는 '역사적 기독교 신앙'에 입각하여 우리의 '청교도 개혁 신학'을 보존하며 완성하고 그것을 '세속적 무신론'과 '마르크스주의 사상'이 지배하는 오늘의 세계를 향하여 수출하는 일일 것이다. 이렇게 함을 보고서 '한국신학'의 '탈서구화'(脫西歐化)라고 한다면 얼마든지 좋다.

또 우리 신학의 '태평양화'(太平洋化)라고 부른다면 그것도 좋다. 저자의 결론은 이것이다. 우리는 라틴아메리카의 신학자들이 제안하는 대로 신학의 '제3세계화'를 칼 마르크스와 더불어 할 것이 아니라 '새벽기도의 신학'으로 했으면 좋겠다.[53]

---

53) 『새벽기도의 신학』은 저자의 1974년도 저술로서 한국 교회는 새벽기도를 열심히 하는 주의 종들과 성도들이 일으킨 교회이므로 '한국 교회의 신학'은 그들이 가졌던 '새벽기도의 신앙과 정신'에 그 근거를 두어야 한다는 사상이 이 책에 담겨 있다. 더 자세한 내용은 책을 직접 읽고서 터득하기를 바란다(박아론 저, 『새벽기도의 신학』〈서울: 세종문화사, 1974년 초판 발행, 양장 198페이지〉).

A Selective Reading on the Theology of Liberation

Gustavo Gutierrez. *A Theology of Liberation*, New York: Orbis Books. 1973.
Jose Miguez Bonino. *Christians and Marxists*. Grand Rapids: Wm. B. Eerdmans. 1974.
Rubem Alves. A Theology of Human Hope. St. Meinrdd Ind.: Abbey Press. 1975.
Jon Sobrno. Christology Crossroads. Maryknoll. N.Y.: Orbis. 1976.
Robert McAfee Brown. *Theology in a New Key*. Philadelphia: the Westminster Press. 1978.
Evangelicals & Liberation (editor: Kenneth Hamilton). Philadelphia: The Presbyterian and Reformed Publishing Company. 1979.
Tensions in Contemporary (edited by S.N. Gundury & A.F. Johnson). 8. *Theologies of Liberation: An Overview* (pp. 327-392) and 9. *Theologies of Liberation: Toward A Common View*(pp. 395-434). Grand Rapids: Baker Book House. 1976.
Liberation Theology (editor: Ronald H. Nash). Milford. Michigan: Mott Media. 1984.
Emilio A. Nunezc. Liberation Theology. Chicago. Moody Press. 1985.
나용화. 『해방신학 비판』. 서울. 기독교문서선교회. 1983.

제4장: 민중신학

1. 서론

'민중신학'은 1970년대에 한국에 나타난 한국 특유의 신학이다. '70년대를 살아온 기독교 신앙인들이 자신들의 역사적인 경험을 통해서 성경을 읽고 해석하면서 기독교 신앙을 성찰하고 말과 글로 혹은 행동으로 표현한 것'이 '민중신학'이라고 한국의 어떤 민중계 신학자는 말한다.[1] 이 신학은 더 일반적으로 한국에서 70년대부터 시작한 '가난하고 눌린 자를 위한 기독교 민권운동'으로 알려져 있다.[2]

'민중신학'을 조금 더 신학사상적으로 성찰한다면 이는 60년대 후반부터 세계 사상계를 석권하기 시작한 유럽의 신마르크스주의 사상(Neo-Marxism)과 특히 중남미 제국에서 '돌풍처럼' 일어난 해방신학(Theology of Liberation)의 영향을 받음과 동시에 70년대를 살아온 한국인들의 '민중적 삶의 체험' 속에서 재래식 정통 기독교 신학이 '한국적 정치신학'으로 탈바꿈하는 과정을 의미한다.

'한국 민중신학'의 중요한 신학자들로서 서남동, 안병무, 현영학,

---

1) 서광선, "민중신학자들의 의도"(한국 신학 정립을 위한 지상논쟁), 크리스챤 신문 1984년 11월 24일 호. 2면.
2) 김경재, "민중신학의 신학사적 의미와 그 평가", 『한국 민중신학의 조명』(서울: 대화출판사, 1976), p. 96.

서광선, 김용복 제씨를 꼽을 수 있다. 그중에서도 서남동은 이미 작고하였지만 한국 민중신학의 설립자(안병무 씨와 함께) 격이다. 재미있게 표현하여 그는 민중신학의 '헌장 작성자요, 이 신학을 위한 쉴 줄 모르는 능변의 속사포'였다.[3]

2. 본론

(1) 민중신학의 역사적 발단과 그 특이성

① 역사적 발단—70년대의 한국에서의 정치적 독재와 대중적 빈곤의 상황

'한국 민중신학'은 1970년대의 한국의 특수한 정치적이며 경제적이고 또한 사회적인 현실을 그 콘텍스트(Context)로 하고 등장한 신학이다. 당시 한국은 1961년 5월 16일의 군사혁명으로 집권한 박정희 군사 정부가 정치적 독재와 경제 근대화 운동을 펴 나가는 도상에 있었다. '박정희의 정치적 독재로 인하여 4.19 혁명에 의하여 자극되었던 민주 정신이 심하게 짓밟히고, 경제 근대화 운동으로 인하여 부유한 자본가들과 가난한 노동자들 간의 간격이 심화되었다. 전략적으로 박 정권은 국내 경제의 발전과 성장을 위해 수출 제일주의를 강조하면서 저임금 정책을 폈다.'[4]

따라서 '독재적 장기 집권하에서 정치적으로 억압받는 사람들과

---

3) 박아론, 『현대신학 속의 보수신학』(소책자) (서울: 총신대출판부, 1988. 11.), 민중신학의 한 타령, pp. 27, 28.
4) 나용화, 『민중신학평가』(서울: 기독교문서선교회. 1987), p. 15.

고도성장의 그늘에서 경제적인 참여로부터 소외당한 저임금 근로자들과 그보다도 더 사회 밑바닥에서 신음하는 사람들과 삶의 호흡을 같이 하면서 신학을 하는 자세 또는 방법론'으로서의 이 새로운 신학이 나올 만했던 것이다.[5]

가난하고 억눌림을 받는 저임금 노동자와 사회적 소외계층인 "꼬방동네"(달동네) 사람들을 생각하면서 서남동이 '민중'이라는 용어를 처음 사용한 것은 1975년 2월호 "기독교 사상"에 실린 그의 글에서 '민중을 위한 민중의 교회'의 발언에서였다.

이 '민중'이라는 용어와 '민중신학'의 개념은 즉시로 한국신학연구소 소장인 안병무의 지지를 받았고, 카톨릭 전국 사제단 선언(1975년 3월 10일)도 '민중'이라는 용어와 개념을 주제로 다루었다.

1979년 10월에는 서울에서 '민중에 대한 신학 심포지움'이 아세아 기독교 협의회(Christian Conference of Asia)의 후원하에 열렸고, 한국 신학계에서뿐만 아니라 아세아와 전세계 교회를 향하여 이 '민중신학'의 파장은 뻗어 나갔다. 오늘날 위르겐 몰트만(Jügen Moltmann)과 같은 쟁쟁한 유럽 신학자가 '민중신학'에 대한 지지를 보이고 있고 아세아 WCC도 '민중신학'을 찬양하는 입장이다.[6]

② 특이성— '신마르크스주의적 관점'에서 한국인의 '한'을 정치적으로 경제적으로 풀어 주려는 신학

'민중신학'의 특이성은 그것이 유럽의 '신마르크스주의'와 라틴아메리카의 '해방신학'의 영향을 받았음에도 불구하고 한국적 '민중' 개념에 입각하는 '한국산 신학'이라는 데 있다.

---

5) 서광선, op. cit.
6) 김경재, op. cit., p. 95. 그리고 Yong Wha Na's article, "A Theological Assessment of Korean Minjung Theology", Concordia Journal, April 1988, p. 138.

먼저 언급하여야 할 바는 '민중신학'은 일찍이 본훼퍼(Dietrich Bonhoeffer)가 제시한 '성숙한 세속화된 사회 속에서의 기독교'라는 관념에 영향을 받아 '기독교와 성경에 대한 한국적 상황에서의 비종교적 해석 또는 정치적 해석의 시도'라고 볼 수 있다.[7] 그리고 '민중신학'은 20세기 후반기 유럽 신학계에서 칼 바르트와 같은 신학자가 제창한 '실존론적 종말론'을 극복하고 '정치신학적 종말론'을 제시한 위르겐 몰트만(Jürgen Moltmann)의 영향을 받았으며, 이 사실은 또한 '민중신학이 위르겐 몰트만과 사상적으로 맥락을 같이 하고 있는 신마르크스주의'와 특히 몰트만이 그 '출발의 도화선 역할'을 한 '중남미 해방신학'의 영향권 안에 존재하고 있다는, 다음으로 중요한 사실로 우리를 이끌어 준다.[8]

우리가 민중신학을 현대신학의 한 지류로 본다면 민중신학보다 앞서 있었던 더 큰 현대신학의 흐름들, 즉 '세속화 신학', '희망의 신학', '해방신학', '과정신학', '역사의 신학' 등의 감화가 분명히 있었을 것임을 시인케 될 것이다. 특히 '민중신학'의 두 기둥과 같은 서남동과 안병무의 신학사상의 배경을 검토한다면 서남동은 구미신학자들 중에서는 틸리히, 니버, 본훼퍼, 콕스, 로빈슨, 몰트만, 구티에레즈, 샤르댕 등의 영향을, 그리고 그의 말년에 가서는 다가와 겐조, 아라이 사사구와 같은 '신마르크스주의적 성행'을 가진 일본인 신학자들의 영향을 받았음이 분명하고, 안병무는 전기한 바 다가와의 영향을 받았을 뿐만 아니라 '예수의 원복음 연구'의 권위자인 타이센(Gerd Theissen)과 같은 신학자에게서 직접적인 큰 영향을 받았음을 알 수 있다.[9]

그러나 민중신학은 이러한 다양한 20세기 외래 신학사상들이 영향

---

7) *Ibid.*, p. 98.
8) *Ibid.*, pp. 98, 99.
9) *Ibid.*, pp. 13, 14.

을 끼친 결과로서의 신학만은 아니다. 한국에서 70년대와 80년대를 살아온 일부 정치 신학적 관점을 가진 한국인 신학자들의 '한국적 상황'에 대한 문제 제기와 그 신학적 대답 제시라고 하는 이중적 작업의 과정으로 볼 수 있는 것이 이 민중신학의 특이한 점이다.

'민중신학'의 창시자격인 서남동은 자신이 구미신학과 해방신학 등 여러 외래 신학사상 등을 편력하고 전전하다가 결국 한국인 신학자로 '한'이라든가 '민중'과 같은 '한국적 삶의 이슈들'을 주제로 다루는 신학을 하게 됨을 만족스럽게 여기는 심정을 피력하였다.[10]

서남동과 함께 '민중신학'의 공동 창시자라고 할 수 있는 안병무는 미국 선교부의 지도하에 세워진 '한국 초기 기독교'와 교회는 교회를 향하여 몰려든 사람들의 가난하고 억눌림을 받는 자들로서의 '한'을 풀어주기는커녕 오히려 1907년에 있었던 것과 같은 '심령 부흥 운동'을 유도함으로써 그들의 '자주 독립'이라는 민족적 소원과 그들의 가난과 피압박자로서의 '민중적 한'을 망각케 하려고 하는 의도성을 가졌다고 주장하고 있다.[11]

뿐만 아니라, 그 이후의 한국 교회사는 계속하여 개인적인 영혼 구원의 세계에 안주함으로써 한국인들의 '민족적 소원'과 '민중적 기대'와 반대되는 길, 즉 반예수적이며 반민중적인 길을 걸어 왔다고 비판한다. 환언하여 안병무는 그의 '한국 민중 사상사적 관점'에서 한국 초대 교회사를 '역조명'하여 정죄한 다음에 새삼스럽게 '민중운동의 대열에서는 한국교회의 신학으로서의 민중신학'을 제창하고 있으니, 이 역시 '한국적인 특이성'을 과시하는 일이라 하지 않을 수 없다.[12] '민중신학'의 특이성을 우리는 또한 그것이 '한국 민족의 오랜 문화, 정치, 사회, 경제사적인 전통'을 그 '전구조'(前構造)로 삼

---

10) 서남동, 『민중신학의 탐구』(서울: 한길사, 1983), pp. 202, 203.
11) 안병무, 『민중사건 속의 그리스도』(서울: 한국신학연구소, 1989), pp. 166, 171.
12) Ibid., pp. 172, 173.

는 데 있다는 해석도 또 귀담아 들어 둘 필요가 있다.[13]

(2) 민중신학의 신학사상

'민중신학'이 갖고 있는 바 신학 사상에 대하여 검토함에 있어서 다양한 주제 선별하에 고찰이 있을 수 있겠으나 가장 기본적인 두 '이론 영역' 즉 '민중론'과 '구원론'의 영역에서 고찰을 진행하고자 한다.

① 민중론
'민중신학'에 있어서 '민중'은 그 중심의 개념이다.
민중은 누구인가?
서남동을 따르면 '인간'이라는 말이 개인주의적이고 내면 지향적인 의미를 가지는데 반하여 '민중'은 인간존재를 사회적으로 집단적으로 파악할 때 사용하는 말이다.[14]
그리고 '민중적'이라는 표현은 '귀족적이라든지, 교양 있다든지, 지식 있다든지 하는 그런 것' 하고는 상관없이 '소박하고 소탈하고 단순하고 솔직하고 인정미 있고 생긴 그대로, 태어난 그대로의 그런 것'을 의미하는 것이라고 한다.[15]
민중은 또한 '백성'과 구별이 되어야 한다. '백성'은 봉건주의 사회에서 왕 한 사람에 대하여 '복종하고 순종하는 자세'를 가진 사람들을 뜻하나, 민중은 아무도 섬기지 않으며 '자기 스스로가 주인'인 그런 사람들이다.[16]

---

13) 장일조, "한국 민중신학에 대한 몇 가지 테에제", 『한국 민중신학의 조명』 (서울: 대화출판사, 1976), pp. 120, 121.
14) 서남동, 『민중신학의 탐구』 (서울: 한길사, 1983), pp. 205, 206.
15) Ibid., p. 206.
16) Ibid., pp. 225, 226.

'민중'은 '시민'하고 구별지어져야 한다. 시민은 '부르조아 자본주의 사회'에서 역사와 문화의 주체 노릇을 하는 사람들이다. 서구 유럽이나 미국사회는 지금도 '시민사회'이다.

그러나 '역사의 발전은 시민으로 끝나지 않고 민중으로 이어진다.' 우리 한국과 제3세계는 '자본주의 사회 성립이 어려워서' '봉건사회'에서 민중사회로 뛰어넘을 수밖에 없다고 한다.[17] 그러면 '민중'과 '프롤레타리아'는 어떤 관계에 놓여 있는가? 민중은 곧 '프롤레타리아'인가?

그 대답은 놀랍게도 양자가 서로 다르다는 것이다. '프롤레타리아'는 새로운 유물사관에서 '새 사회의 역사의 주체'로서 '노동자'와 어떤 때는 '농민'까지 포함한다. 그러나 아세아와 특히 한국에서 '민중'은 경제적으로 빈곤한 사람들 외에 정치적으로 억압받고 사회로부터 소외당한 사람들이다. 이것이 라틴아메리카의 '해방신학'과 보는 시각이 다른 것이다.

'민중신학'의 '민중'의 개념은 북미주에서 발생한 '흑인신학'에 훨씬 가깝다. 왜냐하면 '흑인신학'에는 경제적 불평등의 문제만이 아니라 오히려 그보다도 흑인에 대한 탄압과 인권 상실 등이 큰 문제가 되고 있기 때문이다.[18]

'민중'은 '대중'과도 다른 개념이다. '대중'은 영어로 Mass인데, 이는 '사람이 많이 모인 집단'을 의미할 뿐이다. 그러나 '민중'은 '처음부터가 정치신학적인 개념인 것이다.' 이는 '지배자에 대한 피지배자의 집단'이다.[19]

'지식인'은 어떤가? '지식인'을 '민중'이라고 할 수 있는가? '지식인'의 대표적인 예는 대학 교수나 신문기자인데 실제적으로 그는 '항

---

17) *Ibid.*, pp. 225, 226.
18) *Ibid.*, pp. 227, 228.
19) *Ibid.*, pp. 228, 229.

상 지배 집단의 이데올로기를 대변하기' 마련이다.
　그러나 '새로운 시대의 지식인'은 그렇지 않다. 그는 민중의 형편을 알고 체험하며 민중의 소원과 갈망을 대변해 주는 역할을 한다.'[20]
　서남동은 아무래도 '지식인'은 '민중에게서 자기 동일성을 찾았다'고 하여 또는 '민중의 편에서 싸운다고 하여' '민중'이 되는 것은 아니지 않겠느냐고 묻는다. 만일 그렇게 생각한다면 '민중'의 개념에 혼란을 가져올 수 있다는 것이다.[21]
　안병무도 '지식인'을 민중과 동일시하지는 않았으나 '지식인'은 '민주화'를 이루는 일에 있어서 그의 '지식의 눈'으로 상황 분석과 바른 가치 판단을 하여 기여할 수 있다고 한다. '지식인'은 '신분계층이 아니라 지식에 의하여 형성된 계층'으로서 어디에도 예속되지 않는 자유로움을 가지고서 '민중'에게 진실을 알려 주는 '증인' 노릇을 한다는 것이다.[22]
　그러므로 오늘날의 지식인이 참 시대의 증인으로 나서려면 순교자의 각오를 해야 할 것이다.[23]
　민중신학자 김용복의 '민중관'도 서남동, 안병무와 대동소이하다. 다만 김용복은 서남동과 안병무보다도 '민중의 주체성'을 더욱 강조한 나머지 '민중'에 대하여 '개념적인 용어로 정의'하는 것을 거부한다.[24]
　'민중'과 '프롤레타리아'와의 차이에 대하여 김용복은 설명하기를 후자는 '사회 경제적 결정론'에 입각하여 사회 경제적으로 엄격하게

---

20) Ibid., pp. 229, 230.
21) Ibid., p. 178.
22) 안병무,『민중사건 속의 그리스도』(서울: 한국 신학 연구소), pp. 119, 195, 200, 201 참고.
23) Ibid., p. 201.
24) 김용복, "메시야와 민중",『민중과 한국신학』(서울: 한국신학연구소, 1982), p. 288.

규정되어 있지만 전자는 '역동적으로 변하는 개념'으로서 어떤 특정 계층의 사람들이 '민중'이 아니라 억울하게 지배를 받는 사람들이면 "남성이든 여성이든 이 민족이든 저 민족이든 무식자들이든 지성인들이든 간에 다 '민중'이 된다"고 한다.[25]

모택동주의자들이 말하는 '인민'의 개념에는 '프롤레타리아의 우위와 전체주의적 독재가 나타나' 있으며 '북한 공산주의자들'의 '주체'라고 하는 개념은 프롤레타리아의 이름으로 전제주의적 국가에서 독재를 스스로 정당화시키는 데 불과하다.[26]

민중을 '역사의 주체'라고 하는 것은 민중을 절대화시킴이 결코 아니라 "역사적이고 확고한 민중의 자기 정체를 존재론적인 차원에서 확인하는 것이다."[27]

민중도 절대화의 대상이 될 수 없는 것은 인간은 모두 죄 아래 있기 때문이요, 민중의 고난은 역사적인 곤경에서 비롯되기 때문인 것이다.[28]

그런데 이렇게 민중신학자들이 말하는 '민중'의 개념 가운데는 '한'(恨)이라는 한국 특유의 아이디어가 내포되어 있다. 서남동에 따르면 '사람을 밖에서 보면 육체고 안에서 보면 그의 혼에 해당하는 한이다.'[29]

'한'은 무엇인가? 이는 '피지배자'가 '지배자'로부터 받는 억울한 것이며 특히 당하고서도 말 못하는 어떤 것이다.[30]

여태껏 기독교 신학은 죄의 문제를 다루는 데 바빴다. 그러나 민중

---

25) *Ibid.*, p. 289
26) *Ibid.*, p. 290.
27) *Ibid.*, p. 291.
28) *Ibid.*, p. 291.
29) 서남동, 『민중신학의 탐구』, p. 243.
30) *Ibid.*, p. 243.

신학의 과제는 '민중의 한을 푸는 것'이다.[31]

왜냐하면 '민중의 한을 푸는 것'은 '죄를 용서받는 것' 이상의 의미를 지니기 때문이다.[32]

서남동은 죄를 '힘있는 자가 약하고 없는 자에게 둘러 씌우는 변명이요 딱지'로 본다. 물론 인간이 하나님 앞에서 짓는 죄가 없다는 이야기는 아니라고 한다. 다만 우리가 당면한 문제는 가난하고 배우지 못한 자들로 하여금 죄를 범하게 만드는 '여러 가지 사회 조건'이 문제이다. 우리의 문제는 죄의 문제가 아니라 사회적 구조악의 '횡포의 문제'이다.[33]

서남동에 의하면 한국 크리스천들에게는 '두 갈래의 증인의 전통'이 있다고 한다. 그것은 '성서의 믿음의 증인들의 전통과 우리나라 역사상 뻗어 나간 민중 운동의 전통'이다.[34]

이 두 전통이 '1970년대에 들어와서 인권과 민중을 위한 투쟁으로 전개되는 한국 교회의 '하나님의 선교' 활동에서 극적으로 합류'되었다고 한다.[35]

'성서의 믿음의 전통'은 히브리서 11장의 기록인데 그것은 '그 전통의 완성자이며 견본인 갈릴리 사람 예수를 통해서, 그분의 삶을 렌즈로 삼고 그 렌즈를 통해서 구약 성서를 보는 것'이다.[36]

창조주 하나님이 인간에게 '땅을 경작하고 생물을 관리하고 이웃을 보살피라'고 하였다. 이는 하나님이 아담과 하와와 더불어 계약을 맺은 것인데 아담과 하와는 '민중'으로서 '신앙의 증인의 제1원형'이다.

---

31) *Ibid.*, p. 243.
32) *Ibid.*, p. 243.
33) *Ibid.*, p. 244.
34) *Ibid.*, p. 41.
35) *Ibid.*, p. 41.
36) *Ibid.*, p. 37.

'민중의 하나님'은 노아를 '믿음을 계승하는 증인'으로 세웠는데, 노아의 방주 건립은 당대의 권력자의 강포(强暴)에 대한 저항의 행동'이었다.[37] 아브라함은 '믿음의 증인의 표본적인 경우'이다. 현상 유지의 아버지의 집과 고향을 탈출하여 '하나님이 인도하는 열려진 미래, 변화의 소용돌이를 향하여 모험하는 나그네 길이 아브라함의 믿음이다.'[38]

또 '창녀 라합'의 경우를 생각하자. 창녀 생활도 그렇고, 정탐꾼을 숨기고 추적하는 자를 속인다는 것은 물론 부도덕한 일이지만 눌린 자들이 자기를 지키고 살아 남는 방편이 될 때 그것은 '믿음의 증거'가 된다.[39] 그 외에 믿음의 증인 열전(列傳)에 나오는 인물들이 모두 '믿음의 증인의 전통사'요 '민중운동사'의 금자탑들이다.[40]

그런데 우리 한국인들은 우리 나름대로 '5000년 간의 왕조사가 아닌 민중사의 계보'를 갖고 있다는 것이다. 이 '민중사의 계보'는 '삼국 사기'로부터 시작하여 '원(나라)의 고려 침략에 대항한 농민의 항거사'라든가 이조 양반 사회에서 극심했던 천민의 천대와 수탈과 '임진 왜란, 병자호란의 외국군 침략에 대항한 민중의 의병 궐기' 등을 거쳐서 19세기 말에 있었던 한국 민중의 역사적 주체성을 과시한 '동학 혁명'과 20세기 초의 기미년 3·1 운동과 1960년 '4월 혁명' 등으로 면면이 이어지고 있다.[41]

오늘날 한국 교회와 우리 한국의 크리스천들은 이 두 가지 전통을 이어받아야 한다. 우리는 '히브리서'에 나타난 바 '믿음의 증인의 전통'을 우리 한국인들의 '민중운동사의 전통'으로 완성시켜야 하는데 이 일은 '편협한 교조주의'가 아니라 '실천의 굳은 의지'로서만 가능

---

37) Ibid., p. 38.
38) Ibid., p. 38.
39) Ibid., p. 39.
40) Ibid., pp. 39, 40.
41) Ibid., pp. 40, 41.

한 것이다.[42]

　서남동을 따르면 한국은 국토가 분단된 상황에서 고도의 경제 성장을 하고 있다고 하지만 대재벌과 자본가들 그리고 그들로부터 직접 또는 간접적으로 혜택을 받고 있는 고소득자들을 제외하고는 빈곤의 상황이 너무나 심각하다. "농민이 이농하여 노동자가 되고 그러다가 실업자가 되어 빈민으로 전락하면 인륜을 상실하게 되고, 그러다 보면 범죄를 저질러 감옥으로 가게 될 수밖에 없다"는 것이다.[43]

　오늘날 한국에서 '하나님의 선교에 종사하는 일꾼들'은 이 땅에서 빈민과 천민들의 '가슴에 쌓이고 쌓인 한을 풀어주고 위로하는 한의 사제'가 되어야 한다.[44]

　그리하여 서남동은 우리를 '하나님의 선교'의 일선으로 초대하면서 우리의 현실에서 눌린 자, 잃어버린 자, 저주받고 추방 당한 자, '죄인과 세리들'의 소리의 매체가 되어 그들의 '한의 소리'를 전달할 뿐 아니라 풀어 주는 '한의 사제'가 될 것을 권고한다.[45]

　서남동은 한국 민중의 '한'을 '형상화하는 작업'으로써 '한국 민중운동사'에 나타난 인물들 가운데서 선발하여 '김경숙의 한'이며 '오원춘의 한'을 거론하고 있다. 김경숙은 1975년에 YH 무역노조 상임집행위원으로서 여공들의 농성 투쟁을 주도하다가 기동경찰과의 대결에서 희생된 여성이다.[46] 그리고 오원춘은 1979년에 가톨릭 농민회 안동교구 연합회 이사로서 농민들의 권익을 위하여 일하던 중 정체불명의 사람들에게 납치되어 구타당하고 울릉도에 억류되었다가 2주일 후에야 겨우 풀려난 사건의 주인공이다.[47]

---

42) *Ibid.*, p. 41.
43) *Ibid.*, p. 43.
44) *Ibid.*, p. 43.
45) *Ibid.*, p. 44.
46) *Ibid.*, pp. 83-85.
47) *Ibid.*, pp. 85-88.

그러나 서남동의 '한'의 형상화는 한국 반체제 시인 김지하가 옥중에서 구상한 작품의 주인공 '장일담'에서 그 절정에 달한다. 장일담은 백정의 자식이요 백정으로서 감옥으로부터 탈옥한 후 창녀촌에 숨는데 한 창녀가 아이를 낳는 것을 보고서 "아 썩은 신체에서 새 생명이 탄생한다. 하나님이 탄생하는 것이다"라고 부르짖는다.[48]

서남동을 따르면 '장일담'이 매우 중요한 것은 '그의 정신적 족보에는 만족, 임꺽정, 박장각, 갈처사, 장길산, 홍경래, 전봉준, 묘청, 사명당, 수운, 만해 등 혁명적 반항아들이 들어 있기' 때문이다.[49]

시인 김지하는 '장일담'을 1970년대에 한국에 출현한 예수로 의도적으로 표현한 것이다. 이에 대하여 서남동은 이렇게 해석한다. "장일담의 이야기는 바로 한국 민중의 사회적 전기이며 한의 성육신인 동시에 한의 극복(한풀이)을 노린 것이다."[50]

끝으로 민중신학의 '민중론'과 관련하여 지적하지 않을 수 없는 것은 '민중신학'은 '민중'과 죄악의 문제를 다룸에 있어서 '민중의 고난'이 바로 죄악이요 '민중의 고난'보다 더 죄스럽고 더 악한 역사적 실재는 없다고 주장한다는 사실이다. 김용복은 말하기를 민중의 사회전기는 '민중의 고난의 이야기'로서 '메시야의 십자가는 메시야가 역사적 고난에 참여하여 민중과 고난의 연대를 이룩한 것'이라고 한다.[51] 그런데 그를 따르면 '기독교 신학'은 전통적으로 사회악의 심각성을 과소평가하였고, 죄나 악을 정신적인 차원에서 또는 '형이상학적으로 이해'하는데 그쳤다. 그러나 우리는 죄와 악의 정치적 성격을 깨달아야 하며 결코 '개인의 죄와 민중의 고난을 분리해서는 안될 것이다.'[52]

---

48) *Ibid.*, pp. 102, 103.
49) *Ibid.*, pp. 104, 105.
50) *Ibid.*, p. 105.
51) 김용복, "민중의 사회전기와 신학", 『민중과 한국신학』, 1982, pp. 382, 383.
52) *Ibid.*, p. 383.

② 구 원 론

'민중신학'의 구원론은 무엇인가? 그것은 '민중신학'의 예수관을 살펴볼 때 곧 알게 된다. 서남동은 예수를 '민중의 지도자'로만 보지 않고 민중으로 보았다. 출애굽 사건의 민중의 지도자 모세는 궁중 출신이었으므로 '민중'이라고 부르기가 안됐지만, '역사의 예수'는 가난했고 교육도 제대로 받지 못했기 때문에 '민중'이라는 계층에 분명히 속했던 사람으로서 '민중의 지도자'가 되었는고로 모세와 같은 지도자와는 크게 다르다는 것이다. 따라서 예수는 분명히 그 자신 '민중'으로서 '인간해방의 역할'을 했기 때문에 '지도자 예수'라고 부르기보다는 '해방자 예수'라고 부름이 마땅하다.[53]

안병무를 따르면 이 '해방자 예수'는 그의 십자가 사건과 부활사건에서 나타나는데 이 '예수의 사건'은 '2천 년 전'이라는 시간과 '골고다'라는 공간과 로마제국과 예루살렘 세력이라는 정치 사회적으로 한정된 사건에 묶어 놓을 수는 없다.[54]

'예수의 사건'은 현재적으로 존재하는 '화육의 사건'이다. 성경을 보면 첫째로, '화육의 사건'으로서의 그리스도는 오순절 성령강림에서 나타난다. 이는 '민중의 궐기' 사건이다. "천민인 갈릴래아 사람들이 예루살렘 한복판에서 예수의 죽임을 등에 업고 증언자로 소리를 높여 새 역사의 중심 역할을 하게 된 것이다."[55]

둘째로, '화육한 그리스도'는 이 세상에 있는 수난자들 가운데 존재한다. 저 유명한 최후 심판의 비유에서처럼 '배고픈 자, 목마른 자, 나그네, 헐벗은 자, 병든 자, 투옥된 자들의 현장'이 바로 우리가 오늘날 부활한 그리스도를 만날 수 있는 현장이다.[56]

셋째로, '부활한 그리스도'는 사도행전에 서술된 순교자들의 수난

---

53) 서남동, 『민중신학의 탐구』, pp. 188, 189.
54) 안병무, 『민중사건 속의 그리스도』, p. 105.
55) Ibid., p. 131.
56) Ibid., p. 131.

가운데 존재한다. 스데반의 순교 현장은 그리스도가 나타나는 현장이 었고 바울은 그의 순교와 수난 가운데서 예수의 수난을 재현하였다.[57]

'예수의 십자가와 부활사건'은 "그의 민중에 의하여 계속 연쇄 폭발현상을 일으키면서 팔레스틴을 넘어 제국인 로마로 진격해 들어갔다. 그 과정에서 순교자의 피가 점철되었다. 그것은 세계를 위해 흘리는 그리스도의 피였다."[58]

그런데 "중세기 이후의 그리스도교는 자신의 전통에 반역한 역사였다. 그것은 세계를 위한 자기희생이 아니라 교권을 중심한 기득권을 수호하기 위해 살인의 역사를 빚었다."[59] 따라서 '교권은 교회가 그리스도 현존의 유일한 장'이라고 주장했으나 교회에서는 '십자가 사건'이 일어나지 않았고 그리스도는 거기 있지 않았다. 그리스도의 현존의 장은 교회로부터 사회로, 길거리로, 노동현장으로 옮겨갔다. 한국교회에서도 마찬가지였다. 지난 70년대 이후 그리스도는 한국 기성 교회에 설 자리를 잃어버리고 민주화와 인권을 위하여 투쟁하다가 죽어간 정태일, 김상진, 송광열, 김세진, 이재호 등 여러 학생들과 김경숙, 김종태, 박영진, 박종만 등 많은 노조원들의 수난의 현장에 나타난 것이다. 이들의 죽음들은 "교회 안의 사건은 물론 아니며 그리스도의 이론으로 된 것도 아니다. 그러나 그것이 세계 인간을 위한 복음인 것은 예수의 민중들의 증언에 의해서이다"[60] "한국의 그리스도 교회가 지금 일어나고 있는 엄청난 죽음의 사건들을 수용하여 그것이 그리스도의 십자가 사건의 현재화임을 증언하면 그것은 그리스도 사건이 된다."[61]

---

57) *Ibid.*, p. 131, 132.
58) *Ibid.*, p. 132.
59) *Ibid.*, p. 132.
60) *Ibid.*, p. 133.
61) *Ibid.*, p. 133.

안병무의 '십자가 사건'에 대한 해석은 '약자가 강자에 의해서 짓밟힌 사건'이라는 것이다. 그러면 '부활사건'은 무엇인가? '예수의 부활사건'은 예수의 죽음으로 말미암아 '패배의식'으로 빠져들었던 예수의 민중들이 봉기한 것'이다.[62] 강자에게 짓밟혔던 약자 민중이 민중의 대표인 예수가 '죽었으나 죽지 않았다', 또는 '죽었으나 이겼다'고 외치면서 패배와 절망에서 일어선 것이 '부활사건'이라는 것이다.[63]

안병무는 이렇게 '예수의 십자가사건'을 민중의 수난의 사건으로 보고 '예수의 부활사건'은 자유를 위한 '민중의 봉기사건'으로 본다. 그리고 이 '예수사건'은 단회적이 아니라 연속적으로 발생하는 역사의 사건으로서 오늘날 한국 땅에서도 발생하고 있다. 한국 땅에서 민중의 수난과 민중의 자유를 위한 봉기는 지금도 격렬하게 진행중인데 이는 하나님이 한국의 민중을 위하여 하시는 구원의 사역이다. 이는 "하나님의 선교"요 "화육한 그리스도의 현존"을 보여준다.[64]

민중신학자 김용복은 말하기를 옛날 어거스틴이 플라톤계 철학을 신학적 사고의 틀로 삼았고 토마스 아퀴나스가 아리스토텔레스의 철학을 그 틀로 삼은 것처럼 그리고 현대에 와서는 슐라이에르마허와 릿츨이 칸트의 이성론을 그 '신학의 틀로 삼은 것처럼 민중신학은 '민중의 사회전기'를 '신학의 틀'로 삼는다고 한다.[65]

'민중의 사회전기'란 무엇인가? 이는 '민중의 사회 관계를 엮는 이야기'이다. 이 이야기의 주체는 민중이다. "민중의 이야기는 민중의 고난과 갈망을 엮어나간다. 민중의 이야기는 슬픈 애가와 희망의 노래로 조화와 교차를 이룬다."[66]

---

62) Ibid., p.134.
63) Ibid., p.134.
64) Ibid., p.138.
65) 김용복, "민중의 사회전기와 신학", 『민중과 한국신학』, pp. 369, 370.
66) Ibid., pp. 370, 371.

그런데 "이 민중의 사회전기, 민중의 사회사에 하나님을 역사의 주인공으로 등장시키면서 사회전기를 하나님의 역사적 주권의 맥락에 합입시키는 것이 (민중)신학적 사고의 전개이다"[67] 따라서 민중의 사회 전기 곧 '민중의 이야기'는 '하나님의 역사적 주권' 하에 엮어가는 이야기이다. 민중으로 하여금 '민중을 고난의 굴레에 감금한 정치적 경제적 사회적 세력에 대항하여' 투쟁하여 놓임을 얻도록 하고 역사의 주체요 주인공으로서 회복되도록 하는 '하나님의 구원의 이야기'이다. 이 '민중의 이야기' 곧 '하나님의 민중을 위한 구원의 이야기'는 '예수 그리스도의 십자가와 부활로서 엮어가는 이야기'이다.

메시야(예수)의 십자가는 예수가 메시야로서 민중의 고난에 참여하여 민중과 일체성을 확보하는 사건이다.[68] 그리고 메시야(예수)의 부활은 예수가 메시야로서 민중의 고난이 극복되기 위하여 불의의 세력을 극복하는 과정이다. 동시에 '민중이 역사적 주체성'을 회복하고 실현하는 과정이다. 그런고로 메시야(예수)의 부활은 '구체적으로 메시야와 민중의 역사 주체 실현을 위한 운동'이다.[69]

지금까지 기독교의 구속사관은 '역사적 연관 관계'가 분명치 않았다. 부활을 개인적인 것으로 보고 추상적으로 신비적으로 해석하였다. 그러나 이제부터 부활을 사회적으로 보고 '현재 역사의 차원'에서 고려하여야 한다. 부활은 '민중의 역사적 주체의 회복'이기 때문이다.[70]

교회를 우리는 단순히 '종교집단'으로 이해해서는 안 된다. 교회는 "그것이 가진 역사 의식 때문에 민중의 사회전기와 밀접한 관계를 가지게 된다."[71] 여기서 김용복은 그의 소위 '민중교회론'을 말한다.

---

67) *Ibid.*, p. 382.
68) *Ibid.*, pp. 382, 383.
69) *Ibid.*, pp. 383, 384.
70) *Ibid.*, p. 385.
71) *Ibid.*, p. 386.

"교회는 민중 속에서 민중을 위하여 존재하며 산다. 민중의 운명이 메시야 왕국인 것과 같이 교회의 운명도 메시야 왕국, 아니 메시야 왕국의 파견소이다. 교회와 민중운동의 이러한 밀착관계에서 교회는 그 동일성을 분명히 해야 한다."[72] 하나님의 구원의 공동체로서의 교회는 하나님의 구원운동인 '민중운동'과 권력의 차원에서가 아니라 '메시야 왕국의 코이노니아의 실현'에서 일치를 본다.[73]

그런데 이 시점에서 우리가 한 가지 두드러진 사실을 알게 된다. 그것은 민중신학자들은 개념이야 어찌 되었든 간에 '구원'보다는 '해방'이라는 말을 선호한다. 그 이유는 "구원의 문제는 언제나 그 시대가 처한 역사적 상황과 직결되어 있기 때문이다."[74]

'구원'이라는 말보다 '해방'이라는 말을 사용할 때 인간의 개인적인 구원 외에 사회적 구원을 더욱 강조하게 되고, 인간의 신비적이고 내세적인 구원이 아니라 역사적이고 정치적·경제적 구원을 뚜렷이 부각시킬 수 있을 것이다.[75]

민중신학자 서남동은 그가 강조하는 바 사회적이고 역사적인 인간 구원의 일환으로서 '메시야 왕국'을 설명하여 말하기를 그것은 '하나님의 나라'의 역사의 마지막 단계의 실현을 의미하는데 타계적이고 초역사적인 '하나님의 나라'와 대조를 이룬다고 하였다. 초대교회가 열렬하게 믿었던 '천년왕국'이 서구사상의 발전과정에서 멸시를 받고 '유토피아 사상'으로 대치된 것은 유감스러운 일이다. 더욱이 '사회참여를 주로 하는 민중신학'의 입장에서는 '메시야 왕국'(천년왕국)은 기독교의 중요한 교리로 '복권되어야' 할 것이다.[76]

그러면 서남동은 '내세적이고 역사를 초월하여 존재하는 하나님의

---

72) Ibid., p. 386.
73) Ibid., pp. 386, 387.
74) 서남동, 『민중신학의 탐구』, p. 192.
75) Ibid., p. 192.
76) Ibid., p. 192.

나라'는 전혀 믿지 않고 '역사의 종말에 실현될 메시야 왕국'만을 유일의 실재로 고집하고 있는가? 그렇지는 않은 듯하다. 서남동의 말을 직접 들어보면 이렇다. "하나님의 나라와 메시야 왕국은 다 필요한 것입니다. 새 사회 건설을 위해서는 '메시야 왕국'이 필요하고, 그리고 또한 믿는 사람이 지금 죽어도 갈 수 있는 하나님의 나라가 있어야 하는 것입니다."[77]

민중신학자 서남동의 입에서 '사람이 죽어서 가는 하나님의 나라' 운운하는 소리를 듣는 것은 '천만 뜻밖의 일'로 여겨질 수 있다. 그러나 실제적으로 서남동과 민중신학자들은 내세와 타계의 존재와 개인 영혼의 존재를 부인하지는 않는다. 다만 '오늘의 구원은 (민중의) 해방의 메시지로 선포되어야 한다'고 주장할 뿐이다.[78]

이 시대에 사는 민중들의 요구가 개인 영혼 구원에 있지 않고 인간의 사회구원에 있으며, 내세적이며 정신적인 하나님의 나라가 아니라 '역사의 종말에 있을 민중의 주체성 회복과 민중적 권력의 목표로서의 메시야 왕국'이 이 시대와 민중들의 관심거리라는 것이다.

그러나 서남동의 '부활'에 대한 해석은 타계적이며 정신적인 차원을 완전히 배제하고 오직 지상적이며 역사적인 영역에, 미래에 있을 인간의 부활을 고착시키는 고로 우리가 이해하는 데 혼란을 가져온다.

서남동은 서슴치 않고 말하기를 전통적 기독교가 '타계적인 천당과 부활을 연결시키고 있는 것은 잘못'이라고 하면서, 인간의 부활은 '메시야 왕국에서의 부활'이며, '부활'은 우리가 소생하여 미래의 새 역사에 들어갈 것에 대한 '상징', 즉 '역사적, 정치적 상징'이라는 것을 역설하고 있기 때문이다.[79]

---

77) *Ibid.*, p. 193.
78) *Ibid.*, pp. 192, 193.
79) *Ibid.*, p. 193.

오늘날 현역 민중신학자들 중에서 지금까지 언급되지 않았던 현영학의 구원론을 잠시 살펴본다면 이미 언급된 한국의 민중신학자들 즉 서남동, 안병무, 김용복 제씨와 마찬가지로 기독교의 '하나님의 구원' 교리를 '민중의 구원' 즉 민중의 사회적, 정치적 해방에 주안점을 두어 재해석하는 경향이 뚜렷하다.

다만 현영학의 경우에는 한국인의 '민속'이 되는 탈춤과 탈놀이에서 한국민족의 사회적이며 집단적인 '초월경험'을 발견하고 그것을 한국인 민중들의 '구원'으로 이해하고자 하는 노력이 돋보인다. 그가 말하는 한국 민중의 '초월경험'은 어떤 신이나 신들에게 받은 계시를 통해서 얻어진 것이 아니다. 이 경험은 한스러운 생각의 폭발과 극복의 경험이다. "하루 종일 뼈가 부서지라고 일하고 나서 잠자리에 들어 잠을 청할 때 민중은 신세타령을 하기 마련이다. 왜 나도 남처럼 양반집에 태어나서 호의호식 못하고 이렇게 지지리 고생만 해야 될까? 이렇게 고되게 일해야만 먹고 살 수 있는 내 팔자는 어떻게 된 것일까? 나는 왜 이렇게 억울하게 당해야만 하나? 하늘도 무심하시지."[80]

그러나 이렇게 잠자리에서 푸념하는 민중은 곧 피곤에 지쳐 잠이 들어 버린다. 억압적이고 불평등, 불공평한 현실에 대한 비판적 지식이나 억울한 감정이 '예술적인 형식으로 터져나오는 것이 바로 탈놀이 판'이다. 탈춤과 탈놀이에서 축적되었던 민중의 한이 폭발하는데, 이로써 민중은 '현실의 부조리에 대한 극복과 승리를 경험함'으로써 그들의 맺혔던 한을 한 차원 높은 수준에서 푸는 것이다.[81] 이것이 민중의 '초월적 경험'이요, 따라서 '구원경험'이라고 할 수 있겠다. 현영학은 이 '초월경험'의 원천이 민중 자신들인 것같이 이 '초월 경

---

80) 현영학, "한국탈춤의 신학적 이해", 『민중과 한국신학』 (서울: 한국신학연구소, 1982), p. 362.
81) Ibid., p. 363.

힘'의 주체도 민중이라고 역설한다. 지배층인 양반들과는 달리 '이 세상의 현존 체제하에서는 제일 밑바닥에 놓여져서 제일 혜택을 받지 못하는 계층'인 민중은 '이 세상에서 무슨 일이 생기고 있는지를 가장 먼저 제일 정확하게 파악하는' 능력이었다.[82] '비판적 초월의 가능성은 부자가 천당가는 것이 낙타가 바늘구멍으로 빠져 나가기보다 더 어렵다고 한 예수의 말처럼 지배층으로 올라갈수록 희박해지고 사회 계층의 밑바닥으로 내려간 계층일수록 더 많아진다."[83] 여기서 '비판적 초월의 가능성'은 물론 '초월적 구원의 가능성'으로 풀이될 수 있는 줄 안다. 현영학도 서남동과 같이 부자는 천국에 갈 수 없고, 가난한 자, 소외계층 또는 민중만이 참으로 천국의 시민권을 소유할 수 있다는 데 대체적으로 의견 접근을 보이고 있는 것 같다.

현영학은 추언하기를 양반들과 특권층은 머리로 살지만, 몸으로 살고 몸에 충실할 수밖에 없는 '민중'은 오히려 그 사실 때문에 '전화위복'이 되어 초월을 경험할 수 있게 된다고 한다. 머리로 살고 생각하는 과정에서 지배층은 사물을 '합리화하고 조직화 함'으로써 리얼리티를 참으로 파악하지 못하며 '애매하고 추상적이고 부정직하고 불성실하게' 될 수밖에 없다는 것이다. 그와 반대로 "민중은 몸으로 살아야 하는 그들의 사회적 위치 때문에 사회의 부조리성을 꿰뚫어 볼 뿐만 아니라 그것을 넘어서 미래에 대한 비전도 본다"고 한다.[84] 그런고로 현영학은 "민중이 가장 진실한 현실의 초월자이며 초월(구원)의 주체"라고 결론 짓는다.[85]

---

82) *Ibid.*, p. 363.
83) *Ibid.*, p. 364.
84) *Ibid.*, p. 365.
85) *Ibid.*, p. 365.

(3) 민중신학의 평가

 이제 민중신학에 대한 총괄적인 평가를 시도해야 할 단계에 온 줄 안다. 민중신학자 자신들도 시인하는 바와 같이[86] '민중신학'은 아직도 그 '유아기'를 벗어나지 못하고 있으며 '발전도상'에 있기 때문에 그와 같은 신학의 평가도 불투명, 불확실할 수밖에 없으며 영구성이 결여되기 마련이다. 하물며 '민중신학'에 대한 기본 지식과 독서에 있어서 빈약하고 미흡함을 자인하지 않을 수 없는 저자로서는 '민중신학'에 대한 본 평가가 단편적이고 일목요연하게 조직화되어 있지 못함을 우선 독자 제현에게 사과하여 양해와 양찰을 기대하는 바이다.

① 한국 정치신학의 옥중서신

 우선 저자는 "한국 민중신학은 1970년대의 한국 정치 상황에 대한 한국 기독교의 신학적 응답에서 발단한 일종의 정치신학이다"라는 장일조 교수의 평가에 동의한다.[87] 그런데 이 '한국적 정치신학'인 '민중신학'은 오늘날 남미 해방신학에서 강조되고 있는 바 신학의 프락시스(Praxis), 즉 신학의 바른 지식보다 신학의 바른 행동(行動)을 강조하고 그것을 보여주는 신학이라는 점에서 우리 모두의 존경을 받을 만하다. '민중신학'은 한국인으로서 신학을 하는 새로운 방법을 의미한다. 이 신학을 하는 새로운 방법은 한국인의 삶의 자리(現場)에서 가난과 소외와 억압의 경험에 대한 '리스판스'(response)를 처음에는 언론적으로 그리고는 정치적 행동으로 표출함이다.

---

86) 김용복, "민중의 사회전기와 신학", 『민중과 민중신학』 (서울: 한국신학연구소, 1982), p. 370.
87) 장일조, "한국 민중신학에 대한 몇 가지 테에제", 『한국 민중신학의 조명』 (서울: 대화출판사, 1976), p. 119.

서광선 교수는 이렇게 말한다. 몇몇 신학자들이 70년대 한국의 삶의 자리에서 체험을 통하여 발견한 민중과 그 안에 살아 계시는 예수 그리스도를 고백한 것이 민중신학이다.[88]

한신대의 김경재 교수는 그의 스승이요 사상적으로 존경하였던 서남동 교수가 고인이 된 후에 그를 추모하는 논설에서 서남동 교수는 그에게 '신학하는 것이 무엇인가'를 가르쳐 주었다고 고백하고 있다.[89] 참으로 우리 모두를 숙연케 하고 부끄럽게 만드는 말이 아닐 수 없다.

민중신학자 서남동은 1983년에 그가 엮어낸 『민중신학의 탐구』의 서문에서 그가 걸어온 '프락시스적 신학'의 발자취를 술회하고 있다. 그는 70년대에 들어서면서 '민중의 부르짖음에 대한 메아리'로서 충실을 기하려고 애썼다고 하였다. 연세대 신과대학에서 다년간 교편을 잡았던 그가 1975년에 대학 캠퍼스를 떠난 후로는 거리에서 방황하게 되었고, 그의 말을 빌리면 '연구실, 연구비, 연구시간 그리고 연구 발표지가 있는 네모반듯한 규격 있는 신학―이런 신학을 할 수 없는 신세'가 된 것이다.[90] 서남동은 그의 민중신학사상이 그를 시키는 대로 '독재 정권하에서 억압받으며 경제적 부의 혜택으로부터 소외당한 민중들의 신음 소리와 그 사무치는 한의 메아리'를 대변하기 위하여 거리에 나아가 반정부적인 활동과 노동자의 인권을 옹호하는 운동에 가담하다가 2회에 걸쳐서 3년 가까이 구속, 감금되어 옥중 생활을 하기에 이르렀던 것이다.[91] 이런 식으로 하는 그 자신의 신학 즉 '거리에서 외치고 부르짖고 경찰에 쫓겨 다니며 혹은 감방에서 홀

---

88) 서광선, "민중신학: 한국 신학 정립을 위한 논쟁", 크리스챤 신문, 1984년 11월 24일자 제3면서 인용.
89) 김경재, "서남동의 신학사상", "신학사상", 1984년. 가을. 서남동 박사 추념 호, p. 512.
90) 서남동, 『민중신학의 탐구』, 서문, p. 3.
91) Ibid., 서문, p. 4.

로 앉아서 하는' 그의 신학을 가리켜서 서남동은 '방외신학'(方外神學)이라고 불렀고, 또는 '깊이의 차원에 몰두하는 두더지의 형태'를 가진 신학이라기보다는 부단히 민중과 사회를 살피면서 '옆으로 걸어가는 가재의 신학'으로 표현하기도 하였다.[92]

민중신학자 서남동의 신학사상의 잘잘못을 거론하기 이전에 우리는 그가 신학을 머리로 구상하고 발표하는데 그치지 않고 그의 몸으로 또는 정치적 사회적 행동으로 고난과 자기희생을 무릅쓰고 그의 신학을 걸쳐 놓았다는 데 대하여 찬사를 보내지 않을 수 없다.

오늘날 한국에서 신학을 하는 현역 신학자들 중에서(이 책의 저자를 포함하여) 몇몇이나—보수와 자유라는 사상과 입장의 차이를 불문에 붙이고—자기가 믿고 주장하고 가르치는 신학 때문에 매를 맞으며 옥에 갇히기까지 할 각오가 되어 있는가 묻고 싶은 것이다. 서남동 외에 다른 민중신학자들도 정도의 차이는 있겠으나 그들의 신학사상을 사회적으로 호소하고 정치적으로 행동화하는 일에 열의를 보이고 있는 것은 사실이다.

이런 의미에서 마치 디모데전후서가 바울의 '옥중서신'인 것처럼, 민중신학은 '한국 정치신학'의 '옥중서신'이요 또는 '옥중신학'이라고 일컬음은 적절한 일이라 하지 않을 수 없을 것이다. 그리고 '민중신학'에 대하여 우리 모두가 한국인들로서 존경심과 긍지를 가지고 바라보아야 할 또 한 가지 이유는 그것의 비성경적이요 정치신학적인 급진성에도 불구하고 '민중신학'은 한국 기독교와 신학이 주체성을 가지고서 한국인의 문화 사회 · 경제사적 전통을 되새기는 동시에 현금의 정치적 현실의 모순성에 자극을 받은 결과로서 '한국적으로 신학을 한 번 새롭게 하여 문제를 해결해 보려는 시도'인 고로 세계 기독교 신학 사상사에 뚜렷한 족적을 남기게 될 것이 분명하기 때문이다.

---

92) *Ibid.*, 서문, p. 5.

'민중신학'은 '단순히 민중신학자 서클의 문제'가 아니고 '1970년 대를 살아간 한국 기독교인, 우리 모두의 체험'의 산물인 고로 우리 모두가 그 사상적 급진성과 '정치적으로 이데올로기화 할 위험성'을 경계하면서 '정성들여 키워가야 할 신학'이라고 하는 김경재, 장일조 등 제씨의 말에는 일고의 가치가 있다고 본다.[93]

③ 반쪽 인간의 반쪽 구원을 도모하는 반쪽 신학

'민중신학'은 인간을 보는 시각이 인간의 영혼과 육신을 아울러 보고 강조하는 것이 못되고, 육신만을 보고 육신의 삶과 관련된 것들과 제관계들을 강조하는 것이 그 특징이다. 물론 이것은 오늘날 모든 자유주의 계통의 신학사상이 갖고 있는 경향이기도 하다. 따라서 인간을 그 구성요소의 절반만 보고서 '민중신학'이 인식하는 '인간'은 '반쪽 인간'이라고 할 수 있는데, 그렇다면 이와 같은 '반쪽 인간관'에 입각하여 '민중신학'이 이해하는 인간의 구원은 '반쪽 구원'이 될 수밖에 없다는 것은 명약관화한 사실이다.

'민중신학'은 인간의 구원을 인간이 정치적인 억압으로부터 놓임을 받는 것과 사회구조악으로부터 발생하는 그의 경제적 빈곤을 혁명적으로 극복하는 것 등 인간의 삶의 현세적이고 현실적이며 평면적인 제관계 즉 정치적이며 사회 경제적 관계에서 성취되는 사건으로 이해하는 반면에, 인간의 구원을 바울의 가르침대로 '죄와 사망으로부터의 해방'(롬 8:1, 2)으로 본다든가 내세적 차원에서 인간의 심령과 부활의 육체가 영생복락을 누리는 것이 구원이라는 뜻은 전혀 배제하고 있다(요 3:16; 고후 5:1; 계 22:1-5 등).

그런고로 '민중신학'이 말하는 '인간'은 정신적이며 영적인 성격이

---

[93] 김경재의 글, "민중신학의 신학적 의미와 그 평가", pp. 95-97, 117, 118 & 장일조의 글, "한국 민중신학에 대한 몇 가지 테에제", pp. 119, 120, 142-144, 『한국 민중신학의 조명』(서울: 대화출판사, 1976).

결여된 '사회적이며 경제적인 인간'이요, '민중신학'이 이와 같은 인간에 대하여 거론하는 '구원'은 '사회적이며 경제적 구원'이요 결코 '내세적이며 영적인 차원에서의 구원'은 아닌 것이다.

그러면 먼저 이렇게 인간을 그 육신적이고 물질적인 반쪽을 놓고 보는 '민중신학'의 '사회적 인간관'을 평가해 보도록 하자.

전경연 교수는 '민중신학'을 평하여 말하기를 '민중신학'의 큰 과오는 인간을 개인으로 보기보다 '사회집단적 존재'로 보는 것이라고 하였다. '민중신학'은 '민중'이라는 두 글자에 모든 것을 걸고 영어로 할 때에도 People이라고 옮기기를 거절하면서 그냥 Minjung이라고 표기할 것을 고집한다. "민중이라는 주제는 한국에서 1970년대의 급격한 산업화와 사회의 재래적 농경사회 구조의 붕괴와 함께 소리없이 고난받는 무리가 불어나는 상황에서 매력적이었던 것은 사실이다. 그들이 가진 공통된 상황, 공통된 처우, 공동의 이해관계 등으로 공동 전선을 펼 필요성도 생겼다. 그래서 '민중'이라는 집단명사가 이 토론의 중심에 서게 된다."[94]

그러나 종교와 특히 기독교는 인간을 근본적으로 '집단'이나 '무리'로 보지 않고 '개인'으로 본다. "기독교는 도리어 잃어버린 한 마리 양을 찾아 아흔아홉 마리 남은 양을 들에 두고 떠나는 예수님의 정신에 따라 온 천하와도 바꿀 수 없는 한 심령을 존중히 여긴다."[95]

인간을 유(類)로 보고 집단적으로 생각하는 '민중신학'의 '민중'이라는 말 자체가 '공산주의'의 프롤레타리아 사상에 접근하고 있으며 따라서 "인간에 대한 건전한 이해를 역행한다"는 전경연 교수의 비평에 저자는 동의한다.[96]

더욱이 '민중신학'에서 '민중'은 가난하고 사회적으로 눌림을 받고

---

94) 전경연, "민중신학의 평가", 『한국 민주신학의 조명』 (서울: 대화출판사, 1976), p. 60.
95) Ibid., p. 61.
96) Ibid., p. 61.

천대받는 계층의 사람들을 통털어서 하는 말이다. 그런데 이들 집단적 인생들, 즉 '민중'이 갖고 있는 문제거리는 '한'이라는 것이다. 이 '한'에 대한 '민중신학'의 이해가 또한 물질적이요, 경제적인 영역에 제한되어 있다. '민중'은 잘못 먹어서 '한'이요, '남들처럼 한번 기를 펴고 잘 살아 보지 못하는 것'이 '한'이다. 만일 '한'의 개념이 성경에도 존재한다면[97] 그것은 '가난의 한'보다도 '심령의 한'이요, '죄악과 사망에서 벗어나지 못하는 한'일 것임이 분명하다. 사람이 하나님의 피조물이요 또 하나님 앞에서 모든 사람이 죄인이라면(롬 3:9-18) '죄악과 사망에 대한 원한'과 성령의 역사하심으로 말미암아 그것들을 극복하는 일이 '가난한 한'보다는 훨씬 더 우선적이고 기본적인 것으로 이해되어야 하지 않겠는가?(롬 3:24, 25; 8:1, 2).

다음으로 '민중신학'에서 거론되고 있는 '반쪽 인간' 즉 '사회적 인간'을 위한 '반쪽 구원' 즉 '사회적 구원' 또는 '경제적 구원'에 대하여 평가해 보도록 하자.

앞서 지적된 바대로 민중신학자 서남동이 말하는 '한'은 '가난한 한'이요, 이 '가난의 한을 푸는 것'이 '민중의 구원'이며, 이렇게 가난의 한을 풀어서 '민중의 구원'을 이루는 '한의 사제'로서 교회와 신학은 존재한다고 한다.[98]

그러면 바울이 가르친 바 "죄에 대하여 근심하는 일"(고후 7:8-11)은 하지 않아도 괜찮은가? 이 세상의 빈민과 천민들이 가난하여 천대받는 그 자리에서 벗어나서 넉넉하게 살고 대접을 받아가며 살게 되기만 한다면 그들이 하나님 앞에서와 대인관계에서 저지르는 도적적 죄악은 회개하고 하나님의 용서하심을 받지 않아도 좋다는 이야기

---

97) 성경에는 '한'(恨)이라고 정확하게 그 뜻을 옮길 수 있는 용어나 개념은 없고, 다만 고린도후서 7:10에 두 가지 '근심'의 대비를 발견할 수 있는데, 여기 '근심'이라는 낱말이 '한'의 뜻을 내포한다고 볼 수도 있겠다.
98) 서남동, op. cit., pp. 43, 44, 243, 244.

인가? 이에 대한 서남동과 '민중신학'의 답변은 죄는 과거 전통적인 기독교 신학의 해석대로 개인적 도덕과 결부시킬 문제가 아니라 '사회정의와 결부시켜서 말할 수 있는 것'이라는 것이다. 죄를 지배자가 피지배자에게, 부자가 가난한 자에게 붙이는 딱지로 이해하는 서남동과 '민중신학'은 민중이 해야할 일은 '죄를 회개하는 일'이 아니라 부자와 있는 자의 없는 자에 대한 '사회적 횡포'를 저항하고 극복하는 일이라는 엄청나게 비약적인 주장을 하고 있다. 이와 같은 '민중신학'의 사회, 경제사적 죄관에 대하여 전경연 교수는 "민중신학이 성서의 말씀을 듣지 않고 민중에게 영합하고 있다"고 분개하고 있다.[99]

서남동과 '민중신학'의 구원론은 '땅의 빵'으로만 '민중의 한'이 치유되고, 빵을 못먹어서 굶주리던 민중들이 빵을 많이 먹고 배부르게 살므로 '하나님의 구원'이 성취된다는 것을 그 골자로 하고 있는데, 그것은 하나님의 정확무오한 말씀인 성경의 가르침과 크게 어긋나는 것이며, 그런 일은 교회나 신학자가 발벗고 나서서 할 일이 아니라 사회사업가나 경제학자 또는 정부의 사회 및 경제부처 장관들이 해야할 일로 사료되는 것이다. 우리 개혁신학은 성경의 교훈을 좇아서 가난한 사람들에게 '땅의 빵'을 공급하는 일을 경시하지 않는다. 다만 '하늘의 떡'인 예수 그리스도를 공급하여 그들의 심령의 빈곤을 풍요케 하는 일을 교회의 본론적인 사명으로 생각하는 우리는 민중에게 '땅의 빵'을 줌으로써 구원을 주는 것으로 착각하고 있고 '하늘에서 내려온 산 떡'인 예수 그리스도에 대한 증거를 등한시하고 있는 서남동과 '민중신학'을 지탄하는 바이다. 이리하여 민중신학의 '반쪽 구원론'은 민중신학의 내세적이며 수직적이고 영적인 차원에 대한 '무감각'을 확연히 노출시켜 주고 있다.

나용화 교수에 따르면 '민중신학'은 '정의'에 대한 이해에 있어서

---

99) 전경연, "민중신학의 평가", 『한국 민중신학의 조명』, p. 79.

그것을 '사회정의' 영역으로 제한하며, 인간의 '구조악으로부터의 해방'으로 설명하는 수평적 해석만을 일삼고, 인간이 '죄악으로부터 놓임을 받는 영적해방'으로 이해하는 수직적 차원의 해석은 거절한다.[100] 참으로 옳은 판단이다. 이 수직적인 차원의 결여와 내세적이며 영적인 세계에 대한 무감각은 오늘날 한국 민중신학자들 모두에게서 발견되는 가장 비성경적이며 반기독교적이며, 그러니까 '치명적인 과오'라고 안타까와 하지 않을 수 없다.

민중신학자 서남동은 앞에서 이미 지적된 대로 내세와 천국의 존재를 분명하게 부정하지는 않았다. "신자가 죽어서 갈 수 있는 '하나님의 나라'가 있다"고 하였고, "인간이란 전적으로, 사회적으로나 영적으로만 생각할 수 없는 존재이거든요. 초역사적인 면을 가지고 있는 존재입니다"라는 말도 서슴지 않고 하였다.[101] 그는 다만 교회가 초자연적인 구원의 메시지와 사회구원적 메시지를 다 가지고 있다고 하더라도, 또 초자연적인 '하나님의 나라'에 대한 메시지와 역사적이고 종말론적인 '메시야 왕국'(천년왕국)에 대한 메시지를 아울러 소유하고 있다고 하더라도 오늘날 시대적인 상황은 교회로 하여금 전자가 아니라 후자를, 이 시대를 사는 민중들을 위한 '해방의 메시지'로 선포해야 한다는 것을 힘주어 말하고 있다.

그렇다면 교회가 어느 메시지를 선포하며 신학이 어떤 유형의 인간 구원을 가르쳐야 하는가 하는 것은 단순히 우리가 처해 있는 시대적 상황을 좇아 취해야 하는 선택과 강조점의 차이의 문제라는 말인가? 얼핏 볼 때 그런 것 같으면서도 실상은 그렇지가 않다. 아무리 시대적인 상황과 역사적인 현실이 민중의 사회적 해방과 경제적 구원을 강력히 요구한다 할지라도 그 민중들이 나중에 죽어서 가야하고 갈 수 있는 내세와 천당이 정말 존재한다는 것을 '민중신학'이 믿는

---

100) 나용화, *op. cit.*, 1987, pp. 226, 228.
101) 서남동, *op. cit.*, pp. 192, 193.

다면 어떻게 그들을 위하여 '사회구원'의 메시지만 선포하고 '내세적이며 영적인 구원'의 메시지를 잠시라도 보류할 수가 있겠는가를 우리는 묻지 않을 수 없을 것이다. 또 달리 더 재미있게 표현한다면 이세상에서 가난하여 굶주리고 헐벗고 학대받는 사람들의 '신음소리'와 '한'의 메아리치는 소리만이 귀에 잘 들려오고 '저 멀리 또는 가까이서 출렁이는 요단 강(사람이 죽어서 천당을 들어가는 길을 상징하는 성서의 강)의 물결 소리가 좀처럼 귀에 들리지 않는다면, 그 사실이야말로 민중신학자들이 기독교의 내세적이며 초자연적인 구원신앙을 '잊어 먹은 지' 오래 되었음을 확연히 증명해 주는 것이 아니고 무엇이겠는가?

한국 민중신학에 있어서의 수직적이며 초자연적인 차원의 결여에 대한 확증은 특히 몇몇 '현역 민중신학자'들의 기독교의 부활교리에 대한 해석을 들어보면 곧 알 수 있음을 끝으로 지적하고자 한다.

서남동은 '부활'의 교리를 '타계적인 사건'이 아니라, 그것은 민중이 역사의 종말에 있을 '메시야 왕국'에 들어가서 새 역사의 주인공이 됨을 말한다고 했으며, 안병무는 '예수의 부활사건'을 "예수는 죽었으나 죽지 않았다"고 외치면서 자유를 위하여 일어서는 '민중의 봉기사건'으로 보고 있다. 그리고 김용복은 '예수의 부활'을 민중이 고난의 굴레에서 놓이게 하여 역사의 주체로 회복되도록 하는 하나님의 주권적 구원의 운동으로 해석하고 있으니 말이다. 그런고로 민중신학은 수직적이고 초자연적이며 내세적인 차원의 진리를 망각하고 현세적이고 역사적인 영역과 그 안에서의 인간의 삶의 사회 경제적 국면들만을 다루고 절대시하는 신학인 고로 분명히 '반쪽 인간의 반쪽 구원을 도모하는 반쪽 신학'이라고 우리로 하여금 평가하지 않을 수 없도록 만든다.

③ 해석학적 편견들로 가득 찬 신학

'민중신학'은 그 '해석학적 편견'이 극심하다고 보아야 하겠다. 이

'민중신학'이 갖고 있는 바 '해석학적 편견'의 심각성이 민중신학의 성경관에서 그리고 가난의 예찬과 민중에 대한 '낭만적 미화' 등에서 뚜렷이 표출되고 있다. 그러면 이제 우리는 먼저 '민중신학' 성경관의 문제를 생각해 보자.

"민중신학은 성서 전체의 소리를 경청하지 않고, 자신의 주장을 보강하는 성경구절들을 '성서적 전거'라고 제시한다."[102] 민중신학자들이 편애하는 성경의 책들은 구약에서는 출애굽기와 이스라엘의 해방사건에 관한 부분들 그리고 특히 소위 '12부족 동맹하의 이스라엘'과 하나님이 맺은 '계약법전'에 관한 장들(출애굽기 19장에서 23장까지)과 사회정의를 부르짖는 몇 개의 예언서들이요, 신약에서는 마가복음과 야고보서와 요한계시록 등이다. 이와 같은 민중신학자들의 '매우 선별적인 성경관'은 "2세기의 영지주의자 말시온(Marcion)이 반유대 사상 때문에 신약성서를 누가복음과 10편의 바울서신으로 편성한 것과 크게 차이가 없다"는 의견도 있다.[103] 그리고 복음서 중에서도 특히 마가복음에 '민중'(oklos)이라는 단어가 많이 나오는데 이는 예수의 '민중선교'를 강조하는 뜻이 있다고 하여 '민중신학'은 다른 복음서들보다 '마가복음서'를 선호하는 경향이 뚜렷하다.

민중신학자 서남동은 '누가복음서'에 나오는 라오스(laos)라는 단어의 뜻은 '민중'이라기보다는 '국민' 또는 '백성'의 일반적인 뜻이 있다고 하여 '민중'(oklos)이라는 단어가 집중적으로 사용되고 있는 '마가복음서'를 '민중신학'을 위한 더욱 권위 있는 '성서적 전거'로 추천하고 있다. 그러나 안병무는 '오클로스'와 '라오스' 두 단어가 모두 '민중'을 의미할 수 있다고 주장하면서 '누가복음서'를 '마가 복음서'와 못지 않게 중요한 '민중신학'의 성서적 전거로 보고 있다.[104]

---

102) 전경연, op. cit., p. 71.
103) Ibid., p. 73.
104) 서남동, 『민중신학의 평가』, p. 179와 안병무, "새 역사의 주인", 『민중사건 속의 그리스도』, pp. 238, 239 참조.

이와 같은 민중신학자들의 신구약성경 중에서 몇몇 권의 책들과 그중에서도 몇몇 특정 부분의 내용만을 애호하는 '선별적 성경관'의 경향은 그들이 갖고 있는 '민중' 사상이라는 주제에 대하여 소위 '사회 경제사적 접근'이 가능하다고 여겨지는 성경의 부분들로 하여금 지원하는 역할을 담당케 하고자 하는 의도성이 있으니, 이야말로 '민중신학'의 해석학적 편견의 작용이라고 생각지 않을 수 없다.

 둘째로 '민중신학'의 가난에 대한 예찬 문제를 생각해 보도록 하자. 서남동은 '부자는 천당에 갈 수 없다'는 주장을 당연한 것이라고 하면서, 그것은 마치 '둥근 삼각형'이라는 말과 같다고 하였다.[105] 부자는 가난한 자와 노동자에 대한 '착취의 경제학' 때문에 원리 원칙적으로 '천당'이라는 하나님의 축복을 누리지 못하도록 되어 있다는 것이다. 이것을 정반대로 바꾸어서 말한다면 '부자가 가지 못하는 천당에 가난한 자는 분명히 갈 수 있고 또 가야 한다'는 이야기가 된다. 두말할 것 없이 '민중이 될 수 있는 제일의 자격 또는 조건은 '가난'으로서 '가난'은 마치 '민중'에게 '천당'에 대한 기득권을 부여한다는 뜻을 풍기고 있으니, 이는 '가난' 그 자체에 대한 예찬이요 극찬이 아닐 수 없다. 물론 민중신학자들이 인간이 사후에 가서 영생을 누리는 장소로서의 '천당'의 존재를 믿는지가 의심스러운 것도 사실이다.

 그러나 하나님의 말씀인 성경은 '부자와 나사로의 이야기'(눅 16:19-31)와 '부자 청년과 예수의 대화의 사건'(마 19:16-22)과 특히 야고보서에 강조된 '가난한 자에 대한 구제와 우호적 평가'에도 불구하고 가난 그 자체를 결코 찬양하지 않는다. 사람이 하나님에게 의인(義認) 되고 '하나님의 자녀'가 되는 것은 죄에 대한 회개와 믿음으로 말미암음이요, 하나님의 은혜 때문이지 가난하기 때문이 아니다(롬 5:1; 엡 2:8; 갈 4:4-6 등).

---

105) 서남동, 『민중신학의 탐구』, p. 195.

서남동보다도 일본 도쿄 대학의 신학교수요 마르크스주의 사상가인 다가와겐조(田川建三)의 영향을 더 많이 받은 안병무는 마르크스주의자가 '가난한 자'를 보는 시각을 갖고서 신약성경의 내용을 풀어 나간다. 예수의 '산상설교의 첫 선언'은 "마음이 가난한 자는 복이 있나니 천국이 저의 것임이요"(마 5:3)인데 누가복음을 보면 "가난한 자는 복이 있나니 하나님의 나라가 저희 것임이요 이제 주린 자는 복이 있나니 너희가 배부름을 입을 것임이요 이제 우는 자는 복이 있나니 너희가 웃을 것임이요"(눅 6:20, 21)로 되어 있다. 이것은 마태복음의 저자 마태는 누가가 기록한 가난한 자에 대한 축복의 선언을 종교윤리적 덕목으로 삼기 위하여 정신적인 차원으로 끌어 올려서 '미화'시켰다는 것이다. 따라서 '원형적인 복음서'인 '누가복음서'는 '하나님의 나라가 너희 것임이요'라고 선언할 때 가난하고 굶주린 자, 미움받고 배척받고 누명을 쓰는 자로 구성된 한 사회계층, 즉 갈릴리의 민중을 지적한 것이라고 한다.[106] 바울도 가난한 자와 사회적으로 천한 신분을 가진 자들을 구성원으로 가지는 '믿음의 공동체'인 교회를 부끄러워 하거나 변명하지 아니하고 오히려 교회의 그러한 구성원들을 '선택된 사명자'들로, 즉 '기존체제에서 안정과 보장을 누리고 그것을 자랑하는 자들을 부끄럽게 하고 무력하게' 하는 '민중세력'으로서 치하하며 격려하였다는 것이다(고전 1:26-28 등 참고).[107]

그리고 야고보는 가난한 자들을 단순히 동정이나 구제의 대상으로 여기는 차원을 넘어서 하나님은 가난한 자들을 택하여 하나님의 나라의 상속자가 되게 하였다고 말하고, 가난한 자들이야말로 '새 세계의 주인으로 임명된 자들'임을 주장하고 있다고 풀이한다(약 2:1-13 등).[108]

---

106) 안병무, 『민중사건 속의 그리스도』 (서울: 한국신학 연구소, 1989), pp. 238, 239.
107) Ibid., pp. 240-242.
108) Ibid., pp. 242, 243.

여기서 우리는 서남동과 안병무와 김용복과 같은 민중신학자들의 '가난한 자'에 대한 예찬이 마르크스주의의 프롤레타리아 찬양에 접근하고 있음을 보고 그 사회주의적 이데올로기에 오염된 해석학적 편견을 경고하지 않을 수 없다. 그리고 셋째로 우리는 '민중신학'의 '민중'에 대한 '낭만적 미화' 문제를 생각해 보도록 하자. 민중신학자들은 모두 '민중'은 가난하고 사회적으로 학대를 받고 사회 밑바닥에서 사는 인생들이지만 그렇기에 민중은 '소박하고 단순하고 순진한 사람'들임을 역설한다. 이것을 보고서 전경연 교수는 '민중신학의 인간이해의 유치성과 후진성'을 드러내는 것이라고 꼬집었다.[109] 바울의 말과 같이 "의인은 없나니 하나도 없으며"(롬 3:11)라는 것을 민중신학자들은 잊어버렸는가 염려스럽다. 이것은 공연히 민중을 무죄한 이상적 존재로 보려는 시도에서 온다. "가난하고 눌리고 고난에 시달리는 사람도 소유욕과 지배욕에 불타고 부자를 미워하며, 사정이 변해서 지배자와 부유한 자가 되기를 열망한다."[110]

'민중신학'은 70년대의 한국의 대학생 데모에서 민중의 항의하는 모습을 보고서 민중신학적 사고를 이끌어 나간 것은 사실이다. 그러나 우리가 오늘날 '대학생 데모'나 '노사분쟁'에서 목격하는 민중의 모습은 '동학의 민중운동'에 나타났던 민중의 자태와는 크게 다르다는 것을 알아야 한다. 왜냐하면 현대인은 외형적으로는 집단적 사회적 존재성을 보일 수 있지만 내면적, 정신적으로는 급속도로 개성화되어 가고 있기 때문이다. 또한 현대 자본주의 사회에서는 그 경제구조와 운영의 방식 때문에 부자와 '상대적인 빈자'는 언제나 있기 마련인데, 공장 노동자들과 기업에 의한 피고용인들 즉 '상대적으로 가난한 자들'을 '착취경제의 희생자들'로 보고 '민중이라고 딱지를 붙이는 것'은 현대 자본주의 사회에 사는 인간들에 대한 시대 착오적이

---

109) 전경연, *op. cit.*, p. 65.
110) *Ibid.*, p. 65.

고 환상적인 이해로부터 기인하는 것이라고 비난하지 않을 수 없다. 오늘날 '민중들의 친구'임을 자처하는 민중신학자들의 '민중'에 대한 '절대시' 때문에 '민중적 배경'이 되는 '고루한 민족전통들' 즉 부도덕하고 미신 섞인 민담과 민속들을 감상하며 찬양하는 것은 시대의 조류를 역행하는 우매한 일이라고 하지 않을 수 없다.[111] 예컨대 아무리 현영학이 주장하는 바대로 탈춤과 탈놀이가 '민중신학을 위한 자료'가 된다고 할지라도 그것들을 인간의 '초월(구원)경험'의 매체로 인식하고 찬양함은 기독교신학을 '무속신앙'의 수준으로 떨구며 '그리스도의 피흘림과 속죄의 죽음'을 헛되게 하는 일로서, 우리로 하여금 우려를 금치 못하게 하는 것이다. 이와 같은 '민중신학'의 민중에 대한 '환상적 미화작업'의 배후에는 '민중절대주의'(Minjung-absolutism)가 '해석학적 편견'(hermeneutical prejudice)으로 작용하고 있음이 틀림없다.

민중신학자 김용복은 '민중신학'이 '민중'을 절대시 하지 않고 있음에 대하여 다음과 같이 말하고 있다. "민중은 아직 완전한 주체가 아니다. 그러나 민중의 주체성은 억압하는 권력과 억누르는 사회구조에 대한 민중의 굳건한 노력 속에서 실현되고 있다."[112] 또 그는 계속하여 말하기를 "민중을 절대화 시킨다고 하는 것은 있을 수 없다. 왜냐하면 전통적인 신학용어로 말하면 인간은 모두 죄 아래 있다는 바와 같이 민중의 고난은 역사적인 곤경에서 비롯되기 때문이다"라고 한다.[113] 그러나 김용복의 '영원한 역사의 실체(주체)로서의 민중'이해라든가, 서남동의 '새나라, 새시대의 주인공으로서의 민중' 그리고 안병무의 '역사의 주인으로서 선택된 민중' 사상은 모두 '민중신학'의 '민중'에 대한 존경도와 숭배심이 종교적 수준에 이른 것을 보여주고

---

111) *Ibid.*, pp. 68-70.
112) 김용복, "메시야와 민중", 『민중과 한국신학』, p. 291.
113) *Ibid.*, p. 291.

있으며, 따라서 그와 같은 상태를 '민중절대주의'라는 용어를 사용하지 않고서는 적절히 표현하기가 어렵다.

여기서 우리가 지적하고 넘어가야 할 중대한 사실은 한국의 민중신학자들이 갖고 있는 '민중 절대주의' 사상은 오늘날 공산주의자들과 마르크스주의자들이 부르짖고 있는 '프롤레타리아 절대주의' 와는 현저한 차이가 있다는 것이다. 김용복은 프롤레타리아와 민중의 차이에 대하여 설명하여 말하기를, 전자는 '사회경제적 유물론'에 의하여 결정되지만 후자는 정치적으로 결정되는 것으로 '유물론적 결정론의 역사 내적 논리를 초월하여 역사적 가능성의 저편의 경이로운 새역사'를 바라보면서 전개시켜 나갈 수 있는 가능성을 보유하고 있다고 한다.

또 양자간에는 영역의 차이성도 드러난다. 프롤레타리아의 영역은 언제나 '사회 경제적으로 엄격하게 결정되어' 있기 때문에 '프롤레타리아의 이름으로 정치적 독재를 정당화 시키기조차 한다'는 것이다. 그러나 민중의 영역은 역동적으로 자유롭게 변한다. '민중'은 '유아독존적 존재'가 아니라 남성도 여성도, 노동자도 농민도 그리고 지성인들까지도 "물리적 수단으로 권력을 잡은 자들에게 억압을 받는다면" 모두가 '민중'이 된다는 것이다.[114] 그리고 서남동은 "민중과 프롤레타리아는 현저하게 다르다"고 하면서 다음과 같이 설명하였다. "프롤레타리아는 마르크스주의적 유물 사관에서 말하는 '새 사회, 새 역사의 주체'로서 노동자와 농민을 포함하는 가난한 사람들(무산계층)을 의미하는 반면에 '민중'은 아세아적이며 한국적인 개념으로서 가난한 자들만 아니라 정치적이며 사회적인 여러가지 억압하에 사는 사람들을 모두 망라한다. '민중'의 개념에는 프롤레타리아에게 없는 '자유의 문제, 억압의 문제'가 관련되어 있다."[115]

---

114) Ibid., pp. 288, 289.
115) 서남동, 『민중신학의 탐구』, pp. 226-228.

그런고로 우리 한국의 '보수 개혁 신학'이 '민중신학'을 '프롤레타리아 절대주의'를 부르짖는 '좌익신학'으로 규정하고 성토함은 현명한 일이 아니다.

우리가 한국 민중신학자들의 저술과 논문들을 좀더 면밀히 검토해 본다면 그들의 신학사상이 '프롤레타리아를 예찬하는 유물사적 마르크스주의'와는 다르다는 것을 알 수 있다. (물론 그것의 영향을 받은 점도 여기저기 보이지만) 김용복은 모택동주의자들이 말하는 '인민'이라는 개념에는 '프롤레타리아 우위와 전체주의적 독재'가 나타나 있다고 하고 이것은 "민중과 상반되는 것이며 민중의 정치학, 즉 사회 전기와는 배치된다"는 발언을 하였고, 북한 공산주의가 말하는 '주체 사상'이라는 것도 전제주의 국가에서의 독재를 정당화시키는 수단임을 지적하지 않았는가?[116]

또 한편 서남동 자신은 "현 시대에서 체제를 바꾸는 것이 급선무라고 생각하지는 않는다"라는 말을 했고 "봉건주의 체제이든, 자본주의 체제이든, 사회주의 체제이든 그 어떤 체제도 '하나님의 나라'에 대해서는[117] 동거리라고 생각한다"라는 말도 하지 않았는가?

따라서 우리는 '한국 민중신학'에 대하여 프롤레타리아를 예찬하고 마르크스주의를 추종하는 '좌익신학'으로 매도하는 대신, '마르크스적 사회주의와 라틴 아메리카의 해방신학의 영향을 어쨌든 받은 신학'으로서 '좌익신학'으로의 소지와 가능성을 보유함에 대하여 경고의 발언을 할 따름이다.

이제 우리의 결론을 서두르도록 하자. '한국 민중신학'이 해석학적 편견으로 가득 찬 신학임에 대하여 여태껏 저자는 우리의 불만스러움을 이야기해 왔다. '한국 민중신학'이 갖고 있는 해석학적 편견의 결과들 중의 하나로서 '민중에 대한 환상적 미화'를 거론하고 검토해 보았다. 그리고 이 '민중에 대한 환상적 미화' 배후에는 '민중 절대

---

116) 김용복, "메시야와 민중", 『민중과 한국신학』, pp. 290, 291.
117) 서남동, 『민중신학의 탐구』, pp. 196, 197.

주의'라는 민중신학의 해석학적 편견이 작용하고 있음을 지적한 바 있다. 우리는 이 한국 민중신학이 부르짖고 있는 '민중 절대주의' (Minjung-absolutism)가 '프롤레타리아 절대주의'가 아니라는 것에 대하여 안도감을 느낀 것도 잠깐이요. 결국 '민중 절대주의'라는 것도 생각해보니 성경이 우리에게 계시하고 가르치는 바 '하나님 절대주의'(God absolutism)에 대한 '크나큰 도전'임에 틀림없는 고로 그것은 곧 신학적 사상적 범죄행위임을 말하고 비판하지 않을 수 없다.

물론 한국 민중신학자들은 그들의 신학 사상이 결코 민중을 '절대시'하지도 '절대화'하지도 않는다고 변명한다. 그러나 그것은 정말 구구한 변명일 뿐이다. '현 시대의 사회불의와 구조악에 대항하여 투쟁하는 혁명적 주체세력으로서의 민중'이라는 사상이라든가 '새 시대와 새 역사의 주인공으로서의 민중', '메시야 왕국에 주인으로 들어가는 민중', '예수는 민중이요 민중은 예수의 재연' 등등의 사상은 '민중신학'이 갖고 있는 바 민중에 대한 '절대적 신앙'(Absolute faith)의 고백이요 표출이 아닐 수 없다. 합동신학원의 김명혁 교수는 이 문제에 대하여 다음과 같이 말하였다.

"민중신학의 관심이 민중에게 있고 그리고 민중이 주체세력으로 이루어져 가는 사회 경제사적 역사발전에 있으므로 민중신학의 신은 민중과 동일시될 뿐만 아니라 역사발전 자체와도 동일시된다."[118]

또 한신대의 전경연 교수는 '민중이 역사의 주체'라는 생각은 매우 매력적인 생각이기는 하나 그것은 역사로부터 하나님을 내어 쫓는 것이 된다고 하면서 "민중이 전투적으로, 배타적으로 역사의 변증법적 발전으로 역사의 주체가 되겠다고 애를 쓰는데, 거기에 하나님이 계실 자리가 있겠는가?"라고 물었다.[119]

우리는 이렇게 '민중 절대주의'라는 해석학적 편견으로부터 비롯

---

118) 김명혁, "민중신학", 크리스챤 신문, 1984년 12월 14일 호, 2면.
119) 전경연, "민중신학 평가", 『한국 민중신학의 조명』. p. 87.

하여 '민중에 대한 환상적 미화'를 일삼는 '민중신학'에 대하여, 그
것은 '민중을 역사의 내재신(內在神)으로 믿는 신학'인 고로 그것을
'민중신학'이라고 부르지 말고 '민중신'이라는 신을 믿는 신학이라는
뜻에서, '민중신-신학'(民衆神-神學)이라고 호칭하면 어떨가 하는 제
안을 한 번 해 보고 싶다.

3. 결론

'민중신학'은 20세기 말엽에 한국 땅에 나타나 한국 교회의 보수
개혁 신앙과 신학에 도전하는 큰 '이단적 정치 신학'이다. 우리는
'민중신학'의 빈민과 천민의 해방을 위한 '민중봉기'의 거센 호령을,
하나님의 절대주권과 예수 그리스도의 구속의 보혈을 믿는 우리 믿음
의 열기와 '성령충만'의 체험과 역사로써 맞서야 하겠다.

다만 이 땅에서 '민중신학'이 '환상적 민중'의 주체성 확립에 있어
서는 실패하고 있다 할지라도 한 가지 성공하고 있는 일이 있으니 그
것은 비록 '좌경적인 급진신학'이라고 하지만 '신학을 하는 한국인으
로서의 주체성'을 가지고서 '세계 신학의 논단'에 드디어 올라서서
세계인들의 주목을 끌고 있는 일일 것이다. 이 때문에 한국의 민중신
학자 여러분들에게 치하의 말을 하고 싶다.

A Selective Reading on Minjung Theology

Kwang Sun Suh. "Minjung and Theology in Korea: A
 Biographical Sketch of an Asian Theological
 Consultation." *Minjung Theology*(edited by Yong
 Bock Kim). Singapore: The Christian Conference

of Asia, 1981.
서남동. "민중신학의 탐구." 서울, 한길사, 1983
민영진 외 3인. "한국 민중신학의 조명." 서울, 대화출판사, 1976. "민중과 한국신학"(NCC 신학연구위원회 편), 서울, 한국신학연구소, 1982.
유동식. "한국신학의 광맥." Ⅲ3 서남동과 민중신학(pp. 315-326). 서울, 전망사, 1982.
안병무. 『민중 속의 그리스도』. 서울, 한국신학연구소, 1989.
나용화. 『민중신학 평가』. 서울, 기독교문서선교회, 1987.

제3부

현대신학의 위기와 그 근황

제1장: 현대신학의 집안싸움

― 불트만, 판넨베르크, 몰트만의 소망의 개념 비교 연구 ―

1. 서론

주지의 사실로서 지난 10년 간 개신교의 신학을 주름잡던 바의 불트만(Rodolf Bultmann)의 이론은 이제 급속도로 쇠퇴되어 가고 있다. 금일 그의 추종자라고 스스로 생각하는 자들도 그의 생각과 완전히는 일치하지 않으며, 이런 저런 면들을 들어 그의 신학에 반항을 일으키고 있는 것이다. 카알 헨리(Carl Henry) 박사는 이렇게 논평한다.

10년이 넘어가도록 독일 신학계(神學界)를 통치한 불트만은 이제 더 이상 그 왕일 수는 없다. 그가 양성한 수재들에 의하여 왕위는 찬탈(簒奪)당하고 그들은 정복자로서 누리는 노획물(爐獲物)을 다투어 약탈하는 일에 광분하고 있다. 전체적으로 볼 때 불트만의 제가정(諸假定)에서 이론적 단편을 취하는 경향이 있는 후기 불트만적 이론들이 그들의 엉성한 연합 편대를 이루는 반면, 그들 자체의 내적인 불일치로 말미암아 그 이론들은 약화되어 가고 있다. 다른 방면에서는 반(反)불트만의 세력이 한층 더한 세력으로 실존주의 신학에 도전하고 있다.

이 반(反)불트만 공격에 가담한 구라파의 비평가들은 전통적인 보수주의, 즉 구원사학파(Heilsgeschichte)와 대두(擡頭)하는 판넨베르크(Wolfhart Pennenberg)학파를 우리에게 생각케 한다[1]

이와 같이 불트만 신학의 쇠퇴와 몰락을 역사적 사실로서 받아들일 때, 프로테스탄트(Protestant)신학의 미래는 예수 그리스도 및 그의 계시의 역사성에 관한 특별한 강조와 더불어 불트만 사상의 나머지에 대한 신신학의 건설을 위해 경쟁하는 젊은 신학자들의 무리의 손아귀 속에 놓여 있는 것이라고 생각하는 것이 합당한 것처럼 보일지도 모른다. 그러한 젊은 신학자 가운데서도 마인즈(Mainz) 대학교의 판넨베르크 교수와 튀빙겐 대학교의 몰트만(Jürgen Moltmann) 교수는 가장 흥미를 돋군다.

왜냐하면, 그들은 불트만(R. Bultmann)에 있어서와 같은 주관적이며 자의적인 신학(自意的神學)으로부터 근본적으로 이탈하며, 또한 예수 그리스도의 종말론적 미래와, 미래와 결부된 기독교인의 소망이라는 말로서 기독교 메시지에 대하여 매혹적인 재해석을 함으로써 그들은 불트만과 결별(訣別)하는 듯이 보인다.

오늘날 그들의 신학은 '소망의 신학'(theology of hope) 혹은 '역사로서의 신학'(theology as history) 혹은 '그리스도 부활의 신학'이라 불리우며 신학 연구가들에 있어서 토론의 초점이 된 것이다. 브라튼(Carl E. Braaten)은 그의 논문 "소망의 신학으로"에서 다음과 같이 말하였다.

신약성서 종말론(eschatology)에 대한 불트만적 실존주의 해석 방법이 천하를 지배하고 있는 듯이 보일 무렵인 수년 전에 독일에서 종말론적 신학의 재구성(reeschatologizing of theology)이란 새로운 움직임이 태동한 것이다. 운동의 지도적 현역은 판넨베르크(W. Pannenberg)와 몰트만이다. 그들은 바이스와 슈바이처(Johannes

---

1) Carl F.H. Henry, *Frontiers in Modern Theology*, 1964. p. 9.

Weis and Albert Schweitzer)의 소론(所論)을 연구하여 종말론의 재표현을 함으로써 세기적인 전환으로 그들을 부각시킨 것이다. 그들은 이 새로운 발견물의 빈약성을 극복하기 위하여 노력을 경주하고 있는 것이다[2]

저자는 이 논문을 쓰면서 불트만이 가진 소망의 개념과 판넨베르크와 몰트만의 소망의 개념을 비교 검토함으로써 불트만과 소망의 신학자 판넨베르크와 몰트만의 거리를 측정하려고 하는 것이다.

판넨베르크와 몰트만은 불트만의 실존주의신학(實存主義神學)을 얼마나 단호하게 거부하고 있는가? 소망의 신학자들의 예수 그리스도와 미래에 관한 인식은 그 성격상 그들이 주장하는 바와 같이 과연 역사적인가? 그들의 소망의 개념은 신약성경의 종말론적 메시지와 부합하며 불트만 신학의 주관주의적이며 자의주의적인 해석 방법을 수정할 만한 것인가?

이와 같은 물음을 저자는 이 논문에서 묻고 대답하려고 한다.

2. 본론

(1) 불트만

불트만(Rudolf Bultmann)에 의할 것 같으면 신약에 기록된 바의 기독교의 소망은 유대적이며 헬라적인 양근원(兩根源)을 가지고 있다고 한다.

소망에는 먼저 유대적인 근원이 있다. 하나님께서 지시한 바의 심판자이며 구세주로서의 인자(人子)의 오심에 대한 구약적인 기대에로

---

[2] Carl E. Braaten, "Toward a Theology of Hope", New Theology, No. 5. 1967. pp. 94. 95.

소급하여 생각할 수 있는 것이다. 하늘로서 구름을 타고 재림하실 그리스도를 말하는 바의 신약은 유대인 사상에 있어서의 '인자의 오심'(Coming of the Son of Man)과 비길 만한 것이다[3]

불트만에 의하면 기독교의 소망은 역시 헬라적인 사상의 근원을 갖는다. 헬라인들은 경건한 자의 영혼은 죽은 후에 하늘로 올리워 간다고 하는 기대에 머리가 절여 있다.

이 헬라적이며 그노시스주의적인 소망의 개념은 이 현세(現世)의 완전한 파괴와 아울러 인생들의 영혼의 편력(방황)을 광명의 세계로 향하게 해 주는 것이라고 상상하도록 한다[4]

이와 같은 헬라적인 소망의 개념은 신약의 종말론적 메시지 속에서 발견되는 것이라고 할 것이다.

예컨데, 거지 나사로가 죽은 후에 아브라함의 품에 안겼다고 하는 이야기는 헬라적 재료가 신약에 있어서의 소망의 메시지라고 하는 직물(織物)과 함께 짜여졌다고 하는 사실을 암시하는 것이다.

이렇게 말함으로써 불트만은 소망의 양개념(兩槪念) — 유대적이며 헬라적인 개념 — 은 본질상 신화론적이라고 지적함에 이른다. 그는 다음과 같이 말한다.

> Beide sind gebunden an das mythologishe antike Weltbild, insofern beide die jenseitige göttlichewelt des Heils und des Lichtes als eine Sphäre innerhalb das Kosmichen Raumes oberhalb unserer Erde verstellen- einerlei, ob man erwarter, dass sich aus dieser himmlischen Welt das Heil demnächst auf diese untere Erde herabsenken und sie verwandeln wird. oder ob man

---

3) Rudolf Bultmann, "*Die Christliche Hoffnung und das Problem der Entmythologisierung*", Glauben und Verstehen Ⅲ, 1954. pp. 82.
4) *Ibid.*, pp. 82, 83.

erwartet, dass die geretten Menschenseelen nach und nach jeweils nach ihrem Tode in die Lichtwelt emporsteigen werden, bis schliesslich diese unsere Erde in Finsternis und Chaos versinkt.[5]

불트만(R. Bultmann)에 의하면 이제 신약에 있어서의 소망의 말씀은 본질상 신화론적(神話論的)인 것이다. 여기에서 현대인에게 그것(신화론적인 것)의 재해석(reinterpretation)이 가미되지 않고서는 수납(受納)될 리가 없는 것이다. 오늘날 신화론적 사유(thinking) 방식은 현대인에게는 점차로 폐물화되어 가고 있다. 왜냐하면 그들의 사상은 결정지워지기 때문이다.

전자계산기와 우주여행 시대의 삶에 즈음하여 그들이 이 세계를 '위'와 '아래'로 구분하여 생각할 근거를 더 얻지 못하는 것이다. 하물며 '하늘의 구름'을 타고 오실 그리스도의 재림을 역사적 가능성으로서의 관념으로 받아들일 수는 더욱 없을 것이다. 현대인은 우주의 과거를 한 자연적 과거(自然的 過去)로서 생각하게 되었다. 그리고 가끔 그가 말세에 대한 어둡고 우울한 생각을 묘사해 낸다 하더라도 그가 진실로 언급코자 하는 바의 것은 이 우주(宇宙)의 끝이 아니며, 다만 '지구'라고 불리우는 이 혹성의 종말(the end of this planet)인 것이다[6]

그러면 우리는 어떻게 하면 현대인이 수납할 수 있도록 신약의 소망의 메시지를 재해석할 수 있겠는가? 여기에 불트만은—우리가 예측했던 바와 같이—비신화화(demythologyzierung)로써 답변한다. 그에 의할 것 같으면 신약의 신화론적 언어(神話論的 言語)로서 잠재적으로 남아 있는 바의 기독교 메시지를 발견하는 수단으로서의 비신

---

5) *Ibid.*, p. 83.
6) *Ibid.*, p. 84.

화화는 초대 기독교인들 사이에서는 낯선 개념이 아니었다고 한다. 사도 요한과 사도 바울은 약간씩 예수의 종말론적 말씀을 비신화화 하였었다.

특히 그것을 영적인(spiritualize) 것으로 만든 것은 요한이며 현재란 것은 예수 그리스도에 의하여 선언되는 바의 구원의 계기가 되는 것이라고 했다[7] 그리고 초대교회에 있어서도 그리스도의 '오심'(Parousia)이 더디므로 그것을 영해(spiritualize)함으로써 자체 내의 비신화화를 꾀했던 것이다[8] 이렇게 전제한 다음에 불트만(R. Bultmann)은 신약의 종말론을 비신화화 함으로써 현저하게 얻은 바의 그의 자신의 기독교의 소망에 대한 견해를 피력하고 있다. 그에 의하면, 기독교의 소망은 기독교에 있어서 사후(死後)에서가 아니라 여기(here), 지금(now)에 있어서 소망 중에 살아야 하는 것을 뜻한다.

기독교인은 미래를 위하여 기약된 존재이며, 동시에 현재에 결단을 내리며 책임을 수행(遂行)함으로써 스스로 미래를 위한 책임을 지는 자이다. 그는 사후의 삶에 대한 환상(幻像)을 더 갖지 않으며, 미래에 진정한 실존—그것은 하나님의 미래에 속하는—에 다다를 수 있을 것이라는 소망을 가지고 현재의 삶을 사는 것이다[9] 그러나 불트만이 말하는 미래란 것은 역사적인 미래를 말함이 아니다. 그것은 실존적으로 파악되어야 한다. 그는 생각하기를 어떤 심오한 방식에 의해서든 미래를 현재로부터 떼어 놓는다는 것은 언제나 오류(誤謬)라고 하는 것이다. 역사의 의미는 현재에 놓여 있는 것이다.[10] 사람이 현재의 책임 있는 존재란 것을 더 많이 알수록 그는 더 명백하게 역

---

7) *Ibid.*, p. 89.
8) *Ibid.*, p. 85.
9) *Ibid.*, p. 90.
10) Rudolf Bultmann, *Das Verständnis der Geschichte in Griechentum und in Christentum*, Glauben und Verstehen IV, 1962. p. 103.

사의 의미를 알게 된다. 사람은 현재 외에 과거와 미래를 가지고 있는 것이다. 사람은 바로 자신(自身)이 만든 과거로부터 출현하였고 그리고 언제나 미래를 위하여 계획하는 것이다. 그러나 그에게 있어서 현재는 가장 중요한 것이다. 사람은 현재에 당하여 단안(斷案)을 내리며, 그의 책임을 지는 것이다. 이로 인하여, 불트만의 실존주의적 해석에 의하면 사람이 자신의 존재를 역사상에 올려 놓은 것은 현재가 있음으로서이다.[11]

이 불트만적인 감각으로 이해된 기독교의 소망은 '영원한 현재'에 뿌리를 내리고 있으며, 또한 그 소망은 인간의 과거와 미래 양자(兩者)에 걸쳐 개인적인 사고방식에서 받아들이고 있는 것을 뜻한다. 우리는 이미 불트만이 '구름 타고 재림'하실 그리스도를 한낱 신화로 취급해 버리는 것을 보았다. 그는 역시 예수가 '하나님의 통치'가 확립(確立)되서, 멀지 않아 곧 세계역사의 마지막을 고하게 할 것이라고 말하므로, 확실히 잘못을 저지르고 있는 것이라고 하는 생각을 태연히 받아들인다.[12] 그리고 그는 요한은 원래 '오심'(Parousia)을 비역사적 관념으로 이해했으며, 한편 바울은 그의 후기(後期) 사상에서 그리스도의 오심이 더디므로 실망하여 그의 '오심'에 대한 역사적 기대를 포기한 것이라는 것을 굳이 믿은 듯하였다.[13]

이제 만약에 불트만이 말한 모든 것이 옳다고 한다면 인간의 종말론적 미래(終末論的 未來)와 관련하여 우리 기독교인에게 믿고 소망할 만한 무엇이 남겠느냐고 질문해도 좋을 것이다. 거의 남을 만한 것이 없다고 하는 것이 그 대답이다. 불트만의 기독교 소망의 실존주의적 해석은 역사적 이해의 완전한 결핍으로 인하여 그것은 인간의 주관주의적 밀실(密室)의 독백으로 둔갑을 한다. 불트만에 있어서 기

---

11) Idem.
12) Ibid., p. 88.
13) Ibid., p. 101.

독교의 소망은 하나님의 지상통치(地上統治)의 역사적 실현을 가리킴도 아니며, 하나님께서 역사적 미래에 있어서 사람에게 약속하신 바를 성취하심을 가리킴도 아니다.

그것은 단순히 다음과 같은 일을 알고 있음을 뜻하는 데 불과하다. 즉 성도는 여기, 지금(here and now) 하나님 앞에 결단을 내림으로써 그 자신의 존재 안에서 죽음을 이기고 생명의 승리를 경험하게 될 것과 사람의 미래에 있을 하나님의 은혜에 스스로를 대비하는 것이다.

(2) 판넨베르크와 몰트만

앞서 불트만(R. Bultmann)은 우리를 실망시켰다. 그가 역사의 참뜻에 관하여 말한 모든 것에도 불구하고 그가 실제로 제시하는 바는 기독교 소망의 실존주의적 변형물(變形物)이며, 그것은 정히 신약성경의 종말론적 메시지의 개악(改惡)으로 고려되는 것으로 밝혀졌기 때문이다.

그러면 이제 판넨베르크와 몰트만(W. Pannenberg and J. Moltmann)은 어떠한가? 그들은 오늘날의 후 불트만(post Bultmanian) 신학자들 중에 손꼽히며, 그토록 장기간 거부되어 온 '역사적 예수'의 연구를 부활(復活)시킴으로써 현대신학을 위한 역사의 인식을 소생시킨 자들이 아닌가? 그리고 그들의 신학은 '소망의 신학'(theology of hope)이라 불리우지 않는가? 그것은 예수 그리스도의 부활의 역사성을 강조하며 기독교 신학을 신약성서의 종말론적 입장에 서서 전폭적으로 재고하기를 제창하기 때문이 아닌가? 이제 그들로부터는 크게 기대해도 좋을 듯이 보인다. 그러면 그들은 우리를 실망시키지 않을 것으로 소망하면서 우리들의 연구를 시작해 보자.

판넨베르크에 의하면 기독교인의 소망은 원래 역사적 미래에 대한 기대에서 존재하는 것이다. 그리고 기독교인의 소망이 기대하는 바의 역사적 미래는 하나님께서 예수 그리스도 안에서 사람에게 주신 바의 약속의 성취의 결과로서 이해되는 것이다. 바꾸어 말한다면 기독교에 의하여 이와 같이 기대된 바의 역사적 미래는 성질상 종말론적인 것이다. 또 그의 역사적인 신실성과 불변성을 보여 주시기 위하여 이 미래를 '실현'으로 이끄시는 분은 하나님이시다. 그러므로 기독교인의 소망은 하나님의 역사적 신실성의 불변성을 입증하는 종말론적 미래(終末論的 未來)가 도래하는 것을 기독교인이 기대하는 것을 뜻한다.

판넨베르크(W. Pannenberg)가 하나님을 말할 때 미래의 능력(die Macht der Zukunft)으로서 말하고 하나님의 진수(眞髓)를 미래양식(future mode)과 동등하게 생각하고 있다는 것은 주목할 만한 일이다. 판넨베르크에 의하면, 하나님의 존재는 미래발원체(future oriented being)이며, 만약 하나님을 배우고자 할진대 신학(神學)은 미래 발원 신학(future oriented theology)이어야 한다는 것이다. 판넨베르크는 다음과 같이 말한다.

> Jedenfalls ist er(Gott als die Macht der Zukunft) nur in der weise, wie die Zukuft der Gegenwart machting ist, weil die Zukunft entscheidet, was aus den gegenwärting Verhandenen wird. Als die Macht der Zukunft ist Gottkein Ding, kein vehandenen Gegenstand. den der Mensch distanzieren und berschreiten konnte. Er erscheint weder als ein Seiendes unter anderen noch als der ruhige Hintergrund alles Seienden, das hintergegenständliche, zeitlos Sein. Doch ist das Sein vielleicht in Wahrheit als dis Macht der Zukunft zu verstehen?[14]

---

14) Wolfhart Pannenberg, "Der Gott der Hoffnung", Grundfragen

미래의 능력으로서의 하나님은 사람이 갖는 모든 신개념(神槪念)에 앞서 계시며 우월하시다. 하나님은 이와 같이 그의 미래성에 비추어서 인간의 개념구성(선험적)과 도식화(schematization)로부터 벗어난다. 그리고 하나님은 그의 미래 발원체라는 사실에 힘입어 사람을 자유하게 하는 권능을 갖고 계신다. 미래의 능력으로서의 하나님은 존재의 일상성(everydayness of existence) 안에 갇혀 있는 인간을 해방시키며 인간의 위치(is)를 미래와 자유로 향하게 만든다.[15]

사람은 자유이기 때문에 인격체이다. 그리고 사람은 하나님이 만드신 미래를 소유하기 때문에 자유이다. 그리고 인간은 미래가 있으므로 해서 현재에 존재하는 것을 중요치 않는 것으로 취급해 버릴 수 있는 것이다.[16] 이제 여기에 있어서 판넨베르크가 미래를 역사적으로 이해하고 있는지 그 여부를 고찰하는 것은 적절한 일로 생각된다. 판넨베르크에 의하면 기독교인에게 있어서 소망이란 것은 하나님이 우리를 거기에 이끄시고, 동시에 '미래의 능력'으로서 우리에게 오늘에 존재하는 바와 하나님이란 뜻에서 미래를 소망 중에 기다리는 것을 뜻한다.

첫눈에는 판넨베르크(W. Pannenberg)는 마치 그가 역사적 사상의 옹호자처럼 보일지 모른다. 그러나 만일 우리가 그의 신학을 더 가까이 나아가 보았을 때 그의 미래관이 본질상 역사적인 것인 만큼 변증법적이라는 것을 알 수 있다.

판넨베르크는 역사를 불가분리적(不可分離的) 전체로 생각하여 신성한 역사와 세속적 역사로 구별하는 것을 거부한다. 그는 역시 바르트(K. Barth)적인 역사의 2형(two-types)적인 견해를 거부한다. 원시적 역사(혹은 Urgeshichte)의 관념…, 그리고 최종적으로 가장

Systematischer Theologie, 1965, p. 393.
15) *Idem*.
16) *Ibid*., pp. 395, 396.

힘을 넣어서 그는 '단순한 연대기(Chronicle) 혹은 과거사(Historie)'와 '불트만(R. Bultmann)과 그의 추종자들이 자명(自明)의 사실로서 선포한 참역사(Geschichte)를 뜻하는 현재로서의 역사'를 구별하는 것을 거부한다.[17] 그는 특히 예수 그리스도의 종말론적 메시지와 특히 하나님의 통치의 새벽이 밝아옴과 끝날의 임박성에 대한 그의 선언에 확실성과 의미를 주는 바 예수 그리스도의 부활의 역사적 특성을 언급함으로써 이를 강조하고 있다.[18]

판넨베르크에 의하면 현실 자체가 '종말로 향하여 재촉하는 역사'라고 말할 수 있다. 그러므로 미래는 그 끝이 신약성서가 말하는 바의 종말론적 메시지로서 나타날 역사적 미래를 의미한다.

예수 그리스도의 부활과, 부활이 있으므로 해서 존재하는 미래에 대하여 비역사적 혹은 실존주의적 해석을 고집하는 그러한 신학자들에 반대하여 판넨베르크(W. Pannenberg)는 다음과 같이 말한다.

    기독교 신앙은 예수 그리스도에 관한 우리들의 불확실한 역사적 지식을 자의적으로 메꾸어 보려는 단순한 주관적 확신과 동등시 해서는 아니 된다. 이러한 확신은 다만 자기 기만일 것이다. 오랫동안 신앙은 기독교가 과학적 지식(科學的 知識)의 공격으로부터 후퇴하여 숨을 수 있는 주관주의적 요새(要塞)로 잘못 알려져 왔다. 이와 같은 경건한 주관주의에로의 후퇴는 기독교 신앙을 어떤 진리의 지식(자각)을 파괴하는 것에 이끌어 가는 것일 따름이다. 신앙이란 것은 과학적 연구의 분야에 있어서까지도 그 기반이 확실시 될 때에만 자유롭게 숨쉴 수 있는 것이다.[19]

---

17) William Hammiton, *The Character of Pannenberg's Theology*, New Frontiers in Theology Ⅲ, 1967, p. 177.
18) Wolfhart Pannenberg, *The Revelation of God in Jesus of Nazareth*, New Frontiers in Theology Ⅲ. 1967, pp. 114, 116.
19) *Ibid*. p. 131.

그러나 여전히 실망스럽게도 판넨베르크의 미래와 역사에 대한 사상은 변증법적 사상형(辨證法的 思想型)을 나타내고 있는 것이다. 그의 사상에 의하면 미래는 이곳에 아직 이르지 아니하였고, 그럼에도 불구하고 더욱 그것은 현재 위에 그 절대적인 영향을 끼치고 있는 것이다. 현재의 모든 것은 미래가 가지고 올 가능성과 관련해서만 의미가 있는 것이라고 생각할 수 있는 것이다. 이리하여 그는 하나님의 통치는 하나님의 왕국에 대한 예수님의 부르심(소명)에서 이미 나타난 바인데, 그것은 하나님의 통치의 미래성이 예수님의 전도에 있어서 현재를 결정짓는 권능이 되었기 때문이라고 말하고 있다[20]

예수님은 그의 전도에 있어서 하나님의 통치의 임박성을 생명의 지도적 원리로서 선포하셨다. 예수님은 세리와 죄인과 더불어 식탁을 즐기셨는데, 그것은 그들이 그의 종말론적(終末論的) 메시지를 받아들임으로써 예수님 자신을 받아들였기 때문이다. "예수님은 이와 같이 그의 자신의 인격체를 통해서 그가 선포한 바의 하나님의 임박성을 이룩하신다." 그리고 예수님과 그러한 식탁친교(table fellowship)를 즐긴 사람들은 "식탁친교(종말론적 잔치)로서 표상된 소망, 즉 끝날의 소망 그것이 목적이었던 하나님의 지역사회에 이미 참가하고 있었던 것이다."[21]

이런 식으로 판넨베르크(W. Pannenberg)는 하나님의 통치는 예수님이 그 임박성을 선포한 것과 같이 아직 오지 아니했고, 그럼에도 불구하고 그것은 예수님의 종말론적 메시지 속에 이미 나타났다고 말한다. 예수님의 통치에 대하여 주어진 바의 하나님의 약속 안에서 그 통치는 이미 실현되었다. 그리고 예수님에 의하여 대표된 왕국의 메시지 안에서 하나님의 왕국은 기존하는 것이다.

---

20) *Appearance as the Arrival of the Future*, New Theoloy, No. 5, 1965. p. 119.
21) *The Revelation of God in Jesus of Nazareth*, New Frontiers in Theology Ⅲ, 1967, pp. 102, 103.

한편, 하나님은 '미래의 능력'으로서 오늘에 존재하신다. 이것은 하나님이 단순히 우리의 현재의 미래이실 뿐만 아니라, 또한 지나간 매년(every past age)의 미래가 되어 왔었다는 것을 뜻한다. 만약 하나님이 가장 먼 과거의 미래로서 표현된다면 그가 결국 미래의 그의 나라에서 그의 신성을 증명하실 사실과 관계 없이, 우리들의 모든 현재가 존재하기 이전에 하나님은 이미 미래였던 것이 된다. 판넨베르크가 그것을 다음과 같이 설명한다.

    So impliziert die Zukunftgkeit Gottes, seine Ewigkeit. Aber es ist ein unterschied, ob Ewigkeit als Zeitlosigkeit oder als endloses Fortdauren eines seit Urzeiten Bestehenden gedaht wird oder aus der Macht der Zukunft ber Jede Gegenwart [22]

비록 판넨베르크가 하나님의 미래성에 함축된 영원성이 초시간(超時間)이나 무한한 시간을 뜻하는 것이 아닌 사실을 이와 같이 강조하긴 하나 모든 현재를 주관하는 미래의 힘(die Macht der Zukunft ber jede Gegenwart)으로서의 하나님의 개념이 그에게 미래와 일반사(history in general)를 변증법적 스타일로서 고려하게끔 강요하고 있는 것이다. 판넨베르크에 의하면 하나님의 미래는 모든 인간의 시간보다 앞서 있다. 그러므로 그것이 모든 역사의 단계가 그것으로부터 인식되어야 할 바탕이 되어야 한다. 이렇게 말함으로써 판넨베르크(W. Pannenberg)는 세계사 안에 이와 같이 존재하는 사건들의 연대기적 서열(chronological order)을 무시해 버리며, 또한 미래는 존재론적 상태일 것이지 역사적 과정 내에 있는 한 단계가 아니

---

22) *Der Gott der Hoffnung*, Grundfragen Sytematischer Theologie, 1965, p. 394.

라는 관념을 추진시키려 하고 있는 듯이 보인다.

그가 실제로 말하는 의도는 하나님의 존재양식으로서의 미래는 또한 하나님이 항상 그것을 통하여 사람에게 나아오시는 방법이 된다는 말이 아닐까? 왜냐하면 사람은 하나님의 약속을 듣고 그 성취를 소망 중에 기다림으로써 하나님의 임재(臨在)를 자각하도록 만들어져 있기 때문이란 뜻이 아닌가? 이제 끝으로 판넨베르크에 의하면 기독교인의 소망은 엄격히는 역사적 미래를 뜻하지 않고, 현재를 포함한 모든 제각기의 시대에 살며 소망하는 사람들에 의하여 그 도래가 느껴지는 바 미래 안에 성취되는 하나님의 약속을 기대하는 것을 뜻하는 것으로 우리는 결론을 내린다.

그러면 이제는 판넨베르크와는 작별하고 몰트만(J. Moltmann)의 기독교인의 소망에 대한 견해를 알아보기로 하자. 몰트만에 의하면 기독교인의 소망은 신도들에게 있어서 신앙의 확신 속에서 수난 당하고 부활한 그리스도의 미래를 바라보며 기다리는 것을 뜻한다.

> 소망이란 것은 신앙이 하나님에 의하여 참으로 약속된 바를 믿는 그러한 것들을 기대하는 것(expectation) 이외에 아무것도 아니다.[23]

기독교 신앙은 예수 그리스도의 부활 사건에 근거를 두고 있다. 그리고 부활 신앙에 뿌리를 내리고 있는 기독교인의 소망은 보편적인 예수 그리스도의 미래와 관련하여 성취될 하나님의 약속을 바라본다. 몰트만에 의하면 십자가에 의해 달려 돌아가신 분은 그의 부활로 인하여 미래가 있으며, 그가 부활의 결과로서 갖는 이 미래는 기독교인의 소망의 목적물인 것이다. 성경말씀은 예수가 누구였으며 누구이신가

---

23) Jürgen Moltmann, *Theology of Hope* (English translation), 1967, p. 20.

하는 문제보다는 그가 누구시겠는가 하는 문제에 더 힘을 주고 있다. 이것은 미래가 예수 그리스도를 설명하는 성서적 형식이라는 것을 뜻한다.

여기서 그리스도를 논하는 기독교신학의 형식은 헬라적 로고스의 형식이나 혹은 경험에 입각한 교의적 진술의 형식일 수 없고 다만 미래를 위한 소망과 약속의 진술 형식일 뿐이다.[24]

이제 몰트만이 소망과 약속이라는 말로써 강조하는 바의 수난당하고 승천하신 그리스도의 미래는 역사적 미래라는 사실을 잊어버리지 말자. 몰트만(J. Moltmann)에 의하면 바르트(K. Barth)는 잘못이다. 왜냐하면 그는 종말(eschaton)은 모든 시대에게 초절적(超絶的) 의미를 부여하며, 또 그것은 '모든 시대를 통하여 동등하게 가깝고 동등하게 먼' 초절적 존재라고 생각하기 때문이다.
불트만(R. Bultmann)은 잘못이다. 왜냐하면 종말론적 계기(契機)(eschatological moment)를 논하며 여기 지금(here and now)에 있어서의 인간의 결정과 책임을 강조하기 때문인 것이다. 이 두 사람은 초대 기독교의 종말론적 공헌을 발전시키기보다는 그것을 모호(模糊)한 것으로 만든 초절적 종말론의 희생자들이다.[25]
성경에서 입증된 하나님의 계시는 역사적 계시이다. 그것을 '영원한 현재의 나타나심'(epiphany)으로서 간주(看做)한다는 것은 헬라적 사상과 탐구 방법의 영향을 받은 결과인 것이다.

승천하신 그리스도의 계시는 이 '영원한 현재의 나타나심'의 형식이 아니라, 약속된 미래의 진리를 드러내는(나타냄) 바의 계시관(啓

---

24) *Ibid.*, pp. 39, 40.
25) *Ibid.*, pp. 39, 40.

示觀)을 요청하고 있는 것이다. 약속 안에 입증된 이 미래 진리의 빛으로 말미암아 사람은 현실을 그 모든 가능성과 위험 안에 있는 역사(歷史)로서 경험하며, 그리고 현실이 하나님의 형상과 같이 되어 간다고 하는 고정관념(固定觀念)을 파괴 당하는 것이다.[26]

그러나 다시금 판넨베르크(Pannenberg)의 경우와 같이 위장 역사관(pseudohistorical viewpoint)의 존재를 발견함으로써 우리는 실망한다. 몰트만이 실제로 예수 그리스도의 미래를 의미하는 바는 역사상 미래(historical future)가 아니다. 그것은 오히려 '역사적 미래'(historic future)이다. 그것은 즉 하나님의 약속을 통하여 마주칠 수 있는 미래를 뜻하고, 그 미래에 대한 지식은 거기에 닿을 수 없는 일시적인 것이며, 단편적인 것이며, 공개적(公開的)인 것이며, 곡해(曲解)된 것이기 때문에 '소망의 지식' 인 것이다.[27]

몰트만(J. Moltmann)이 생각하는 '예수 그리스도의 미래'에서 역사의 개념은 '역사주의'(歷史主義)와 실존주의를 능가하는 것이라고 말할 수 있다. 몰트만이 말하는 '역사(history)에 대한 역사적(historic) 관계'는 단순히 사실상의 사건의 속발(續發)과 그들의 법칙을 밝혀 주는 것을 연구하는 것이거나 단순히 다시 반복될지 모르는 과거의 존재의 가능성에 대한 연구를 위한 것도 아니다. 그는 '역사에 내재하는 가능성을 위하여 과거의 실존을 연구할 것'이라 말한다.[28]

실증주의적 역사관은 '미발생의 미래(unborn future)는 과거에 잠재한다'는 것을 망각(忘却)함으로써 과거의 실존(實存)에 대하여 시공(時空)을 캐내어 규정지으며, 한편 실존주의자는 참으로 역사적

---

26) *Ibid.*, p. 84.
27) *Ibid.*, p. 203.
28) *Ibid.*, p. 189.

(historic)이라 부를 수 있는 미래의 가능성이 내포된 과거의 실존을 깨닫지 못하고, 현재에 삶을 영위(營爲)하는 자를 위하여 반복시키기 위하여 과거의 존재에서 진정한 장래성(possibilities)을 발견한다.

이런 식으로 역사주의와 실존주의를 거부한 후에 몰트만은 그의 콧김으로 날려보낸 두 선택물의 어느 틈에 자신의 자리를 정한다. 그는 독자로 하여금 자기가 갖는 역사의 개념은 미래를 위하여 갖는 의미에 조응(照應)하여 그는 모든 역사적 사건을 해석하고 평가하는 바의 미래 발원의 개념이라는 것을 명백히 하고 있다. 이러한 견지에서 몰트만의 역사개념은 판넨베르크가 파악하고 있는 것과 매우 흡사한 것이라고 단언(斷言)할 수 있는 것이다. 만약 우리가 그가 말한 바의 예수 그리스도의 죽으심과 부활에 관하여 고찰(考察)한다면 이 사실에 대하여 더욱 확신을 갖게 될 것이다. 예수 그리스도의 죽으심에 대하여 그는 이렇게 말했다.

In Zusammenhang dieser Lebenserwartungen liegt in seinem Tode am Kreuz nicht nur das Ende des Lebens, das einer hatte, Sondern auch das Ende des Lebens das einer liebt und auf einer hoftt. Der Tod Jesu wurde erfahren als der Tod des gesandten Messias Gottes und enthalt darum auch den 'Tod Gottes' in sich [29]

그리고 예수 그리스도의 부활에 관하여 그는 또한 이렇게 말했다.
In Zusammenhang dieser Lebenserwartungen muss seine Auferstehung dann nicht als Wiederkehr ins Leben überhaupt, sondern als berwindung der Todlichkeit dieses Todes verstanden werden; als berwindung der Gottver-

---

29) *Theologie der Hoffnung*, 1964, pp. 191, 192.

lassenheit, als Übrwindung des Gerichtes, des Fluches, als Anfang der Erfüllung des verheissenen und gelebten Lebens, als berwindung dessen, was in Tod totist, als Negation des Negatiben (Hegel), als Negation der Negation Gottes.[30]

이 점에 대하여 몰트만(J. Moltmann)은 마치 예수 그리스도의 미래가 인간 행위에 전혀 무관(無關)한 것처럼 말하며, 또한 그것은 마치 그리스도의 사건 그 자체에 내적 필연성(內的 必然性)때문에 그 자체의 성취를 확신할 수 있는 것처럼 계속 말한다.

Nicht die objective Zeit macht den Fortschritt. Nicht menschliche Aktivität macht die Zukunft. Es ist die innere Notwendigkeit des Christusgeschehens selber, dessen tendenz darauf hinausläuft, das in ihm latente ewige Leben und das in ihm latente Recht Gottes an allem herauszubringen.[31]

특히 예수의 역사적 운명을 강조하고 판넨베르크와 그의 불일치하는 바를 관찰하는 대목은 흥미있는 일이다. 왜냐하면 몰트만은 예수 그리스도의 죽으심과 부활로써 역사적으로 입증된 '미쁘신 하나님'을 그의 '소망의 신학'의 비결(key idea)로서 고수(固守)하고 있는 것이기 때문이다. 몰트만에 의하면, 천국에 대한 예수의 메시지와 천국에 대한 교회의 기독론적 메시지 사이에는 불연속성(不連續性)이 있다는 것이다. 슈바이쳐(A. Schweitzer)가 지적한 바와 같이 '예수는 천국을 선포하고, 교회는 예수를 선포했다'고 말한다.
초대교회의 기독론적 메시지는 예수의 자아의식에 기반을 두지 않

---

30) *Ibid.*, p. 192.
31) *Ibid.*, p. 196.

았다. 그것은 오히려 예수의 죽으심과 부활의 사건에 기반을 두고 있는 것이다. 그리고 이 사실이 역사상 애수의 생애(生涯)와 초대교회의 기독론 사이에 불연속성을 지적하는 것이다. 그러나 우리가 이 비연속성을 극복하려면 승천(昇天)하신 그리스도로서 나타난 그를 역시 십자가 위에서 죽으신 분으로 고려함으로써 가능해진다.

Nur die rätselhafte dialektische Identität des Auferstandenen mit dem Gekreuzigten nötigt zur Annahme einer Kontinuität der unchristlichen Christologie mit der Botschaft Jesu selbst[32]

몰트만(J. Moltmann)에 의하면 기독교의 소망은 파루시아(Parousia) 혹은 '그리스도의 재림'과 밀접히 관련되어 있다. 그러나 그에게 있어서는 가버린 누군가가 실제로 돌아옴을 의미하지 아니한다. 그것은 오히려 임박한 도래(eine bevorstehende Ankunft)나, 혹은 더 정확히는 도래하고 있는 미래(eine ankunftige Zukunft)이다.

Parusi kann auch Gegenwart heissen, jedoch nicht eine Gegenwart, die morge vergangen ist, sondern eine Gegenwart, der man heut und morgen gewärtig sein mass. Es ist die "Gegenwart des auf uns Zukommenden, sozusagen eine ankunftige Zukunft." Die Parusi Christi ist etwas anders als jetzt Erfahrene, jetzt gegebene Wirklichkeit. Sie bringt gegenüber dem jetzt Erfahrbaren etwas Neues. Darum ist sie aber nicht von der jetzt

---

32) *Ibid.*, p. 200.

erfahrbaren und zu lebenden Wirklichkeit totaliter getrennt, sondern wirkt als real ausstehende Zukunft durch erweckte Hoffnungen und aufgerichteten Widerstand in die Gegenwart hinein. [33]

  판넨베르크(W. Pannenberg)처럼 몰트만(Moltmann)은 그리스도의 'Parousia'를 변증법적 방식으로 파악하려고 하고 있음은 너무나 명백한 일이다. 몰트만에 의하면 그리스도의 재림(Die Parusi Christi)은 평범한 뜻의 역사상의 사건이 아니다. 왜냐하면 그것은 단순히 미래의 역사 속에 위치할 것이 아니기 때문이다. 그것은 '오고 있는 미래'(an arriving future)이며 현재에 사는 인생살이를 강력히 규제(規制)하는 것이다. 더욱이 비록 그것으로부터 완전히 분리시킬 수는 없지만, 그것은 현실에 있어서 우리의 나날의 생활에서 경험하는 바와 아주 상이한 무엇이다. 그러면 예수 그리스도의 미래는 우리들에게 무엇을 의미하는 것인가? 그 결과하는 바는 한 역사상의 사건의 계열일 수는 없는 것이다. 아마도 그의 시도(試圖)하는 바는 우리들의 역사에 대한 역사적 관계를 최종적으로 성취시키며, 역사를 초월(超越)하는 역사의 가능성을 전개하는 것일 것이다. 그러므로 몰트만에 의하면 기독교의 소망은 다음과 같이 결론을 짓게 된다. 그것은 역사상의 것이며, 더욱이 역사를 초월하는 바의 미래의 예수 그리스도를 소망 중에 기다리는 것이며, 그리고 그 의미와 의의는 다만 하나님의 약속에 비추어서 그리고 그 현실단계(現實段階)의 역사상이라기 보다는 역사적(historic)인 성취에 비추어서 파악되어진다.

---

33) *Ibid.*, p. 207.

(3) 집안싸움

판넨베르크와 몰트만(W. Pannenberg and J. Moltmann)을 앞장 세운 '소망의 신학'은 '세속적인 신학이 죽였고 혹은 회피한 하나님에 관하여 논의를 재개(再開)시킨 그 능력'은 칭찬받을 만하다.[34] 소위 신학자들이 하나님 없는 신학 혹은 적어도 하나님을 망각한 신학을 창조하기에 바쁜 즈음에 그것이 현장에 나타난 것이다. 그 후로부터 '소망의 신학'은 하나님의 죽음과 같은 사고방식(思考方式)으로부터 벗어나서 '미래의 하나님'이란 용어로서 신학을 구상하는 일에 관심을 모으게 함으로써 다소간 현대신학을 구제하는 데 성공하였다.

더욱이 실존주의(實存主義) 때문에 하나님의 계시의 역사적 성격을 과소평가한 불트만(R. Bultmann)과 그의 제자들에게 이의(異義)를 제기함으로써 소망의 신학자들은 우리들에게 기독교의 신은 역사 안에서 활동하신 신(神)이며 예수 그리스도는 장사(葬事)한 지 삼일 만에 무덤에서 살아나셨기 때문에 세상의 소망이라고 하는 막중한 사실을 다시금 생각나게 해 주었다.

이와 같은 신학이 세속신학(世俗神學)의 물결을 막도록 현대신학의 단상에 나타나지 아니하였던들 거의 모든 현대 신학자들이 그 자체로는 불가능한 바의 신이 없는 신학적 사고의 과제 앞에 무릎을 꿇고 지냈을 것이다. 이리 하여 '소망의 신학'은 현대 신학자들을 시지프스와 같은 운명으로부터 해방시켰으며, 아마 이런 이유로서 우리들은 판넨베르크와 몰트만(W. Pannenberg and J. Moltmann) 양인에게 감사를 해야 할 것이다.

그들의 신학적 역작에서 과시한 사상의 예지(銳知)와 창의(創意)에 대하여 감탄하는 것이다. 이제 우리는 신의 죽음에 조가(弔歌)를 부르는 대신에 미래의 하나님에 관하여 이야기할 수 있게 됐으며, 그리고

---

34) Martin E. Marty, *The Search for A Usable Future*, 1969, p. 83.

다시금 기독교 종말론을 바르트(K. Barth) 혹은 불트만적 참역사(Geschichte)의 용어가 아닌 역사적 감각으로 생각할 수 있게 되었다. 그러나 우리가 다음의 사실을 알게 될 때에 소망의 신학에 대한 찬양과 감사는 돌연 그치게 된다. 즉 그들이 뜻하는 미래의 하나님은 역사상의 하나님이 아니며, 변증법적(辨證法的)이며, 하나님의 계시와 특히 기독교 종말론에 관해서 비성경적 처리방법을 취하므로 불트만에 못지 않게 잘못됐기 때문이다.

이 사실은 이미 앞서 우리들의 연구에서 적발(摘發)하여 주의를 환기(喚起)시킨 바이다. 우리가 증명한 바와 같이 판넨베르크와 몰트만(W. Pannenberg and J. Moltmann)이 아는 것과 같은 기독교인의 소망은 성경이 가리키고 있는 역사의 마지막 날에 그리스도의 육체적 재림(再臨)이라는 소망을 뜻하는 것이 아니다.

그것은 오히려 그리스도의 미래에 성취될 하나님의 약속을 열망하는 성도를 가리키는 동시에 그리스도의 도래(到來)는 변증법상으로밖에는 달리 이해할 수 없는 것을 가리킨다. 그들에게 있어서 기독교인의 소망은 부활사건(復活事件)이란 과거를 가리키는 것(이것은 2천년 전에 예루살렘 성문(城門) 밖의 십자가에서 죽은 '나사렛 예수'라 불리우는 분이 다시 생명으로 환원(還元)함을 뜻한다)도 아니며, 역사의 미래에 무덤에서 일어났으며, 지금은 하늘에서 '하나님의 우편'에 앉아 계시는 나사렛 예수가 이 세상에 재림하시는 것을 가리키는 것도 아니다. 기독교인의 소망은 그들에 의하면 기독교인이 미래의 예수 그리스도를 향하여 가지는 유망한 기대를 뜻한다. 그러나 그리스도의 미래는 시간적으로 국한시킬 수 없고, 그것은 역사를 초월(超越)하여 존재하며 더욱이 그것은 여태까지 미지(未知)인 바의 새로운 가능성 안으로 이끌어 가는 것을 뜻한다.

판넨베르크와 몰트만에 의하여 파악하는 중에 이와 같은 기독교인의 소망의 견해와 불트만의 견해, 즉 인간이 그 삶에서 그 자신의 타락(墮落)을 하나님의 은총으로 말미암아 극복하는 인간의 경험으로써의 기독교의 소망으로 고려된 실존주의사상 사이에 어떤 실제적인 차이가 있는 것인지? 이 질문에 대한 나의 대답은 그들 사이에는 근본적인 차이는 전혀 없다고 하는 것이다. 왜냐하면 이 양 견해는 기독교의 소망을 연대기적 시간(年代記的 時間)을 초월(超越)하는 미래에 조응(照應)하고 또 그 미래는 다만 역사에 대한 변증법적이며 실존주의적인 관계에서만 파악될 수 있는 것이라고 하는 견해로서 서로 일치하기 때문이다.

소망의 신학자들이 예수 그리스도의 부활의 역사적 성격과 그 결과로서 존재하는 그리스도의 종말론적 미래를 주장하여 불트만(R. Bultmann)의 실존주의 신학을 능가함에도 불구하고 정통신학자들이 취하는 객관적이며, 그렇기 때문에 역사에 대한 역사상의 어프로우치(approach)를 향하여 이맛살을 찌푸린다. 사실상 이런 현상은 소위 후기 불트만 신학자들 거개가 취하는 태도인 것이다. 몽고메리(John Montgomery) 교수는 다음과 같이 말했다.

이와 같이 하여 바르트(K. Barth)가 객관화의 요소를 자신의 신학에 도입(導入)한 것과 병행하여 불트만 학도들과 그 선배들은 초대교회가 고백한 그리스도와 역사의 예수를 여러 가지로 더 의미심장하게 결합하는 일에 노력하였었다. 이것은 후기 불트만의 신해석법(新解釋法)이 실존주의적인 역사 연구의 개념으로부터 객관적 방법을 통해서 멀어진 것을 뜻하는 것인가? 이 지극히 중요한 질문에 대한 대답은 확정적으로 '노!'이다. '새 연구' 논쟁이 벌어지고 있는 곳이면 어디에서나, 심지어는 불트만에 대한 공격이 치열할 때까지도 사람들은 그의 '해석학'의 원리에 대해서 부동(不動), 무비판적 묵수(墨守)를 하고 있음을 발견하게 된다. 진실로 객관적 사고에 대한 우월감과 경멸의 태도는 빈번히 후기 불트만 신학을 특징지워 주고 있다.[35]

---

35) John W. Montgomery, *Where is History Going?* 1969, pp. 188, 189.

실존주의적인 불트만 신학으로부터 판넨베르크와 몰트만(W. Pannenberg and J. Moltmann)이 얼마나 근본적으로 철저히 이탈(離脫)했는가에 대한 우리들의 본래의 질문에 대답하기 위하여 시발점으로부터 거슬러 올라가 보자. 앞서 연구한 바에서 발견한 것에 비추어 볼 때 그들이 불트만 신학과 결별(訣別)한 바는 전혀 근본적인 것이 아니라는 것을 말할 수 있다. 그들의 탈선은 경미한 것이며 피상적인 것이다.

소망의 신학자들은 전략적 요점에서 불트만(R. Bultmann)의 사상을 제어(制御)하는 실존주의적 역사관으로부터 그들 자신을 해방시키지 아니했다. 그들은 불트만이 인간에게 있어서 결정의 시간인 현재에 강조를 두는 바를 단순히 신학의 범주로서의 미래에 관한 그들 나름의 해석으로서 자리바꿈을 해둔 것뿐이다. 소망의 신학자들에 의하여 '역사' 그리고 '미래'란 말이 사용될 때 그것은 보통 역사가들이 이해하는 뜻의 역사의 의미가 반드시 나타나는 것은 아니다.

그것은 사람이 실체를 의미심장하게 이해할 수 있도록 하기 위한 사상의 범주와 형식을 지적함을 뜻하는 것이다. 우리가 이 사실을 유의하지 않고서는 판넨베르크의 '미래의 능력'으로서의 신개념(神槪念)도 혹은 몰트만의 '미쁘신 하나님'의 관념도 참으로 이해할 수 없는 것이다. 지금까지 말한 바를 요약한다면 불트만과 소망의 신학자들은 그들의 역사(history)에 대한 역사적 해석이란 점에서 완전한 일치를 보았고, 한편 그들은 신학의 방법이라는 관점(觀點)에서만 상호(相互)의 입장이 갈라진다. 이 논문의 시초에서 본래 우리가 질문한 바의 제2의 문제에 대한 해답을 추진해 보자.

소망의 신학자들에 의하여 주어진 기독교인의 소망의 해석은 신약성서의 종말론적 메시지와 일치하는가? 이 질문과의 관련하에서 신약성서의 종말론에 의하여 세상의 마지막날 동안에 일어날 것이라고 하는 사건들에 관하여는 아무 말이 없는 판넨베르크와 몰트만을 관찰(觀察)한다고 하는 것은 흥미있는 일이다. 거기에는 나라 사이의 '기근', '질병', '지진' 그리고 '전쟁'과 같은 것들에 대한 진지한 객관적 사색은 없다(마 24:29, 30). '태양과 달과 별'과 '바다와 파도의 우는 소리'와 '하늘의 권능이 흔들림'의 징조가 나타남에 대하여(눅 21:25, 26), 그리고 마지막 때를 당하여 그 자신의 때를 특징지우는 적그리스도의 출현에 관하여서도(요1 2:18) 그들은 침묵을 지키고 있다. 그리고 끝으로 '나팔 소리', '천사장의 음성' 그리고 '권능과 큰 영광으로 하늘의 구름을 타고 인자가 오심'(마 24:31; 살전 4:18)에 관해서도 마찬가지이다.

  소망의 신학자들은 현저하게 후기 불트만의 시대에 살고 있는데 이것은 신약성서의 종말론적 메시지에 포함되어 있는 어떤 '신화론적' 개념은 '비신화화'(demythologyzierung)하는 방법을 뜻하는 것으로서 다음과 같은 것을 가리킨다. 신화적 요소를 가진 것은 '나팔 소리', '천사의 음성' 그리고 그리스도의 실제적이며 육체를 가진 물리적인 재림(再臨) 등이다. 그들은 역시 불트만의 시대에 한 때 살았던 것이며, 그로부터 그들은 '하늘의 징조', '큰 지진', 그리고 '전쟁' 등에 관하여 실존주의적인 해석방법을 배웠던 것이다. 그러나 정확히 이 시점(時點)에서 정통적 개혁(正統的 改革) 신학은 판넨베르크와 불트만을 적대하여 투쟁의 함성을 울려야만 한다.

  왜냐하면 갈릴리 바닷가에서 온 일개 어부인 사도 요한이나 천막을 만들어 팔던 사도 바울이 그토록 세상 끝날에 관하여 비역사적(非歷史的)이며 비객관적(非客觀的)인 방법으로 해석하리만큼 역사철학에 대한 고도의 세련된 훈련이 되어 있었다고는 믿어지지 아니하기 때문이다. 우리들은 여기에서 그들이 세상 끝날과 최후의 심판, 구름 타고 오실 그리스도(거기엔 나팔 소리가 수반하는)를 그들이 말한 대로 여자적(如字的)으로 믿었다는 것을 확언하는 바이다. 주관주의적이며 비역사적 종말론을 말하는 불트만(R. Bultmann)에 반기를 든 소망의 신학자들은 신약성서의 종말론을 여자적으로 믿는 것을 거부하고, 그것을 '변증법적 외도'(dialectical twist)로 변질시킴으로써 그들은 자신들의 목표를 실패로 만들었다.

그것은 다만 불트만에게 만족의 미소를 짓게 한다. 그러므로 판넨베르크와 몰트만이 제공한 기독교의 소망에 대한 해석은 신약성서의 종말론적(終末論的) 메시지와 정확히 일치하지 아니 한다는 것을 말함으로써 우리들이 질문하여 온 바의 문제에 대한 답으로 삼기로 하자.

그것은 교회를 위한 종말론적 메시지를 기록하기로 기도한 바와 같은 그들 신약성서 저자들이 가졌던 바의 역사에 대한 지식과는 단적(端的)으로 모순되는 것이다. 더욱이 그들(판넨베르크, 몰트만 양인)의 기독교 소망에 관한 해설이 우리들이 불트만의 실존주의 신학이 갖는 파괴적인 힘으로부터 '기독교인의 소망'을 구출해 보려는 노력에 대하여 결코 이바지하는 바가 될 수 없다는 사실을 지적하는 것을 잊어서는 아니 된다. 이 논문의 마지막 결론에 도달하기 전에 잠깐 이 '소망의 신학' 운동에 다소간 우호적인 한 현역 신학자(現役神學者)가 발언한 비평에 대하여 귀를 기울여 보자. 위에서 이미 인용한 바 있는 그의 책에서 마아티 교수는 아래와 같이 말했다.

"초절(超絶)로서 항상 미래(이제 또 다시 그것을 실증(實證)하거나 지적할 수 없는 바의 미래)에 위치하는 이 신학은 그들이 다른 형식의 증거로써 그것을 옹위하지 않는 이상(以上) 신학자들의 또 다른 하나의 농간(弄奸)으로 보일 것이다. 많은 사람에게 있어서 그 신학은 그 자체의 허무주의적(虛無主義的) 색채가 있을지도 모른다. 어떤 친구가 언급한 바와 같이 '아무것도 나타나지 않는다. 나는 기다림에 지쳤다'는 말 가운데서 소망의 신학어 '곧옷트'(Godot)의 언어처럼 들릴 때는 그것은 기독교의 약속의 성취란 특징을 적발하는 일에 실패케 한다.

왜냐하면 기독교의 약속은 경험으로써 확인되고 실증되는 것이기 때문이다. 무엇인가 일어나는 것이다. 인간은 그리스도 안에서 하나

님의 사랑으로부터 아무 적도 그를 끊을 수 없고 끊지 않는다는 것
을 믿는다. 그 유대(紐帶)는 약속의 성취를 간증함으로써 지속된다.
만약 아무것도 일어나지 않았다면, 신학이 만약 순수한 미래와 소망
뿐이라면 아무도 소망하지 않을 것이다.[36]

저자의 생각으로는 마아티(M. Marty) 박사가 여기에 지적하는
바는 소망의 신학은 모든 것을 미래에 미루어 두고 현재에 우리들의
소망이 어떻게 입증되는가에 관한 문제에는 아무것도 말하지 않는다
는 것이다. 마아티 박사의 이 비평은 십분 고려해 볼 만한 가치가 있
다. 판넨베르크와 몰트만과 같은 소망의 신학자들은 플라토(Plato)
이래에 순수합리주의(純粹合理主義)와 순수불합리주의(純粹不合理主
義) 및 모든 비기독교사상의 현저한 합성물들의 사유형식을 폭로하고
있다. 순수합리주의는 이 세상 끝날에 관하여 말씀하신 하나님의 약
속에 대한 여자적 성취(literal fulfillment)의 가능성을 거의 단독적
으로 부정하는 그들의 실제상의 행위로서 식별이 가능하다. 그들은
기독교 소망이 실존의 연대기적 영역(年代記的 領域)에서가 아니라
역사적(historic) 영역에서 존재한다고 주장하기 때문이다. 순수불합
리주의는 쉽사리 발견해 낼 수 있다. 즉 그들은 하나님과 인간 양자
에 대하여 미래를 완전히 개방해 놓으며, 기독교인이 하나님의 약속
으로써 오늘 귀로 들은 바와 미래에 그 성취의 가능성 사이에 완전한
합일이 있다고 하는 것에 반항하고 있기 때문이다. 그들이 하나님의
약속의 성취는 언제나 우리들의 객관적 시간을 초월하여 존재한다고
생각하는 것과 그것은 다만 기독교인이 갖는 소망이란 의미에서만 입
증이 가능하다고 생각하기 때문에 그것은 순수불합리주의(純粹不合
理主義)인 것이다.

마아티(M. Marty) 박사의 비평은 소망의 신학이 굴러 떨어진 비

---

36) M. Marty, *op. cit.*, pp. 86, 88.

기독교적 사고의 이 순수불합리주의적 국면을 우리들에게 매우 잘 적발해 주고 있다. 이와 같이 그들의 순수합리주의와 순수불합리주의를 결합함으로써 소망의 신학자들은 언제나 하나님의 이름 아래 신비와 예측불가의 존재를 기꺼이 받아 들이기는 하나 가장 먼저 미래의 가능성에까지 용감히 뻗쳐 나아가며 자신의 이성의 힘으로써 현재에 대한 미래의 관계를 결정짓는 '익스플로러'(탐험가)로서의 인간에 그들의 신앙을 전적으로 고백하고 있는 것이다.

저자의 의견으로서는 그것은 하나님을 우주의 한 모퉁이로 미루어 놓고 자신을 자율자(自律者)라고 생각하는 금단(禁斷)의 열매를 따먹은 죄 많은 인간의 상투적인 버릇인 것이다. 이 죄인들의 습성은 슐라이어마허와 릿츨(Schleiermacher and Ritschl) 이래로 현대 자유주의 신학 안에 작용하고 있는 것이다. 오늘날의 이 '소망의 신학'에 관하여 우리가 한 가지 분명하게 말할 수 있다면 그것은 지금까지 현대 신학의 무대에 나타난 인간 자율의 최신의 형태라고 하는 것이다. 불트만과 소망의 신학자 사이에 불일치(不一致)는 심각한 것이다. 그러나 그들의 불일치의 심각성은 불트만, 판넨베르크 그리고 몰트만(R. Bultmann, M. Pannenberg and J. Moltmann)이 모두 함께 하나의 크고 행복한 집안을 이루고 있다는 것을 사람들이 알자마자 사라지고 만다.

불트만과 소망의 신학자들 사이에 일어나고 있는 바는 한갓 아늑하고 작은 집안싸움에 불과한 것이다. 불트만에 대하여 귀 거슬리는 모든 소리를 했음에도 불구하고 그들은 그를 가장(家長)으로 하는 가정(家庭)으로부터 뛰쳐나올 아무런 징후(徵候)도 아직 보이지 않고 있는 것이다.

판넨베르크와 몰트만은 그들이 불트만의 신학을 역행(逆行)하고 있음을 의미하기까지 하면서 역사 안에서 하나님의 약속이 성취된다는 뜻으로 기독교 소망의 역사적 성격을 강조하는 것은 사실이다. 그러나 그들의 오류는 몽고메리(J. Montgomery) 교수가 지적한 바와 같이 불트만의 신성경해석학(新聖經解釋學)에 대하여 요지부동 및 무비판적인 집착이란 점이다. 명백히 그들은 불트만으로부터 즐거이 배운 바 그들의 참역사(Geschichte) 관념 혹은 역사에 대한 역사적(historic) 개념을 포기할 의향이 없는 것이다. 그들은 불트만이 사상적으로 이끄는 집안에 아직 머물면서 그와 말다툼을 하고 있는 것이다. 그들은 그들의 가장(家長)에 대하여 불평을 되뇌이고 있는 것이다. 그럼에도 불구하고 그들은 만약 집을 뛰쳐 나간다면 훨씬 더 불안정을 맛볼 것을 너무나 잘 알고 있다. 요컨대 당신네들이 역사에 대한 적절한 연구 방법조차 모르며 이리하여 신약성서의 종말론을 그대로 여자적(如字的)으로 수락하는 그런 근본주의자와 보수주의자(fundamentalists and conservatives)와 같이 살아야 한다면 당신네들은 어떻게 평안할 수가 있겠는가? 그래서 속편하고 자그마한 집안의 싸움은 그칠 줄 모르며, 우리들은 그 싸움 속에 아무런 진지한 것이 없음을 알게 된다.

3. 결론

오늘날 역사가와 사회학자들이 우리들에게 지적해 주듯이, 현대인은 '실존주의 후시대'에 살며 또 그들은 그와 같이 오랫동안 그들의 사상을 지배하였던 실존주의적 죄의식과 불안으로부터 해방되기를 열망하고 있다. 그들은 '내일'에 속하는 새로운 가능성을 붙잡기 위하여 소망 중에 그들의 팔을 벌린다. 그러므로 '소망의 신학'이 어디서나 모든 사람의 상상의 날개를 사로잡는 것은 오직 자연스러울 따름인 것이다.

'소망의 신학'은 제때를 만나서 소망의 메시지를 대망하는 자들을 위하여 제구실을 할 수 있게 된 것이다. 그러나 실망스럽게도 그것은 제구실을 십분 발휘하는 일에 실패하고 있다. 솔직히 말해서 '소망의 신학'은 주어진 여건 위에 최악의 실수를 저지르고 있다. 우리 세대에게 성서적 계시에 입각한 단순하며 똑바른 소망의 메시지를 제공해 주는 대신에 '소망의 신학'은 인간자율주의(人間自律主義)의 산물인 순수합리주의와 순수불합리주의와의 혼합물인 소망의 변증법적 사상을 제공해 주고 있다.

  사람들은 언제나 유행과 최신식의 것을 좋아한다. 그래서 요즈음은 샤르땅, 블로흐 그리고 콜링우드(Teilhard de Chardin, Ernst Bloch and R.G. Callingwood) 등 제씨(諸氏)의 글을 읽는 것이 신학적으로 유행이며 또 최신식이라 할 수가 있다. 그러나 각 시대의 신학자들이 하나님으로부터 받은 소명은 그들의 신학을 최신식 유행물로 만들어 사람들의 눈을 휘황하게 현혹시키는 일이 아닌 것은 명백하다. 저자가 믿는 바로서는 예수 그리스도의 복음을 단순하게 그리고 곧게 사람들에게 선포해서 사람들로 하여금 유일하신 창조주요, 통치자요, 심판자이신 삼위일체의 하나님의 진리로써 새로워지도록 하는 것이 신학자의 임무인 것이다.

  우리는 소망의 신학자들이 신학자의 참다운 임무가 무엇인가를 깨닫고 용감하게 신성경해석학(新聖經解釋學) 서클로부터 탈출하며 세상의 소망으로서의 역사상의 그리스도를(성경의 사상과 부합하지 않는 역사철학을 계속해서 가르치지 말고) 사람들에게 선포해 주기를 바라는 것이다. 판넨베르크와 몰트만 양인은 마침내 신약성경의 종말론을 특징짓는 역사적 사고방식(歷史的 思考方式)으로 돌아올 때 비로소 그들이 진정한 '소망의 신학'을 하는 신학자들로서의 자격을 갖추게 될 것이다.

제2장: 성경을 해부하는 현대신학

1. 집도하는 불트만

의학도(醫學徒)들이 실험실에서 개구리나 뱀의 생리를 연구하기 위하여 그것들을 해부대 위에 놓고 집도(執刀)하듯이 오늘날 기독교 성경은 '비과학적'이며 '구세대의 유물'이라는 레테르가 붙은 채로 해부대 위에 놓여져서 갈기갈기 찢어지고 있는 듯하다. 그런데 특히 놀랄만한 사실은 성경을 해부대 위에 놓고 집도하는 사람들이 오늘날 소위 '급진적'이라는 이름을 듣는 기독교인 자신들이라는 것이다. 이와 같은 아이러니컬한 일을 하는 소위 '급진적' 기독교인들 중의 리더가 되는 사람이 현금 독일의 프로테스탄트 신학자 불트만인 것이다.

불트만은 '성경을 비신화화(非神話化)해야 한다'는 주장을 통해서 오늘날 그 이름이 널리 알려지게 되었다. 불트만에 의하면 성경은 비과학적 언어를 사용할 뿐 아니라, 과학 이전 시대(科學 以前 時代)의 세계관을 갖고 있다는 것이다. 인간들이 사는 세상 위에는 하늘이 있는데 하늘에는 하나님과 천사들이 거주하고 있으며, 인간들이 사는 세상 아래에는 지옥이 있는데 사단과 마귀들로 만원이 되어 있다고 하는 생각이 바로 성경이 갖고 있는 3층 세계관(三層 世界觀)이라는 것이다. 이와 같은 3층 세계관은 과학시대에 살고 있는 우리에게 수락될 수 없다고 한다.
　신약성경에서 과학 이전 시대의 세계관을 내버리고 비과학적 말들을 가려낸 후에 그리스도의 복음의 핵심을 파악하는 일이 우리의 급선무라고 불트만은 말한다. 신약성경에서 신화가 많이 있는데 신화에 관해서 우리가 물어야 할 물음은 얼마나 그것이 역사적 근거를 갖고 있는가가 아니라, 그것이 인간의 존재 인식에 공헌(貢獻)하는 바가 있는가 하는 것이다. 이와 같은 물음을 묻고 그 물음에 대답하기 위하여 우리는 신약성경이 입고 있는 신화적 옷을 벗겨 버려야 한다. 즉 신약성경은 '비신화화' 되어야 한다는 것이다.
　이상은 불트만의 '비신화화'의 이론을 간단히 소개한 것이다. 불트만(R. Bultmann)은 성경을 해부대 위에 놓고 '과학'의 칼로 해부하는 소위 '급진적' 기독교인들 중의 대표적 인물이라고 하겠다. 그의 비신화화의 시도는 오늘날 많은 현대신학자들의 후원과 협조를 받고 있다. 미국의 프로테스탄트 신학자 틸리히와 니버(P. Tillich and R. Niebuhr) 등이 바로 그의 '비신화화'의 후원자요 협조자들이다.

2. 차원 신학자들(바르트, 브루너, 틸리히, 니버)

(1) 바르트
　바르트 신학을 연구한 사람은 칼 바르트(Karl Barth)가 불트만(R. Bultmann)의 신학을 하나의 철학적 이론이라고 비평하지 않았는가고 반문할 것이다. 사실 그렇다. 바르트는 말하기를 불트만이 성경의 '비신화화'를 주장하지만 불트만의 신학에는 하나의 신화가 있는데 그것은 '과학에 의하여 증명되는 사실만이 사실이라는 주장인 것이다'라고 했다.
　불트만은 그리스도의 부활 후 40일 동안에 생겨난 일들을 부인할 뿐 아니라 부활의 사건 자체를 부인했는데 그것이 바로 불트만의 잘 못인 것이다. 어떤 사건이 역사적 조사와 부합되지 않는다고 해서 그 것을 우리가 허구(虛舊)로 돌릴 수는 없다. 반드시 역사과학 (historical science)에 의하여 증명되는 사실들만이 사실인 것은 아 니다.[1] 그러면 불트만의 '비신화화' 시도(試圖)를 비평하는 바르트는 보수 기독교인(保守 基督敎人)들과 같이 성경의 무오성을 믿는다는 말인가? 결코 그렇지는 않다. 바르트는 "역사과학에 의하여 증명되는 사실들만이 사실인 것은 아니다"라고 말할 때 '두 개의 차원'을 분리 시켜 생각하고 있는 것이다.

바르트는 그리스도의 부활은 참역사(Geschichte)이지 역사 (Historie)는 아니라고 한다. 그는 하나님의 계시의 직접적 성격을 부인한다. 하나님의 계시는 역사의 차원 속에 있는 어떤 것과도 동일 시될 수 없다. 역사의 차원 속에 있는 것들은 모두가 잘못과 모순을 지니고 있다. 기독교 성경도 역시 역사의 차원을 벗어나지 못하므로 성경에서 우리가 하나님의 완전한 계시를 찾아 볼 수 없다. 그러나 하나님께서는 성경이 여러 가지 잘못과 모순을 내포하고 있음에도 불 구하고 바로 이 성경의 책들 속에서 자신을 나타내시기를 부끄러워 하지 않으셨다. 그러므로 바르트의 '역사과학에 의하여 증명되는 사 실들만이 사실인 것은 아니다' 라는 주장은 바르트가 성경 무오설을 시인(是認)함을 의미하지 않고, 성경 교리들의 초역사성(超歷史性)을 주장함으로써 역사적 성경과 역사적 그리스도를 역사과학의 손에 넘 겨 준 것이 된다.

성경을 해부대 위에 놓고 과학의 칼로 성경을 해부하고 있는 불트 만을 바르트는 그의 차원신학(次元神學)을 통해서 후원하고 있는 것 이 된다. 오늘날의 신구약성경 비평은 역사적 차원에 국한되어 있으 므로, 믿음의 차원 속에서 진리로 존재하는 성경의 근본적 교리들을

---

1) Karl Barth, *Kirchliche Dogmatik*, Ⅲ, pp. 531-537.

결코 위협할 수 없다는 생각은 소위 '차원신학'(次元神學)을 말하는 모든 신학자들에게 있어서 공통된 생각인 것이다.

(2) 브루너

바르트와 함께 신정통주의 신학(新正統主義 神學)의 지주(支柱)로 알려진 브루너(Emil Brunner)는 그의 저서 『계시와 이성』(*Offenbarung und Vernunft*)에서 말하기를 "근본주의자들(보수 기독교인들)은 성경 말씀과 하나님의 말씀을 같은 것이라고 생각한다. 그들은 성경의 문자들을 신격화(神格化) 한다. 마치 하나님이 성경책의 페이지들 속에 갇혀 있는 것처럼 생각하고 그들의 성경 말씀과 하나님 말씀 사이에는 간접적 합일(間接的 合一)이 있을 뿐이라는 것을 알지 못한다. 성경말씀은 참된 하나님의 말씀인 예수 그리스도를 나타내는 하나의 도구(道具)일 뿐이다."

(3) 틸리히

미국의 현대 프로테스탄트 신학자 틸리히(P. Tillich)도 그의 성경관에 있어서 '차원신학'의 사상적 지배를 받고 있음이 분명하다. 틸리히는 자신이 신정통주의 신학의 계열(系列)에 속하는 신학자가 아님을 말했으며, 실제로 그의 신학과 바르트의 신학 사이에는 상당한 사상적 거리가 있는 것으로 사료된다. '성경이 기독교 신학의 유일의 자료'라는 신정통주의 신학의 주장을 수락할 수 없다는 틸리히의 말은 인류의 여러 종교와 문화를 하나님의 계시의 준비적 과정으로 생각하는 '문화신학자'(文化神學者) 틸리히와 소위 '하나님의 말씀의 신학자'인 바르트와 브루너와의 신학적 거리를 우리로 하여금 느끼게 한다. 그러나 틸리히는 또 한편 역사과학에 의한 성경비평이 기독교인의 믿음에 영향을 줄 수는 없다는 말을 함으로써 바르트와 브루너와 같이 성경의 역사적 비평을 환영했다.

그는 '인간 예수'와 '새 존재로서의 그리스도'를 분리시켜 전자를 역사적 조사의 대상으로 삼고 후자를 기독교인의 믿음의 대상으로 삼았다는 점에서 바르트와 브루너와 같이 차원 신학을 말하는 신학자라고 볼 수 있으며, 바르트와 브루너와 같이 그의 차원신학을 통하여 불트만(R. Bultmann)의 '비신화화' 시도(試圖)를 후원하고 있다고 봐야 하겠다.

계시적 진리는 역사적 사건들을 통해서 중개되지만, 반드시 역사적 사실들을 의미하는 것은 아니다. 그러므로 계시적 진리는 역사적 조사의 대상이 될 수는 없다. 계시적 진리는 계시라는 차원에서 인식되어야 한다는 것이다.

(4) 니 버

니버(Reinhold Niebuhr)는 근대과학이 성경무오설을 여지없이 땅에 떨어뜨렸다고 생각한다. 성경은 유오한 '인간의 책'인 고로 성경에 있는 하나님의 진리를 알기 위하여 미신과 허위를 가려내는 소위 '고등비평'이 필요하다고 생각한다. 그러므로 니버도 '두 개의 차원'의 개념을 통하여 성경의 교리를 해석한다는 점에서 바르트와 브루너와 틸리히(P. Tillich)와 함께 현대 차원신학의 중요한 멤버들이라고 생각해야 옳을 것이다.

3. 성경과 '두 개의 차원'의 개념

저자는 앞서 말하기를 성경을 해부대 위에 놓고 과학의 칼로 해부하는 소위 '급진적' 기독교인들 중의 리더가 불트만이며, 바르트, 브루너, 틸리히, 니버 같은 현대 프로테스탄트(Protestant) 신학자들은 불트만이 하고 있는 일을 그들의 차원신학을 통하여 후원하고 있다고 했다. 현대 차원신학자들은 성경교리들의 초역사성을 주장하면서 역사적 성경과 역사적 그리스도를 역사과학의 손에 기꺼이 내맡긴다는 말도 했다. 그런데 신약성경의 '비신화화'를 부르짖는 불트만과 두 개의 차원의 개념 때문에 성경의 역사성과 그리스도의 역사성을 희생시키기를 주저하지 않는 차원신학자들을 향하여 역사적 기독교를 신봉하며 칼빈(John Calvin)의 성경관을 전적으로 받아들이는 우리 개혁주의 기독교인들은 무슨 말을 해야 할 것인가?

우리는 먼저 그들에게 우리의 성경관을 말해야 한다. 우리가 성경에 관해서 믿는 것이 무엇인가를 말해야 한다. 우리는 성경은 하나님의 말씀인 고로 무오(無誤)하다는 것을 믿는다고 그들에게 말해야 한다. 그런데 성경의 무오성을 말하기 위해서 성경의 축자영감설(逐字靈感說)을 말해야 하며 성경의 완전영감설을 말해야 할 것이다. 이렇게 말하는 것이 워필드가 말하는 고등한 성경관을 말하는 것이 된다.

워필드(B.B. Warfield)는 말하기를 성경의 완전영감설에 관한 어떤 수정(修正)도 용납할 수 없으니 수정의 결과가 하나님의 말씀으로서의 성경의 권위를 낮게 평가하는 '하등(下等)한 성경관'으로 우리를 이끌어 가기 때문이라고 했다. 그런데 워필드가 말하는 '고등(高等)한 성경관'은 바로 칼빈의 성경관에서 온 것이다.

칼빈은 성경의 절대적 권위를 주장하여 심지어 '성경의 책들이 마치 하늘로부터 떨어진 것같이 생각될 때 성경의 완전한 권위가 인정된다'고 말했고, '성경은 우리 마음속에 있는 어두운 신지식(神知識)을 밝게 하여 참 하나님을 우리에게 보여준다. 하나님은 그의 교회(그의 자녀들)를 가르치기 위하여 무언(無言)의 교사들(자연과 양심)을 사용할 뿐 아니라, 그의 자신의 거룩한 입을 여시는 것이다'라고 말했다. 우리는 칼빈이 성경에 관해서 말하는 '신의 구수'(口授)의 개념이 성경적임을 알아서 성경은 하나님께서 모세와 선지자들과 사도들의 입에 넣어주신 하나님 말씀이라는 것을 역설해야 한다. 이제 우리가 불트만과 현대 차원신학자들에게 우리의 성경관을 말할 때 우리가 왜 성경의 무오설을 믿는지, 어째서 우리가 성경의 축자영감설과 완전영감설을 기독교 진리로 수락하는지를 말해야 한다. 우리는 우리의 성경관을 말할 때 성경의 축자영감설이나 완전영감설을 믿는 믿음을 정당화하는 우리의 이론적 근거를 제시해야 한다. 불트만(R. Bultmann)과 현대 차원신론자들이 그들의 성경관을 논할 때에 성경의 유오성이나 불완전성을 말하는 데 그치지 않고 성경의 유오성이나 불완전성에 관한 그들의 이론적 근거를 제시한다. 성경의 유오성과 불완전성을 지지하는 이론적 근거로서 그들은 '두 개의 차원'의 개념을 제시한다.

바르트(K. Barth)가 그의 『교회교의학』에서 말하는 참역사(Geschichte)와 역사(Historie)의 구별이나, 브루너(E. Brunner)가 말하는 '나와 그것'의 차원 '나와 너'의 차원 구별은 그들의 성경관뿐 아니라 신학 전체를 지배하는 '두 개의 차원'의 개념들의 존재를 우리에게 보여주는 것이다. 미국 연합장로교회의 1967년도 신앙고백문을 작성하기 위한 특별위원회의 일원인 헨드리(G. S. Hendry) 박사는 그의 저서 『오늘을 위한 웨스트민스터 신앙고백』(*The Westminster Confession for Today*)에서 그의 성경관을 이렇게 말한다. "하나님에 관한 지식은 지리학적 지식이나 수학적 지식과는 다르다. 하나님에 관한 지식은 누구에게나 가능한 것이 아니라 하나님과의 인격적 관계 속에서 사는 사람들에게만 가능한 것이다." 그는 계속해서 말하기를 "성경의 영감은 하나의 이론이나 학설이 아니다. 이는 신앙인 것이다. 신앙은 학설을 그 기초로 삼을 수 없다. 신앙은 어디까지나 그리고 언제나 하나님을 믿는 신앙인 것이다"라고 하였다.[2]

바르트와 브루너의 차원신학을 따르는 헨드리 박사는 물질의 세계, 자연과학의 세계를 '나와 그것'의 차원 속에 두고, 인간이 자유하는 세계, 인격적 세계를 '나와 너'의 차원 속에 둔다. 그런데 헨드리 박사에 의하면 하나님과 인간의 만남은 그리스도 안에서의 인격적

---

2) G. S. Hendry, *The Westminster Confession for Today*, 1960, p. 321.

인 만남인 것이다. 성경은 우리에게 어떤 학리적 지식(學理的 知識)을 가르쳐 주지 않고, 인격적 관계를 통해서만 발생하는 실천적 지식(實踐的 知識)을 가르쳐 준다는 것이다. 바르트나 브루너의 신학에 있어서도 '나와 그것'과 '나와 너'라는 두 개의 차원의 개념이 성경유오의 주장의 이론적 근거가 되고 있는 것이다.

밴틸(C. Van Til)은 헨드리의 성경관은 역사적인 기독교 성경관과 상치되는 칸트(I. Kant)의 이원론적 철학에 입각한 주관적이며 실존주의적인 성경관이라고 평하고 있다. 밴틸의 이와 같은 비평은 헨드리에게만 국한되지 않고 결국 현대 차원신학 전반에 해당하는 비평이기도 하다. 그리고 밴틸의 이와 같은 비평이 1967년도 신앙고백문에 나타난 성경관에 대단한 비평이 될 수 있다는 것에 대해서는 두말할 필요가 없는 것이다.

우리는 이제 불트만(R. Bultmann)과 현대 차원신학자들의 성경관을 비평할 때 성경의 유오성이나 불완전성을 주장하는 그들의 말만을 비평한다면 우리의 비평은 근본적인 비평이 될 수 없는 것이다. 우리는 그들의 성경관에 있어서 성경유오의 주장을 필연케 하는 '두 개의 차원'의 개념의 존재를 지적하고 그것을 비평해야만 우리의 비평은 근본적인 비평일 수 있다.

그러면 우리는 이제 '성경유오'의 주장을 필연케 하는 '두 개의 차원'의 개념이 왜 잘못인가 생각해 보자! 그 개념이 잘못인 까닭은 그것이 '성경유오'의 주장을 낳게 하기 때문인가? 우리는 '두 개의 차원'의 개념이 성경에서 오지 않고 칸트의 철학에서 왔기 때문에 잘못이라고 생각해야 한다. 더욱이 칸트의 철학에서 온 '두 개의 차원'의 개념을 토대로 하고, 그 위에 성경관을 세움은 더 큰 잘못이 아닐 수 없다.

성경은 칼빈(J. Calvin)의 말과 같이 *Oracula Dei*이다. 성경은 하나님께서 인간에게 주신 진리에 관한 마지막 말씀인 것이다. 그러므로 성경은 우리가 만물을 판단할 때 우리의 판단의 유일한 표준이 되어야 한다. 우리는 성경에 관한 우리의 견해를 말할 때에도 성경 자체를 표준으로 해야 할 것이다. 성경이 성경 자체의 위치와 성격에 관해서 말하는 바가 무엇인지를 알아야 한다. 성경은 성경으로 이해되어야 하며 성경 외의 어떤 것으로도 이해되어서는 안 된다. 우리는 성경의 권위적 말씀을 이성조사(理性調査)에 내맡길 수 없다. 오히려 이성이 이성 자체의 의미와 능력을 성경에서 배워야 할 것이다. 그런데 우리가 성경을 이해해야 하며 성경이 무엇인가를 성경을 읽고서 알아야 한다고 말함으로써 윤회적 변론(輪回的 辯論)의 과오를 범하는 듯하다. 사실은 그렇지 않다. 윤회적 변론은 과오가 아니다. 윤회적 변론은 하나님의 피조물임을 아는 우리 기독교인들로서 마땅히 가져야 할 변론의 방식인 것이다.

　인간이 하나님보다 크지 않음을 아는 이상 우리는 위성들이 태양을 중심으로 돌아가듯이 하나님을 중심으로 원을 그리는 윤회적 변론을 벌여야 마땅함을 또한 알 수 있다. 우리는 하나님에게서 하나님에게로 성경에서 성경에로 변론을 벌여야 한다.

　현대의 큰 비극들 중의 하나는 성경을 해부대 위에 놓고 과학의 칼로 해부하는 일인데, 특히 집도하는 자들이 기독교인 자신이라는 것이다. 우리는 이와 같은 비극을 눈 앞에 보고서 조용히 앉아 있기만 할 것인가? 우리는 성경의 '비신화화'를 부르짖는 불트만(R. Bultmann)과 그를 후원하는 현대 차원신학자들을 향하여 그들의 과오를 지적하는 동시에 성경을 과학의 칼로 해부하는 비극적 사건에 속히 종지부를 찍도록 권면해야 할 것이다. 우리는 그들에게 그들의 근본적 과오는 '성경유오'의 주장을 필연케 하는 칸트(I. Kant)의 이원론적 철학에서 온 '두 개의 차원'의 개념임을 말해야 한다. 우리는 그들의 '성경유오'의 주장의 이론적 근거가 하나님의 말씀이 아니라 인간의 철학이므로 그런 주장이 진리일 수 없음을 말해야 한다. 현대 차원신학자들은 '성경유오'의 주장을 내세우면서 성경에서 유래하지 않은 '두 개의 차원'의 개념을 말하는데, 그것은 그들이 하나님에게서 하나님에게로, 성경에서 성경에로 변론하는 하나님 중심의 윤회적 변론(輪回的 辯論)을 하지 않고 인간의 이성을 표준으로 삼는 이성본위(理性本位)의 자율적 변론(自律的 辯論)을 하고 있음을 우리에게 보여주는 것이다. 우리는 현대 차원신학의 '성경유오'의 주장의 이론적 근거가 되는 '두 개의 차원'의 개념이 비성경적이며 그러므로 잘못이라는 것을 역설해야 한다. 그리고 우리의 '성경무오'의 주장의 이론적 근거는 '하나님은 하나님으로, 성경은 성경으로 이해되어야 한다'는 사상인데 우리는 이 사상이 성경적 진리인 것을 역설해야 한다. 바르트와 브루너는 성경의 무오성을 주장하는 보수주의 기독인들에게 말하기를 유오한 인간의 책인 성경책 속에 영원하시고 무한자이신 하나님을 가두지 말라고 했다. 그러나 '성경유오설'을 말하는 바르트와 브루너를 향하여 우리는 이런 말을 할 수 있는 줄 안다. "당신들은 칸트의 철학이 고안한 차원적 구조 속에 하나님을 가두어 둠으로 정말로 하나님의 자유를 제한하는 자들은 우리가 아니라 당신들이다." 우리가 믿는 하나님은 무한한 가능성을 지닌 분이다. 그에게는 불가능이 없다(마 19:26). 우리가 믿는 하나님은 인간들의 구원을 성취하기 위하여 '차원적 구조'를 초월하실 수 있고, 유오한 인간의 말로 기록된 책이 성경책이지만 그 책을 완전무오하게 하실 수 있는 분이다. 우리가 하나님을 이런 하나님으로 믿는 것이 하나님의 참된 자유를 지키는 것이며 자유하는 참 하나님을 믿는 것이 된다고 저자는 역설하는 바이다.

제3장: 정통신학을 위협하는
3대 신신학과 총신인의 결의

20세기에 전개된 현대신학의 복음주의 기독교에 대한 도전을 우리는 3신주의(3Ns)의 도전이라고 말할 수 있을 것이다. 3신주의라 함은 신프로테스탄트주의(Neo Protestantism)와 신정통주의(Neo Orthodoxy), 그리고 신복음주의(Neo Evangelicalism)를 두고 하는 말이다. 20세기가 시작할 무렵 슐라이어마허와 릿츨의 신학의 잔광(殘光)을 받아 헤르만과 하르낙 그리고 미국의 워터 라우센부쉬와 같은 신학자들이 소위 '신프로테스탄트주의'라는 새 신학을 형성하고서 복음주의 기독교의 성경적으로 바른 교리와 신앙에 도전했었다. 그후 1919년 스위스 산골의 한 청년 목사 칼 바르트가 『로마서 강해』를 집필함으로써 점화된 소위 '신정통주의' 운동이 요원의 불길처럼 전세계로 번져가면서 복음주의 기독교의 교리와 신앙을 송두리채 흔들어 놓는 위력을 과시했다.

그러다가 20세기 후반기에 접어들면서부터 신정통주의 신학운동의 여력을 빌려 복음주의적 교리와 신앙에 투철치 못한 복음주의 신학자들과 교회지도자들 중에서 신복음주의(Neo Evangelicalism)라는 새로운 신학운동이 일어나게 됐으니, 미국 캘리포니아 주에 있는 풀러신학교가 이 운동의 진원지(震源地)였다. 이 신복음주의 운동은 복음주의를 과장하면서 역사적 기독교의 성경적 신앙을 타협하는 대가로서 범세계적인 선교와 교회연합을 성취코자 하는 동기를 가진 운동이다. 그러므로 이 운동이야말로 오늘날 복음주의 기독교가 직면한 가장 심각한 도전이라고 생각지 않을 수 없다.

20세기 초에 형성된 소위 '신프로테스탄트주의' 신학은 루터와 칼빈의 종교개혁 신앙을 포기하고 에라스무스의 인본주의적 신앙으로의 환원을 의미하는 것으로서, 기독교로부터 모든 초자연성을 제거하고 윤리의 차원으로 기독교를 격하시키는 신학 운동이었다. '윤리신학'과 '사회복음'이라는 미명하에 기독교를 '자선남비'로 착각하고, 그리스도의 복음을 '교양강좌'로 오해했었다. 복음주의 기독교는 이와 같은 신프로테스탄트주의의 윤리신학적 도전을 받고 약간의 동요를 보였으나, 그 대오가 흐트러지는 혼란은 없었다. 다음으로 칼 바르트가 일으킨 신정통주의 신학 운동은 '하나님께로 돌아가자'(Back to God), '성경으로 돌아가자'(Back to the Bible)라는 구호를 외치면서 신프로테스탄트주의 신학의 자연주의적 집착을 통박했다는 점에서 복음주의 기독교에 대한 미련을 다분히 지닌 신학운동이었다고 볼 수도 있겠지만, 성경의 영감성과 무오성을 회의하고 기독교 교리와 신앙의 역사적 진리성을 부인하는 등의 사실을 보아 그것은 복음주의 기독교가 진리로 믿고 아는 바에 대한 매우 심각한 도전이었다고 생각지 않을 수 없다.

그런데 칼 바르트와 에밀 브루너의 신정통주의 신학이 꽤 오랜 세월 동안 그토록 기독교 지성을 매혹시키고 현대 신학계를 석권할 수 있었던 이유는 어디 있었겠는가!

그것은 저자의 생각에는 자유주의신학의 질주에 제동을 거는 한편 복음주의 기독교의 근본주의적 성격을 고발함으로써 신학적 우파와 좌파에게 아울러 호감을 샀다는 데서 찾을 수 있겠다. 즉 신정통주의는 초자연적 기독교도 만족시키고 현대지성의 과학주의도 만족시킬 수 있는 일석이조적(一石二鳥的) 신학이라고 생각되었기 때문에 '20세기인의 신학'으로서 참으로 나무랄 데가 없는 만점에 가까운 신학으로 오랫동안 크게 각광을 받은 것이다.

그러나 신정통주의의 정체를 알고 보면 우리는 그것이 결코 초자연적 기독교가 아니며 오히려 현대지성의 무신론적 요구를 무마하기 위한 초자연적 기독교의 타협을 의미하는 "위장 보수주의 신학"이라는 사실에 동의치 아니하지 못할 것이다.

그러므로 복음주의 신학자들은 신정통주의를 신프로테스탄트주의 신학보다는 보수적 멘탈리티(Mentality)를 발휘하는 신학이기는 하나 근본적으로 양자가 다 자유주의라는 큰 카테고리에 들어가는 것으로 인식하고 양자를 똑같이 경계해 온 것이다.

그런데 1920년경부터 1950년경까지 약 30년 동안 현대신학 사상을 지배해 왔다고도 볼 수 있는, 이 신정통주의가 지금은 신프로테스탄트 주의와 마찬가지로 그 옛 영화와 권세를 한낱 추억으로 돌린 채 서서히 현대신학의 지평선에서 그 자취를 감추고 있는 것이다.

그러면 20세기 후반기에 접어들면서 신정통주의 신학의 쇠퇴와 때를 같이 해서 복음주의 기독교에 대한 막강한 도전으로서 등장한 '신복음주의'란 어떤 것인가? 이 '신복음주의'라는 새로운 신학운동은 복음주의 기독교 자체 내에서 일어난 운동이라는 사실을 그 특징으로 하고 있다. 즉 신복음주의는 복음주의 기독교 내의 '반란적 사건'인 것이다. 이 신학운동은 하롤드 아켄가, 에드워드 카넬, 버나드 램, 칼 헨리, 빌리 그래함 등 소위 '폴러그룹'이라고 일컫는, 복음주의 사상에 투철성이 결여된 일련의 복음주의 신학자들과 교회지도자들이 일으킨 운동으로서 범세계적인 선교사업과 교회연합 운동의 전개를 위해서 복음주의 기독교의 문호를 에큐메니칼 자유주의 기독교에 대해서 개방하자는 운동, 그러니까 에큐메니칼 기독교에 대한 '문호 개방 운동'인 것이다.

그런데 이 신복음주의가 복음주의 기독교에 대한 묵과할 수 없는 도전이라는 것은 복음주의 기독교의 복음성을 타협하기까지 하면서 좌경일로에 있는 W.C.C. 산하의 교회들과 접근할 것을 우리에게 종용하고 있다는 사실에서 곧 알 수 있는 일인 것이다.

오늘날 신복음주의자들은 성경 영감교리에 대한 양보와 창세기 1장의 기독교 진화론적 해석 그리고 알미니안주의와 과학주의, 세속주의 등의 포용을 일삼으면서 세계선교와 교회연합을 지상의 과제로 부르짖고 있다. 그러나 세계선교도 좋고 교회연합도 좋지만 그리스도의 복음의 올바른 증거가 없는 세계선교가 무슨 필요가 있으며, 그리스도의 진정한 몸된 교회가 존재치 않는 교회연합이 무슨 의의가 있겠는가 말이다.

그레샴 메이천(J. Gresham Machen) 박사는 일찍이 말하기를 자유주의 기독교는 불신 지성과 대화하기 위해서 기독교를 포기했기 때문에 기독교가 아니라고 했다. 우리가 똑 같은 말을 신복음주의에 대해서 할 수 있는 줄 안다. 즉 신복음주의는 에큐메니칼 기독교와 대화하기 위해서 복음주의를 포기하자는 운동인 것이다.

금세기 초에 있었던 신프로테스탄트주의 운동이라든가 1930년, 40년대의 신정통주의에 비해서 신복음주의는 그 성격이 보수적이고 온건하기 때문에 복음주의 기독교에 대한 도전이라기보다는 복음주의 기독교 내에 존재하는 방법론적 견해 차이를 의미할 뿐이라고 하는 말을 우리는 종종 듣는다.

물론 현금 현대신학 사상의 첨단을 가고 있는 샤르댕의 '진화신학'(進化神學)이라든가 몰트만의 '혁명신학' 또는 샘 킨의 '웃음과 노래와 춤의 신학' 등에 비하면 신복음주의는 '보수주의적 체취를 짙게 풍기는 신학'이라고 보지 않을 수 없다고 하겠다. 그러나 문제는 '신복음주의'라는 이 새로운 신학이 '현대 급진주의적 신학'을 대폭 받아들이고 있는 '에큐메니칼 기독교'와 역사적 개혁주의 올바른 신학을 그 신학으로 삼고 있는 '복음주의 기독교'와의 신학적 군사분계선을 종횡무진, 자유로이 왕래하면서 양자간의 대화와 협상을 추구함으로써 복음주의 기독교의 복음성을 크게 약화시키고 있다는 데 있는 것이다.

우리 한국 교회는 100년이 채 안 되는 그 짧은 성장사의 과정 속에서 저자가 지금까지 거론한 바 현대신학의 3신주의적(三新主義的) 도전을 차례로 받아 왔다.

한국 교회사의 초기에는 감리교회가 설립한 협성신학교가 신프로테스탄주의 신학의 아지트가 되어 한국의 복음주의 기독교에 대해 도전했고, 그 후 일제 말기에 서울 숭동교회당 하층에서 시작한 조선신학교는 재빨리 해외에 가서 바르트 신학을 배우고 돌아온 김재준 교수의 신학적 리더쉽하에 한국 복음주의 기독교에 대한 신정통주의적 도전의 기수가 되었다. 그러나 1902년에 평양에서 조선예수교장로회가 설립한 장로회신학교는 초대 미국선교사 교수들의 복음주의적 신앙입장과 특히 박형룡 목사의 강한 메이천주의적 리더십의 덕분으로 협성신학교의 신프로테스탄트 주의를 누르고 조선신학교와 김재준 목사의 신정통주의적 도전을 일단 물리치는 일에 성공했던 것이다.

그러나 해방 후 한국에서 신프로테스탄트주의 신학은 그 기세가 크게 꺾인감이 있었지만, 서울에서의 조선신학교의 재개강과 그 후 동교의 한국신학대학으로의 발전 그리고 김재준 교수의 좌절모르는 신정통주의를 위한 선전책략 등은 한국에 신정통주의 신학을 널리 보급하는 일에 성공했고, 기어코 1951년의 기독교장로회 교단의 창설과 1959년의 예수교장로회 통합측 교단의 발족을 촉발하고야 말았다.

그러나 상기한 바 조선신학교와 김재준 목사의 끈질긴 신정통주의적 도전에도 불구하고 현금 한국 보수주의 기독교는 그 교세의 경이적 확장을 계속하고 있는 것을 보아 그 건재를 의심할 자 아무도 없다. 최근 한국교회 교세조사표에 의하면 한국 복음주의 기독교의 기수가 되는 대한예수교장로회 합동측 교회가 기독교장로회와 대한예수교장로회 통합측 같은 교단들을 물리치고 한국에서 교회수와 신도수에 있어서 단연 최대 최강을 기록하는 개신교 교단의 자리에 오른 것을 알 수 있다.

이와 같은 매우 고무적인 현실 속에서 우리에게 한 가지 크나큰 위기 의식을 불러 일으켜 주는 사실이 있다면, 그것은 한국에서 여태껏 신프로테스탄트주의와 신정통주의의 도전을 차례로 물리친 복음주의 기독교가 신복음주의라는 마지막 도전자의 도전 앞에서 뜻밖에도 약세를 보이고 있으며 완전 붕괴의 가능성마저 배제하기 어렵다는 인상을 우리가 받게 됐다는 사실인 것이다.

그러므로 이와 같은 위험한 때를 맞이해서 우리 총신인(總神人)들은 지금까지 우리의 모교가 한국교회 1백 년의 성장사 속에서 복음주의 기독교의 기수로서 역사적으로 무수한 투쟁적 순간들을 살아 왔다는 사실을 감격스럽게 생각하면서 현금 우리 교회와 우리 모교의 '신복음주의화'를 미연에 방지하고 신복음주의 거부 운동에 힘을 모아야 할 또 하나의 역사적 순간에 다달았음을 의식해야 할 것이다.

우리 총신인들은 한국 복음주의 기독교의 지도자이며, 모교의 초대 교장직과 최근 학장직을 역임한 바 있는 박형룡 박사의 메이천주의 신학을 계승 발전시켜서 우리 모교와 우리 교회의 일우일각이라도 신복음주의의 공세 앞에 무너지지 않도록 최선을 다해야 할 것이다.

우리 대한예수교장로회 총회신학대학은 역사적 평양장로회 학교의 후신으로서 박형룡 박사의 메이천주의 신학을 그 신학적 전통으로 자랑해온 학교이다.

현 시점에서 우리가 현대신학과 특히 3신주의의 도전에 대처해서 채택해야 할 '방어와 설득의 전략'은 메이천주의적 입장의 강화, 그것뿐인 것이다. 에큐메니칼 기독교를 기독교가 아닌 다른 종교로 인식하는 메이천주의적 입장만이 우리 모교와 우리 교회로 하여금 신프로테스탄트주의, 신정통주의, 신복음주의 등의 막강한 도전을 능히 물리치고 복음주의 기독교의 타협 모르는 기수로서 든든히 설 수 있게 할 것이다.

특히 크메르와 사이공이 일순간에 공산주의자들의 손에 함락되는 등 공산주의의 노도가 전세계에 밀어닥치고 있는 이때에, 그리고 서울과 아주 가까운 거리에 위치한 휴전선 북쪽에서는 오늘도 북한 공산집단이 대한민국에 대한 남침준비에 광분하고 있는 이때에, 우리 총신인들은 에큐메니칼 기독교가 근본적으로 용공 기독교이며, 신복음주의는 그와 같은 에큐메니칼 기독교와의 대화와 접근을 모색하고 있다는 점에서 그 위험성이 크다고 인식하고 에큐메니칼 기독교와 그것을 두둔하는 신복음주의를 강력히 거부하는 메이천주의적 노선을 구축함으로써 전세계적으로 그리고 특히 대한민국에 있어서 우리 총신인들이 진정한 반공신학(反共神學)의 확립을 통한 승공적 전열(勝共的 戰列)에 참여가 가능한 것이라고 필자는 확신하는 바이다.

제4장: 미국신학의 근황

1. 원래 미국신학은 '한국선교의 신학'이었다

1976년으로서 미합중국은 독립 200주년을 맞이하게 되어 대대적인 축하행사를 벌였다는 것은 우리에게 주지의 사실이다. 우리 한국은 미합중국과 과거 1세기에 걸쳐 정치, 군사, 경제, 교육, 문화 등 제분야에 있어서의 긴밀한 유대관계(紐帶關係)를 맺어 왔다. 그런데 우리 한국과 미합중국과의 긴밀한 유대관계는 종교의 분야에서 더욱 뚜렷하게 지속되어 왔으니 그것은 최초로 한국에 그리스도의 복음을 들고 나온 선교사들이 미국인 선교사들이었고, 그들의 선교와 교육의 줄기찬 활동의 결과로서 오늘날 세계적인 교회로 비약적인 발전을 거듭하고 있는 우리 한국 교회가 존재하게 됐다는 사실에서 증명되는 것인 줄 안다.

그러나 오늘날 미합중국에 있어서의 현대신학의 동향은 90년 전 한국선교 당시의 미국 교회의 신학적 상황과 비교해 볼 때 격세지감(隔世之感)이 들지 않을 수 없는 것이다. 미국 교회는 원래가 한국을 선교한 교회요, 미국신학은 '한국선교의 신학'이었다. 그럼에도 불구하고 오늘날에 와서 미국 개신교 신학은 한국선교 당시에 가졌던 보수주의적 사상성과 신앙자세를 완전히 팽개쳐 버리고 '사신신학', '세속화 신학', '정치신학', '해방의 신학' 등 일련의 급진적 신학

사상으로 대표되는 신학적 전위성(神學的 前衛性)을 추구하면서 불교와 같은 동양종교와 사상적 귀납점을 모색하는가 하면 마르크스-레닌주의에 대해서는 화해와 일치를 부르짖는 등 무신론적이며 탈기독교적이고 범종교적이며 초이데올로기적 에큐메니칼주의를 부르짖고 있으니, 이 얼마나 이해하기 어렵고 한마디로 어처구니 없는 사실로 우리 모두가 개탄해 마지 않을 일이겠는가 하는 것이다.

우리 교회는 분명히 90년 전에 미국 선교사들로부터 그리스도의 복음을 전수(傳受)받았을 때, 아울러 미국 교회의 보수주의 신학도 전수받았다. 이것은 그 당시 한국에 온 최초의 미국 장로교 선교사 언더우드 목사(Rev. H.G. Underwood)나 최초의 미국 감리교 선교사 아펜젤러 목사(Rev. H.G. Appenzeller)가 모두 미국 내의 보수주의 신학교에서 보수주의 신학을 배운 목사들이었으며 평양장로회신학교의 초대 교장 마포 삼열 박사(Dr. Samuel Moffett)도 그랬고, 그 후 평양신학교의 역대 교장과 교수들이 모두 미국 프린스톤 신학교를 위시해서 몇몇 보수계 신학교들을 졸업한 보수주의 입장에 든든히 선 목사요 학자들이었다는 사실에서 증명되는 일인 줄 안다.

한국의 자유주의계 교회사 연구가 민경배 교수도 한국에 온 초기 미국 선교사들의 신학이 보수주의 신학이었다는 것을 솔직히 시인하면서 그와 같은 신학을 가진 그들이 한국선교에 성공할 수 있었던 요인을 다음과 같이 말했다. 즉 그는 말하기를 초기 미국 선교사들의 '경건주의적'이며 '복음주의적'인 신학사상이 그 당시 한국인들의 '신비주의적인 정서에 상통했고', '세상에 어울릴 수 없었던 정신적 귀족성의 형이상학적인 한국인 기질에 신통하게도 호소했기' 때문이라고 했다.[1] 그리고 민경배 교수는 이렇게 '경건주의' 또는 '복음주의'로 표현될 수 있다고 보는 한국 교회의 보수주의적 신앙양태에 대해서 '신학의 빈곤, 교회론의 약화, 사회부재의 영혼구제, 정치무관의

---

1) 민경배, 『한국기독교회사』 (서울: 대한 기독교서회, 1972), pp. 126, 127 참조.

정숙주의, 합리성의 결여' 등을 들어서 날카로운 비판을 가하면서도 그와 같은 결백들을 가진 보수주의적 신앙 양태가 "오늘날도 한국 교회사의 저변에 도도히 흐르는 모습을 우리는 볼 수 있게 된다"라고 한 것은 놀라운 일이 아닐 수 없다고 해야 할 것이다.[2]

그러면 이제 민경배 교수와 같은 한국의 자유주의계 교회사 학자까지도 한국 교회의 신앙 양태(信仰樣態)와 신학사상이 초기 미국 선교사들의 보수주의로부터 지대한 영향을 받았다는 사실을 솔직히 인정할 정도라면 우리 한국 교회의 신학적 전통이 보수주의 신학이라는 사실에 대해서는 아무도 부정할 수는 없는 일인 것 같다. 그런데 상술한 바와 같이 90년 전 한국에 선교사들을 통해서 보수주의 신학사상을 가져다가 심은 미국 교회가 현금에 와서는 그 당시에 가졌던 보수주의 신학을 완전히 상실하고 무신론적이며 탈기독교적인 급진신학을 부르짖게 됐다는 사실은 90년 전에 미국 교회로부터 그들의 선교사들을 통해서 전달받은 보수주의 신학사상을 오늘날까지 소중히 간직해 오고 있으며, 또 그것을 기틀로 삼아 세계적 교회로 급성장하고 있는 우리 한국 교회에 대해서 어떤 교훈을 주는지 우리가 차제에 한 번 깊이 생각해 보고 우리의 보수주의적 신학자세를 다시 가다듬어 보는 것이 매우 중요한 일이라고 여겨지는 것이다.

그러므로 지금부터 저자는 '한국선교의 신학'이었던 미국 교회의 신학이 그 보수주의적 사상성을 상실하고 신학적으로 좌경(左傾)하던 역사적 과정과 그 후에 20세기 미국신학이 급진적인 '무신론신학'으로 또는 '탈기독교 신학'으로 변모하는 최근 상황을 연구 고찰하고 그 다음으로 현대 미국신학이 앞으로 걸어갈 길에 대해서 전망한 후 결론적으로 현대 미국신학이 한국 교회에 대해서 특히 한국 보수주의 신학에 대해서 주는 교훈을 서술하고자 한다.

---

2) *Ibid.*, p. 127.

2. 구 프린스톤 신학의 몰락과 자유주의의 팽배

90년 전에 '한국선교의 신학'으로 존재했던 미국신학은 철두철미 보수주의 신학으로서, 그 당시 미국 교회가 파송한 선교사들을 통해서 한국에 심어졌고, 한국 교회 안에 그 뿌리를 내렸었다.[3] 한국 교회는 그때 선교사들이 가져와서 심고 뿌리를 내리게 한 '보수주의 신학'을 교회부흥과 발전의 힘으로 삼으면서 그것을 한국 교회의 신학적 전통(神學的 傳統)으로 아끼고 키워서 현금에 이르고 있다는 것은 이미 저자가 강조한 바이다. 그리고 90년 전 한국에 '보수주의 신학'을 가져다가 선교한 미국 교회는 그 당시 소유하고 있었으며 한국에까지 선교 수출한 보수주의 신학을 오늘날에 와서는 완전히 상실하고 급진적 자유주의 신학의 막다른 길을 치달리고 있음은 개탄을 금치 못한 일이라는 것도 저자가 앞서 말한 바 있다.

우리는 이와 같은 미국 교회 안에서의 보수주의 신학의 실세 또는 몰락의 결정적인 요인으로 소위 '구 프린스톤 신학'의 몰락을 생각치 않을 수 없을 것이다. '구 프린스톤 신학'은 우리가 아는 대로 미국 북장로교회의 직영 신학교였던 프린스톤 신학교(Princeton Theological Seminary)가 19세기 초에 창설될 때로부터 시작하여 1929년 자유주의 신학사상의 침투로 말미암아 동신학교의 교수진이 완전히 자유주의화하던 운명의 해인 1929년까지 동신학교 교수들이 주축이 되어 연구하고 이끌어온 바 '청교도적 개혁주의 정통신학' 또는 일명 '북장로교 신학'(北長老敎 神學)을 의미한다.

그러나 이 신학은 미국 북장로교회에 대해서뿐만 아니라 미국 개

---

3) 장회근 목사는 그의 저서 『한국 장로교회사』에서 이렇게 말하고 있다. "한국최초의 선교사들이 한국에 선교를 개척하기 위해서 고국을 떠나 한국을 향하여 찾아올 때에 그들은 희생적 각오와 보수주의 신학사상을 품은 것은 사실이다. 환언하면 초대 선교사들은 한국에 순수한 보수신앙과 신학을 가져와 심었던 것이다"(장회근, 『한국 장로교회사』〈부산: 아성출판사, 1970, p.351〉).

신교 교회 전체에 대해서 1세기 이상 신학적으로 장자적이며 지도자적인 역할을 담당했던 신학으로서 프린스톤 신학교의 첫번째 조직신학(組織神學) 교수였던 알렉산더(Archibald Alexander, 1772-1851)로부터 출발해서 그 후에 동신학교의 역대 조직신학 및 변증신학 교수로 봉직한 찰스 핫지(Charles Hodge, 1797-1878), 에이 에이 핫지(A.A. Hodge, 1823-1886), 그리고 비 비 워필드(B.B. Warfield, 1851-1921)와 그레샴 메이천(J. Gresham Machen, 1881-1937) 등 여러 명의 유능하고 탁월한 보수주의 신학자들을 통하여 미국에서의 보수주의 신학의 보루요, 총사령실로 존재했던 신학인 것이다. 이 신학이 '청교도적 개혁주의 정통신학'으로 특징지어질 수 있는 이유로서 우리는 먼저 17세기 영국에서 청교도 신학자들에 의해서 작성된 『웨스트민스터 신앙고백서』(*Westminster Confession of Faith*, 1646)와 『웨스트민스터 대소요리문답』(*The Westminster Larger and Shorter Catechism*, 1647)에 나타난 신앙형태와 신학사상을 충실히 추종하는 신학이었다는 것과 요한 칼빈(John Calvin)의 개혁주의 사상을 전폭적으로 지지함과 동시에 술과 담배를 삼가며 주일을 거룩하게 지키는 것 등 성도의 생활에 대한 청교도적 열의를 강조하는 신학이었다는 것과 좌로는 사회복음적 자유주의(社會福音的 自由主義)에 치우치지 않고, 우로는 기도원적 신비주의에 치우치지 않으면서 성경적인 진리의 정도를 추구하는 '바른 신학'이었다는 것 등을 들 수 있는 줄 안다.[4]

그리고 이 신학을 보고서 우리가 그냥 '프린스톤 신학'이라고 하지 않고 '구 프린스톤신학'이라고 부르는 이유는 1929년 프린스톤 신학교

---

4) 저자는 이미 수차에 걸쳐서 한국 보수주의 신학은 미국 구 프린스톤 신학으로부터 지대한 영향을 받은 바 청교도적 개혁주의 전통신학임을 강조한 바 있다("신학지남" 1975년 겨울에 게재된 "해방 30년의 한국 보수주의 신학"이라는 논문과 1976년 봄 호에 저자가 쓴 권두언 "불만의 겨울을 뒤로하고"와 동년 가을 호에 저자가 쓴 권두언 "한국교회의 신학적 전통"을 참고로 하라).

교수진이 자유주의자들로 재구성된 이후로 지금까지 동신학교에서 교수되어 오고 있는 자유주의 신학, 즉 '신 프린스톤 신학'과 구별하기 위한 목적 때문인 것이다.

그러면 이제 우리는 미국 개신교신학을 한 세기 이상 지배해 왔고 자유주의 신학의 침공에 대항하는 강력한 보루(保壘)였고, 한국선교 신학이었던 '구 프린스톤 신학'이 역사적으로 급격하게 몰락하게 되는 과정과 그 후 있었던 미국 내에서의 자유주의 신학의 팽창에 대해서 고찰해 보기로 하자. '구 프린스톤 신학'의 몰락의 시기는 앞서 지적한 바와 같이 그레샴 메이천 박사가 프린스톤 신학교를 사임하고 나오던 해, 즉 1929년으로 잡아야 할 줄 생각한다. 물론 메이천 박사와 그의 동지들이 인근 도시 필라델피아에 모여서 '구 프린스톤 신학'의 계속을 목적으로 하는 웨스트민스터 신학교(Westminster Theological Seminary)를 세웠고 거기서 메이천 박사의 제자들과 후배들이 현금에 이르기까지 보수주의 신학을 가르치며 발전시켜 나오고 있는 것은 사실이다.

그러나 메이천 박사가 프린스톤 신학교로부터 나온 후 '구 프린스톤 신학'은 미국 교회 내에서 100여 년 간 장악했던 신학적 리더십을 놓쳐 버리게 됐을 뿐 아니라 1937년에 메이천 박사가 사망하므로 그 마지막 대변인을 잃어버리게 된 결과 미국 교회에 대해서 노도와 같이 밀려 닥치는 자유주의 신학사상 앞에서 완전 고립되었으며 궁지에 몰리게 되었고, 지금에 와서는 미국 신학계에서 이렇다 할 영향력을 구사하지 못하고 있는 실정임을 우리는 알아야 할 것이다. 즉 '구 프린스톤 신학'은 그 마지막 대변자인 그레샴 메이천 박사의 사망과 함께 자취를 감추었고 '구 프린스톤 신학'의 역사적 계속으로 자처하고 있는 미국 웨스트민스터 신학교와 훼이스 신학교 및 카버난트 신학교(Covenant Theological Seminary) 등에서 교수되고 있는 보수주의 신학은 너무나도 현 미국 개신교 신학계(改新敎 神學界)로부터 소외된 '다수의 횡포에 눈물을 삼키며 외로운 길을 걸어가는 낙후

된 존재'가 됐다는 것이다.

　그러면 한 세기 이상을 '미국 교회의 신학'으로 군림했고 미국 신학계에서 리더십을 장악해오던 구 프린스톤 신학의 갑작스러운 몰락의 원인은 과연 무엇이었겠는가? 이 문제에 대한 저자의 대답은 이렇다. 19세기 말에 독일 신학계를 대표했다고 볼 수 있는 릿츨(Albert Ritschl), 하르낙(A. Harnack), 헤르만(J.W. Hermann)과 같은 신학자들의 윤리주의적 신학사상이 미국 내에서 다수의 유력한 추종자들을 얻어 '구 프린스톤 신학'에 의해서 대표되어 오던 '미국 보수주의 신학'에 대해서 일제히 총공격의 포문을 열었기 때문인 것이다. 이미 1890년에 미국 뉴욕 시 소재 유니온 신학교(Union Theological Seminary)에서는 '브릭스 교수 사건'이라는 것이 있었다. 그 당시 미국 북장로교회가 경영하던 유니온 신학교에 독일 베를린 대학교(University of Berlin)에서 유학하고 돌아온 미국 북장로교 목사 브릭스(Chrales A. Briggs)가 교수로 취임하면서 성경의 권위라는 주제하에 신학강연을 했는데 그 강연 가운데서 그가 독일 자유주의 신학의 입장을 받아들여 성경의 영감을 부인함으로써 큰 물의를 일으키는 사건이 일어났던 것이다. 그 후 브릭스 교수는 미국 북장로교 총회로부터 재판까지 받고 목사직까지 유보당하는 소동을 불러 일으켰던 것이다.[5]

　그 후 브릭스 교수는 미국 북장로교회로부터 징계 처분을 받았음에도 불구하고 그것을 못마땅하게 생각하던 유니온 신학교가 그를 계속 두둔하다가 결국은 미국 북장로교회로부터 이탈하게 됨으로써 이미 19세기 말과 20세기 초에 미국 뉴욕 유니온 신학교는 '프린스톤 신학'에 대한 강력한 도전자로서 그리고 또한 미국 교회의 '자유주의화' 기수로서 등장하고 있었던 것이다. 그리고 브릭스 교수 사건에서

---

5) *The Westminster Dictionary of Church History*, Philadelphia: The Westminster Press, 1970, p. 139 참조

뿌려진 미국 교회의 '자유주의화'의 씨는 프린스톤 신학교가 자유주의화하던 저 '운명의 해'인 1929년보다 5년이 이른 1924년에 그 당시 미국 북장로교회 안에서 신학적으로 자유주의적 경향성을 띤 목사들과 교회 지도자들의 회합에서 채택된 소위 '오번선언서'(Auburn Affirmation)에서 꽃을 피웠고 그 열매를 맺었다고 볼 수 있겠다.

1924년에 있었던 '오번 선언'의 참여자들은 보수주의적인 프린스톤 신학의 노선에 도전하면서 진보성(進步性)을 띤 새 신학사상과 교리 해석에 대해서 '관용'을 베풀 것을 제창했던 것이다.[6]

그러나 우리는 무엇보다도 미국 교회 내에서 '프린스톤 신학'의 몰락을 가져오게 하는데 큰 영향을 끼친 단일 요인으로서 사회복음신학자 월터 라운센부쉬(Walter Rauschenbusch, 1861~1918)의 존재를 생각치 않을 수 없는 것이다. 월터 라운센부쉬는 미국에서 사회복음신학의 창시자로서 19세기 말 독일신학계를 지배하고 있었던 윤리주의 신학 사상을 재빨리 받아들여 그것을 그 당시 미국이 당면하고 있었던 여러 가지 사회적이며 경제적인 문제들로부터 야기되는 심각한 사회상의 해결에 적응시킨 신학자였다. 혹자는 말하기를 라우센부쉬는 비록 사회복음신학(社會福音神學)의 창시자이기는 했지만, 그가 '심령구제'를 사회사업과 아울러 중요시할 것을 부르짖는 사실을 보더라도 심령구제를 완전히 도외시한 후기 사회복음주의자와 같은 종류의 자유주의자는 아니었다는 것을 알 수 있다고 주장한다.[7] 하지만 라우센부쉬의 신학은 하나님의 나라와 인간사회를 거의 동일시하는 사회지향적 신학(社會志向的 神學)이었으며 성경의 권위보다 인간의 '사회적 진화'의 능력을 믿는 인본주의적 사고를 가진 신학이었기 때문에 라우센부쉬가 그 당시 확고한 보수주의적 노선을 걷던 프린스톤

---

6) Ibid., p. 70.
7) *The Makers of Modern Protestant Thought*, New York: Association Press, 1958, pp. 36~38을 보라.

신학에 대해서 크나큰 도전이 아닐 수 없었으며, 라우센부쉬와 그의 사회복음신학의 미국내 급속한 세력확장은 프린스톤 신학의 몰락을 가져오는 결정적인 요인이 되었다고 저자는 말하지 않을 수 없다.

그레샴 메이천 박사가 그의 1923년도 명저 『기독교와 자유주의』에서 현대 자유주의자(the modern liberal)라는 이름 아래 주로 라우센부쉬와 같은 사회복음주의자들을 다루고 비판한 것을 보더라도 그 당시 라우센부쉬의 '사회복음신학'이 보수주의 신학에 대해서 행한 도전이 얼마나 큰 것이었는가를 가히 짐작할 수 있을 것 같다. 메이천 박사는 당시의 라우센부쉬와 같은 사회복음주의자들을 안중에 두고서 말하기를 기독교가 건전한 복지(福祉)사회를 건설할 것이 틀림 없는 일이지만, 만일 우리가 건전한 사회의 건설을 위해서 기독교를 믿는다면 우리가 믿는 기독교는 이미 기독교는 아닐 것이라고 갈파했던 것이다.[8] 또 그는 라우센부쉬의 영향을 받은 사회복음주의자들의 '사회사업 위주의 기독교'를 다음과 같은 말로 비판하기도 했다. 즉 그는 말하기를 자유주의자(사회복음주의자)는 사회적으로 적용된 기독교가 기독교의 전부라고 믿고 있지만 기독교인(보수주의자)은 기독교가 있어야 적용기독교(Applied Christianity)도 있을 수 있다고 믿고 있다고 응수하였다.[9]

라우센부쉬의 뒤를 이어 사회복음 신학운동을 추진한 중요한 인물들로서 매튜스(Shailer Matthews), 스미스(Newman Smyth), 테일러(Graham Taylor) 등이 있었는데 그들의 과격한 '사회적 기독교' 사상은 독일로부터 직수입된 독일 신학자들의 윤리주의적 신학사상과 합류, 합세해서 걷잡을 수 없는 힘이 되어, 뉴욕 유니은 신학교를 완전히 자유주의 신학의 본산(本山)으로 만든 것은 물론, 1920

---

8) J. Gressham Machen, *Christianity and Liberalism*, Grand Rapids, Michigan: Wm. B. Eerdmans, 1923, p. 152 참조.
9) *Ibid.*, p. 155 참조.

년대가 다 끝나기도 전에 미국 북장로교회의 직영 신학교였고 미국 보수주의 신학의 사령탑과도 같았던 프린스톤 신학교를 자유주의화 하기에 이르렀고, 한 세기의 찬연한 역사적 과정을 거쳐서 찰스 핫지, 에이 에이 핫지, 비비 워필드 등에 의해서 정립된 '청교도적 개혁주의 신학' 또는 일명 '북장로교 신학'의 몰락을 드디어 가져 오고야 말도록 했던 것이다.

혹자의 의견에는 당시 미국 교회 안에서 보수주의 신학과 자유주의 신학의 투쟁에 있어서 보수주의 신학측의 기수요 가장 유능한 대변자였던 메이천 박사가 그렇게 일찍 별세하지 않았던들 미국에서 오늘날과 같은 보수주의 신학의 고립과 침체상은 없었지 않았겠는가 하는 것이다. 저자는 그와 같은 의견에 일리가 있다고 생각해서 일단 수긍하고 싶다. 메이천 박사가 그치 명저『기독교와 자유주의』를 저술하던 당시만 하더라도 메이천 박사가 변호하던 보수주의 신학이 미국 각계각층 인사들로부터 존경과 인정을 받고 있었던 것은 사실이다.

그 당시 미국 언론계의 유력자였던 월터 리프만(Walter Lippman)씨가 메이천 박사의 저서『기독교와 자유주의』에 대해서 아낌없는 찬사를 보내면서 메이천 박사의 말에 우리 모두가 경청하는 것이 좋을 것이라고 했을 정도니까 말이다.[10]

하여튼 독일계 윤리주의 신학사상의 미국 침공과 미국 교회 내에서의 사회복음 신학의 팽배로 말미암아 미국 신학계를 1세기 이상 지배해 오던 구 프린스톤 신학이 사양길을 걷다가 1937년에 그레샴 메이천 박사가 사망한 후로는 완전히 몰락하게 된 것은 아무도 부인하기 어려운 사실인 줄 안다. 물론 구 프린스톤 신학의 계속을 목적

---

10) *God Transcendent and Other Selected Sermons*(edited by N.B. Stonehouse), Grandrapids, Michigan: Wm. B. Eerdmans, 1949, "서론"을 보라.

으로 필라델피아 시에서 웨스트민스터 신학교가 설립되었고 오늘날까지 존속하고 있는 것도 사실이다. 그러나 구 프린스톤 신학이 알치볼드 알렉산더 교수의 시대로부터 시작해서 메이천 박사 사망시까지 미국에서 받았던 사회적이며 교회적인 인정과 미국 신학계에 끼친 영향은 1940년대로부터는 다시 찾아보기 어렵게 되었고, 1950년대 이후에 와서는 그것이 한낱 '옛 이야기'가 되어버린 감이 있기 때문이다.

다만 웨스트민스터 신학교의 코넬리우스 밴틸(Cornelius Van Til) 박사가 그래도 그레샴 메이천 박사를 계승해서 '미국 보수주의 신학'의 기수격(騎手格)이 되어서 현대 미국 자유신학에 대하여, 특히 미국 교회 내에서 팽창일로에 있었던 '신정통주의 신학'(Neo-Orthodox Theology)이라고 불리우는 칼 바르트의 신학에 대하여 맹렬한 투쟁을 벌인 사실을 우리는 간과할 수는 없을 것이다. 밴틸 박사의 과거 30여 년 동안 '신정통주의 신학'과의 투쟁은 1920년대의 메이천 박사가 그 당시 '사회복음 신학' 및 '윤리신학'과 대결해서 벌였던 신학적 투쟁과 필적할 만한 것으로 생각할 수 있는 줄 안다.[11] 하지만 1930년대에 미국에 있었던 '구 프린스톤 신학'의 몰락과 '보수주의 신학'의 실세를 회복 만회하기에는 밴틸 박사의 신정통주의 신학과의 투쟁만 갖고서는 너무나 역부족이었다는 것을 우리는 느끼지 않을 수 없었다.

그레샴 메이천 박사의 사망과 함께 '구 프린스톤 신학'이 몰락한 후로 미국 신학계에서는 자유주의 신학이 급속히 득세하게 되었는데, 1919년 칼 바르트의 『로마서 주석』이 출판된 후로 10년도 되기 전에 소위 '신정통주의 신학'이 미국에 상륙했고, 미국 교회 안에서와 신

---

11) 여기에 대해서는 밴틸 박사 자신이 일찍이 메이천 박사가 1920년대의 대 자유주의 투쟁을 할 때 가졌던 것과 똑같은 열의와 위기의식을 갖고서 '신정통주의 신학'과의 투쟁에 임하고 있다는 것을 밝힌 바 있다(C. Van Til, *Christianity and Barthianism*. Philadelphia, The Presbyterian and Reformed Publishing Company, 1962, pp. 445, 446을 보라).

학자들 사이에서 요원의 불처럼 번져가기 시작하여 1940년대와 1950년대 초반기까지 현대 미국 신학계를 완전히 석권했던 것이다. 물론 이 시기에 세계교회협의회(The World Council of Churches)가 1948년 화란 암스텔담 시에서 개최됨으로써 소위 에큐메니칼 운동과 그것을 이론적으로 뒷받침해주는 에큐메니칼 신학(The Ecumenical Theology)이 미국에서 탄생하였고 활발히 전개되기 시작했다. 그러나 소위 '에큐메니칼 신학'이 무엇인가에 대해서, 그것은 현대신학의 흐름을 따라 가면서 그때 그때 대중에게 가장 인기 있는 신학만을 골라 표방하는 '혼합신학'(混合神學)이라고 우리는 대답해야 할 것 같다.

그러다가 1950년대 후반기에 접어들면서부터 칼 바르트의 '신정통주의 신학'을 맹종했던 미국 개신교 신학자들이 또 다른 독일의 실존주의 신학자 루돌프 불트만의 신학사상에 매혹되어 사족을 못 쓰는가 하면, 그중에서 일부 신학자들은 폴 틸리히(Paul Tillich)의 '철학적 신학'에 심취, 그의 제자들이 되므로 '불트만-틸리히 시대'가 왔었다고 볼 수 있겠다. 그러나 그와 같은 시대도 잠깐이었으며 오래 못 가서 막을 내리게 됐고, 1960년경부터 미국 신학계에는 구주 신학계에서와 마찬가지로 소위 '후기 불트만 시대'가 도래했으며, 폴 틸리히의 '철학적 신학'은 1960년 중반기까지 그 인기를 유지하기는 했지만 '어떤 급진적으로 새로운 신학의 출현을 위한 서막'과 같다는 인상을 짙게 풍겼던 것이다.[12]

지금까지 우리는 '한국선교의 신학'이었던 미국 교회의 보수주의 신학이 19세기 말부터 20세기 초에 걸쳐서 독일 윤리주의 신학의 침공을 받으면서 또 미국 내에서 일어난 '사회복음 신학'의 도전을 받게

---

12) 후기 불트만 신학에 대한 간략한 소개 논문으로는 칼 헨리의 저서 *Frontiers in Modern Theology*(1964)의 제1장 The Decline of the Bultmann Era를 읽을 것을 권한다.

된 결과로, 1930년대에 있었던 '구 프린스톤 신학'의 몰락과 함께 완전히 고립되는 한편 '윤리신학' 또는 '사회복음 신학'으로 출발한 미국의 자유주의 신학은 일방적으로 미국 신학계를 석권하기에 이르렀다는 사실을 지적했고, '구 프린스톤 신학'의 마지막 대변자였던 메이천 박사가 사망한 후에 현대 미국신학이 '신정통주의 신학', '실존주의 신학', '후기 불트만 신학', '에큐메니칼 신학' 등 여러 가지 유형의 급진적 자유주의 신학으로 변모하게 되는 과정을 살펴봤다.

우리는 '한국선교의 신학'이었던 미국 보수주의 신학이 한국선교 100주년의 해를 아직 맞이하기도 전에 신학계에서 완전 고립상태에 놓여 있으며, 40여 년 전에 '구 프린스톤 신학'을 몰락케 한 현대 미국신학은 지금 예수 그리스도의 이름보다 칼 바르트, 루돌프 불트만, 폴 틸리히 등 철학적 신학자들의 이름을 더 존귀히 여기는 신학이 되어 버리고 만 것을 목도하게 될 때, 우리의 입으로부터 개탄의 소리가 절로 나오지 않을 수 없는 것이다.

3. 거물 신학자 시대—바르트, 불트만, 틸리히 시대[13]

이 시대는 1930년대 초에 있었던 '구 프린스톤 신학'의 몰락 이후로부터 금세기 중엽인 1950년대에 이르기까지의 시기를 의미하는데, 칼 바르트, 에밀 브루너, 라인홀드 니버, 루돌프 불트만, 폴 틸리히 등 거물 신학자들에 의해서 지배된 시기였기에 거물 신학자 시대 (Age or Big Theologians)라고 부를 수 있는 시기였다.

그리고 앞서 열거한 거물 신학자들 중에서도 특히 칼 바르트와 루돌프 불트만과 폴 틸리히라는 세 초거물 신학자들에 의해서 이 시기의 신학적 리더십이 장악되어 있었다고 생각되기 때문에 이 시기를

---

13) 본 제3장은 "신학지남" 제44권 4집에 실었던 것이다.

우리가 바르트-불트만-틸리히 시대라고 부를 수도 있음직한 것이다. 우리는 먼저 이 '거물신학자 시대'의 제1번 주자인 칼 바르트에 대하여 잠깐 살펴보기로 하자. 그는 금세기 초에 스위스의 한 시골 교회 목사로 있다가 1918년에 『로마서 강해』(der Römerbrief)라는 책을 내어 놓음으로써 일약 세계적 대신학자로 알려지게 되었는데, 그 후 한동안 에밀 브루너(Emil Brunner)와 함께 '신정통주의 신학'이라는 새로운 신학운동의 리더가 되었던 것이다. 칼바르트가 제창한 바 '신정통주의 신학'이라는 것은 '하나님으로 돌아가자!', '성경으로 돌아가자!' 라는 구호를 외친, 일종의 복고풍의 신학이었으나 정통신학으로의 환원을 의미하는 것은 아니었다. 왜냐하면 신정통주의 신학은 성경에 대한 고등비평을 받아들였고 성경의 유오(有誤)를 가르쳤기 때문이다. 1920년대로부터 1940년대가 끝나기까지의 약 30년 동안을 칼 바르트의 신정통주의 신학이 현대 신학계를 지배했고, 특히 미국에서는 칼 바르트가 신학의 대명사가 될 정도로 인기 높은 신학자로 군림했던 것이다. 그러나 현대 신학자는 전적으로 급변하는 시대의 대중적인 인기와 여론에 의존해야 하므로 그 얼굴이 자주 바뀌는 법이다. 그러므로 칼 바르트도 예외는 될 수 없었다. 1950년대에 접어들면서 칼 바르트는 독일의 또 다른 신학자 루돌프 불트만 (Rudolf Bultmann)의 소위 '실존주의 신학'(existentialist theology)이라는 새로운 신학사상 앞에서 고전하다가 완전히 궁지에 몰려 그 패색이 짙어가기만 했던 것이다.

한편 칼 바르트를 궁지에 몰아넣은 루돌프 불트만의 실존주의 신학은 성경에 대한 양식사학적 연구(樣式史學的 硏究)와 신약성경에 대한 비신화화 프로그램이라는 것을 가지고서 현대 신학계에서 그 인기가 급상승하게 되었다. 불트만은 바르트가 기독교 신학을 실존주의 사상의 기반 위에 세우고자 하는 열의가 부족하다는 것을 꼬집었고 또 초자연주의 사상의 잔재를 완전히 떨쳐버리지 못한 신학자라고 비판을 가했다. 즉 불트만은 칼 바르트의 '시골냄새'가 나고 초자연에 대한 향수가 아직 가시지 않은 '키에르케고르적 실존주의'를 '도회지 냄새가 물씬 풍기고 완전히 과학화한' 20세기적 실존주의로 바꿀 것을 부르짖은 것이다. 그런데 놀랍게도 칼 바르트에 대한 불트만의 그와 같은 신학적 도전이 성공을 거두어 1950년경부터 1960년에 이르기까지의 약 10년 동안 '불트만 시대'가 도래하여 현대 신학계를 지배하게 된 것이다. 이 기간 동안 미국 신학계에도 불트만의 실존주의 신학이 회오리 바람쳤고, 그의 『성서해석학』을 모르는 자는 마치 기독교 신학을 논할 자격이 없는 자인 것처럼 생각될 정도였다.

그러나 불트만 신학의 화려한 데뷰와 계속적인 인기 상승에도 불구하고 막연한 불안감과 공허감이 뒤따르고 있었으니 그것은 칼 바르트의 신정통주의 신학을 가리켜 너무 보수라고 하면서 역사적 기독교의 초자연 신앙을 송두리째 팽개쳐 버린 불트만의 하이데거적 실존주의 신학이, 뜻 있는 기독교 인사들에게는 '신학'이라기보다는 '철학'으로 느껴졌고, 예수 그리스도보다는 하이데거와 관련성이 있는 것으로 생각되었기 때문이다. 그와 같은 당시의 불트만에 대한 일반적인 불안감과 비판의식을 위해서였는지 아니면 불트만 신학의 명(命)이 다해서 였는지는 알 수 없으되, 1960년경에 이르러서 '불트만 신학의 붕괴'가 일어난 것이다. 그 당시에 있었던 불트만 신학의 붕괴의 광경을 어떤 개혁주의 신학자는 아래와 같이 묘사하지 않았던가:

"불트만 신학이 무너지자 그의 제자들이 앉았던 왕좌를 탐내서 몰려들었고 전리품을 찾기에 혈안이 되었다."[14] 마치 골리앗의 시체에 까마귀 떼가 몰려들어 고기를 뜯어 먹는 격이었다고 할까, 불트만 신학이 무너지던 광경은 처절한 바가 있었다. 그리고 그와 같은 불트만 신학의 처절하고 참담한 붕괴를 곧 뒤따른 것은 신학적 대혼란이었으며 혼란기의 틈을 탄, '후기 불트만 신학'이라는 오합지졸적인 신학의

---

14) Carl F.H. Henry, *Frontiers in Modern Theology*, Chicago: Moody Press, 1964, p. 9.

출현이 또한 있었다. 이 '후기 불트만 신학'이라는 새로 형성된 신학은 불트만 신학보다 '한술 더 뜨는 신학'으로서 그리스도의 복음을 완전히 비역사화(非歷史化)하고 실존화(또는 인간화) 함으로써 신학을 인류학으로 전락시켜 '신학의 종말'을 가져오게 했다는 느낌을 우리로 하여금 갖도록 만드는 것이다.[15]

어떤 관찰력이 날카롭고 표현 역량이 풍부한 미국 개혁주의 신학자의 말을 빌린다면 20세기 미국신학은 세기 초에 사회복음 신학을 부르짖던 자유주의계 미국신학자들의 손에 의하여, 자살적인 총격의 제1탄을 받았고, 칼 바르트의 신정통주의 신학이 그 응급치료에 나섰으나 미처 손을 쓸 사이도 없이 불트만과 후기 불트만 신학자들로부터 자살적인 총격의 제2탄과 제3탄을 맞았다는 것이다. 따라서 20세기 미국신학은 이렇게 자살적인 총격의 탄환을 세 개나 맞고 중태에 빠져 있었는데 설상가상으로 폴 틸리히(Paul Tillich)라는 신학자로부터 자살적인 총격의 제4탄을 맞게 되어 그 운명의 순간이 시시각각으로 다가오고 있었다는 것이다.[16]

다시 말해서 필자가 현재 거론하고 있는 '거물 신학자 시대'의 마지막 인물인 폴 틸리히가 현대 미국신학에 대해서 결정적인 자살타적 총격을 가한 것이 된다.

틸리히는 루돌프 불트만의 실존주의 신학이 계시와 현존을 구별 못하고 신앙과 이성을 혼돈함으로써 하나님의 말씀을 인간화하는 모순을 범한 것을 통감한 나머지 신을 존재 자체(Being it Self) 또는 존재의 기반이라고 부르면서 신학을 확고한 존재론적 기초 위에 세우고자 시도한 것은 사실이다. 그리고 한때 그의 '존재론적 신학'이 칼 바르트의 초역사적 실존주의의 딜레마를 타개하며 극복하는 듯 보여서

---

15) John Warwik Montgomery, *The Suicide of Christian Theology*, Minneapolis: Bethany Fellowship, INC., 1971, pp. 30, 31을 보라.
16) *Idem*.

많은 신학자들과 신학도들로부터 박수갈채를 받은 것도 사실이기는 하다.

그러나 몇 년 가지 않아서 틸리히의 '존재론적 신학'이라는 것도 실상은 신학이 아니라 철학이라는 것과 그것도 19세기적 후진성을 띤 관념주의적 철학이라는 것이 현대신학계에서 의식되게 되자 틸리히의 몰락이 또한 급격하게 오게 된 것이다.[17] 그런데 폴 틸리히가 20세기 미국신학에 대하여 결정적인 자살타적 총격을 가했다고 보는 것은 칼 바르트가 신학을 주관화했고 불트만이 그것을 현존화한 데 뒤이어 틸리히는 완전히 그것을 철학화함으로써 신학의 상실을 가져왔다고 생각되기 때문이다.

4. 사신신학 시대—미국신학의 '소아병적 발작'

20세기 미국신학에 있어서 제3시기가 된다고 볼 수 있는 사신신학 시대(死神神學 時代)는 1963년부터 시작해서 5, 6년 간의 전성기를 누리고 1970년대에 들어가지 못한 채 갑작스럽게 그 막이 내렸다고 할 수 있겠다. 미국 내의 여기저기 뜻 있는 신학자들과 교회 지도자들의 한편 지탄하며 한편 자성(自省)을 촉구하는 소리가 높아졌기 때문이다. 그런데 저자가 '사신신학 시대'를 1963년으로부터 잡은 것은 그 해에 사신신학의 도화선이 된 영국의 성공회 신학자 존 로빈슨(John A.T. Robinson)의 저서 『신에게 솔직히』(Honest to God)가 나왔기 때문이다. 로빈슨은 그의 저서에서 사신적 선언을 하지는 않고 다만 역사적 기독교가 갖고 있는 신의 개념에 대한 과감한 재검토를 제안했는데, 그 결과는 신(神)개념의 '인간화'가 이루어졌으며 신학자들은 초자연적 신의 부재를 말하면서 '신 없는 신학'을 말하기

---

17) John W. Montgomery, op. cit., pp. 31, 32를 보라.

에 바빴다.

특히 이 기간 동안에 사신신학의 기수인양 위세를 떨친 미국신학자는 토마스 알타이저(Thomas J.J. Altizer)였다. 그는 『기독교 무신론 복음』(The Gospel of Christan Atheism)이라는 책을 써서 신의 사망을 정식으로 선언했고, 신의 사망이 역사적인 사실이라는 것과 신의 사망으로부터 오는 허무감을 딛고 일어서서 우리는 우리가 갖고 있는 사랑의 저력으로써 신적 인류의 구현에 힘써야 할 것을 부르짖었다.[18] 그런데 앞서 현대신학의 '자살'을 개탄해 마지 않았다고 지적된 개혁주의 신학자는 현대 미국신학이 알타이저와 같은 미국 사신신학자로부터 제5번째로 그리고 최종적으로 자살적인 충격을 받음으로 말미암아 자욱한 연기 속에 반듯이 누어 죽음을 당했다는 무시무시한 표현을 하기도 했다.[19]

알타이저의 사신신학에 대하여 현대 신학계의 일각(一角)에서는 그것은 결과적으로 신의 사망을 증명하는 대신 '신의 사망의 신학'의 '사망'을 증명했을 따름이라는 재치 있는 말도 나돌고 있다. 하여튼 미국의 사신신학자들은 '거물 신학자 시대'에 성행했던, 지나치게 주관적이고 철학적인 경향성을 가진 이론신학을 그 사신적인 결론으로 재빨리 유도함으로써 20세기 미국신학의 자살을 완료케 했다고 볼 수가 있는 줄 안다.

가령 미국 사신신학자 중의 한 사람인 폴 밴 뷰렌(Paul Van Buren)은 칼 바르트 밑에서 박사학위 논문을 쓴 제자였지만 바르트의 말과 같이 신은 우리가 역사적으로 또는 지식적으로 파악하기가 전혀 불가능한 절대타자(絶對他者)라고 한다면 그와 같은 하나님은 존재하지 않았다고 말해야 옳지 않느냐고 솔직히 물었고, 앞서 소개

---

18) Thomas J.J. Altizer, The Gospel of Christian Atheism, Philadelphia: Westminster Press, 1966, pp. 48~51을 보라.
19) John W. Montgomery, op. cit., pp. 32, 33.

된 바 있는 미국 사신신학의 기수 알타이저는 틸리히의 신화사상에 탐닉하면서도 만일 틸리히가 말하는 대로 모든 종교적 진리는 언제나 상대주의적 겸손을 보이는 것이 원칙이라면 절대적 신의 개념도 상대화되어야 하며 그 결과는 기독교가 믿는 하나님은 존재치 않았다고 말할 수밖에 없지 않겠느냐고 하는 솔직성을 보였으니 말이다.[20]

이제 저자는 지금 우리가 거론 중인 '사신신학 시대'에 대해서 그것은 20세기 미국신학에 있어서의 소아병적 발작기였다는 말을 하고자 한다. 왜냐하면 '사신신학 시대'라는 것은 20세기 미국신학사상 5, 6년 또는 6, 7년이라는 매우 짧은 기간을 의미했기 때문에 병리학적으로 표현한다면 발병보다는 발작이라는 말이 더욱 적절한 것 같다. 그리고 사신신학이란 얼마나 그 사상적 내용성이 빈약하고 유치한 신학인가! 하나님을 보고 죽었다고 하는데 하나님도 죽을 수가 있다니 너무나 어이없는 이야기이다. 그러므로 그와 같은 유치한 신학적 수준에 머물고 있는 사신신학을 우리가 병적으로 본다면 성인병(成人病)이라는 말을 할 수는 없을 것이고 소아병이라는 말이 적합한 줄로 안다. 또 어떤 신학자는 사신신학을 신학적 하설 작용으로 보기도 했다.[21] 하설 작용이란 병적 현상인 동시에 재출발을 의미하기 때문이다. 어쨌든 이렇게 해서 20세기 미국신학사에 '사신신학 시대'가 갑작스럽게 왔다가 또한 갑작스럽게 가버린 것은 우리에게 큰 놀람을 주는 일이었으며 또한 현대신학 평론가들에게는 두고 두고 그것이 연구의 과제로 남을 일이 아닌가 사료된다.

끝으로 '사신신학 시대'는 금세기 초에 미국에서 있었던 '구 프린스톤 신학'의 몰락과 자유주의의 팽배로부터 비롯되는 현대 미국신학의 절망적 상황을 우리에게 보여주는 하나의 '신학적 단막극'이었다고

---

20) John W. Montgomery, *op. cit.*, pp. 32, 33.
21) Harvey Cox, *Ernst Bloch and the Pull of the Future*(New Theology No. 5), New York: The Macmillian Company, 1968, p. 192 참조.

우리가 말한다 해도 별로 과장된 표현은 아닐 것 같다. 따라서 저자는 1920년대의 상황에서 그레샴 메이천 박사와 같은 보수주의 신학자와 그의 신앙 동지들을 미국 장로교회가 백안시(白眼視)해서 추방하지 않았던들 현대 미국신학사상에 '사신신학 시대'라는 짧았으나 너무나도 기가막힌 '치욕의 장'은 펼쳐지지 않았을 것임을 단언하는 바이다.

5. 미국신학의 새로운 문제아들

앞서 저자는 말하기를 20세기 미국신학사상 제3기에 해당하는 사신신학자 시대(Age of the Death-of-God Theologians)는 1960년경에 시작되었다가 1970년대가 오기도 전에 갑작스럽게 그 막을 내렸다고 했다. '사신신학자 시대'가 이렇게 갑작스럽게 막을 내린 뒤 70년대에 접어들면서 현대 미국 신학계에는 '정치신학', '디오니소스 신학', '흑인신학' 등 새로운 신학적 문제아들이 속속 등장하게 되었다. 다시 말해서 1970년대의 미국 신학계는 상기한 바 '정치신학', '디오니소스 신학', '흑인신학' 등 급진적이며 신학적으로 큰 문제성을 안고 있는 새로운 신학들의 출현으로 말미암아 헤어날 수 없는 미로(迷路)에 빠져들어 가는 듯이 보이며 또는 캄캄한 심연을 내려다 보는 벼랑에 서 있는 듯 아슬아슬하게 보이기도 하는 것이다.

그러면 이렇게 70년대에 와서 20세기 미국신학을 위기로 계속 몰아가고 있는 새로운 신학적 문제아들 중에서 그 제1인자격인 소위 '정치신학'이라는 것에 대하여 먼저 살펴보기로 하자.

(1) 정치신학

이 신학은 서독의 신학자 위르겐 몰트만(Jürgen Moltmann)의

"희망의 신학적 사고"로부터 비롯된 것으로 70년대 미국신학의 주류를 이루고 있는 신학이라고 할 수가 있다. 이 새로운 신학의 대변인으로서 서독 튜빙겐 대학의 신학교수인 위르겐 몰트만과 서독의 카톨릭 신학자 요하네스 메츠(Johannes Metz)를 들 수 있고, 미국에서는 하비 콕스(Harvey Cox)가 그 대변인 역할을 하고 있다. 특히 이 새로운 신학의 총수격인 위르겐 몰트만의 대표적인 저서『희망의 신학』(Theologie der Hoffnung)을 읽어보면 인간은 미래에 희망을 걸고 사는 존재이기 때문에 인간이 하는 신학도 미래지향적(未來志向的)인 신학이어야 한다는 것과 미래지향적인 신학이란 것은 신의 약속 속에 존재하는 종말론적 미래에 우리의 적극적 참여를 고취하는 신학, 즉 정치와 혁명으로서 신에 의해서 약속된 미래를 우리 손으로 창조할 것을 제창하고 의도하는 신학이라는 것을 알 수 있다.[22]

그리스도의 교회는 이상주의자들과 같이 이 세계를 자아성취의 천국으로 보고 낙관해서도 안 되고 실존주의자들과 같이 자아상실의 지옥으로 보고 절망해서도 안 될 것이다. 그리스도의 교회는 우리가 살고 있는 이 세계를 역사 속에서 완성되어 가고 있는 우리들의 가능성으로 알고 희망의 씨뿌리기와 헌신과 희생의 거름주기를 게을리하지 않아야 한다는 것이다. 몰트만은 다음과 같은 말로 그의 저서『희망의 신학』을 끝내고 있다: Ihr Horizont der Zukunft des gekreuzigten Christus zu eroffnen, ist der Aufgabe der Christlichen Gemeinde.[23]

그런데 여기서 우리가 유의해야 할 바는 교회와 신학의 과제를 종말론적 미래학의 관점에서 설명한 불트만은 기독교의 역사적 신경이 고백하는 바 '본디오 빌라도에게 고난을 받으사 십자가에 못박혀 죽

---

22) Jürgen Moltmann, Theologie der Hoffnung, München: Chr. Kaiser Verlag, 1964, pp. 301~304 참조.
23) Ibid., p. 312.

으시고 장사한 지 사흘 만에 죽은 자 가운데서 다시 살아나신' 그리스도와, 그리고 '하늘에 오르사 전능하신 하나님 우편에 앉아 계시다가 저리로서 산 자와 죽은 자를 심판하러 오실' 그리스도와는 전혀 무관한 인류의 미래를 추구하고 있다는 점일 것이다. 즉 몰트만적 사고에는 '미래학'은 있어도 진정한 의미에서 '기독교 종말론' 또는 '말세론'은 없다. 그리고 그의 미래지향적 신학으로 자처하는 '희망의 신학'은 하나님의 미래(die zukunft des Gottes) 또는 '십자가에 못박히신 그리스도의 미래'를 즐겨 말하고 있지만 실제적으로 그가 염두에 두고 있는 것은 정치와 혁명을 통해서(인간의 힘과 정치사회적 활동으로 말미암아) 성취될 인간의 미래이기 때문에 우리가 그것을 '정치신학' 또는 '혁명의 신학'이라고 부르기에 매우 적당한 신학인 것이다.[24] 이와 같은 사실은 몰트만의 또 다른 저서인 『종교와 혁명과 미래』(Religion, Revolution and the Future, 1969)에서 더욱 분명히 드러나고 있다. 몰트만은 '진리는 혁명이다'라는 그람치(Grarmsci)의 말을 그 책 가운데서 인용하면서 세계는 변화되어야 하며 우리는 혁명적인 방법으로서 역사에 대한 책임을 질 줄 알아야 할 것이라고 역설하고 있다.[25] 오늘날 교회로부터 많은 기독교인들이 떠나가고 있는 것은 우리 사회 내의 억눌린 자들과 헐벗고 굶주린 자들 및 그들을 위한 정치적이며 사회적인 혁명을 일으키고 있는 자들과 입장과 뜻을 같이 함으로써만 진정한 기독교 신앙을 유지할 수 있다고 느끼기 때문이 아니겠는가.[26] 그러므로 오늘날 기독교가 존속하고 교회가 문을 닫지 않기 위해서라도 기독교 신학은 우리들의 주변에서 소용돌이 치고 있는 급격한 정치, 경제 및 사회적 변혁에 부응

---

24) 박아론 저, 『현대신학은 어디로?』 (서울: 청암출판사, 1970), pp. 257, 258 참조.
25) Jürgen Moltmann, Religion, Revolution and the Future, New York: Charles Scribners, 1969, pp. 132 참조.
26) Ibid., p. 133 참조.

하는 '혁명의 신학'을 발상하며 추진해야 한다는 것이다.

몰트만은 주장하기를 '정치신학'은 역사에 대한 종말론적 인식과 이해심을 갖고서 역사 안에서 인류의 메시야적 과업을 수행(遂行)할 것을 목적으로 하고 있다고 한다.[27] 물론 몰트만이 이렇게 정치와 혁명과 인류의 메시야적 과업을 운운할 때 예수 그리스도의 십자가의 죽음과 부활 및 하나님의 나라 등에 대해서 언급하지 않는 것은 아니다. 오히려 언급을 자주한다고 할 수 있겠다. 그는 세계와 인류를 가난과 무지와 질병 등으로부터 해방시키는 일은 먼저 그리스도의 자유에 입각한 영구적 화해를 필요로 한다고 하기도 했다.[28]

그러나 몰트만적 사고로서는 예수 그리스도의 십자가의 죽음과 부활 및 하나님의 나라 등 교리가 그 초자연성을 빼앗기고 변증법적 논리에 준하여 완전히 내재화되어 버리기 때문에 그의 '정치신학'은 초자연적 하나님과는 별로 관계가 없는, '정치신학'이라기보다는 '정치학'이라는 인상을 우리에게 강하게 주고 있다.[29] 더우기 몰트만의 기독교와 공산주의 또는 마르크스주의 간의 대화 내지 상호친선에 대한 종용은 그의 신학이 탈기독교적으로, 신마르크스적으로 방향설정을 하고 있지 않는가 하는 깊은 우려를 우리에게 자아낼 만하다. 그에 따르면 기독교와 마르크스주의 사이에 적대의식(敵對意識)에 근거한 긴장 관계가 존재하는 것은 양자가 각각 상대방을 오해한 데서 기인한 것이라는 것이다. 즉 기독교는 마르크스주의를 스탈린주의와 혼동했기 때문이요, 마르크스주의는 기독교를 콘스탄틴주의(정통기독교)와 똑같은 것으로 보았기 때문이었다.

하지만 콘스탄틴적 정통파가 아닌, "없는 자와 억눌린 자"를 위해 존재하는 '혁명적 기독교'(revolutionary Chistianity)와 스탈린주

---

27) *Ibid.*, p. 219, 220을 보라.
28) *Ibid.*, p. 220 참조.
29) *Ibid.*, p. 220 참조.

의가 아닌 인도주의적 마르크스주의(humanistic Marxism) 사이에는 얼마든지 대화와 상호친선이 가능할 뿐 아니라 인권과 사회정의가 보장되는 훌륭한 세계의 건설을 위해서 양자간에는 동맹관계가 절실히 요구된다는 것이다. 오늘날 '없는 자와 억눌린 자'를 위하여 우리가 구축해야 할 인민해방전선은 교회나 당 어느 한 쪽에 존재해서는 안 되고 교회와 당의 한가운데를 통과해야 한다고 하는 너무나도 엄청난 이야기를 몰트만은 하기도 했다.[30]

그러므로 여태껏 우리가 거론해 온 몰트만의 정치학이라는 것은 기독교의 정치참여라는 고정관념을 초월해서 마르크스주의적 정치 및 혁명이념과 부분적으로 밀착하는, 이데올로기적으로 오염된 신학이라고 생각할 수 있을 것 같다. 그리고 우리가 이렇게 생각할 때 오늘날 몰트만의 영향하에서 구미신학계에서 조성되고 있는 정치신학 붐이 얼마나 위험하고 심각한 것인가를 가히 알 수 있음직한 것이다.

최근에 와서 자기 자신을 신좌익(新左翼)의 우파로 표명한 미국의 하비 콕스도 그렇고 마르크스주의자들과의 대화를 기독교의 지상과제로 생각하고 있는 서독의 가톨릭 신학자 요하네스 메츠도 그렇다. 그들은 예수 그리스도와 칼 마르크스를 인간의 인간화와 사회정의의 실현을 위한 혁명동지로 보고 기독교와 마르크스주의의 접근 및 일치를 부르짖는 '이데올로기적 신학'의 인상을 강력히 주고 있는 신학자들이다.

오늘날 미국 신학계가 몰트만과 그의 미국적 대변인인 하비 콕스의 이데올로기적 신학에 매력을 느끼고 도취하는 한, 그리스도를 마르크스주의자로 보고 마르크스를 기독교인이라고 하는 악몽에서 헤어날 길이 없을 것이다. 70년대에 와서 이렇게 미국 신학계에 등장한 새로운 문제아로서의 '정치신학'에 대하여 우리는 '정치혁명을 위해서 칼 마르크스와 손잡는 신학'이라는 별명을 붙일 수 있을 것이다.

---

30) *Ibid.*, p. 220 참조.

(2) 디오니소스의 신학

70년대에 들어 와서 미국 신학계에 등장한 새 문제아로서 '정치신학' 다음으로 우리는 '디오니소스 신학'이라는 이색적 신학을 거론하지 않을 수 없다. 이 디오니소스 신학이라는 새로운 신학은 미국 루이빌 장로회 신학교 교수였던 샘 킨 박사(Dr. Sam Keen)가 "사상의 십자로"(Cross Currents)라는 잡지의 1967년 겨울 호에 "디오디소스 신학 선언서"(Manifesto for a Dionysian theology)라는 논문을 발표함으로써 발단되었다. 그리고 그 이듬해인 1969년에 미국 하바드 신과대학 교수 하비 콕스 박사(Dr. Harvey Cox)가 『바보제』(the Feast of fools)라는 저서를 집필, 발간함으로써 이 이색적인 신학운동의 불길을 부채질하는 결과가 되었다.

그러면 먼저 디오니소스 신학의 내용이 무엇이며 그것이 주장하는 바가 무엇인가를 알기 위하여 샘 킨이 1968년 겨울에 발표한 '디오니소스 신학 선언서'를 검토해 보기로 하자.

우선 우리가 이 '디오니소스 신학 선언서'를 읽어보면 '디오니소스 신학'의 디오니소스는 고대 희랍신화 중에 나오는 신의 이름으로서 아폴로(Appollo)라는 신과 맞서며 그와 대조를 이루는 존재라는 것을 알 수가 있다.

디오니소스라는 신은 이상하고 황당무계한 신이다. 그는 노래와 춤과 포도주를 즐기며 격동하기 쉽고 본능적 충동대로 움직이기를 좋아하는 신이다.[31] 그런데 샘킨을 따르면 서구인간(西歐人間)은 여태껏 이 디오니소스라는 신에 대해서는 멸시하고 디오니소스와는 아주 반대되고 대조적인 아폴로라는 신의 품성과 행태만을 본받아 왔다는 것이다.

---

31) Sam Keen, "Menifesto for a Dyonysian Theology", New Theology No. 7, New York: The Macmillan Company, 1970, p. 85.

그러면 아폴로라는 신은 어떤 신인가? 그는 빛과 젊음과 질서와 조화, 그리고 무엇보다도 이성(理性)의 신이다. '네 자신을 알라'는 소크라테스의 가르침은 서구 인간의 아폴로적인 사상전통을 의미한다. '네 자신을 알라'는 소크라테스의 말 가운데서 우리는 인간이 자기 자신의 시공적 한계성을 알아야 하며 인간은 인간 이상의 존재, 즉 신이 되려고 하는 허황된 욕망을 버려야 한다는 합리주의적 사고의 패턴을 발견하게 된다.[32] 이와 같은 아폴로적인 합리주의적 사고의 패턴은 서구인의 사상과 문명을 지금까지 지배해 왔다. 서구인은 과학과 기술을 숭상한 나머지 논리와 규율을 강조하고 인간이 갖고 있는 삶의 충동이라든가 창조적 열정을 억누르며 부정해 왔다.[33]

그러나 샘 킨에 따르면 모든 인간들과 문명은 아폴로적인 것 외에 디오니소스적인 것을 아울러 소유할 때 그 건전성을 유지할 수가 있다. 그러므로 서구인과 서구문명도 현재까지의 아폴로적인 편중성을 시정해야만 희망이 있다.[34] 오늘날 서구사회에서와 같이 디오니소스가 인정을 받지 못할 때 아폴로는 폭군으로 화하기 때문에 우리가 살해해야만 할 수밖에 없는 신이 된다는 이야기가 된다.[35]

이와 같은 아폴로적 편중성은 서구신학에서 더욱 두드러지게 나타나고 있다. 서구신학자들은 지금까지 관료주의적인 조직교회의 편에 서서 서구신학의 정치적이며 경제적인 현상유지에만 급급했고 정치적 혁명으로부터 오는 혼돈을 두려워 하기만 했다.[36] 그리고 서구 신학의 내용면에 있어서도 우선 그 신관이 아폴로적 사상의 지배를 받아왔다는 것은 아무도 부인 못할 사실이다.

하나님은 초월자로서 피조계(被造界)와 분리되어야 하며 세계와

---

32) *Ibid.*, p. 82 참조.
33) *Ibid.*, p. 83 참조.
34) *Ibid.*, p. 80 참조.
35) *Idem.*
36) Sam Keen, "Menifesto for a Dionysian Theology", p. 81 참조.

일치해서는 안 된다고 서구신학은 생각했다. 시간과 영원 사이에, 인간과 하나님 사이에 엄격하고 절대적인 구별을 주장한 키에르케고르와 칼 바르트는 확실히 아폴로적 신관을 대표하는 서구 신학자들이었다.[37] 니체와 사르트르와 알타이저가 하나님을 창조주로 생각하는 아폴로적 신관은 인간의 자유와 존엄성을 훼손한다는 이유 때문에 거절되야 한다고 부르짖는 것을 기억하라!

서구신학의 아폴로적 신관이 말하는 신은 무에서 유를 창조하는 신이며 우주와 인류 및 역사에 대한 절대적 주권을 행사하는 신이기 때문에 인간은 오직 그와 같은 신 앞에서 신적 의지 및 경륜을 식별하고 순종함으로써만 그의 실존과 삶의 참 뜻을 구현할 수 있다는 것이다.

서구신학이 2천 년 동안 신봉해 온 아폴로적 신은 자비롭고 사랑이 풍성하여 인류를 바라보는 눈길이 부드러울지는 몰라도 결국 그가 인간의 삶의 결정자요 완전 주관자가 된다는 사실에는 틀림이 없다. 그러므로 서구인은 그와 같은 아폴로적 신에 대해서, 자기 자신의 자유와 창의성의 수호(守護)를 위해서 도전하여 반란을 일으킬 필요성을 느끼기에 이르렀다.[38]

샘 킨은 주장하기를 '디오니소스 신학'이라고 하는 이 새로운 신학은 바로 이와 같은 서구인의 요청에 의해서 생겨나게 되었다고 한다. 디오니소스 신학은 서구신학이 그 동안 보유해 온 바 아폴로적 신관과는 대조적으로 신을 초월적 절대자로 보지 않고 그를 모든 존재의 중심에 놓여 있는 '창조의 힘'으로 본다. 즉 신의 내재성(內在性)을 강조한다.[39] 그리고 계시에 대해서는 그것을 초월적 절대자의 자기공개의 사건으로 보지 않고 성(聖)의 존재성에 대한 인간의 감각으로

---

37) Ibid., pp. 83, 84를 보라.
38) Ibid., p. 85 참조.
39) Ibid., p. 94 참조.

본다. 즉 틸리히적 계시관과 매우 유사하다.

우리 자신들을 삶의 기쁨에 대하여 개방함으로써 우리의 삶을 윤택케 하고 가치와 존엄성 같은 것을 느끼게 되는데 이것이 바로 '계시'라는 것이 아니겠는가?[40] '디오니소스 신학'은 인간에게 사랑과 경이와 기쁨과 슬픔, 그리고 희망과 절망 등 삶의 기본적 자세로 돌아갈 것을 종용한다. 그렇게 할 때 우리는 우리의 삶에 대한 총체적 경험을 통해 우리 자신의 완성을 기할 수 있고 역사 속에서의 신의 현존을 실감할 수 있을 것이다.[41] 역사 속에서 인류와 더불어 춤추는 신을 섬기자고 부르짖는 디오니소스 신학은 특히 '춤추는 신'의 이미지로서 사회주의적(社會主義的) 유토피아의 건설을 위한 인류의 혁명적 과업을 운운하는 정치신학적 측면을 보임과 동시에 '노래와 술'의 이미지로서는 인간의 본능적이며 육체적인 삶에 대한 전적 포옹의 태도를 구가하는 '디오니소스 신학' 특유의 문화 및 윤리신학적 측면을 보여주기도 하는 것이다.

이와 같이 '디오니소스 신학'이 갖고 있는 바 두 가지 측면, 즉 정치신학적 측면과 문화 및 윤리신학적 측면이 샘 킨의 '디오니소스 신학 선언서'가 발표된 후 얼마 안 되어 나온 하비 콕스의 저서 『바보제』(the Feast of Fools, 1969)에서 구체적으로 그 내용적인 진전을 보게 되었다고 말할 수 있겠다.

그러면 '춤추는 신'을 따라서 춤과 노래와 술로써 세계를 변혁하고 인생을 구가하자는 '디오니소스 신학'이라는 이색적 신학을 발족시킴에 있어서 그 기조연설과도 같았다고 생각할 수 있는 샘 킨의 '디오니소스 신학 선언서'를 이제 우리가 살펴봤으니, 다음으로는 춤과 노래와 술의 신학인 '디오니소스 신학'의 '제1회 신학사상 강좌'와도 같았다고 할 수 있는 하비 콕스의 『바보제』라는 저서를 살펴보는 것이

---

40) *Ibid.*, p. 97.
41) *Ibid.*, p. 101 참조.

순서적일 것이다.

하비 콕스는 그의 책의 서두에서 말하기를 만일 그의 출세작이었던 저서 『세속 도시』(The Secular City, 1965)가 아폴로적인 책이었다고 한다면, 이 『바보제』는 디오니소스적인 책이라고 할 수 있을 것이라고 함으로써, 그가 디오니소스 신학을 염두에 두고 있음을 분명히 했다.[42] 그는 '바보제'라는 중세 유럽사회에서 유행하던 축제를 회고하면서 그것의 상징적 의미성을 '잔치'(feastivity)와 '환상'으로 보고 20세기 후반기에 사는 우리에게 무엇보다도 필요한 것은 '바보제'가 상징적으로 의미하는 바 자유분방한 정신적 자세라고 갈파했다. 성공과 돈만 아는 우리 사회에서 우리에게 필요한 것은 비생산적인 잔치와 자아 도취적인 환상의 재생일 것이다. 어릿광대를 격리하고 정치를 비전으로부터 분리시켜 놓은 우리의 세대에서 우리에게 꼭 필요한 것은 사회적 또는 유토피아적 환상이 아니겠는가.[43]

인간은 그 본질상 '잔치인'(homo feastivus)이며 '환상인'(homo Fantasia)이다. 인간 외에 어떤 동물이 선조들의 이야기를 전설로 보존하고 있으며 생일 케이크에 꽂힌 촛불들을 입으로 불어서 끈다든가, 분말가루와 먹으로 얼굴을 칠하고 가장행렬을 한단 말인가?[44] 그러나 서구인은 근세사적 과정에서 무엇인가 크게 위축을 당했고 위협을 받게 되었다.

우리에게 주지의 사실이거니와 서구사회에서는 루터와 마르크스가 '일하는 인간상'을 강조했고, 아퀴나스와 데카르트는 '생각하는 인간상'을 강조하지 않았던가? 이 서구사회에서의 '노동자 / 사색자'에 대한 강조가 그 후 산업혁명에 의해서 실천을 보게 되었고, 기독교로부터 신성시(神聖視)되기에 이르러 오늘날 우리가 목도하는 바와 같은

---

42) Harvey Cox, the Feast of fools, Cambridge, Massachusetss: Harvard University Preface Ⅶ 참조.
43) Ibid., p. 6.
44) Ibid., p. 6.

서구 과학기술과 산업문명의 금자탑을 쌓게 했던 것이다.[45] 그러나 이로 인해서 서구인은 그의 마음과 생각이 위축되었고 창의성과 삶의 열정을 상실케 되어 원만하고 건전한 인간성의 보유가 곤란해졌다.

오늘날 서구인(서구인을 닮아가는 비서구인들을 포함해서)이 자신의 진정한 인간성을 회복하려면 잔치를 즐기고 환상을 보는 인간이 되어야 한다. 춤을 추고 꿈꿀 줄을 아는 인간이 되어야 한다.[46] 하비 콕스는 이와 같이 바람직스럽지 못한 서구인의 오늘날 상태에 대한 책임 소재를 기독교에 대해서 묻는 듯하다.

과거 2천 년 동안 서구인의 정신적 지도자요, 서구문명의 형성자로서 존재해 온 기독교가 '이성적 인간상'만을 강조하고 춤추며 노래하는 존재로서의 인간은 등한시했기 때문에 오늘의 서구인의 축제와 환상에 대해서 아주 무감각해져 버린 정신적 반신불수적 상태가 빚어지고 있는 것이다.[47] 서구신학은 서구인간의 이와 같은 곤경에 대하여 민감해야 하며 활로를 열어주어야 한다. 즉 서구신학은 샘 킨의 말을 빌린다면, 아폴로적인 합리주의적 전통의 고집으로부터 벗어나 인간의 축제와 환상에 대한 능력을 강조하는 디오니소스적인 방향 변경이 있어야 한다는 것이다.

그런데 한 가지 고무적인 사실은 최근에 와서 부버(Martin Buber)와 샤르댕(Teilhard de Chardin)과 몰트만(Jürgen Moltmann) 등 신학자들에 의해서 서구신학의 관심이 하나님의 존재보다는 인간 자신의 의의와 중요성 같은 문제에 쏠리고 있다는 것이다. 그렇다면 이렇게 인간의 축제와 환상에 대한 능력을 강조하는 디오니소스적 통찰은 오늘날 일기 시작한, 인간의 힘과 가능성을 극대화하는 서구신학 사조의 흐름을 고무해 줄 것은 분명하다.[48]

---

45) *Ibid.*, pp. 11, 12를 보라.
46) *Ibid.*, p. 12 참조.
47) *Ibid.*, p. 45.
48) *Ibid.*, p. 17, 18을 보라.

하비 콕스는 이제 다시 그의 눈길을 사회 및 문화 현상학적으로 돌려 20세기 후반에 접어든 서구사회에서 우리가 목격할 수 있는 두 종류의 저항자적 집단에 관해서 언급한다. 그가 본 오늘의 서구사회 내에 존재하는 두 종류의 저항자적 집단은 소위 '신신비주의자들' (neo-mystics)과 '신투쟁론자들'(neo-militants)의 집단이다.

먼저 신신비주의자들의 집단의 별명은 '꽃사람'(flower people) 또는 '히피'이다. 그것은 그들이 장발을 했고 반사회적이며 꽃다발로 몸을 감싸고 다니기 때문이다. 그들은 인생을 온통 축제로 보고 즐기는 듯하다. 물론 그들은 옛날의 신비주의자들과는 외관상 매우 다르다. 그러나 고고음악과 선동적인 춤과 환각제나 해피스모크를 즐기는 그들이지만 우리가 명상을 삶에 대한 총체적인 관조로 이해한다면 그들에게도 명상이 있으며 명상하는 순간들이 많다고 봐야 하겠다. 그러므로 오늘날 우리는 '꽃사람' 또는 '히피'로 불리우는 신신비주의자들로부터 축제 및 명상을 강조하는 비합리적이며 신비주의적인 사고와 형태를 배워서 날로 경화되고 고갈해가는 우리의 삶을 새롭게 하는 활력소로 삼아야 할 것이다.[49]

다음으로 신투쟁론자들이라고 불리우는 또 다른 오늘의 저항자적 집단이 있다. 그들은 그들의 정치적 환상 때문에 데모도 하고 동맹파업도 한다. 살인과 파괴 및 테러를 일삼는 적군파(赤軍派)도 되고 도시 게릴라도 된다. 현재의 모든 기존질서와 가치관에 도전하면서 미래의 유토피아적 구현을 위하여 오늘의 삶의 전부를 바치고 있는 그들은 정말로 '정치적 환상가들'이다.[50]

하비 콕스에 따르면 오늘의 이 두 저항자적 집단 사이에는 외관상의 차이점에도 불구하고 기본적인 일치가 있다. '신신비주의자들'은 '신투쟁론자들'을 보고서 정치적 권력을 탐내서 '낡은 투쟁'을 계속

---

49) *Ibid.*, pp. 101-104를 보라.
50) *Ibid.*, pp. 112-114를 보라.

하는 '절망적인 사람들'이라고 비웃고, 신투쟁론자들은 '신신비주의자들'에 대해서 어린아이같이 아직 철이 들지 않은 '몽생주의자(夢生主義者)들'이라고 혹평하며 업신여기고 있다. 그러나 오늘날 서구사회의 반항아들인, '히피'들이나 '도시게릴라'들이 다같이 서구 사회의 기존질서와 가치관을 부정하며 그 붕괴 및 번복을 부르짖고 있다는 점에서 그들은 두 개의 집단 또는 그룹으로 구별한다는 것부터가 잘못된 것이 아닌가 생각한다.[51]

이상과 같은 고찰을 끝낸 뒤에 하비 콕스는 우리를 아래와 같은 결론으로 초대한다. 즉 우리가 '신신비주의자들' 또는 '꽃사람'과 '히피'들을 가리켜 오늘의 서구문화의 카톨릭교도들이라고 한다면 '신투쟁론자들' 즉 적군파와 도시게릴라들을 보고서는 오늘날 서구문화의 프로테스탄트로 불러야 한다는 것이다. 교회 안에서 카톨릭과 프로테스탄트가 서로를 필요로 하고 있듯이 오늘의 서구사회에서는 오늘의 삶의 제사장들과, 내일의 '정의의 예언자들'이 상호 의존적이어야 할 것이다. 정치적으로 무관심한 축전(祝典)은 공허하며, 축전적 분위기가 상실된 정치는 권모술수에 불과하다.[52] 이와 같은 사실 또는 진리를 오늘의 서구사회뿐만 아니라 서구신학도 명심해야 한다는 것이 하비 콕스의 지론이다.

우리가 현대 신학계를 바라볼 때 두 개의 대조적인 신학운동의 전개를 본다. 첫째는 주로 미국에서 시작된 급진신학(radical theology) 운동이며 일명 '사신신학'이라고 한다. 그리고 둘째는 구주대륙에서 특히 서독에서 일어난 희망의 신학(Theologie der Hoffnung) 운동이 그것이다. 그런데 양자가 다 황무지와 같았던 20세기 신학계에 새로운 자극과 격려를 준 것은 사실이지만 양자가 똑같이 미흡하다는 느낌을 주고 있는 것도 또한 사실이다.[53]

---

51) *Ibid.*, p. 120.
52) *Ibid.*, p. 120.
53) *Ibid.*, pp. 121, 122 참조.

먼저 미국에서 일어난 '사신신학'이라고 일컫는 급진신학 운동을 생각해 보기로 하자. 이 신학운동은 서구 기독교인들에게 그들의 무신론적(無神論的) 경험을 진지하게 검토해 보는 기회를 마련해줌으로써 큰 공감을 얻었으나 인간의 미래지향적 존재성에 대한 몰이해가 그 치명적인 결함이었다. 다시 말해서 정치적 환상과 혁명적 감각이 없었던 '사신신학'은 우리들로 하여금 20세기 후반을 사는 서구인들의 미래지향적인 문화적 무드와 등을 돌리게 했으며, 그러므로 현재적 고립을 강요했던 것이다.[54]

그러면 구주 대륙의 최근 발생한 '희망의 신학'은 어떠한가? 희망의 신학은 오늘날 두 가지 이유 때문에 신학계에서뿐만 아니라 일반 사회에서도 큰 인기를 끌고 있다. 첫째 이유는 현대 신학계에 그 동안 진행중이던 비역사적이며 비생산적인 신학적 토론에 종지부를 찍게 하고 기독교 종말론적인 관심을 진지하게 부활시켰기 때문이다. 그리고 둘째로는 '희망의 신학'은 특히 우리 시대가 보여주고 있는 미래 지향적 사고에 부응할 수 있었기 때문이라는 이유를 들 수 있다.[55]

그러나 '희망의 신학'에도 결함은 있다. 만일 앞서 언급한 바 있는 '사신신학'이 '현재 집착적인 편협성'의 과오를 범했다면 '희망의 신학'은 하나님과 미래를 동일시할 정도로 '미래 절대주의적 사고'에 빠져버린 것이 그 큰 과오라고 말할 수 있지 않겠는가? 환언하면 '사신신학'은 신학적 '히피' 또는 '꽃사람'이요, 희망의 신학은 '신학적 도시 게릴라'이다. 양자가 다 과거, 현재, 미래라는 시간성의 삼차원 간에 존재해야 할 균형을 신학적으로 유지 못하고 있는 것이 유감스럽다.[56]

이와 같은 양 신학의 균형을 상실한 '일차원적 시간성 편중의 경향

---

54) Ibid., pp. 122-145를 보라.
55) Ibid., p. 126.
56) Ibid., p. 130.

성'을 감안해서 하비 콕스는 소위 '병립적 방법에 의거하는 신학' (the Theology of Juxtaposition)이라는 것을 결론으로 제창한다. 그가 말하는 '병립적 방법'이란 어떤 것인가? 그것은 사신신학자들이 주목하는 바 서구인의 무신론적 현재를 충분히 고려하는 동시에 희망의 신학자들이 부르짖는 인류의 혁명적 미래에 대한 관심을 극대화하면서 또 한편 인류의 과거와 기독교적 과거에 대한 존경을 잃지 않도록 하면서 신학을 구상해 나가는 방법이다. 따라서 그와 같은 신학적 방법론을 사용하는 '병립적 신학'이라는 것은 신학에 있어서 과거, 현재, 미래라는 삼차원적 시간성의 의미와 그것들의 공존을 강조하면서도 그 어느 것 하나에 치중하지 않고 3자(三者)간에 있을 수도 있는 마찰과 긴장관계를 합리화하는 대신에 그것들을 창조적으로 이끌어 나가는 신앙이라고 하비 콕스는 말하고 있다.[57] 여기서도 우리는 신학적 논리와 질서보다는 무질서와 불연속을 애호하는 하비 콕스의 '디오니소스적 취향'을 식별할 수 있을 것 같다.

끝으로, 하비 콕스의 『바보제』의 마지막 장인 제10장 '익살꾼 예수 그리스도'(Christ the Harlequin)를 잠깐 살펴보기로 하자. 하비 콕스는 여기서 말하기를 과거에는 예수 그리스도가 선생님, 판사, 병 고치는 자 등의 이미지를 가졌으나 오늘날에 와서는 익살꾼으로 그 이미지를 바꾸었다고 한다.[58] 베들레헴 말구유에 났으면서도 다윗의 왕손으로 행세하던 예수, 왕이 아니면서 많은 사람들의 환호 속에 예루살렘에 입성하던 예수, 메시야라고 하면서 강도와 함께 수치스러운 십자가의 죽음을 죽어야 했던 예수 그리스도. 진정코 그는 희극의 주인공이었으며 남을 웃기고 자기도 웃을 수밖에 없는 '익살꾼 예수 그리스도'가 아니었던가.[59] 그러므로 우리는 익살꾼 예수 그리스도의

---

57) *Ibid.*, pp. 131-133을 보라.
58) *Ibid.*, p. 139.
59) *Ibid.*, pp. 140, 141.

장난기 섞인 태도를 우리의 종교적 과거에 대해서 보이고, 절망적인 우리의 현재에 대해서는 웃기를 배움으로써 '희망의 옷가'를 정말로 만질 수가 있을 것이다. '익살꾼 예수 그리스도'가 우리에게 의미하는 바는 과거에 대한 장난기 섞인 평가와 미래를 향하는 희극적인 의미인 것이다. 예수 그리스도는 축제와 환상의 화육이다.[60]

이렇게 해서 우리는 하비 콕스의 『바보제』에 나타난 바 디오니소스 신학의 전모를 살펴봤고, 특히 그것의 정치신학적이며 윤리 및 문화 신학적인 측면들을 살펴 본 것이 되었다.

우리가 하비 콕스의 『바보제』를 읽고 또 그의 '디오니소스 신학적 전개'를 살펴 보고서 느낀 소감은 하비 콕스는 '디오니소스 신학 선언서'의 필자인 '샘 킨'보다는 그 급진적 사상성이라던가 '돈키호테적 착상법'에 있어서 앞섰으면 앞섰지 결코 뒤지고 있지 않는다는 것이다. 이와 같은 우리의 느낌을 뒷받침하기 위해서 한두 가지 사실을 더 지적하고자 한다.

첫째로, 하비 콕스는 오늘날 히피들이 애용하는 환각제와 해피스모크 등에 대해서 전면적 금지 대신에 '성숙한 이해'와 '절도 있는 사용'을 주장하고 나섰다는 사실이다.[61] 그리고 둘째로는 역사적으로 그리스도의 교회가 거행해 온 예배모범의 의의와 중요성을 하비 콕스는 회의했을 뿐만 아니라, 심지어는 기도에 대해서도 '장난기 섞인 기도'를, 그러니까 '유희적 기도'를 현대인의 기도로 받아들여야 한다는 황당 무계한 이야기를 했다는 사실을 들 수 있다.[62]

이 얼마나 우리를 놀라게 하는 어처구니 없는 일인가. 진정으로 하비 콕스의 『바보제』는 히피와 도시 게릴라와 같은 '현대의 바보들'의 비논리와 패륜아적인 삶에서 신학적 돌파구를 찾으려고 하는 현대 미

---

60) *Ibid.*, pp. 144-149를 보라.
61) *Ibid.*, pp. 105-108을 보라.
62) *Ibid.*, pp. 144-149를 보라.

국신학의 '절망적인 몸부림'을 뜻한다.

하나님의 말씀인 성경은 분명히 우리에게 "어리석은 자는 빈 마음에 이르기를 하나님이 없다 하도다"라고 하지 않는가(시 14:1). 오늘날 히피와 도시 게릴라와 같은 하나님의 존재와 섭리적 경륜을 도전하는 데 앞장서고 있는 '현대의 바보들'을 추대하며 그들을 찬양하고 있는 하비 콕스의 『바보제』야말로 '굉장히 바보스러운 책'이 아닐 수 없다.

그런데 특히 유감스러운 사실은 현대 미국 신학계의 새로운 문제 아로 등장한 이 '디오니소스 신학'과 특히 그중에서 하비 콕스의 『바보제』의 사상 내용을 그대로 모방해서 '한국적 디오니소스 신학'을 만들 것을 부르짖는 자유주의계 한국신학자들이 있다는 것일 것이다. 그들은 한국 고유의 민속극과 탈춤 가운데서 디오니소스적인 것을 발견했다고 하면서 '웃는 하나님'과 남의 웃음거리가 되는 '노란 샤스 입은 예수'를 말했고 한국신학의 디오니소스적 정립을 운운했다. 더욱이 이들 한국의 디오니소스 신학자들은 우리 한국인이야말로 디오니소스의 후손이며 이와 같은 사실을 서구 세계에 알려줄 시기가 되었다고 하면서 기염을 토하고 있다.

그러나 디오니소스 신학은 '기독교 유신론적 입장'에서 볼 때 '무신론적 신학'이라는 것을 그들은 알고 있는가? 히피와 도시 게릴라와 같은 오늘의 사회적 패륜아들을 우러러보며 찬양하는 신학의 바보스러움을 그들은 알고 있는가?

우리가 하나님의 말씀인 성경이 우리에게 가르치는 바 '성경적 그리스도'(the Biblical Christ)를 버리고 '익살꾼 예수 그리스도'를 또는 '노란 셔츠 입은 예수'를 따라간다면 사람들의 관심과 인기를 독차지 할는지는 몰라도 하나님의 구원으로부터는 분명코 멀어질 것이라는 것을 그들은 아는가 모르는가?

끝으로, 한국의 디오니소스 신학자들에게 한 가지 더 묻고 싶은 말이 있다. 만일 한국 고유의 사상과 민속 속에 디오니소스적인 것이

면면히 흘러왔다면 어째서 지금에 와서야 그 사실을 깨닫고 한국인이 디오니소스의 후손이라는 것을 주장하게 되었는가 묻고 싶다. 미국에서 '디오니소스 신학 선언서'가 발표되고 『바보제』가 선공하니까 한국에서도 그와 같은 것을 한 번 해보자는 말밖에는 되지 않는다. 한국의 보수주의 신학자들을 '주체의식의 결여'와 '창의성의 빈곤'이라는 이유로 꼬집기를 좋아하는 그들로서는 그들 자신의 신학이 번역판 신학의 범주를 넘어서고 있지 못함을 이번 기회에 증명해준 셈이 되었다.

(3) 흑인신학

70년대에 미국 신학계에 등장한 문제아적 신학들 중에서 마지막으로 지적되어야 할 것은 소위 흑인신학이라고 하는 이색적인 신학이다. 이 신학은 미국의 흑인 기독교 지도자들이 고안해 낸 것인데, 신학이라기보다는 흑인혁명운동(黑人革命運動)의 일환으로서 이데올로기적 정립을 의미한다고 볼 수도 있겠다.

'흑인신학'의 중요한 멤버들로서 우리는 제임스 칸(Jamse H. Conn)을 비롯해서 로버트 월터(J.D. Roberts Walter), 야츠(L. Yates), 요셉 존슨(Joseph A. Johnson) 등 십여 명을 들 수 있다. 그러나 물론 우리가 '신학자'의 개념을 확대시켜서 생각한다면 '미국이 낳은 가장 큰 흑인 지도자'였다는 평가를 받고 있는 마틴 루터 킹 목사가 '제일가는 흑인 신학자'가 아니겠는가 하는 의견도 있다.[63] 이 '흑인신학'을 주도하고 있는 미국 태생의 흑인 신학자들은 지금까지의 기독교 신학은 '백인신학'이 저질렀다고 비판하면서 '흑인의 경험'(blackman's experience)에 입각하는 '흑인 예수의 추구'(the

---

63) H.W. Richardson, "*Martin Luther King, Unsung Theologian*", Theology No. 6, Toronto: The Macmillan Company, p. 178 참조.

quest for a Black Jesus)에 그 신학적 초점을 맞추고 있는 듯하다.

그런데 미국에서의 흑인들의 인권투쟁사(人權鬪爭史)가 이 흑인신학의 배경이 되고 있는 것은 말할 것도 없다. 20세기 미국의 흑인 인권 투쟁사를 보면 '마틴 루터 킹 시대'와 '그 이후 시대'로 대별할 수 있다. 즉 1954년에 미 연방대법원이 내린 흑백인 아동 및 학생들의 공학(共學) 결정에 고무되어 마틴 루터 킹 목사가 미국 전역을 다니면서 인도의 간디와 같이 비폭력적 방법으로 흑인의 인권확보를 위해서 투쟁하던 시대가 있었고, 다음으로는 1968년에 킹 목사가 암살당한 뒤로부터 칼마이클(Stokley Carmichael Jr.)과 랩 브라운(Rap Brown) 등 젊은 흑인 지도자들이 나타나서 '백인'은 '흑인의 원수'라는 것을 부르짖으면서 흑백인간(黑白人間)의 공존과 화해 대신에 분리와 혁명을 강조하는 시대가 왔다고 볼 수 있다.[64]

'마틴 루터 킹 시대'에는 킹 목사의 지도하에 백인과의 공존 및 융합(integration)을 투쟁의 목표로 삼았지만 킹 목사의 사후(死後)에는 흑인의 신원성(身元性)에 대한 강조와 폭력에 의한 '흑인혁명'을 부르짖는 일이 유행처럼 되어 가고 있다. 따라서 그를 '흑인신학'에 있어서 제일가는 신학자라는 평가를 할 수 있음에도 불구하고 우리가 '흑인신학'을 미국 흑인들의 신원성 추구의 결과라는 측면에서 고찰할 때 '흑인신학'이라는 것은 '킹 이후 시대의 산물'이라고 판단할 수도 있는 줄 안다.

'흑인신학'은 흑인의 신원성에 대한 추구를 이렇게 시작한다. 구약성경은 '흑인국가'(a black nation)의 발전사이다. 아브라함은 갈대아 사람으로서 얼굴이 검었다. 사라가 아이를 못낳을 때 아브라함은 애굽인 여종 하갈에게서 이스마엘을 낳았으므로 그의 후손은 더욱 검

---

64) *Quest for a Black Theology*(edited by J.J. Gardener, SA and J. Deotis Roberts, Sr.), Philadelphia: A Pilgrim Press Book, 1971, pp. 1-6.

어졌을 것이다.[65] 한편 이스라엘은 애굽에서 400년을 거주하면서 검은 애굽인들과 동거했을 뿐만 아니라 혼인함으로써 더욱 검어지지 않았겠는가? 이스라엘을 애굽에서 이끌어 낸 영도자 모세도 미디안에 가서 검은 여인(이드로의 딸)을 아내로 삼았으니 말이다.[66]

그러면 오늘날 유대인들은 어째서 흑인처럼 검게 보이지가 않는가? 그것은 오늘날 우리가 접촉하는 유대인들의 다수가 예수 그리스도가 죽은 지 1천 년 후에 유럽과 러시아에서 유대교로 개종한 사람들이기 때문이다. 뿐만 아니라 오늘날 백색 유대인이라고 하는 사람들도 그들의 흑인적 과거를 보여주는 신체적이며 골조학적 특징들을 갖고 있다.[67] 이야기를 좀더 한다면 예수 그리스도는 검은 메시야였다. 그는 흑인 해방투쟁의 와중에서 살았다. 오늘날의 미합중국의 상황과 비슷한 상황이었을 것이다.[68]

예수 그리스도는 흑인 지도자로서 백인통치자들로부터 박해를 받고 있었던 '검은 백성'을 한데 모으려고 했다. 예수의 산상보훈도 검은 윤리이다. '다른 뺨'을 돌려대라는 것은 검은 형제가 검은 형제에 대해서 관용하자는 이야기이다.[69] 정말 굉장한 억측이요 비약이다. 바울이 말하는 그리스도적 새 창조(고후 5:17)는 흑인이 낳은 '엉클 톰적 삶'(the old uncle Tom life)에 대해서 죽는 것, 즉 백인적 가치관을 탈피하는 것을 의미하며 혁명적인 '흑인교회' 안으로 입교하는 것을 의미한다.[70] 여기서 한 가지 재미 있는 관찰은 현금의 흑인 신학자들에게는 '바울을 제거하자는 분위기'가 날로 무르익어 가고 있다는 것이다. 그 이유는 바울의 노예 제도를 옹호하는 듯한 가

---

65) Ibid., p. 14 참조.
66) Ibid., p.15.
67) Idem..
68) Ibid., p. 17.
69) Ibid., pp. 18, 19를 보라.
70) Ibid., p. 20.

르침 때문이라고 한다.[71]

　흑인신학자 크리지(Albert B. Cleage)는 말하기를 바울이란 사람은 엉클 톰과 같다고 하면서 그가 로마 시민권을 자랑했지만 그것은 오늘날 미국 시민권이 미국 흑인들에게 무익한 것같이 무익한 것이었다고 했다. 따라서 우리는 처음으로 돌아가서 '바울에 물들지 않은, 예수 그리스도의 순수한 원시적 교훈'을 배워야 하겠다고 한다.[72]

　오늘날 세계에 존재하는 대종교(大宗敎)들은 모두가 다 '검은 경험'을 토대로 하고 있다. 아메리카에 거주하는 흑인들에게 기독교는 과거적 역사인 만큼 현재적 과제이기도 하다.[73] 오늘날 '검은 혁명의 교회'(a black revolutionary church)는 '검은 메시야 예수'를 따라가는 교회로서 흑인 해방운동 및 흑인 국가건설의 주춧돌의 역할을 할 것을 기대할 만하다고 본다.[74]

　그러면 어떻게 흑인의 신원성 추구에 전념하여 정치적이며 혁명적인 행동성을 강조하는 흑인신학의 현대신학을 보는 눈은 어떠한가? 한 마디로 말해서 부정적이다. 현금의 미국신학자들은 '풍요한 백인사회 출신'들로서 풍요한 백인들의 경험을 대변하고 있다. 그들 중에는 사신신학자들도 있고 세속화신학자들도 있으며 실존주의자들도 있다. 그러나 그들은 모두가 다 '가진 자'의 경험을 대변하는 백인신학자들인 고로 '많은 것들을 못 가진 자', 즉 흑인들에게는 너무나도 줄 것이 없다.[75]

　더욱이 '흑인신학'은 현대 백인신학과는 그 관심의 대상이 전혀 다

---

71) Major J. Jones, *Christian Ethics for Black Theology* (New York: Abingdon Press, 1974), p. 61 참조.
72) *Quest for Black Theology*, p. 13 참조.
73) *Ibid.*, p. 20 참조.
74) *Ibid.*, p. 21 참조.
75) J. Deotis Roberts, Sr., "Black Consciousness in Theological Perspective", *Quest for a Black Theology*, p. 647 참조.

르다 백인신학자들은 '하나님은 존재하는가?' 하는 물음에 대해서 큰 관심을 보이고 있다. 그러나 흑인 신학자들은 일반적으로 하나님의 존재에 대해서는 의심하지 않는다. 다만 흑인신학자들의 뼈에 사무치는 물음은 "하나님은 흑인에 대해서 관심이 있는가?" 하는 것이다. 만일 하나님이 의로우시고 자비롭다면 어째서 하나님은 '억울한 고난'을 허용하시는가? 이것이 흑인 신학자들의 관심거리이다.[76] 하나님의 존재는 학문적 사색의 대상이다. 그러나 하나님의 현존(現存)은 언제나 우리와 함께 있는 실존적 문제이다.[77]

흑인 신학자 제이 로벗즈 박사는 묻기를 "오늘날 현대신학의 인기 품목인 희망의 신학은 얼마나 희망을 줄 수 있는 신학인가?"라고 한다. 오늘날 미국에서 '혁명의 신학'(a Theology of revolution)을 부르짖는 백인신학자들이 미국 내에서 흑백인간의 인종 문제로 말미암아 야기되고 있는 위기(危機)에 대해서는 언급이 없는 것은 웬일인가? 가령 예를 들어서 뉴욕 시 소재 유니온 신학교에저 가르치고 있는 폴 레만(Paul Lehmann) 교수는 세계에서 가장 큰 흑인가의 변두리에 살고 있으면서도 그의 '혁명의 신학'올 라틴 아메리카적 상황에 대한 응답으로 제시하고 있으니 말이다.[78]

몰트만(Jürgen Moltmann)의 『희망의 신학』만 하더라도 그렇다. 그것은 미래에 초점을 두고 희망을 주제로 하는 신학이다. 그러나 오늘날 흑인들에게 필요한 종말론은 미래를 기다리는 종말론이 아니다. 오늘을 사는 종말론, 현재를 혁명하는 종말론일 것이다. 오늘날 '기다림에 지쳐 있는 흑인들'에게 '기다림'의 주제는 너무나 무력하다.[79] 한편 오늘날 흑인 신학자들 중에서는 '흑인신학'의 발족은 20세기 후반기를 살고 있는 미국 흑인들과 그들의 교회의 요청에 의한

---

76) *Ibid.*, pp. 68, 69.
77) *Ibid.*, p. 69.
78) *Ibid.*, pp. 79, 80.
79) *Ibid.*, p. 81.

것이라는 것을 강조하면서도 흑인 신학자들이 지나치게 백인의 존재를 의식한 나머지 백인을 거부하는 무드에 사로잡혀 있는 듯하다는 것과 역사적 기독교 신학의 전통을 백인신학이라는 판단 아래 부정하고 있다는 것에 대한 자성의 소리가 높아지고 있다.

흑인 신학자 메이저 존스(Major J. Jones)는 말하기를 '흑인신학'은 해방, 자유, 혁명 등 몇 개의 주제만을 둘러싸고 전개해 나가는 '제한성'을 보이고 있다고 했다.[80] 『흑인혁명신학』(A Black Theology of Revoluton, 1970)의 저자인 제임스 칸(James H. Cone)은 하나님을 흑인들만을 위해 존재하는 존재인 것처럼 과잉 묘사하고 있는데, 이와 같은 과잉 묘사가 과연 필요한가 라고 그는 묻는다.[81]

만일 하나님이 모든 인류의 하나님이 아니시라면 그는 어떤 백성의 하나님도 되실 수 없을 것이다. '흑인신학'이라 할지라도 하나님께서 "그 해를 악인과 선인에게 비춰게 하시며 비를 의로운 자와 불의한 자에게 내리우신다"(마 5:45)는 사실을 잊어서는 안 되지 않겠는가.[82] 흑인신학의 기본 동기는 다만 노예제도와 흑인의 수난을 하나님의 뜻으로 해석하려고 하는 신학을 저항하는 데 있으며, 만일 하나님이 흑인을 위한 하나님도 되신다면 흑인의 억울한 수난을 보고만 계시지는 않을 것이라는 것을 주장하고자 하는 데 있다.[83] 이것은 제임스 칸과 같은 흑인 신학자에 비한다면 굉장히 온건한 이론이다.

메이저 존스는 계속해서 말하기를 흑인 신학자들은 흑인의 신원성 추구에 급급한 나머지 흑인을 멸시하고 박해하는 백인도 하나님의 구속을 필요로 하는 피조물임을 잊어서는 안 된다고 한다.[84]

---

80) Major J. Tones, *Christian Ethics for Black Theology*, p. 59 참조.
81) *Ibid.*, pp. 80.
82) *Ibid.*, p. 69.
83) *Idem.*
84) *Ibid.*, p. 83.

더욱이 '기독교 윤리'는 전 노예이며 현재에도 '박해받는 자'로서의 흑인이 전 주인(前主人)이며 현재에도 '박해하는 자'인 백인에 대해서 사랑의 정신을 가지고 대할 것을 요구한다. 노예는 그의 주인에 대해서 한 인간으로 대하지 않는 한, 자기 자신을 인간으로 대해 달라고 할 자격이 없다. 그러므로 '기독교 윤리'는 백인과 흑인을, 가해자와 피해자를, 전혀 새로운 '선의와 상호이해의 차원'으로 끌어올려서 새로운 사랑의 관계성 속에 정착하도록 돕는다는 것이다.[85]

여기서 우리는 백인에 대한 증오와 경멸로 빨갛게 타오르던 '흑인신학'이 기독교 윤리적 자성을 통해서 어느 정도 이성을 되찾은 듯한 인상을 받게 된다. 그러나 이것은 오늘날 미국 흑인신학 내에 존재하는 온건파의 입장일 따름이고 제임스 콘과 같은 신학자에 의해서 대표되는 소위 강경노선은 계속해서 백인 부정적이며 혁명 지향적인 방향으로 말고삐를 잡고 있는 듯하다.

끝으로, 저자의 '흑인신학'에 대한 평론을 말할 차례가 되었다. 저자는 비록 '흑인신학'을 현대 미국신학의 새 문제아들 중의 하나로 생각하기는 했지만, 미국 흑인들의 인권투쟁사를 그 배경으로 하고 있는 이 신학을 가령 '정치신학'이나 '디오니소스 신학'과 똑같이 허무하고 황당 무계한 것으로만 돌리려고 하지는 않는다. 미국에서 백인들이 흑인들에 대해서 저지른 죄악상에 관해서, 그리고 오늘날에도 미국사회에서 철칙으로 되어 있는 백인 제일주의에 대해서 고발하며 비판하는 이 '흑인신학'은 우리에게 통쾌감을 줄 뿐만 아니라 모종의 공감까지 느끼게 한다. 『엉클 톰의 캐빈』(Uncle Tom's cabin)에 그려진, 백인에게 학대받는 '흑인의 비애'를 우리가 조금이라도 이해한다면 마틴 루터 킹 목사가 벌였던 '흑인 인권운동'에 찬탄해마지 않아야 할 것이다. 심지어는 오늘날 칼마이클(Stokley Carmichael. Jr.)과 브라운(Rap Brown) 같은 흑인지도자들에 의

---

85) Ibid., p. 73, 74를 보라.

해서 대표되는 흑인 폭력혁명노선에 대해서도 너무나 가혹한 말을 할 수는 없을 것이다.

그러나 저자는 말하고자 한다. 우리는 지금 '사회학'이나 '정치학' 또는 '인류학'의 영역에서 이야기하고 있는 것이 아니라 '신학'을 이야기하고 있다는 것을! 우리가 말하고 있는 것은 '기독교 신학'이다. 그런데 '기독교 신학'은 하나님의 초자연적 계시 진리의 서책(書冊)인 성경에 입각한다. 그렇다면 하나님의 초자연적 계시로서의 성경에 입각하는 '기독교 신학'에 있어서 '흑인신학'이니 '백인신학'이니 하는 구별이 있을 수 없다는 것은 명약관화한 사실이 아니겠는가? 성경에 입각하는 신학이라면 성경의 가르침을 좇아서 모든 인류가—흑인이나 백인이나 황인이나 막론하고—하나님의 형상을 가진 피조물임을 말해야 한다(롬 1:19; 창 1:27).

'진정한 성경적 신학'은 하나님은 만민의 아버지이며 만민이 다 하나님으로부터 생명과 호흡을 받아서 존재한다는 것을 말해야 한다. 모든 인류가 다 한 혈통을 가지고 하나님의 정하신 연대 및 거주의 경계를 따라서 살고 있다는 것을 어떻게 부인할 수가 있는가(행 17:25-28; 엡 4:4-6). 더욱이 성경은 우리에게 가르치기를 그리스도 안에서는 인종도, 민족도 그리고 언어 및 문화적 전통도 문제가 안 되고 다만 새로운 인간상의 형성만이 있을 뿐이라고 하지 않는가(고후 5:17; 갈 6:15; 고전 1:24). 그러므로 저자는 오늘날 우리가 보는 바와 같이 흑인신학이 나올 만한 역사적 배경 및 미국적인 사회적 문화적 요인들을 충분히 이해하면서도 '흑인신학'이라는 것은 그 이름부터가 성경적으로 잘못된 것임을 지적하는 바이다. 그리고 그 내용에 있어서 이스라엘을 '검은 민족'으로 보고 예수 그리스도를 '검은 메시야'라고 하며 하나님은 마치 흑인들의 인권운동만을 위해서 존재하는 하나님인 것처럼 주장하는 흑인신학은 분명히 객관적 진리성이 결여된 '환상의 신학'이다. 마치 '백인을 미워하되 끝까지 미워하라는 신학'이라고 볼 수도 있는 오늘날의 '흑인신학'의 방향이 주목된다.

끝으로, 흑인신학에 대해서 좋은 말을 한 가지 하려고 한다. 오늘날 인종차별과 사회적, 경제적 역경 속에서 허덕이고 있는 미국의 흑인들의 고난과 비참을 위로하고 그들의 절규와 희망을 충족시켜 주는 존재로서의 '하나님의 존재'를 오히려 강하게 긍정하는 '흑인신학'의 자세는 기계와 과학과 세속적 사고(世俗的 思考)에 밀려나서 하나님에 대한 신앙을 급속히 상실해가고 있는 미국 백인신학자들이 겸손히 머리숙여 배워야 할 바가 아닌가 생각된다.[86]

6. 결론

우리는 지금까지 '한국선교의 신학'이었던 '미국신학'이 20세기에 들어서면서부터 급진적으로 좌경해서 오늘날에 이르는 과정을 살펴봤다. 우리는 현대 미국신학의 변천을 4기(四期)로 나누어서 살펴봤다. 제일 먼저는 그레샴 메이천 박사(Dr. J. Gresham Machen)가 이끌던 '프린스톤 신학'이 1920년대에 몰락하고 자유주의가 팽배하는 시기였다. 이 시기는 라우쉔부쉬 등의 '사회복음신학'이 기승을 부려 '미국 정통신학'이 수난당하는 울분과 후퇴의 시대였다.

---

86) 이것은 저자의 사견이지만 현재 미국에서 진행을 보고 있는 '흑인신학'은 그 자유주의적 출발점을 고치고 성경을 하나님의 초자연적 계시로 믿는 '정통신학의 입장'으로 돌아와서 그 내용전개를 했으면 좋겠다. 특히 '흑인영가들'(Negro-spiritual) 속에 나타난, 고난 중에 하나님을 의지하면서 앙망하는 흑인들의 '믿음'을 주제로 하는 신학을 '검은 영가의 신학'(A Theology or Black Spirituals)이라는 제하에 성경적 원리에 입각해서 전개할 수 있음직도 하다. 근래에 일본에서는 기따모리 교수(Kitamori Kazoh)가 『神の苦痛の神學』(the Theology of the Pain of God, 1965)을 써서 일본 기독교인들의 신앙심을 신학적으로 표현하기도 했고, 한국에서는 『새벽기도의 신학』(the Thelogy of Day Break Prayer, 1974)이 나와서 한국 교회의 성도들의 믿음을 신학적으로 대변하지 않았던가?

다음으로 현대 미국신학의 제2기를 살펴봤다. 이 시기는 미국에서 정통신학을 고립시켜 놓고 칼 바르트의 신정통주의와 불트만의 실존주의 및 폴 틸리히의 철학적 신학이 판을 치는 '거물신학자 시대'라고 할 수 있겠다. 따라서 이 시기는 '자유주의가 거보를 내딛는 시대'이기도 했다.

셋째로, 우리는 1960년대 초에 돌연 그 막을 올렸다가 10년도 못 가서 막을 내려버린 '사신신학자 시대'를 살펴봤다. 이 시기는 로빈슨, 알타이저, 반 뷰렌 등이 나타나서 '누가 더 사신적이냐?'를 겨루던 시기였다. 이 시기는 현대 미국신학이 '사신병'(死神病)을 앓는 처참한 시기였다. 그러나 이 '사신병'을 앓는 시기는 오래 갈 수가 없었다. '사신병'이라는 것은 '신학의 사망'을 필연적으로 가져올 수밖에 없었기 때문이다.

끝으로, 우리는 1960년대 말로부터 사신신학 쇠퇴로 인한 신학적 공백을 메우기나 하려는 듯이 '정치신학', '디오니소스 신학', '흑인신학' 등 새로운 신학적 문제아들이 등장하는 이른바 '신학적 문제아 시대'(An Age of theological problem-child)가 온 것에 대해서 살펴봤다. 이 시기는 1970년대 말까지 계속하고 있다. 우리는 이 시기를 가리켜서 '신을 미국문화 속에서 잊어버린 시기'(An Age of having forgotten of God in the midst of American cultural creativity)라고 할 수 있겠다.

이 시기에 등장하는 세 신학 즉 '정치신학', '디오니소스 신학', '흑인신학'을 각기 '칼 마르크스와 손잡자 신학'("Let's hold hands with Karl Marx" Theology)과 '히피와 도시 게릴라의 신학'(Theology of hippies and city guerillas)과 '흑인이 제일이다'(The "Black people are the chosen people" Theology)로 알기 쉽게 표현할 수 있을 것 같다.

이제 결론을 말하고자 한다.

금세기 초에 미국에서 '프린스톤 신학의 몰락'을 계기로 팽창하기 시작한 자유주의 신학은 '거물신학자 시대'에서 거보를 내딛어 그 '좌경성'을 확고히 했고, '사신신학자 시대'에 와서는 그 급진성이 폭로되었고, '새로운 신학적 문제아 시대'에 와서는 그 '동화' 또는 '수필문학'과 같은 허구성이 증명되기에 이르렀다. 우리는 이와 같은 현대 미국신학사상의 흐름과 변천을 살펴보면서 현대 미국신학이 막다른 골목에 와 있다는 절망감에 사로잡히지 않을 수 없다. 앞서 말한 바 있거니와 '현대 미국신학'은 헤어날 수 없는 미로에 빠져 들어가는 듯하며 '캄캄한 심연을 내려다 보는 벼랑에 서 있는 듯'하다.

이와 같은 절망감과 이와 같은 위기의식 속에서 방황하는 '현대 미국신학의 전망'은 어둡고 비판적인 것이다. 그러면 이렇게 지금까지 위기에서 위기로 치달려왔고 앞으로의 전망이 어둡기만 한 '현대 미국신학'이 오늘날 우리 한국 교회에 주는 교훈은 무엇인가?

첫째로, '미국신학'은 한국 교회를 선교해서 설립한 '한국선교의 신학'이었건만, 지금은 오히려 한국선교 당시에 가졌던 '순수한 보수주의 정통신학'을 상실하고 오늘의 신학적 위기를 창조하고 있다는 사실이다. 사도 바울의 "내가 남에게 전파한 후에 자기가 도리어 버림이 될까 두려워 함이로다"(고전 9:27)라고 하는 말씀은 우리 한국 교회도 교훈으로 받아야 할 것이다.

둘째로, 미국신학이 금세기 초에 워필드와 메이천을 마다하고 '신정통주의'와 타협했던 것이 오늘날 우리가 보는 바와 같은 '급진적 좌경'을 낳게 하는 결정적 요인이 되었다는 것이다. 따라서 한국 교회는 하나님의 초자연적 계시의 말씀인 성경을 떠나서 인간의 사고와 이론이 만들어 내는 모든 '신신학'과 '철학적 신학'에 대한 태도를 분명히 하고 추호의 양보나 타협도 허용해서는 안 될 줄로 확신한다(마 5:37; 약 2:10).

셋째로, '현대 미국신학'이 미국 교회의 평신도들의 신앙과는 너무나도 동떨어진 상아탑 속에서의 '이론신학'을 계속해 왔기 때문에 오늘날과 같은 '사신의 비극 및 탈기독교와 친마르크스주의의 진풍경'을 연출하고 있다는 것을 말하고자 한다. 우리 한국 교회는 신앙과 신학 사이에 어떤 갭(gap)을 두어서는 안 되겠다. 우리 한국 교회는 '신앙하는 신학'과 '신학하는 신앙'을 아울러 강조하면서 하나님의 초자연적 계시의 말씀인 성경의 진리 속에서 신학자와 평신도들이 혼연일체를 이루어야 할 것이다(요 3:18; 엡 4:13).

그렇게 할 때 우리 한국 교회는 '미국신학의 전철'을 밟지 않을 수 있을 뿐만 아니라, 진리의 제방으로서 든든히 설 수가 있을 것이고, 한 걸음 나아가서는 '한국선교의 교회'였던 미국 교회에 대해서 '복음주의 정통신학'을 역수출하는 새로운 사명을 수행할 수 있을 것이다.

제5장: 유럽신학의 근황

유럽신학이 어디까지 왔는가를 알기 위하여서는 먼저 금세기 초부터 유럽신학의 사상적 흐름과 동태를 살펴봄이 필요한 줄 안다. 유럽신학의 20세기적 진행에 관한 역사적 고찰과 아울러 현 80년대까지 이르는 유럽신학의 신학적 과정에 나타난 빅 이벤트들을 중심으로 하여 유럽신학에 대한 평가와 전망을 시도해 보고자 한다.

1. 자유주의 삼총사의 몰락과 칼 바르트의 등장

20세기가 시작될 무렵 유럽신학은 독일인 신학자 알베르트 릿츨(Albert Ritschl, 1822~1889)과 아돌프 하르낙(Adolf V. Harnack, 1852~1930)과 요한 빌헤름 헤르만(Johonn W. Herrman, 1846~1922) 등 자유주의 신학의 삼총사(自由主義 神學 三銃士)의 지배하에 놓여 있었다. 물론 이 유럽신학을 지배한 자유주의 신학의 삼총사의 아버지와 같은 존재는 또 다른 독일인 신학자 프리드리히 슐라이에르마허(F. Schleiermacher, 1768~1834)였다.

슐라이에르마허로부터 시작하여 19세기에 그 꽃을 피우고 20세기 초엽에 와서도 상기한 릿츨, 하르낙, 헤르만 등 '자유주의 삼총사'에 의하여 계속 유럽신학의 스타로 군림하고 있던 이 신학은 한마디로 표현하여 '윤리주의 신학'(ethical theology)이라고 할 수 있겠다.

이 '윤리주의 신학'의 특징은 예수 그리스도를 초자연적인 하나님의 아들로 보지 않고, 인류의 도덕적 선생으로 생각했으며 성경은 정확무오한 하나님의 말씀이 아니라 다만 인류를 위한 '위대한 도덕 교과서'로 여기면서 진리의 척도로서의 종교적이며 윤리적인 경험을 내세우는 데 있었다.

20세기가 밝아오고 그 첫 발걸음을 옮겨놓고 있을 때 이와 같은 '윤리주의 신학'이 유럽 신학계를 석권하고 있었다. 그런데 뜻밖에도 1919년에 이르러 스위스 산골에서 목회하던 한 청년 목사가 저술하여 발표한 한 권의 책으로 인하여 장장 일 세기가 훨씬 넘도록 유럽 신학의 대명사와 같았던 이 '윤리주의 신학'이 급격히 그 인기도가 하락했고 그리하여 몰락의 순간을 맞이하게 되었다. 그렇게 만든 신학자의 이름은 칼 바르트(Karl Barth, 1886~1968)였고, 그가 펴낸 책의 이름은『로마서 강해』(der Römerbrief)였다.

칼 바르트는 이『로마서 강해』라는 책에서 19세기와 20세기 초에 유럽 신학계를 지배하고 있었던 소위 '고전적 자유주의'에 대하여 공격을 가하면서 하나님의 '절대타자'(絕對他者) 되심을 말하였다. 기독교의 첫째가는 계명이 무엇인지를 상기하면서 '하나님을 하나님 되게 하고 사람으로 만들지 말라'고 하였다.[1]

칼 바르트는 키에르케고르로부터 시작된 실존주의 사상에 영향을 받아 그의 신학의 주제를 영원과 시간, 하나님과 사람 간에 존재하는 무한한 질적 차이성에 두고서 성경까지도 하나님과 동일시 할 수는 없다고 하였다.[2]

이와 같은 칼바르트의 신학은 19세기의 '고전적 자유주의'라고 일컬을 수 있는, 즉 '윤리주의 신학'의 사색적 밤에 깊이 잠들어 있던

---

1) 간하배,『현대신학 해설』(부산: 영음사, 1973), p. 21 참조.
2) Ibid., p. 참조.

유럽의 신학자들을 깜짝 놀라게 했으며 잠에서 깨어나게 하였다. 더욱이 그 당시 유럽의 신학자들만이 아니라 철학자들과 일반 지식인들까지도 칼 바르트의 신학에 매료된 것은 19세기의 고전적 자유주의 신학의 자연주의나 내재주의 일변도의 신학 전개에 권태감을 느끼던 찰나에 인간과 질적으로 다른 초월적 신의 존재를 칼 바르트가 말한 것이 그들의 귀에는 '오 월의 훈풍'처럼 느껴졌기 때문일 것이다.[3]

칼 바르트는 이렇게 하여 그의 처녀작이며 초기 대표작인 『로마서 강해』가 얻은 명성의 여세를 몰고 유럽 신학계에 등단한 것이다. 릿츨, 하르낙, 헤르만으로 구성된 삼총사의 자유주의 신학은 '19세기 신학'이라는 레테르가 붙여져서 유럽의 신학계에서 몰락하고 말았다.

2. 칼 바르트의 실각

칼 바르트는 릿츨, 하르낙, 헤르만 등 자유주의 삼총사를 몰락 시키면서 1919년 이후로부터 약 30년 간을 유럽의 신학계를 석권하였다. 또 국제적으로도 널리 명성을 떨쳤다. 스코틀랜드 신학자 토렌스(T.F. Torence)는 말하기를 칼 바르트는 '현대신학 사상 슐라이에르마허 이후로 가장 위대한 신학자'라고 하였다.[4] 그보다 20년 앞서서 또 다른 스코틀랜드 신학자 매킨토쉬는 칼 바르트의 유럽에서의 인기상승을 관망하면서 바르트는 의심할 여지없이 "구십 년에 한 번 나올까 말까 한 위대한 신학자"라고 하였고,[5] "그의 신학적 영향은

---

3) 박아론, 『현대신학은 어디로?』 (서울: 청암출판사, 1970), pp. 68, 69 참조.
4) T.F. Torrence, 'Karl Barth' in the Ten Makers of Modern Protestant Thought, ed. by George Hunt, New York: Association Press, 1958, p. 58.
5) H.R. Macjkintosh, Types of Modern Theology, New York: the Fountain Press, 1937, p. 252.

앞으로 가속될 것이며 땅에서 땅으로 나라에서 나라로 번져갈 것"이 라고 하였다.[6]

이와 같은 찬사들과 낙관적 전망이 증명이나 되려는 듯이 1920년 대로부터 50년대까지 유럽 신학계에서 '타(他)의 추종'을 불허하는 유럽의 대표적 신학자로 인정받고 알려지게 되었고, 영미 신학계와 심지어 피선교지 신학에까지 깊이 파고들어 그 영향력을 행사하였다.[7]

이 칼 바르트의 소위 '전성기' 동안에 그의 신학은 특히 '신정통주의'(Neo-Orthodoxy)라는 이름으로 알려지게 되었으며, 그와 입장을 같이 하는 신학자 에밀 브루너(Emil Brunner, 1889~1966)가 그의 '신학적 동반자'로서 노고를 나누기도 하였다. 물론 양자간에 자연계시가 있느냐 없느냐 하는 문제를 놓고서 30년대에 격렬하게 쟁론(爭論)이 있었던 것도 사실이다(브루너가 있다고 한 반면에 바르트는 없다고 반박하였다). 초기의 바르트의 신학은 키에르케고르의 시간과 영원의 '질적 차이성'의 개념에 입각하는 '실존주의 신학'이었다고 볼 수 있다. 그러나 『로마서 강해』의 개정판이 나오고 바르트의 대표작이라고 볼 수 있는 『교회교의학』(Kirchliche Dogmatick)이 1932년부터 나와서 권수를 거듭함에 따라서 키에르케고르와 실존주의를 벗어버리는 경향을 보였으나 하나님이 그의 말씀 가운데서 심판과 은혜로서 인간을 권고한다는 변증법적인 기본사고에는 초기에나 후기에나 변함이 없었다.[8] 따라서 바르트의 신학을 '하나님의 말씀의 신학'이라고 하기도 하고, 또 인간이 하나님의 말씀으로 권고를 받는 '위기상황'(the crisis situation)을 강조한다는 뜻에서 '위기신학'이라고 불리우기도 하였다. 그런데 이렇게 여러 가지 이름으로 불리

---

6) *Ibid.*, p. 304.
7) 간하배, 『현대신학 해설』, pp. 31, 32 참조.
8) "*Karl Barth*" in *the Westminster Dictionary of Church History*, philadelphia: the Westminster Press, 1973, cf. pp. 89, 90.

면서 한때 20세기 프로테스탄트 신학에 있어서 '하나의 혁명'이라고 까지 간주되었던 칼 바르트의 신학이,[9] 그리고 유럽 신학계에서 거의 '교부적인 존재'로 추앙을 받아온 칼 바르트가 금세기 중엽에 이르러서 '신학적인 발을 헛디디고' 넘어지고 말았다. 어떻게 신학적인 발을 헛디디게 되었는가? 칼 바르트의 실각(失脚)의 직접적인 원인은 신학자 루돌프 불트만(Rudolf Bultmann, 1884~1978)의 저서 『말씀과 신화』(Kerygma und Mythos)가 1948년에 출간된 사건이라고 볼 수 있겠다.

불트만은 이 책에서 신약성경에 대하여 소위 '양식사학적 비평'을 가하여 예수의 교훈과 초대교회의 발언들을 구별하였으며 기독교의 신앙은 예수의 존재 이상의 역사적 근거를 필요치 않는다고 주장했고, 과학시대에 기독교의 타당성을 지키기 위해서는 신약성경의 내용에 대하여 초자연적이 아닌 실존주의적인 재해석이 요청된다고 강조하였다.

이와 같은 불트만의 신약성경에 대한 실존주의적 해석과 그의 활발한 초대교회의 문헌 연구가 바르트의 성경해석학에 대한 무관심과 그의 『교회교의학』에 나타난 바와 같은, '신학'을 객관화하려는 시도보다 젊은 신학도들과 후진 신학자들에게 매력 있는 것으로 받아들여지게 되었다.

이렇게 하여 금세기에 들어와서 두번째로 유럽신학계에서 신·구 신학의 교체(交替)와 '신학적 정권 이양'이 이루어지게 되었다. 칼 바르트의 신정통주의 신학이 실각하고 루돌프 불트만의 실존주의 신학이 유럽신학의 스타로 각광을 받게 되었다.[10] 칼 바르트의 신학은 하나님의 절대성과 하나님의 말씀으로서의 성경의 권위를 강조했다는

---

9) Ibid., p. 89.
10) Carl F.H. Henry, *Frontiers in Modern Theology* (Chicago: Moody Press), pp. 10, 11.

점에서 '보수적인 성분'이 있는 신학자요 정통 신학사상에 접근했다고 볼 수도 있겠으나, 하나님의 말씀인 성경에 오류가 있다고 봤으며, 성경에 기록된 구원사적 사건들에 대하여는 역사적이 아닌 초역사(Geschichte)적인 해석을 가함으로써 바르트는 '정통신학'의 회원권을 스스로 버렸다고 생각할 수 있다.

3. 불트만의 붕괴

불트만은 그의 저서 『말씀과 신학』의 출판을 계기로 갑작스러운 신학적 인기(人氣)의 상승을 누리면서 바르트의 '과학적 세계관'과 '실존주의 철학'을 무시하는 듯한, 시대와 뒤떨어진 『교회교의학』을 그의 '양식비평학'과 '실존주의 신학'으로 제압해 버렸다. 그때가 1950년경이었다. 그 후 10년 동안 바르트가 아니라 불트만이 유럽신학계에 있어서 틀림없는 제왕이었다.

그런데 놀랍게도 예상을 뒤엎고 불트만의 신학이 너무나 빨리, 그리고 어처구니 없게 무너져 버렸다. 즉 1960년대에 접어들면서 불트만은 '유럽신학'의 제왕의 위치에서 물러난 자신을 발견하게 되었다. 불트만은 그가 가르쳤고 길러낸 젊은 신학자들로부터 그의 신학에 대한 강력한 도전을 받고 궁지에 몰렸을 뿐만 아니라 신학적 리더십을 잃어 버리고 말았다. 불트만은 그의 신학적 왕국의 '상징적인 통치자'일 따름이었다. 소위 후기 불트만 신학(the Post-Bultmannian Theology)이라는 것이 형성되고 불트만의 제자들로 구성된 이 '후기 불트만 신학'은 불트만에 대한 뾰족한 비평과 자체 내의 불협화음(不協和音)으로 소란했다.[11]

1954년에 에른스트 캐제만(E. Käsemann)의 "역사적 그리스도

---

11) *Ibid*., p. 12 참조.

문제"(Das Problem des historischen Jesus)라는 논문이 불트만의 '신학적 붕괴'에 도화선이 되었다. 캐제만은 주장하기를 우리가 선포의 대상으로 삼는 복음적 그리스도와 성육신적 그리스도를 구별한다면 가현설(Docetism)에 빠지게 된다고 하면서 그리스도의 역사적 생애에 대한 무관심은 기독교를 하나의 '신화'로 만들게 할 것이라고 하였다.[12] 이와 같은 캐제만의 논문이 계기가 되어 불트만의 제자들은 기독교 신학을 하기 위하여서는 예수의 존재 이상의 그 무엇, 즉 역사적 예수에 관한 어느 정도의 지식이 필수적이라고 생각하기에 이르렀다. 불트만의 '역사적 예수'에 대한 무관심을 나무라면서 '역사적 예수'가 안중에 없는 불트만의 신학은 정말로 기독교 신학인가 회의하기도 하였다. 제자들은 불트만의 소위 '양식 비평'에 대하여 예수가 어디까지 말하고 어디서부터가 교회가 하는 말인지를 우리에게 식별케 할 수가 없다고 했다. 더욱이 신약성경의 대 주제가 '복음으로 선포(宣布)되는 예수' 즉 '초대교회가 믿음으로 알게 된 예수'라고 하는 불트만의 주장과 맞서서 '역사적 예수'가 '복음으로 선포되어야 할 예수'라고 부르짖었다.[13]

불트만이 바르트를 넘어뜨릴 때 주무기였던 '양식비평'과 '실존주의 해석학'이 불트만의 제자들에게 불트만의 신학을 무너뜨리는 무기로 역이용되었다는 것은 '역사의 큰 아니러니'가 아닐 수 없다. 즉 복음서 배후에 있는 예수 그리스도의 교훈을 찾는다고 나섰던 소위 '양식비평'이 오히려 그런 일이 불가능한 작업이라고 판명하자 불트만의 제자들은 불트만의 신학전체에 대한 회의를 품게 되었고, 양식비평이 오히려 비판과 공격의 근거를 만들어 주었다.

'실존주의 해석학'도 그렇다. 신약성경의 비신화화를 제창(提唱)하면서 신약성경과 기독교 신앙에 대한 실존주의적 해석을 강행한 결

---

12) *Ibid.*, p. 15 참조.
13) *Ibid.*, p. 16, 17 참조.

과, 불트만은 신약성경과 기독교 신앙을 역사적 예수의 삶과 죽음과는 관계가 없는, 한낱 '실존주의적 신앙학'으로 만들었다고 그의 제자들은 생각하게 되었다. 불트만의 '실존주의 해석학'이 역사적 예수 그리스도에 대한 무관심 때문에 비기독교적이며, 탈기독교적인 '철학이론'으로 비약하게 됨을 개탄하면서 그의 제자들은 건전한 기독교 신학을 위하여서는 예수 그리스도의 존재성만 아니라 역사성도 아울러 강조되어야 한다고 맞서고 있다. 즉 '역사적 예수'에 대한 관심과 연구가 없는 불트만의 '실존주의 해석학'이 비기독교적이라는 이유로서 신학적 단두대에 놓여진 것이다. 칼 바르트는 그의 『교회교의학』을 변증법적이며, 초자연적인 관념의 세계에서 계속 이끌어 가면서 '성경 해석학'을 등한시하였고, 기독교 신앙과 인간의 실존적 상황을 연결시키는 작업을 하지 못한 것은 바로 그가 발을 헛디디고 넘어지게 된 원인이었다고 한다면, 불트만은 너무나 '성경 해석학'과 '기독교 신앙과 인간의 실존적 상황을 연결시키는 작업'을 '역사적 예수'와 무관한 방향으로 자신만만하게 이끌어 나가다가 예수 그리스도의 존재성만 아니라 그의 역사성도 기독교 신학을 위하여 중요한 것이 아닐 수 없다고 생각하는 그의 제자들에게 신학적으로 '멱살을 잡히는 봉변'을 겪고 그가 넘어지는 소리가 유럽 신학계에 진동한 것이다.

4. 어지러운 신학의 판도

불트만의 신학이 붕괴함으로써 유럽 신학계에 큰 혼란이 일고 있다. 금세기에 세번째로 유럽 신학계는 신학적 혁명으로 말미암는 리더쉽의 교체가 있었다. 칼 헨리 박사의 표현대로 불트만을 그의 제왕적(帝王的) 위치로부터 끌어내리고 혁명의 열매를 거두어 먹고 있는 신학자들은 소위 '후기 불트만 신학자'들과 반 불트만 신학자들이라고 볼 수 있는, '보수파 신학자들'과 '구원사학파 신학자들'과 '판넨

베르크 몰트만파 신학자들'이라고 할 수 있다.[14]

먼저 후기 불트만파 중에 대표적인 신학자들로서 괴팅겐(Gotingen)의 한즈 콘젤만(H. Conzelmann)과 하이델베르크의 에릿히 딩크렐(E. Dinkler)이 있고, 그 외에도 훅스(Fuchs), 에벨링(Ebeling), 캐제만(Käsemann), 큄멜(Kümmel) 등이 있다. 그런데 불트만이 말한 대로 이들 중에는 진짜 제자들도 있고 겉치레의 제자들도 있다. 진짜 제자들이나 겉치레의 제자들이 다같이 불트만의 '실존주의 해석학'의 정신에는 동의하면서도 진짜 제자들은 불트만을 좇아 '역사적 예수'에 대하여 관심을 갖기를 거부하는 반면에 겉치레의 제자들은 '역사적 예수'에 대한 관심을 표명하고 있다.[15] 여하튼 후기 불트만파를 형성하고 있는 불트만의 제자들은 조용치가 않다. 그들은 불트만에 대한 비평과 서로서로간의 신학적 쟁론과 대결로 바쁘다.[16]

그러면 '반 불트만파'에 속해 있는 신학자들은 어떠한가?

첫째로, 소위 보수파가 있다. 괴팅겐 대학의 예레미아스(Joachim Jeremias)와 마인즈(Mainz)의 스텔린(Gustav Stählin)과 함부르크(Hamburg)와 고펠트(Leonhard Goppelt)와 엘랑겐(Erlangen)의 프리드리히(Gerhard Friedrich) 등의 신학자들이 이 파에 속해 있다.

둘째로, '구원사학파'(Heilsgeschichte) 신학자들이 있다. 바젤의 오스카 쿨만(Oscar Cullmann)과 말부르크(Marburg)의 큄멜(Werner G. Kümmel)과 베를린의 로제(Eduard Lohse) 등이 있다.

그리고 셋째로는 '판넨베르크 몰트만파'가 있는데 마인즈의 판넨

---

14) *Ibid.*, p. 9 참조.
15) *Ibid.*, p. 16.
16) *Ibid.*, p. 16.

베르크(Wolfhard Pannenberg)와 튀빙겐(Tübingen)의 몰트만(Jürgen Moltmann)이 그 대표적 신학자들이다. 판넨베르크는 신적 계시의 객관성과 및 역사성을 강조하면서 기독교 진리의 보편타당성을 주장하고 있고, 몰트만은 그의 출세작인 『희망의 신학』(Theologie der Hoffnung, 1964)이 말해주듯이 기독교 신학의 종말론적 성격을 강조함과 동시에 기독교 신앙을 미래 지향적인 것으로 재해석하고 있다.

끝으로 위에서 말한 바 세 부류에 속하기를 거부하는 신학자들이 있다. 그들 중에서 제일 괄목할 만한 인물은 함버르그의 틸리케(H. Thielicke)로서 그는 한 몸에 자유주의적이며 변증법적이고 또한 보수적인 신학적 요소들을 다 지니고 있다.[17]

그런데 불트만의 신학적 왕국이 붕괴한 뒤에 이렇게 우후죽순과 같이 많은 젊은 신학자들이나 나타나서 갑론을박하면서 제각기 자기의 입장이 신학적으로 옳다고 주장하는 가운데 대혼란(混亂)이 오고 한때 전쟁터를 방불케 했던 유럽의 신학계가 지금은 포성은 멎었지만 자욱했던 포연(砲煙)이 다 가시지 않고 있다. 그러나 한 가지 확실한 사실이 있다면 그것은 '후기 불트만 신학자들'과 더불어 '구원사학파'와 '판넨베르크-몰트만파'와 '보수파'와 그리고 소위 '중립파'의 모든 신학자들이 불트만에 대하여 반대하면서 역사적인 예수 그리스도의 삶과 교훈 가운데서 기독교 신학의 출발점을 모색할 것을 요구하고 있다는 사실이다.[18]

그러나 불트만은 이와 같은 그의 제자들과 반대자들의 도전에 대하여 오히려 초연하다. 그는 역사적 무관심을 공격하는 자들에게 자기는 다만 객관화된 사실로서의 계시(Offenbarheit)를 거부하고 행동으로서 나타나는 계시(Offenbarung)를 믿을 뿐이라고 답변한다.

---

17) Ibid., pp. 13, 14를 보라.
18) Ibid., pp. 22, 23 참조.

요한복음과 신약성경이 그노시스주의의 영향을 받았다는 그의 지론을 사해사본(死海寫本)의 증거를 들면서 반대하는 자들에게 불트만은 별로 신경을 쓰지 않는 것 같다. 그 이후에도 불트만은 요한서신들에 관한 주석을 그노시스주의 영향을 받았다는 전제하에 써냈기 때문이다. 불트만의 '실존주의 해석학'도 그렇다. 불트만은 해석학의 과제는 신약성경에서 실존주의적인 자기 이해를 찾는 데 있다고 한다. 그러나 불트만을 반대하는 자들은 신약성경은 우리에게 자기 이해를 주기 이전에 하나님에 대한 새로운 지식을 준다고 강조하면서 불트만의 신학을 '인간학적 신학'이라고 나무란다. 그래도 불트만은 개의치 않는다. 불트만은 계속하여 신약성경과 '실존주의적 이해'는 도립을 같이 한다고 하면서 '실존주의'를 그의 해석학의 유일한 원리로 삼는다. 따라서 괴팅겐 신학자 오토 위버(Otto Weber)의 "실존주의가 불트만의 신학의 몰락의 원인이다"라는 말까지 나오게 되었다. 바젤로부터는 불트만보다 앞서 유럽 신학계에서 실각한 칼 바르트가 "불트만이 실존주의적 열심을 가지고 하나님을 비신화화 하겠다고 나서지 않는 것만큼은 다행한 일이다!"라고 했다는 말이 들려오기도 한다.[19]

어쨌든 간에 불트만의 신학적 초연성과 자존성에도 불구하고 유럽 신학은 급속히 불트만의 영향권 내로부터 벗어나고 있다. 불트만은 신학적 왕권을 아직도 소유하고 있다고 생각했지만 그의 신학적 왕국이 무너진지 오래되었다는 것이 유럽 신학계의 중론임을 어쩌랴! 이렇게 하여 불트만이 '무회개 무반성의 자세'로 그의 '실존주의적 셋째 하늘'에서 하이데거(M. Heidegger)와 '밀월'을 즐기고 있는 동안 유럽 신학계는 일대 신학적 혼란기에 접어들고 있었다.

바르트의 실각과 불트만의 붕괴 후에 많은 젊은 신학자들이 나타나서 바르트의 관념론(觀念論)적이며 초현실적인 『교회교의학』을 비평했고, 불트만의 신학은 '실존주의적 인간학'이라고 성토(聲討)하면서

---

19) Ibid., p. 27.

서로 열띤 신학적 논쟁을 전개하고 있는 것은 유럽신학의 발전을 위하여 고무적인 일일는지 모른다.

다만 우리가 받은 인상은 춘추전국 시대의 군웅활거의 광경과도 같은 것이다. 바르트를 싫어하고 불트만을 반대하면서도 바르트와 불트만을 대치할 만한 어떤 크고 뚜렷한 신학사상을 가진 신학자를 찾지 못하는 가운데 유럽 신학계의 판도는 어지러워질 대로 어지러워져 가고 있다.

5. 유럽신학의 새 주역들
(몰트만, 판넨베르크, 에벨링, 옷트)

지금까지 우리가 살펴본 것이 금세기 초로부터 1960년대까지였다. 60년대로부터 현금(1980)에 이르는 약 20년 동안 칼 바르트의 실각과 불트만의 붕괴로 말미암아 야기되었던 유럽 신학계의 혼란상은 어느 정도 수습이 되고, 새로운 신학의 주역(主役)들이 등장하여 차분한 어조로 각자의 신학의 일가견을 피력하여 유럽 신학의 새로운 방향과 길을 제시하고 있다. 이 유럽신학의 새 주역들로 등장한 인물들이 몰트만, 판넨베르크, 에벨링, 옷트 등이다. 그리고 이들 신학자들은 60년대까지 유럽 신학계를 지배했던 '키에르케고르-니체-하이데거 노선'(the Kierkegaard-Nietzsche-Heidegger line)을 '헤겔-마르크스-블로흐 노선'(the Hegel-Marx-Bloch line)으로 바꾸는 데 기여하기도 하였다. 특히 몰트만과 판넨베르크가 그렇다고 볼 수 있다.[20]

이제 이 60년대로부터 80년대에 이르는 유럽신학의 새 주역들에

---

20) John Macquarrie, *Twentieth Century Religious Thought: the Frontiers of Philosophy and Theology*: 1900-1980, London: SCM Press, 1981, pp. 379, 390, 391 참조.

대하여 차례로 살펴봄으로써 유럽신학이 지금 어디까지 왔는가를 알아 보도록 하자.

(1) 위르겐 몰트만

몰트만(Jürgen Moltmann, 1926-)은 그 동안 새롭게 등장한 유럽 신학계의 주역들 중에서 가장 널리 알려진 인물이다. 그의 신학을 보고서 그의 대표작이라고 볼 수 있는 저술 『희망의 신학』(*Theologie der Hoffnung*, 1964)의 이름 그대로 '희망의 신학'이라고 부르기도 하고, 그의 사회개혁과 정치적 제반문제에 대한 깊은 관심 때문에 '혁명의 신학'이라고 부르기도 한다.

몰트만의 신학에 두 가지 특징이 있는데, 그것들은 그의 신학의 매력이기도 한 것이다.

첫째로는 기독교의 '종말론적 신앙'에 대하여 매우 진지하게 생각하며 강조하는 것이다. 그리고 둘째로는 '종말론적 비전'을 우리의 시대의 사회적, 정치적 제반 문제들과 관련시켜 생각하는 그의 자세이다.

몰트만은 이 두 가지 점에서 불트만과는 상반적(相反的)이다. 불트만은 '기독교 종말론'을 '신화'로 돌려버렸고, 오직 인간의 '실존적 경험'에만 관심을 쏟았기 때문이다.[21]

하나님의 약속의 성취를 믿는 기독교의 '종말론적 신앙'은 바로 그리스도의 교회가 전파해야 할 '소망의 말씀'이다. 그리고 이 '소망의 말씀'은 인간을 '종말론적 미래'로 사명을 주어 파송한다.[22] 몰트만에게 있어서 '교회'와 '신학'의 사명은 이 세상과 사회를 그대로 두

---

21) *Ibid.*, p. 139.
22) 박아론, 『현대신학은 어디로?』 (서울: 청안출판사, 1970), pp. 232, 233, 235 참조.

지 않고 종말론적 신앙을 가지고 개혁하여 신의 약속으로 말미암아 도래(到來)하는 미래를 준비하며 희망케 하는 것이다.[23]

여기서 우리는 마르크스주의자 에른스트 블로흐(E. Bloch, 1885~1977)의 저서 『희망의 원리』(*Das Prinzip Hoffnung*, 1956~1959)에 나타난 바 "noch nicht"(아직도 아니다)의 개념에 입각한 미래지향적이며 종말론적인 '인간관'을 몰트만이 '신학화'하고 있음을 엿볼 수 있다. 그리스도의 부활에 토대하여 '우리 모두의 부활'을 겨냥하는 몰트만의 미래주의(未來主義)적 탐구는 사회적 행동과 정치적 참여의식을 고무하여 신학으로 하여금 사회 및 정치변혁의 기수가 되게 할 수 있다. 그러나 한편 이와 같은 그리스도의 부활을 신학의 구심점으로 삼는 종말론적 해석은 혹시 신약성경의 '재신화화'(remytheologizing)가 아닌가 하고 염려하는 신학자도 있다.[24]

동시에 어떤 정통신학자는 몰트만이 '종말'이니 '부활'이니 할 때 그것들은 변증법적 사관에 토대한 것이기 때문에 '신정통주의'와는 물론이고 '마르크스주의'와도 통하는 바가 많다고 보았다. 특히 그의 마음은 그리스도에게보다 마르크스적인 미래관에 가 있기 때문이라고 했는데 이에 대하여 저자도 동의하는 바이다.[25]

(2) 볼프하르트 판넨베르크

판넨베르크(Wolfhart Pannenberg, 1928-)는 몰트만보다 2년 연하의 동료 신학자이다. 판넨베르크는 몰트만과 더불어 기독교 신앙의 미래 지향적이고 종말론적인 국면을 강조한다. 최후심판과 사자

---

23) Jürgen Moltmann, *Theology of Hope* (New York: Harper & Row, 1967), pp. 327, 328.
24) John Macquarrie, *Twentith Century Religious Thought*, pp. 391, 392 참조.
25) 간하배, *op. cit.*, pp. 88, 89.

(死者)의 부활 등의 교리는 기독교 신앙의 근간을 이루고 있다고 한다. 그를 따르면 불트만의 과오는 기독교의 종말론적 기대들을 비신화화 하려고 한 것이었는데, 종말론으로부터 미래의 차원을 빼앗는다는 것은 있을 수 없는 일이다.[26]

판넨베르크의 신학적 특색은 신학의 역사적 이해를 강조하는 데 있다. 역사의 '사실'과 '해석' 또는 '의미'를 분리해서는 안 된다는 것이 그의 지론이다. 헤겔적 사고의 한 토막을 본다.

하나님의 최종적 계시로서의 나사렛 예수의 부활은 역사 전체와 관련을 맺는, 역사적이며 객관적인 사실로 인식되어야 한다. 그리스도의 부활은 역사적이며 객관적인 사건으로 인식되어야 한다. 예수 그리스도의 부활과 그 역사성에 관한 지식은 우리를 확실한 믿음으로 이끌어 준다.[27] 판넨베르크는 그리스도의 부활에 관한 증거가 있다고 주장한다. 그 증거가 제자들의 '부활 신앙'보다 먼저 있었고, 그것을 산출했다고 한다. 그러나 그 증거가 무엇인가에 대하여는 애매하다.

그리스도의 부활을 '비신화화'(非神話化)하려는 불트만의 시도를 거절하는 동시에 그것에 관한 여자(如子)적 해석도 거절한다.[28] 믿음은 종교적 영역에서만 아니라 과학적 영역에서도 확실성을 가질 때 비로소 타당하다. 그러나 이것은 신앙의 지리가 객관적으로 또는 역사적으로 증명된다는 말과는 다르다.[29] 판넨베르크는 이렇게 '신학'과 '신앙'의 근거로서의 역사를 강조하고 특히 그리스도의 부활의 역사성을 강조함에 대하여는 정통신학자가 감사해야 하겠다.[30] 그러나 이와 같이 기독교 신앙의 역사성을 강조하며 신학에 대한 역사적 연

---

26) John Macquarrie, *op. cit.*, p. 392.
27) Wolfhart Pannenberg, 'the Revelation of God in Jesus of Nazareth' in the New Frontiers in Theology Ⅲ (New York: Harper & Low, 1967), pp. 127-131 참조.
28) John Macquarrie, *op. cit.*, p. 393.
29) Wolfhart Pannenberg, *op. cit.*, p.131.
30) 간하배, *op. cit.*, p. 65.

구법을 제창하여 '역사의 신학'이라는 호칭까지 받고 있는 판넨베르크이지만 알고보면 그의 '역사'의 개념 역시 변증법적이요 철학적이다. 그는 직선적이며 통일성 있는 역사의 개념을 거부한다. 그리스도의 부활과 종말론적 부활이 역사적이라고 하면서도 그 형식에 있어서는 객관적이고 개념적으로는 그렇지 않다고 함으로써 신정통주의 신학과 및 실존주의 신학이 갖고 있는 '역사관'으로의 '귀환'을 의미한다. 따라서 판넨베르크의 입장을 '모처럼 오른손으로 쌓아놓은 것을 왼손으로 부수는 격'이라고 표현할 수 있겠다.[31]

또 판넨베르크는 기독교 신앙에 역사적 성격을 부여했다기보다는 그것을 역사과학의 수준(水準)으로 끌어 내렸다는 느낌이 든다. 그에게는 '역사'란 존재하는 모든 것의 전체성을 의미하므로 역사적 연구 방법으로 역사를 파헤치면 그 안에 포함되어 있는 하나님을 발견할 수 있다는 이야기가 되지 않느냐고 묻는 윌리암 하밀톤의 말에 공감할 만하다.[32]

(3) 게르하르트 에벨링

에벨링(Gerhard Ebeling, 1912-)은 불트만으로부터 '실존주의 해석'을 배워가지고 그것을 '새 해석학'(the new hermeneutic)이라고 일컫는 국면으로 이끌어간 신학자이다.[33]

에벨링은 인간의 언어학적(言語學的) 본성에 대하여 깊은 통찰을 가지게 되었다. 이것은 하이데거(M. Heidegger, 1889~1976)와 가다머(H. Gadamer, 1900-)의 영향을 에벨링이 받았을 뿐만 아니

---

31) *Ibid.*, p. 98.
32) William Hamilton, *The Character of Pannenbeg's Theology in the New Frontiers in Theology* Ⅲ (New york: Harper & Low, 1967), p. 188.
33) John Macquarrie, *op. cit.*, p. 393.

라 말씀 선포와 설교를 강조하는 루터교의 전통에 그가 사상적으로 뿌리를 박고 있음을 말해준다. 에벨링의 신학의 주제적 개념은 '말씀 사건'(Wortgeschehen)이다. 언어는 사람을 인간답게 하며, 하나님을 향하여 그리고 믿음을 위하여 그를 개방한다. 그것이 '말씀 사건' 이다.

신학은 이 '말씀 사건'이 현존하는 가운데서 새로워지기 위하여 하나님의 말씀을 듣고 응소(應召)하는 일을 한다.[34] 신학의 주요 사업은 이 '말씀 사건'을 '산 실재'로 만드는 것이다. '신학'은 하나님의 말씀의 '언어사'를 더듬어 살펴봄과 동시에 하나님의 말씀이 체현(體現)하는 '오늘의 순간들'에 대하여 언제나 열려 있어야 한다.[35] '성경 해석'은 본문을 살아서 움직이는 말씀으로 해석하는 것이다. 성경 본문은 설교의 방편을 통하여 현재의 우리의 삶을 이해하는 데 '해석학적 지원'을 제공한다. 그것은 '말씀 사건'을 재발생시킨다. '존재는 언어를 통하여 그리고 언어 가운데 존재한다'는 가다머의 언어적 실존주의 사상의 영향을 받은 에벨링은 설교자는 새로운 '말씀 사건'의 발생을 기대하면서 성경 본문에 접근해야 한다고 한다. 에벨링은 신학과 설교는 '성경 본문의 이해'보다는 '성경 본문을 통한 이해'에 더 큰 관심을 보인다고 한다. 신학과 설교는 '역사적 정확성'보다는 미래를 개봉하는 진리, 그러니까 '설교자'나 '신학자'가 듣는 자를 권고하는 말씀으로서의 '진리'에 더 큰 관심을 가져야 한다.[36]

여기서 우리는 '말씀으로서의 진리'와 더욱이 주관, 객관의 대립을 초월한다고 하는 '말씀 사건'을 에벨링이 강조한 나머지 하나님과 세상과 사람은 하나의 '연쇄적인 실존'으로 존재한다는 사실을 망각(忘

---

34) Idem.
35) Gerhard Ebeling, *Theologie und Verkündigung: Ein Gespräch mit Rudolf Bultmann, Tübingen*: J.C.B. Mohr, 1961, pp. 15, 18 참조.
36) Gerhard Ebeling, *Word and Faith*, London: SCM Press, 1963, pp. 330-332, 431f.

却)하는 잘못을 저지르고 있음을 본다.[37] 하나님은 창조주요 인간은 그의 피조물이다. 따라서 하나님의 '말씀 사건'이라 할지라도 창조주와 피조물을, 하나님의 계시와 그것을 받는 인간의 믿음을 구별하지 않고 자체 내에 통합할 수는 없을 것이다. 존재의 언어성이 아무리 심각하다 할지라도 '창조주와 피조물의 구별'을 애매하게 할 정도로 심각하지는 않다.

오늘날 유럽의 신학계에서 '새 해석학'이라고 알려진 것은 주로 에벨링과 그의 동료 신학자 훅스(E. Huchs)의 신학사상을 가리켜서 하는 말이다. 에벨링은 루돌프 불트만의 실존주의 해석학을 더욱 추진시키되 '역사적인 예수'에 대한 관심을 가지고 하이데거와 가다머에게서 얻은 존재의 '언어성'(言語性)에 대한 통찰을 바탕으로 하여 추진시켰다. 그런데 이 '새 해석학'은 모든 실재(實在)에 대한 해석을 역사적 예찬을 믿는 믿음의 관점에서 한다고 하지만 에벨링이 말하는 바, 믿음과 '하나님을 가리키는 역사적 예수'의 개념은 전혀 객관화될 수 없기 때문에 그 내용이 없는 그 무엇이라는 것이다. 만일 객관화를 통한 어떤 내용이 조금이라도 '역사적 예수'에게 주어진다면 예수는 비인격적인 '시공의 세계'에 귀속되는 어떤 존재가 될, 우리가 인격적으로 만나며 실존적인 순간들 가운데서 사귐을 갖는 초월적 존재가 아니라 인간이 농간할 수 있는 존재, 그러니까 많은 존재들 중의 한 존재가 되어버릴 것이라고 한다.[38]

그러나 만일 에벨링의 말대로 '하나님을 가리키는 역사적 예수'의 개념이 어떤 내용성의 부여도 불허한다면, 그와 같은 '역사적 예수'가 가리키는 하나님도 역시 불가사의하며 한낱 에벨링과 훅스의 실존

---

37) S. Paul Schilling, *Contemporary Continental Theologians*, London: SCM Press, 1966, cf. p. 137.
38) Cornelius Van Til, *the new Hermeneutic*, Philadelphia: the Presbyterian and Reformed Publishing Company, 1974, pp. 15-18을 보라.

주의적 사색의 세계에서 반짝이는 반딧불(?)에 지나지 않는다고 봐야 옳지 않을까 한다. 어떤 한국의 신학자는 에벨링을 소개하면서 그가 '기독교 신앙에 있어서 역사적 예수의 중요성을 효과적으로 강조하고 있음'을 치하하였다. 케리그마(Kerygma)가 1세기 기독교인들의 신앙의 산물이 아니라 역사적으로 존재하였던 예수에 의하여 이룩된 것임을 깨우쳐준 것이 그의 공헌이라고 한다.[39]

그러나 '역사적 예수'와 '역사적 예수가 가리키는 바 하나님'을 객관화하기를 거부하고 믿음의 주관과 대상 간에 완전한 '상관성적 일치'를 주장하는 에벨링은 하나님과 사람과 존재일반을 '말씀 사건'의 개념을 통하여 한 존재로 묶어버리기 때문에 '역사적 예수'와 '역사적 예수가 가리키는 하나님'이 다시금 인간의 주관 속에서 존재하는 존재들로 떨어졌다고 느껴질 따름이다. 따라서 에벨링의 '공헌'이 의심스럽다. 그는 물고기를 잡아서 물에 다시 놓아준 셈이다.

에벨링의 '새 해석학'이 불트만에게 남아 있었던 객관적 사상 요소들을 정화(?)함으로써 그의 '실존주의 해석학'을 앞질러 갔다고 하지만 '앞질러간' 깃이 성발로 잘한 것인지가 문제이다. 불트만보다도 더 '역사적 예수'를 비객관화함으로써 '무의미화'(無意味化)하였고 존재의 언어적 실존성의 개념에 입각하여 신앙의 주관과 대상의 일치를 도모함으로써 신앙의 내용을 상실하게 되었다고 볼 수 있기 때문이다.

이와 같은 이유로서 '새 해석학' 운동을 시작할 당시에 에벨링과 훅스에게 걸었던 유럽 신학계의 기대가 현재 충족되지 못하고 있다는 판단과 평가가 있는 것 같다.[40]

---

39) 『현대 신학자 20인』 (서울: 대한기독교서회, 1970), p. 155.
40) John Macquarrie, *op. cit.*, p. 393. 게르하르트 에벨링의 신학사상의 본격적 연구를 하려면 그의 최근작 *Dogmatic des Christlichen Glaubens*(1979-1980)을 읽으면 될 것 같다. 또 그의 논문 "Word of God and Hermen-

(4) 하인리히 옷트

하인리히 옷트(Heinrich Ott, 1929-)라는 신학자는 바젤에서 교수하고 있는 칼 바르트의 후계자이다. 그는 칼 바르트의 제자이면서도 칼 바르트와 루돌프 불트만의 중간에 위치하여 두 신학자들 간에 신학적 조화를 모색하는 중재적 신학자이다. 불트만은 인간의 실존문제에 지대한 관심을 보인 나머지 하나님의 말씀을 듣는 일을 소홀히 하였고 바르트는 최근에 와서야 해석학적 문제를 깊이 생각하기에 이르렀다.

옷트는 후기 하이데거의 사상에서 바르트와 불트만을 조화시킬 수 있는 방법론(方法論)을 발견한다. 그것은 무엇보다도 하이데거의 최근의 가르침에 귀기울이는 것이다. 즉 가장 참된 사고는 존재의 음성을 들으면서 묵상하는 것이라고 하는 하이데거의 교훈을 경청하는 것이다. 이와 같은 옷트의 '중재적 태도'는 서독 신학계에서 바르트와 불트만의 신학적 차이보다도 그 유사성을 강조하는 경향에 더욱 고무되고 있다고 볼 수 있다.

튀빙겐 대학의 오토 밋첼(Otto Michel) 교수는 심지어 이렇게까지 말했다. '바르트와 불트만은 변증법적 신학의 두 양상이다.' 바르트는 하나님의 말씀으로부터 시작하여 그것을 인간의 존재와 결부시켰으나 불트만은 인간의 존재로부터 시작하여 그것을 말씀과 결부한다.[41]

그러나 옷트는 역시 바르트의 후계자답게 불트만이 '바르트의 발전'이라는 불트만 편중의 서독 신학자들과는 관점을 달리하여 아직도 불트만이 바르트의 '말씀 선포적 신학'(宣布的 神學)으로부터 배울

---

eutic"(New Frontiers in Theology Ⅱ, the New Hermeneutic, pp. 78-110)을 읽는 것도 도움이 될 것이다.
41) Carl Henry, *Frontiers in Modern Theology*, pp. 35, 36.

것이 있다고 하는, 바르트 편중적 입장에서 양 신학자 간에 있는 사상적 차이성을 좁히며 '신학적 조화'를 도모하기를 힘쓰고 있는 듯하다. 옷트는 이렇게 바르트와 불트만 사이에 있는 중재적인 경향을 띤 온건한 신학자로 우리가 볼 수 있겠으나 그의 '역사관'과 '계시관'은 역사 비평학적이며 실존주의적 성격을 가진 것으로서 우리에게 오히려 강렬한 인상을 준다. 그런데 그것은 차라리 바르트와 불트만 사이를 옷트가 자유롭게, 그리고 빈번히 왕래한 결과로서 발생한 현상일는지 모른다. 바르트를 따라 옷트는 역사의 실재성을 강조한다. 그것은 순전히 인간에 의하여 주관화될 수 없는 그 무엇이다. 그러나 또 한편 불트만을 따라서 옷트는 모든 역사는 인격적 만남에서 이루어진다고 한다. '역사적 사실'이라는 것은 실상은 순수한 사실이 아니라 해석학적이며 인간의 주관의 개입적 증거를 지니고 있다.

이렇게 신비로운 역사적 실재와 그 '모호성'과 깊이는 역사가로 하여금 자신감을 갖게 하기보다는 역사에 대하여 경건한 마음과 겸손을 갖게 한다고 한다.[42] 따라서 하나님의 계시(Offenbaring)도 우리가 그것을 역사 안에서 수렴하는 한, 하나님의 입장에서 우리 자신을 전이(轉移)하여 그 일을 할 수는 없다는 것이다. 칼비니스트라고 자처하는 칼 바르트의 후계자답게 하인리히 옷트는 우리의 계시의 이해에 있어서 해석학적 연구도 중요하지만 testimonium Spiritus Sancti의 역할이 더욱 중요하다고 한다. 우리는 옷트에게서 바르트와 불트만 사이를 조심스럽게 걸어가면서 계시의 실재성(實在性)과 믿음의 주관을 조화해 보려고 애쓰고 있는 한 신학자를 발견한다. 그와 같은 노고의 결과에 대하여는 아직 두고 볼 일이다.[43]

---

42) Ibid., pp. 49, 50.
43) 하인리히 옷트의 신학을 더 깊이 알기 위하여서는 그의 최근의 저술인 Antworten des Glaubens와 논문 "What is Systematic Theology" (the New Frontiers in theology Ⅲ, the Later Heidgger and Theology, pp. 77~111)를 읽으면 좋을 것이다.

6. 신학적 축의 변동

칼 바르트가 실각하고 루돌프 불트만이 무너져버린 뒤의 유럽 신학계는 후기 불트만학파와 구원사학파와 중간 보수파로 불리는 신진 신학자들의 난립으로 신학적인 춘추전국 시대를 방불케 하는 '혼란기'를 맞이하였으나, 1970년이 지나자 서서히 혼란기의 베일이 벗겨지기 시작하면서 유럽신학을 이끌어나갈 신학의 새로운 주역들이 나타나기에 이르렀다. 환언하여, 그 동안 거성신학자(巨星神學者)들의 사망에 뒤따르는 많은 소장급의 신학자들의 신학적인 불협화음으로 빚어진 유럽신학의 어지러운 판도가 1970년대를 거쳐 1980년대로 돌입하면서 몇몇 사상적인 독창성과 추진력을 가진 신학자들로 말미암아 질서와 안녕을 되찾아가고 있다는 느낌이다. 즉 이 몇몇 신학자들의 신학사상으로 유럽신학이 축소되어 가고 있는 것 같다. 이들 몇몇 신학자란 필자가 앞에서 지적하고 거론한 바 있는 판넨베르크, 몰트만, 에벨링, 옷트와 같은 신학자들이다. 그리고 한 가지 부기(附記)해야 할 것은 이들 신학자 외에 1980년대에 그 신학적 리더십과 영향력을 크게 기대해 볼 만한 신학자로서 헬무트 골비쳐(Helmut Gollwiter, 1908~)와 에벨하르트 윙겔(Eberhard Jüngel)을 들 수 있다는 것이다. 골비쳐는 성경과 기독교를 한두 가지 진리로 축소시키려고 하는 '축소주의 신학자들'(실존주의 해석학파와 구원학파 등)을 비판하면서 성경적인 하나님 사상이 보존되어야 한다고 역설하고 있다. 또 윙겔은 하나님의 삼위일체적 존재로서의 삶이 우리로 하여금 하나님에 대한 더욱 동력적이며 활동주의적 사고를 하도록 만든다고 주장한다.

골비쳐과 윙겔은 둘 다 칼 바르트의 감화를 받았다고 봄이 타당하다. 다만 윙겔은 칼 바르트와는 달리 하나님은 인간들이 가지는 진정한 사랑과 신뢰의 관계들 속에 남 몰래 존재하고 있다고 말함으로써 일종의 '자연신학'(自然神學)을 인정한다는 것이 그의 신학적으로 특이한 점이다. 그리고 특히 윙겔은 현재 튜빙겐 대학에서 교수하면서 많은 신학도들의 인기를 독차지하고 있는데 앞으로 판넨베르크와 몰트만과 같은 선배 신학자들을 물리치고 유럽신학을 이끌어 갈 수 있는 유망주로 평가되고 있는 것도 사실이다.[44]

그러면, 유럽신학은 지금 어디까지 와 있는가? 20세기 후반기로 접어들면서 바르트와 브루너, 불트만과 같은 거성 신학자들이 모두 자취를 감추게 되면서부터 유럽 신학계에서는 사상적으로 근본적인 변화가 일기 시작하였다. 이 '근본적인 변화'를 가리켜서 저자는 맥쿼리 교수(Dr. John Macquarrie)와 함께 '사상적인 축의 변동'이라고 부르고 싶다. 1950년대와 1960년대에 있어서 유럽의 사상계를 지배한 것은 키에르케고르-니체-하이데거 노선이었다. 그러나 이와 같은 신(神)의 사망을 전제로 하는 인간의 정신적인 고뇌와 자아와 세계를 초극하고자 하는, 실존성의 추구를 강조하는 키에르케고르-니체-하이데거 노선이 1970년대로부터 서서히 헤겔-마르크스-블로흐 노선으로 바뀌기 시작하였다. 이것은 마르크스주의 철학자 에른스트 블로흐(Ernst Bloch, 1885-1977)의 대작 『희망의 원리』(Das Prinzip Hoffnung, 1954-1977)가 유럽 사상계에 알려지면서부터 막대한 영향력을 행사하게 되었고, 특히 1970년에는 헤겔의 탄생 이백 주년을 맞이하여 대대적인 학계의 행사와 더불어 헤겔주의의 회춘(回春)이 있었기 때문이라고 볼 수도 있다.[45]

전시대의 유럽사상계를 지배하던 '키에르케고르-니체-하이데거 노선'의 신학자들이 세계 제2차 대전 이후의 유럽의 평화와 경제적 번영에 힘입어 내면적인 사색의 세계로 몰입하여 '주관의 우물'을 너무 깊이 파고 있었다. 그러나 60년대 말부터 유럽의 인민들은 서구 민

---

44) John Macquarrie, op. cit., pp. 394, 395.
45) John Macquarrie, Twentieth Century Religions Thought, pp. 378, 380 을 보라.

주주의에 대하여 비록 그것이 그들에게 미증유의 '경제적 번영'과 '사회 발전'을 가져왔다고 할지라도 그것에 대한 일변도적인 편중을 수정하고 공산주의와 마르크스주의에 대한 호기심에 찬 접근을 시도하기에 이르렀다.

이와 같은 유럽 사람들의 사고의 보편적인 변화에 자극되어 유럽의 학계는 '주관의 우물'을 너무 깊이 파면서 20세기 후반기의 급변하는 유럽의 정치적이며 사회적이고 문화적인 현실에 대한 감각을 상실해 버린 '구사상 노선'의 학자들과 사상가들에 대하여 반기를 든 것은 너무나 자연스러운 일이었을 것이다. 이제 유럽학계의 '사상적 진자'는 실존주의에서 신마르크스주의(neo-Marxism)로 하이데거의 사색으로부터 블로흐의 행동성으로, 주관적 사색의 우물을 파는 일로부터 정치참여를 통한 사상의 가두시위로 크게 흔들리며 이동해 가고 있다. 따라서 유럽의 신학계 역시 이러한 유럽학계와 문화계의 동향에 민감한 영향을 받아서 소위 '사상적 축의 변동'을 자체 내에 초래케 되었으니 '바르트-불트만-본훼퍼 축'이 '판넨베르크-몰트만-에벨링-옷트 축'으로 바뀌었다고 생각하지 않을 수 없겠다. 특히, 유럽신학의 축의 변동과 관련하여 주목할 만한 것은 소위 '신마르크스주의'가 차지하는 사상적 비중이다. '신마르크주의'는 칼 마르크스로부터의 영향은 시인하나 정치적인 마르크스-레닌주의와는 간격을 유지하면서 미래학적인 인생관과 기술사회에 대한 비판(자본주의 사회든지 공산주의 사회를 불문하고)과 인간의 사회적 본성과 능력, 그리고 혁명적 사회개조의 필요성 등을 강조하는 것을 그 특징으로 삼고 있다. 1960년대와 1970년대에 유럽 신학계에서 일기 시작한 기독교와 공산주의 또는 마르크스주의의 '대화와 일치의 운동'은 현금 1980년에 와서도 꾸준히 계속되고 있는데 이것은 유럽신학의 축의 변동(變動)에 기인한 것이며, 1980년대를 걸머지고 나아가는 유럽신학의 새로운 주역들에게 신마르크스주의가 사상적으로 크게 작용하고 있음을 단적으로 보여주는 좋은 실례이기도 한 것이다.

앞으로 유럽신학의 새로운 주역들이 기독교 신학에 대하여 과다한 '미래학적 의식구조'와 '종말론적 사회의 실현'을 위한 '혁명적 행동성'을 부여함으로써 결과하는 '기독교 신학'의 '마르크스주의화'를 어떻게 미연에 방지하면서 그들이 말하는 대로 '무신론이 그 인생관이 되어버린 오늘의 서구사회' 속에서 그나마 기독교의 명맥을 유지할 수 있는가가 큰 문제거리가 아닐 수 없다.

7. 유럽신학은 산간벽지 신학인가?

'유럽신학은 어디까지 왔는가'라는 물음에 대하여 "하이데거와 불트만으로부터 떠나서 지금은 신마르크스주의에 와 있다. 또는 접근하고 있다"고 우리는 대답을 해야겠다는 것이 저자가 지금까지 본 논문에서 진술한 바 내용의 결론이다.

그렇다면 이렇게 급진주의적으로 흐르고 있는 현금의 유럽 신학계에는 성경 66권을 하나님의 영감으로 기록된 정확무오(正確無誤)한 말씀으로 믿는 보수신앙과 그것에 입각한 보수주의 신학이 어떤 형태로든지 존재하는지 또는 전혀 존재하지 않는지에 대하여 알고자 하는 마음이 우리에게 생기는 것은 당연한 일이다. 그런데 이같은 질문에 대한 답변은 '절망에 가까운 것'이라고 말하지 않을 수 없다.

오늘날 유럽에서 복음주의적이며, 보수주의적이라고 하는 신학자들의 모두가 성경에 대한 비평학적 연구를 찬동하고 있으며 특히 어떤 인사(人士)의 말과 같이 그들의 혈관 속에 칼 바르트(Karl Barth)가 주사 바늘로 주입한 변증법적 사상 요소들이 계속 순환하고 있는 것 같다.[46] 앞서 언급한 바 있는 구원사학파에 속한 신학자들이 가장 보수적인 것으로 생각되나 그들도 '역사적 비평학'을 수용

---

46) Carl Henry, *op. cit.*, pp. 107, 108.

하고 있으며 마르틴 캘러(Martin Kähler)와 헬무트 틸리케(Helmut Thielike) 등 서독 신학자들 중에서 경건주의적 경향을 보이는 신학자들도 마찬가지이다.[47]

다만 유럽에 아직도 '보수신앙'이 존재하고 보수주의 신학의 잔재가 있다면 그것은 '성서학교'(Bible missions School) 운동을 통하여 유럽에 생겨난 성경학교와 선교학원들 가운데서 미약하나마 보존되고 있다고 하겠다. 그런데 이와 같은 학교들이 세워질 때 미국 교회의 세대주의 영향을 적지 않게 받는 경우도 있고, 또 부흥사 빌리 그레함(Billy Greham)의 대부흥집회의 결과로서 전도와 선교적 관심을 갖게 되었다는 설명도 있다.[48]

그러나 이 유럽의 Biebelmissionsschule 운동의 결과로서 존재하는 성경학교와 선교학원들이 유럽교회를 위하여 열심 있는 목회자(牧會者)를 양성하고 헌신적인 기독교 교육자와 해외로 갈 선교사들을 훈련시키고 있다는 것은 치하하여 마지않을 일이지만, 이들 학교에서 교수들이 가르치는 신학의 수준은 높은 편이 못 되며, 따라서 현금의 유럽신학계에서 진행중인 신학적 토론과 논쟁 그리고 연구모임에서 전혀 소외당하고 있는 것도 사실이다.

그런데 유럽신학, 특히 현금의 '서독신학'은 폐쇄된 '저명 인사들의 회합' 같아서 매우 국제성(國際性)을 상실한 '산골신학의 냄새'를 풍기고 있다는 것도 아울러 우리가 알아두어야 할 사실이다. 이것은 사실은 오늘날의 '서독신학'이 보수주의 신학자들과 그들의 발언에 대하여 별로 흥미없는 일로 묵살해 버린다는 것과 똑같은 자유주의적이며 진보주의적인 사상을 가진 신학자들이라고 할지라도 독일인이 아닌 외국인일 경우에 신학적으로 '무미(無味)하다'고 하여 무관심한 경우가 많다는 것 등에서 나타나며 증명되고 있다. 예외가 있다면 외

---

47) *Ibid.*, pp. 106, 107 참조.
48) *Ibid.*, pp. 115, 116 참조.

국 신학자들이지만 라인홀드 니버나 폴 틸리히와 같은 독일 이름을 가진 신학자들에 대하여서는 관심을 보인다고 하는 '재미있는 면'도 엿보인다는 것이다.[49]

그러나 유럽신학이 언제까지나 그와 같은 '신학적 폐쇄성'을 즐기며 저명인사들의 모임으로 유지되어 나갈 것인가에 대하여 우리는 크나큰 의문을 가져야 할 줄로 안다. 첫째로 유럽신학이 보수주의 신학자들을 경시한다는 것은 곧 '기독교 신학'의 역사적 전통을 소홀히 여긴다는 뜻이 되므로, 시간과 역사의 연속성이 없는, 인기와 여론에 편승하여 조석으로 변하는 '유럽신학'으로 화해가고 있다는 데 대한 좋은 원인 설명이 된다고 본다. 둘째로 유럽신학이 유럽인과 독일인 외의 신학자들에게 그들의 '신학적 회합'에 참여할 수 있는 회원으로서의 자격을 주지 않는다는 사실은 공간적으로 너무 협소한 신학, 그러니까 정말로 국제성이 없는 '산골신학'을 운영하고 있다는 비평적인 의미를 함축하고 있다고 본다.

오늘날 세계는 일찍이 독일의 신학자 루돌프 불트만이 '신약성경의 비신화화'와 관련하여 말한 바대로 과학의 발달과 교통방편의 혁신으로 말미암아 '일일 생활권'에 살게 되었다. 따라서 오늘날의 신학자들은 신학을 '세계'라고 하는 '일일 생활권적 공간'에서 펼쳐나가야 하지 않겠는가? 이 지상(地上)에서 독일만이 존재하는 것도 아니요, 유럽이 세계의 전부도 아닐 것이다.

유럽의 신학자들은 오늘날 세계라고 하는 '일일 생활권적 공간'에서 공존하고 있는 타국과 타대륙의 신학과 신학자들과 사귐을 가지면서 빈번한 정보교환과 신학적 토론 및 공동적 학문 연구의 기회들을 마련하는 일을 힘씀으로써만 과거와 같이 '유럽신학'의 우위성을 계속 세계적으로 지켜나갈 수 있을 것이라고 생각한다. 보수주의를 도외시 함으로 기독교 신학의 역사적 전통을 상실하여 유럽신학이 '뿌

---

49) *Ibid.*, p. 114 참조.

리 없는 나무'와 같이 되었다고 한다면 유럽 외의 타국과 타대륙의 신학자들을 업신여김으로써 유럽신학은 '공간적 연속성'을 상실하여 협소한 지역사회의 신학, '산골신학'으로 떨어져 버릴 날도 멀지 않은 것 같다.

지금, 미국에서는 제임스 로버츠(James D. Roberts, 1927-)와 제임스 콘(James H. Cone, 1938-)과 같은 흑인신학자들이 나타나, '흑인신학'이라는 것을 만들고 있고, 남아메리카 대륙에서는 '해방신학'(Theology of Liberation)이 한창이다. '인간다운 희망의 신학'을 써낸 브라질의 신학자 루벰 알베스(Rubem Alves, 1933-)는 몰트만을 찬양하면서도, 몰트만은 미래에 너무 심취되어 현재를 잊어버리고 있다고 비난하였다. 또 한편 『해방의 신학』(A Theology of Liberation)의 저자인 페루의 신학자 구스타보 구티에레즈(Gustavo Gutierrez, 1928-)는 "세계를 해석하는 일로 끝나는 신학"은 더 이상 필요가 없고, "세계의 혁명사적 과정의 한 부분이 될 수 있는 신학"을 하자고 절규하고 있다.[50]

뿐만 아니라 우리가 시선을 아시아로 돌릴 경우에, 일본의 신학자 기다모리 가즈오가 『하나님의 고통의 신학』이라는 책을 저술하여, 영어로 번역되어(1951) 널리 국제적으로 읽히기까지 하였고, 또한 몇 년 전에 선교 백주년을 경축하게 된 피선교국교회(被宣教國教會)인 한국교회에서도 신학적 성숙도를 보여 윤성범 교수의 『한국적 신학』(1972)이 한국 사상의 특징을 담고서 나왔으며, 보수주의측에서는 한국교회의 경건한 신앙을 소재로 하는 저자의 『새벽기도의 신학』(1974)이 나오기도 하였다.

이와 같은 타국, 타대륙의 신학자들과 신학의 동향에 대하여 현금의 유럽신학자들이 얼마나 알고 있는가가 의심스럽다. 저자의 결론은

---

50) John Macquarrie, *Twentieth Century Religions Thought*, pp. 405-408 참조.

이것이다 . 만일 '유럽신학'이 1980년대에도 1960년대와 1970년대와 마찬가지로 '기독교 신학'의 전통성(傳統性)을 무시하고 시간과 역사의 연속성이 없는 신학을 한다면, 그리고 타국과 타대륙의 신학과 신학자들을 세계라고 하는 '일일 생활권적 공간' 속에서 공존하는 신학의 동료들로 생각하지 않고, 그들을 교육과 계몽적 지도의 대상인양 착각하는 공간적 연속성이 없는 '산간벽지 신학'을 계속하려 한다면, 그것은 '유럽신학' 자체를 위하여 매우 불행스러운 일일 것이라는 것이다. '유럽신학'은 협소한 공간에 존재하는 '역사와 시간의 뿌리'가 없는 나무 같아서 곧 고갈하며 몰락할 위험성이 커지기 때문이다. 그리고 우리로서는 칼 헨리 박사의 말과 같이 차라리 성경을 읽으면서 본국에 머물러 있는 편이 수년 동안 여비와 학비를 들여가면서 서독에 신학을 배우려고 유학하는 것보다 나을 것이라는 말을 하지 않을 수 없다.[51]

특히, 우리 한국 교회는 보편적으로 말해서 성경 66권을 하나님의 정확무오한 말씀으로 믿고 그 가르침대로 살기를 힘쓰는 '경건주의 신앙'을 그 체질로 하고 있는 교회이기 때문에, 서독 유학을 하고 돌아오는 신학인(神學人)들이 '발 붙일 곳'이 그리 많지 않다는 것도 한 번쯤 고려할 만하다.

---

51) Carl Henry, op. cit., p. 120.

결론: 종말이 가까운 현대신학

우리는 현대신학이 칼 바르트로부터 시작하여 '해방신학'과 '민중신학'에 이르기까지 역사적 기독교 신학 즉 '정통신학'으로부터 너무나 먼 거리에 와 있음을 느끼게 된다.

현대신학을 대표하고 있는 '구미신학'(歐美神學)은 본훼퍼(Dietrich Bonhoeffer)의 "신의 세속 속에서의 존재"의 상념에 크게 영향을 받아 '기독교 무신론'(Von Gott ohne Gott)을 부르짖는 데 거의 일치를 보고 있다.

하비 콕스(Harvy Cox)는 '사신신학'(死神神學)을 가리켜서 현대신학의 '하설작용'이라고 비꼬았으나 그 자신도 신에 대한 '침묵'을 주장하기에 이르렀으므로 '무신론적 복통'을 강하게 느끼고 있는 줄 안다.

이렇게 무신론의 '음침한 골짜기'(시 23:4)를 헤메고 있는 구미신학은 이미 '신학'(Theology)이 아니라 '신학'(新學, newology)의 지경에 도달했다. 오늘날 구미신학은 그 '무신론적 전략'의 결과로서 신학의 잔해(殘骸)를 여기저기 남기고 있다.

그것은 에스겔이 본 '마른 뼈의 골짜기'(겔 37:1, 2)의 광경과 흡사하다.

오늘날 현대신학을 대표하는 '구미신학'은 무신론의 지경에 도달했을 뿐 아니라 '탈기독교'(脫基督敎)의 방향으로 질주하고 있다.

일찍이 신학자 폴 틸리히(Paul Tillich)는 말하기를 "기독교의 위대함은 기독교가 유일 종교가 아님을 과감하게 시인하는 데 있다"고 하였다. 아놀드 토인비(Anold Toynbee)도 합세하여 부르짖기를 기독교는 절대적 진리성을 포기하고 "세계적 종교화합의 시대의 장을 열어야 한다"고 하였다.

그리하여 현대신학의 영향을 받은 '현대기독교'는 기독교의 옷을 벗기에 바쁘다. 예수 그리스도의 옷을 벗어버리기에 바쁘다. '그리스도의 선교'가 아니라 '하나님의 선교'(missio dei)라는 이름 아래 그리스도의 복음을 전파하는 일 대신에 교회의 '사회적 혁명적 행동성'을 강조한다.

오늘날 '구미신학'으로 대표되는 현대신학은 분명히 '탈기독교의 활주로'에 와 있다. 이제 남은 것은 역사적 기독교 신학 또는 '정통신학'의 '유일종교 사상'을 그 잔재도 남지 않도록 완전히 불태워 버리고(요 14:6; 롬 1:16; 행 4:12) '무신론적 인본주의' 또는 '에큐메니칼 종교혼합주의'의 '허무한 공간'으로 영구히 사라져 버리는 순간이 도래하는 것뿐이다.

끝으로 오늘날 '현대신학'을 대표하는 '구미신학'은 그 '사회주의적 급진성'의 발휘로 인하여 '공산주의' 또는 '마르크스주의'와의 '대화를 통한 일치 내지는 화합'을 모색하기에 이르렀다. 특히 정치와 혁명을 통한 '정의사회 구현'에 신학이 앞장설 것을 부르짖고 있는 위르겐 몰트만(Jürgen Moltmann)과 하비 콕스(Harvy Cox)와 같은 신학자들은 '공산주의' 또는 '마르크스주의'와의 대화를 강조하면서 기독교와 공산주의의 공존(共存)보다는 한 걸음 더 나아가서 '상부상조적인 협력관계의 수립'을 제의한다.

공산주의 측에서도 기독교에 대하여 대화를 통한 '일치'를 모색하자고 추파를 던져 보내고 있다.

다년간 공산국 체코의 프라하 신학교에서 신학을 가르치다가 스위스에 있는 바젤 대학으로 옮겨와서 신학을 가르치면서 WCC 중앙위원이 되었던 잔 로흐만(Jan M. Lochmann)은 기독교와 마르크스주의와의 대화가 양자의 사상적 혼합과 절충보다는 '세계사회의 인간화'를 위하여 함께 일하는 협력적 관계를 가져올 것이라고 내다보았다.[1]

그러나 '해방신학'의 출현은 이와 같은 로흐만의 '예언'을 '휴지화' 하고 말았다. 위르겐 몰트만과 요하네스 메츠의 '희망의 신학'의 연장선상에 있으면서 최근 유럽신학계를 휩쓸고 있는 '신마르크스주의'의 영향을 크게 받은 라틴아메리카의 해방신학자들은 칼 마르크스의 '정치혁명 사상'과 '경제이론'을 신학적 해석학의 내용으로 삼아 세계의 가난하고 억눌림을 받는 인민들의 해방을 쟁취하는 신학을 구상하고 있기 때문이다.

구티에레즈(Gustavo Gutierez)와 같은 해방신학자는 공공연하게 성경을 가난한 자의 편에 서서, 칼 마르크스의 시각을 갖고서 읽고 해석할 것을 부르짖고 있는데 이는 기독교와 마르크스주의의 대화나 '인간화'의 목적을 위한 협력관계 운운이 아니라, '기독교의 마르크스주의화'요 '유물론적 사회주의 혁명의 신학'(Materialistis Socialist Theology of Revolution)의 출범을 의미한다.

역사적 기독교 신학 즉 '개혁주의 정통신학'의 입장에서 볼 때에 이 얼마나 어처구니없고 한심스러운 '현대신학'의 '추태' 또는 '탈선행각'인가(눅 12:16-21; 롬 1:25; 시 1:1-2; 고후 6:14-16).

1960년에 헤르만 도이빌드 교수(Herman Dooyeweerd)의 저술 『서구 사상의 황혼』(In the Twilight of Western Thought)이 출간되어 서구사상의 반기독교적 급진성을 지적하고 경고한 적이 있다.[2]

---

1) Jan M. Lochmann, *Church in a Marxist Society* (London: SCM Press, 1970), cf. pp. 173-175. ss.
2) Hermann Dooyeweerd, *In the Twilight of Western Thought*, Nutley, N·J: Craig Press, 1960. p. 195

그리고 1971년에는 존 몽고메리(John Warwick Montgomery) 교수가 『기독교 신학의 자살』이라는 제목의 저술을 펴냈는데 '현대신학'은 그 급진적 사상성 때문에 자살적인 충격을 여러 번에 걸쳐서 받은 결과로서 지금은 그 운명의 순간이 시시각각으로 다가오고 있다고 하는 풍자적이면서 매우 심각한 표현을 하였다[3] 저자는 두 학자의 서구사상과 현대신학 전반에 걸친 비관적인 평가와 '종말적인 표현'에 대하여 아낌없는 찬동과 지지를 보내는 바이다.

앞서 묘사하고 설명한 바와 같은 '현대신학'의 급진주의 일변도의 진행 때문에 '현대신학'은 현재 '종말의 시기'를 맞이하고 있음이 분명하다. 아니, '종말의 시기'라는 표현보다도 '종말의 순간을 맞이하고 있다'는 표현이 더 적절할는지 모른다.

이와 같이 '기독교 무신론'과 '마르크스주의'로 뒤범벅이 된 현대신학의 '종말적인 모습'을 지켜보면서 우리 한국의 '개혁주의 정통신학'은 '기독교 신앙과 신학의 보존'이라는 지상 명령적인 목적론을 재확인하고 그것을 수행하는 일에 전력을 기울여야 할 것이다.

'현대신학'의 '불신앙의 결론들' 때문에 기독교의 존속이 '일대위기'를 맞이하고 있는 오늘날 우리에게는 오직 기독교를 보존해야 한다는 '절대명제'가 있을 뿐이다. 한국과 세계에서 기독교를 보존하고 보존한 기독교를 전파하는 이 큰 목적을 위하여 우리 교회는 분발하여 노도와 같이 밀려오는 현대신학의 급진적 사조에 대항하여 '일사각오의 믿음'을 갖고서 용감하게 싸워야 할 것이다(사 40:8; 딤전 6:12; 딤후 3:14-17; 사 6:13).

---

3) John Warwick Montgomery, *The Suicide of Christian Theology*, Minneapolis: Bethany Fellowship. Inc., 1971. cf. pp. 30, 31.

색 인

(ㄱ)

개발도상국가들의 신학 / 246
개인윤리와 정치윤리 / 83
거물 신학자 시대 / 356, 390
검은 메시야 / 387
검은 혁명의 신학 / 383
계시와 이성 / 330
계시의 종교 / 69
계시의 현실성 / 29
경제적 식민주의 / 229
경제적 침략주의 / 229
경험된 비객관적 실재 / 161
경험주의적 성격 / 165
고등비평 / 331
고등한 인간관 / 65
고등한 인본주의 / 10
고등한 휴머니즘 / 43
고전적 자유주의 / 393
공관복음서 전승사 / 125
교회교의학 / 21, 119
구원론적 차원 / 244
구원사학파 / 298, 400
구원역사 / 159
구원의 시간속 / 56
구 프린스톤 신학 / 347, 354
구티에레즈 / 227
권위 / 32
기독교 목적론 / 100
기독교 무신론 복음 / 154, 157

기독교 사회윤리 / 60
기독교 신학의 자살 / 424
기독교 원죄 교리 / 67
기독교 유신론의 거부 / 105
기독교 윤리 / 386
기독교 윤리학자 / 61
기독교와 그리스도의 분리 / 138
기독교와 자유주의 / 352, 353
기독교 종말론 / 214, 365
기독교 현실주의의 기수 / 60
기독교 현실주의의 윤리 / 98
기로에선 그리스도 / 226
김재준 / 341
그노시스주의적 / 300
그리스도가 없는 성경 / 140
그리스도 없는 기독교 / 139
그리스도와 삼위일체 / 38
그리스도와 선택 / 40
그리스도와 창조 / 39
그리스도의 복음 / 233
그리스도의 성육신 / 37
그리스도의 십자가 / 94
그리스도적 낭만 / 44
급진적 신학 / 148

(ㄴ)

나이로비 대회 / 226
나타난 교회 / 189
남미해방신학 / 224

능력국면 / 72
니버 / 59, 331
니버에 대한 평가 / 91
니버의 구원관 / 70
니버의 신학 / 63
니버의 역사관 / 75
니버의 윤리관 / 82
니버의 인간관 / 63

(ㄷ)

대화와 일치의 운동 / 415
도덕적 교만 / 69
두 가지 끝 / 76
두 개의 차원 / 331
디아코니아적 과업 / 174
디오니소스 신학 / 368, 379
디오니소스 신학 선언서 / 368, 380

(ㄹ)

라우센 부쉬 / 337
라틴 아메리카 해방신학 / 224
로마서 강해 / 148, 337
로빈슨 / 147~154
르네상스적인 인간관 / 242

(ㅁ)

마르크스주의 / 239
마르크스주의적 사고 / 249
마르크스주의적 해석원리 / 230
말세론적 국경 / 37
말씀과 신화 / 396
말씀사건 / 408
메시야적 공동체 / 208
메시야적 세계선교 / 220
메시야주의적 열정 / 232
메이첸 박사 / 349
몰트만 / 196

몽고메리 / 325
무시간성의 상태 / 79
무신론적 기독교의 복음 / 156
무신론적 신학 / 379
무신론적 전략 / 421
문화신학 / 106
문화 신학자 / 330
미국신학의 근황 / 344
미래사의 사건 / 78
미래의 능력 / 320
미래의 힘 / 309
미발생의 미래 / 312
민중론 / 259
민중신학 / 254
민중신학의 인간 / 278
민중의 사회전기 / 269
민중 절대주의 / 288

(ㅂ)

바르트 / 393
바보제 / 372
박형룡 / 341
반 불트만 / 400
방외신학 / 276
배후의 복음 / 127
백인신학 / 380
범신론적 신관 / 24
병립적 방법 / 377
보니노 / 238
보수주의적 신학 / 347
복수주의적 사관 / 81
복음서 기록 이전의 구전 / 137
복음의 세속적 의미 / 158
브루너 / 330
브루스 교수사건 / 350
북장로교 신학 / 347
블로흐 / 224
불트만 / 124
불트만 신학의 붕괴 / 358

불트만에 대한 평가 / 137
불트만의 비신화화 / 128
불트만의 생애 / 124
불트만의 신학 / 126
불트만의 양식비평 / 126
불트만 후 신학 / 14, 148
뷰렌 / 158
비구주적 신학 / 148
비성서적 그리스도론 / 54
비신화화 / 158
비정치화 / 236

(ㅅ)

사랑의 절대주의 / 186
사랑의 형이상학 / 190
사신병 / 389
사신신학 / 14, 147
사신신학 대열 / 120
사신신학 시대 / 360, 361
사회 변혁의 신학 / 174
사회 복음 신학 / 351
사회적 경제적 구원 / 234
사회적 경제적 구원관 / 231
산골 신학의 냄새 / 417, 419
삼신주의 / 337
3층 세계관 / 11, 140
상황윤리 / 14, 153
상황윤리론자 / 147
새벽 기도의 신학 / 419
새로운 인류 / 215
새신앙 고백서 / 219
새존재 / 111, 112, 114
샘 킨 / 369
서구사상의 황혼 / 423
서남동 / 254, 271
성경유오 / 336
성서 해석학 / 358
성인된 인간 / 167
세계교회협의회 / 226, 241

세계사회의 인간화 / 423
세계를 뒤흔들어 놓은 신학자 / 62
세속개념의 재검토 / 188
세속 도시 / 14, 167
세속 도시인 / 170, 176
세속화 신학 / 147~195
소망의 신학 / 304
소망의 지식 / 312
소망의 형식 / 198
수난하는 사랑 / 78
숨은 교회 / 189
슈바이처 / 314
시간 속에 있는 인간 / 51
시간은 인간의 존재형식 / 52
시내 산 언약 / 169
신 마르크스주의 / 241
신률적 문화 / 116
신의 구체성 / 35
신 프로테스탄트주의 / 337, 338
신 프로테스탄트 신학 / 338
신정통주의 / 10, 337
신 신비주의자들 / 374
신의 장사 / 192
신의 역사적 사망 / 190
신의 자멸 / 156
신의 행동 / 161
신 이상의 신 / 110
신인 일치적 형이상학 / 214
신학의 사회적 행동성 / 247
신학적 문제아 시대 / 389
신학적 인간학 / 45
신학적 자아반성 / 242
신학적 좌익 / 158
신학적 폐쇄성 / 418
신화 아닌 그리스도 / 159
신화의 옷 / 130
심연적 관계 / 108
실용주의 철학 / 172
실존적 소외 / 112
실존주의 신학 / 395

실존주의에 대한 맹신 / 140
실존주의 인간관 / 91
실존주의적 재해석 / 132
실존주의 후시대 / 15, 325
실존주의 해석학적 신학 / 126, 132
실존주의 해석학의 원리 / 134, 139, 141
실증주의의 원리 / 181
십자가에 달린 신 / 204
십자가의 기능 / 71

(ㅇ)

아퀴나스 / 228
아플로 신 / 368
알베스 / 241
알타이저 / 154~157
앵글로색슨적 현상 / 149
양식사학적 비평 / 11, 396
양식사학적 연구 / 357
양식적 단일신론 / 42
어거스틴적 부패 / 67
어지러운 신학 판도 / 399
언어와 진리와 논리 / 162
언어의 한 조각 / 164
에벨링 / 407
에큐메니칼 기독교 / 340, 342
에큐메니칼 신학 / 355
역사의 불안정성 / 96
역사의 종교 / 96
역사의 피안 / 76
역사적 그리스도의 문제 / 397
역사적 미래 / 312
역사적 비평학 / 416
역사의 신학 / 407
역사적 예수 / 304, 398, 400, 409
예수 그리스도는 검은 메시야 / 382
예수 그리스도의 미래 / 312
예수 그리스도의 시간 / 36
예수와 그리스도를 분리 / 94
예수의 윤리적 자유 / 167

오늘날의 바로들 / 231
오번 선언서 / 351
오심(파루시아) / 303, 315
옷트 / 411
위기 신학 / 395
위르겐 몰트만 / 224, 238
위에 계신 분 / 151, 152
위장 보수주의 신학 / 339
원리에 입각한 상대주의 / 185
유기 / 27, 40, 43
유니온 신학교 / 350
유럽신학의 근황 / 392
유럽신학의 제왕 / 397
유명론적 방법 / 30
윤리주의 신학 / 393
윤회적 변론 / 336
이단신학 / 245, 247
이데올로기적 신학 / 367
이성주의적 사고 / 247
20세기인의 신학 / 338
이웃을 위한 사람 / 153, 166, 178, 179
이율 배반적 본성 / 93
이중구조적 인간 / 75, 90
이중 윤리 사상 / 85
이지적 관계 / 43
익살꾼 예수 그리스도 / 378
인간다운 희망의 신학 / 226, 419
인간 예수의 시간 / 52
인간의 본성과 운명 / 61
인간의 자아초월 / 94
인간 자율주의 / 326
인격신 / 108, 109
인격주의적 원리 / 181
인류의 평등 실현 / 87
인식론적 특권 / 228
인자의 오심 / 299
일사각오의 믿음 / 424
일원적 세계 / 41
일원적 원리 / 34, 43
입증의 원리 / 165

색인 **429**

의와 은총의 구별 / 39

(ㅈ)

자아의식 / 64
자연과 정신 / 63
자연계시 / 36
자연의 비마법화 / 169
자연의 아들 / 64
자연적 종교 / 142
자연주의적 기독교 / 164
자유주의 삼총사 / 392
자율주의적 윤리관 / 187
재 신화화 / 405
점증적인 십일조 / 243
절대정신 / 33
젊은 헤겔주의자 / 225
정신적 교만 / 69
정신적 리얼리티 / 55
정신화 / 142
정의의 법칙의 차원 / 88
정의의 제도적 차원 / 88
정치신학 / 366
정치적 신학 / 174
정치적 프락시스 / 241
정통신학 / 397
제3세계의 신학 / 223, 227, 246, 252
제3세계화 / 252
조선신학교 / 341
존재론적 신학 / 360
존재와 하나님 / 107
존재의 지반 / 120, 152
존재자체 / 111
종교 윤리화 / 83
종말론적 계기 / 311
종말론적 미래 / 303, 404
종말론적 상징 / 96
종말론적 신앙 / 404
주지적 신앙 / 163
중남미 해방신학 / 224

지성적 기독교인 / 147
지식의 교만 / 68
지혜국면 / 72
진정한 성경적 신학 / 387
진정한 인간 / 45
집도하는 불트만 / 327

(ㅊ)

차원신학 / 330
차원신학자들 / 328
참역사 / 36, 42, 53, 55
창세 전에 / 55
창조 설화 / 66
창조의 힘 / 370
창조적 관계 / 108
철학적 신학 교수 / 104, 107
철학적 허구 / 115
초월 / 31
초월신 / 22
초월적 윤리 / 87
초자연적 구원 / 95
초자연적 신앙의 신화 / 139, 140
초절 / 9, 65, 152, 153,
초절자 / 9
총신인의 결의 / 366
추상적인 하나님 / 35
축소주의 신학자들 / 413
축자영감설 / 332
춤추는 신 / 371
출애굽 공동체 / 208, 209
출애굽 교회 / 202
출애굽의 인민 / 209, 210, 215

(ㅋ)

카타콤 교회 / 236
칼 마르크스 / 224
칼 바르트 / 21
칼 바르트로부터 해방신학까지 / 9

칼 바르트의 그리스도관 / 33
칼 바르트의 신관 / 22
칼 바르트의 인관 / 44
칼 바르트와 현대사상 / 22
케리그마와 신화 / 128
케리그마적 과업 / 174
코이노니아적 과업 / 175
콕스 / 167
크냅 / 232
킹 목사 / 381

(ㅌ)

탈기독교 신학 / 138
탈기독교화 / 422
탈서구화 / 252
토레스 / 232
틸리히 / 330

(ㅍ)

판넨베르크 / 304, 307, 308
판넨베르크 학파 / 298
평화의 나라 / 234
폭력의 긍정 / 234
폭력의 미화 / 234
폴 틸리히 / 104
폴 틸리히의 그리스도관 / 111
폴 틸리히의 문화관 / 115
폴 틸리히의 신관 / 107
폴 틸리히의 신학 / 107
폴 틸리히의 조직신학 / 105
풀러 그룹 / 339
플레처 / 179
프롤레타리아 신학 / 250
프롤레타리아 혁명론 / 234
프린스톤 신학 / 350

(ㅎ)

하나님은 죽었다 / 56

하나님의 능력 / 73
하나님의 본성 / 26
하나님의 시간 / 53
하나님의 신실성 / 199
하나님의 영원성 / 52
하나님의 죽음의 신학자 / 196
하나님의 피조물로서의 인간 / 46
하등한 성경관 / 332
하밀톤 / 121
한국선교의 신학 / 344
해방신학 그 논리와 행동 / 245
해방신학의 춤 / 245
허무와 무의미 / 121
허무주의 / 56
헤겔 / 224
혁명의 방법론 / 228
혁명의 불길 / 240
혁명적 기독교 / 366
혁명적인 상황 / 240
혁명적인 정치신학 / 245
혁명적 행동의 신학 / 225
현대신학은 어디로? / 15
현대신학의 집안싸움 / 297
현실주의적 사회 윤리 / 61
현영학 / 273
혼과 육을 가진 인간 / 49
화해 / 42
화해의 행동 / 38
회의론적 결론 / 128
후기 불트만 신학자 / 304
흑인신학 / 380
흑인 혁명 신학 / 385
희망의 신학 / 196, 376
희망의 신학의 후기 사상 / 204
희망의 신학 평가 / 211
희망의 원리 / 225
희생적 사랑 / 72, 95
힘의 교만 / 68

CHRISTIAN LITERATURE CRUSADE

기독교문서선교회는 청교도적 복음주의신학과 신앙을 선포하는 국제적, 초교파적, 비영리 문서선교기관입니다.

기독교문서선교회는 한국교회를 위한 교육, 전도, 교화에 힘쓰고 있습니다.

만일 당신이 예수 그리스도와 그리스도인의 생활에 대하여 알기를 원하시면 지체말고 서신연락을 주십시오. 주 안에서 기쁜 마음으로 도움을 드리겠습니다.

서울 서초구 방배동 983~2
Tel. 586-8761~3

기독교문서선교회

현대신학연구
Where is Theology Now?

1989년 5월 15일 초판 발행
2012년 9월 30일 초판 8쇄 발행

지은이 | 박 아 론

펴낸곳 | 사)기독교문서선교회
등록 | 제16~25호(1980. 1. 18)
주소 | 서울시 서초구 방배동 983-2
전화 | 02) 586-8761~3(본사) 031) 923-8762~3(영업부)
팩스 | 02) 523-0131(본사) 031) 923-8761(영업부)
홈페이지 | www.clcbook.com
이메일 | clckor@gmail.com
온라인 | 국민은행 043-01-0379-646,
　　　　　기업은행 073-000308-04-020
　　　　　　　예금주: 사)기독교문서선교회

ISBN 978-89-341-0292-2 (93230)
* 낙장 · 파본은 교환해 드립니다.